Vorwort

Mit dem Werk von Paul Massing über den politischen Antisemitismus im Kaiserreich bringen die »Frankfurter Beiträge zur Soziologie« erstmals eine Studie, die während der Emigrationsjahre im Institut für Sozialforschung an der Columbia-Universität zu New York entstand. Das Original erschien unter dem Titel »Rehearsal for Destruction« im Rahmen der »Studies in Prejudice«, die Max Horkheimer und Samuel Flowerman herausgaben. Dem American Jewish Committee, dessen Forschungsabteilung damals mit dem Institut aufs engste zusammenarbeitete, ist für die Bewilligung des Drucks der deutschen Fassung zu danken. Ergänzt wird das Buch durch die hier entstandene soziologische Dissertation von Eleonore Sterling, welche die Vorgeschichte des deutschen politischen Antisemitismus noch weiter zurückverfolgt, bis zum Beginn des neunzehnten Jahrhunderts. Sie wurde im Verlag Chr. Kaiser, München 1956, unter dem Titel »Er ist wie du« veröffentlicht.

Zur Publikation des Massingschen Werkes bewog uns indessen nicht nur der Wunsch, die Kontinuität zwischen der amerikanischen Produktion des Instituts und seinen Forschungen in Deutschland seit 1950 hervorzuheben. Es dünkte uns an der Zeit, daß Untersuchungen, die sich auf spezifisch deutsches Material bezogen und die einem so zentralen Komplex wie der Vorgeschichte des Antisemitismus gelten, auch in Deutschland bekannt werden. Ohne Einsicht in diesen Komplex bliebe das Verständnis des kaum Vergangenen verbaut. Die Abwehr der Erinnerung an das Unsägliche, was geschah, bedient sich eben der Motive, welche es bereiten halfen.

Wahr ist, daß die Gabe der Erinnerung in der rasch sich ändernden Gesellschaft unter dem Zwang, zeitgemäßere Fähigkeiten zu entfalten, sich zurückbildet. Die Reflexion der Völker auf ihre Geschichte ist seit je der herrschenden Richtung gefolgt; heute bleibt ihnen zu solcher Reflexion keine Zeit. Ohne lohnende Funktion im Zweckzusammenhang der Gegenwart hat Vergangenheit, private wie historisch relevante, wenig Aussicht, im Bewußtsein zu erscheinen, sie ist »past history«, totes Kapital. Um Zinsen zu tragen, müßte es als Element sozialer Integration, als Instrument der Ausrichtung brauchbar, zumindest für einen Augenblick politisch passend sein. Das ist die Aussicht der Ermordeten, im Bewußtsein wieder aufzustehen, seien es Polen, Juden, Deutsche oder wer je in der Geschichte Freiwild war. Seit den ersten Nachkriegsjahren hat die Chance der geopferten Juden auf solches Eingedenken in Europa abgenommen und ist auf die Wenigen angewiesen, deren Wille zur richtigen Zukunft mit der Absage an die Wiederholung sich die Analyse des Vergangenen auferlegt. Massings Buch kann ihnen eine Hilfe sein.

Soweit heute auf den finstersten Aspekt des Nationalsozialismus, den mörderischen Rassenwahn, in Deutschland reflektiert wird, stellt er zumal dem traditionalistischen Kulturglauben als eine von außen bereitete Katastrophe sich dar; als wäre Hitler wie ein Dschingis Khan in das Weimarer Deutschland eingebrochen und hätte ein Fremdes, gänzlich Unvorhersehbares verübt. Noch die entsetzte Rede von dämonischen Kräften dient insgeheim der Apologie: was irrationalen Ursprungs sein soll, wird der rationalen Durchdringung entzogen und zu einem schlechterdings Hinzunehmenden magisiert. Denkt man an Wurzeln des totalitären Antisemitismus, so sind intellektuelle Wortführer wie Langbehn, Lagarde, Gobineau, allenfalls Chamberlain, das Wagnerische Bayreuth, schließlich Lanz von Liebenfels gemeint; selten die eigentlich politisch-soziale Sphäre. So kulturfremd nun aber auch in der Tat Hitler sich ausnimmt, so tief reichen doch die geschichtlichen Ursprünge seiner Untat. Sie stecken keineswegs bloß in den Theoremen einiger paranoider Querköpfe.

In den ersten Hetzblättchen aus den Tagen des Fries und jenes Jahn, der heute bei den Fronvögten der Ostzone in hohen Ehren steht, war schon der totalitäre Antisemitismus angelegt; schon ihre Sprache wollte auf den Mord hinaus, und auch Schichten, die sich als Elite oder als Fortgeschrittene fühlten, waren, wie in Massings Buch sich zeigt, nicht gegen jenes Potential gefeit. Es überlebt, und darum ist die Analyse des Antisemitismus heute, da er nach der Ausrottung der Juden nicht gar zu offen sich vorwagt, so dringlich wie je – und die Bedingungen für ihre Aufnahme mögen günstiger sein, als wenn offener Haß die Regung der Vernunft überschreit.

Keineswegs ist der totalitäre Antisemitismus ein spezifisch deutsches Phänomen. Versuche, ihn aus einer so fragwürdigen Entität wie dem Nationalcharakter, dem armseligen Abhub dessen, was einmal Volksgeist hieß, abzuleiten, verharmlosen das zu begreifende Unbegreifliche. Das wissenschaftliche Bewußtsein darf sich nicht dabei bescheiden, das Rätsel der antisemitischen Irrationalität auf eine selber irrationale Formel zu bringen. Sondern das Rätsel verlangt nach seiner gesellschaftlichen Auflösung, und die ist in der Sphäre nationaler Besonderheiten unmöglich. In der Tat verdankt der totalitäre Antisemitismus seine deutschen Triumphe einer sozialen und ökonomischen Konstellation, keineswegs den Eigenschaften oder der Haltung eines Volkes, das von sich aus, spontan, vielleicht weniger Rassenhaß aufbrachte als jene zivilisierten Länder, die ihre Juden schon vor Jahrhunderten vertrieben oder ausgerottet hatten. In der von Massing behandelten Periode war der Antisemitismus in Frankreich – dem der Dreyfus-Affaire und Drumonts – kaum weniger virulent.

Wer den totalitären Antisemitismus begreifen will, sollte sich nicht dazu verleiten lassen, dessen Erklärung einer gleichsam naturgegebenen Notwendigkeit gleichzustellen. Wohl sieht retrospektiv alles so aus, als hätte es so kommen müssen und nicht anders sein können. Man wird unter den Berühmten der deutschen Vergangenheit bis hinauf zu Kant und Goethe nur wenige nennen können, die von judenfeindlichen Regungen ganz frei waren. Aber indem man auf solche Universalität insistiert und die Fatalität des Geschehenen im Begriff nochmals wiederholt, macht man sie in gewissem Sinn sich selbst zu eigen. Den Spuren des heraufdämmernden Verhängnisses in der deutschen Vergangenheit ist allerorten auch deren Gegenteil gesellt, und die Weisheit, ex post facto zu dekretieren, was von vornherein das Stärkere gewesen sei, macht es sich allzu leicht, indem sie das Wirkliche als das allein Mögliche unterstellt. In Frankreich hatten einige der tapfersten Dreyfusards, wie Zola und Anatole France, in ihre Romane zuweilen Darstellungen von Juden eingefügt, die jenen Klischees ähneln, gegen deren Konsequenz sie sich einsetzten. Zur Erfahrung von Geschichte gehört auch das Bewußtsein des Nichtaufgehenden, Diffusen, Vieldeutigen.

Hier vielleicht trägt Massings Buch Entscheidendes bei. Es hilft, den Knoten des Zufälligen und Notwendigen, auf selber rationale Weise, zu entwirren. Während er das amorphe, immer gegenwärtige, aber auch nie ganz wahre Potential des Judenhasses in den Bevölkerungen visiert, ohne doch daraus die Katastrophe abzuleiten, trifft seine Forschung den Bereich, an dem sich erkennen läßt, warum jenes Potential sich durchsetzte. Er zeigt an den geschichtlichen Tatsachen mit großer Evidenz, daß im Bismarckschen Deutschland der Antisemitismus politisch manipuliert und, je nach der Forderung des Tages der damaligen Interessen, an- und abgestellt wurde. Jene spontanen Volkserhebungen des Dritten Reiches, die auf ein Signal wohlorganisiert aufflammten, haben ihre Vorform in den Bewegungen der Stoecker und Ahlwardt, über die man opportunistisch verfügte, und die man mit vornehm-konservativem Gestus ebensogut zur Ruhe und Ordnung verhalten wie gegen die Sozialdemokratie loslassen konnte. Ohne daß die Rezeptivität der Masse für derlei Reize verkannt würde, ist doch zugleich auch ihr Maß an Schuld relativiert: die nach Opfern schreien, offenbaren sich als Opfer selber, als von der politischen Macht hin- und hergeschobene Schachfiguren. Der Antisemitismus hat seine Basis in objektiven gesellschaftlichen Verhältnissen ebenso wie in Bewußtsein und Unbewußtsein der Massen. Aber er aktualisiert sich als Mittel der Politik: als eines der Integration auseinanderweisender Gruppeninteressen; als die kürzeste und ungefährlichste Art, von einer Lebensnot abzulenken, zu deren Beseitigung andere Mittel verfügbar wären.

Massing bleibt nicht bei dieser generellen These stehen; er behauptet sie nicht einmal. Aber an dem Material, das er in minutiöser soziologischer und historischer Arbeit zusammengebracht hat, leuchtet sie ein. Besonnene wissenschaftliche Objektivität läßt hinter sich, was irgend die polemische Phantasie auszumalen vermöchte.

Ganz besonderer Dank gebührt Dr. Felix J. Weil, dem treuen Freund des Instituts, dem es sein Dasein verdankt. Er hat nicht nur Massings Text ins Deutsche übersetzt, sondern unermüdlich an der Vorbereitung der Publikation mitgewirkt.

Frankfurt am Main
Sommer 1959

Max Horkheimer
Theodor W. Adorno

Kapitel 1

Die Liberale Ära (1871-1878)

Wie in anderen europäischen Ländern, so bildete auch in Deutschland der Kampf um die politische Emanzipation der Juden einen Teil des umfassenderen Kampfes zwischen den alten Feudalmächten und dem aufsteigenden Bürgertum. Erfolge und Mißerfolge der Juden in ihrem Ringen um bürgerliche Gleichberechtigung hingen aufs engste zusammen mit dem Schicksal des deutschen Liberalismus in seinem Streben nach Demokratie und nationaler Einheit. Das Emanzipationsgesetz selbst wurde erst 1869 vom Norddeutschen Bund angenommen. Aber schon in der ersten Hälfte des neunzehnten Jahrhunderts hatte Deutschland auf seinem Wege zur Verstädterung und Industrialisierung den Juden wirtschaftliche, soziale und kulturelle Vorteile geboten, die ihnen in östlichen und südöstlichen Ländern Europas versagt blieben. Von 1816 bis 1848, also vom Ende der Napoleonischen Kriege bis zur Revolution, stieg die Zahl der jüdischen Bevölkerung von 300 000 auf 400 000. Jüdische Namen hatten Klang in Handel und Bankwesen, in Literatur und Politik. Eduard Simson, ein getaufter Jude und Professor der Rechte, wurde im Oktober 1848 Vizepräsident, im Dezember Präsident der Frankfurter Nationalversammlung. In der Periode der politischen Reaktion hingegen, die der Niederlage der Revolution folgte, sahen die Juden ihre bürgerlichen Rechte von fast allen deutschen Staaten wieder beschnitten.

Bismarcks Plan der Einigung Deutschlands unter dem König von Preußen machte politische Zugeständnisse und Garantien notwendig. Es galt, uralte Ressentiments und Beschwerden gegen das orthodox-protestantische, feudale Preußen zu überwinden. Die Katholiken im Süden, die Hannoveraner (»Annexionspreußen«) im Norden und die Liberalen im Westen verlangten Schutz vor Übergriffen des Staates. Bismarck konnte nicht hoffen, die so ungleichen Teile der Nation unter einen Hut zu bringen, ohne ihnen Gleichheit vor dem Gesetz zu gewähren und das Recht, sich an der Regierung zu beteiligen.

Im Zuge der notwendigen Konzessionen an den Liberalismus erreichten die deutschen Juden ihre Gleichberechtigung. Am 3. Juli 1869 wurden alle Juden im Norddeutschen Bund von jeglicher politischen Unterdrückung befreit. Das vom preußischen König als Bundespräsidenten verkündete und von Bismarck gegengezeichnete Gesetz erklärte:

»Alle noch bestehenden, aus der Verschiedenheit des religiösen Bekenntnisses hergeleiteten Beschränkungen der bürgerlichen und staatsbürgerlichen Rechte werden hierdurch aufgehoben. Insbesondere soll die Befähigung zur Teilnahme an der Gemeinde- und Landesvertretung und zur Bekleidung öffentlicher Ämter vom religiösen Bekenntnis unabhängig sein.«

Unter den süddeutschen Staaten hatte Baden 1862 die letzten Beschränkungen jüdischer Bürgerrechte aufgehoben, Württemberg 1864. Die bayrischen Juden errangen Rechtsgleichheit, als Bayern während des Krieges von 1870/71 dem Norddeutschen Bund beitrat.

Die geschichtlichen Umstände, unter denen in Deutschland die Emanzipation der Juden zustande gekommen war, übten einen nachhaltigen Einfluß aus auf ihre gesellschaftliche Stellung. Die konservativen Mächte hatten zwar die staatsbürgerliche Gleichberechtigung nur unter politischem Druck gewährt, erwarteten aber gleichwohl Dankbarkeit und Gehorsam für das, was sie lieber als einen Akt christlicher Großmut betrachteten. Die Bitterkeit ihrer späteren Anklagen gegen nicht-konservative Juden glich den Gefühlen eines Wohltäters gegenüber einem Undankbaren. Überhaupt behielt die Emanzipation, da sie nicht das Resultat einer revolutionären Veränderung gewesen war, den Charakter eines Gnadenaktes: die Durchführung des Emanzipationsgesetzes sagte die Wahrheit über seinen Ursprung. In Preußen zum Beispiel unterließ es die Regierung, die Beamtenlaufbahn jüdischen Bewerbern zugänglich zu machen; sie zog es vor, auf feudale Traditionen Rücksicht zu nehmen. Juden waren als Anwälte zugelassen, aber nur ausnahmsweise als Richter; als Lehrer in Schulen, aber nur selten als Universitätsdozenten. Ein ungeschriebenes Gesetz hielt sie fern von der Staatsverwaltung, dem aktiven Armeedienst und fast allen öffentlich-rechtlichen Stellungen, außer wenn sie durch die Taufe – manchmal auch durch Namensänderung – bekundeten, daß sie auf ihre konfessionelle Identität verzichteten.

Dennoch bedeutete die politische Emanzipation der Juden nicht nur einen moralischen Erfolg. In Politik und Kunst, in Journalismus und Wissenschaft, als Anwälte, Bankiers, Geschäftsleute und Schriftsteller begannen sie, einflußreiche Positionen einzunehmen. Derselbe Eduard Simson, der als Präsident der Frankfurter Nationalversammlung im April 1849 Friedrich Wilhelm IV. vergeblich die Wahl zum Kaiser angeboten hatte und 1867 Präsident des Norddeutschen Reichstages geworden war, überreichte im Dezember 1870 in Versailles dem König von Preußen, Wilhelm I., die Kaiserkrone (1)*. Zwei hervorragende liberale Abgeordnete, die Bismarck in seinen politischen Bestrebungen unterstützten, waren ungetaufte Juden: Ludwig Bamberger und Eduard Lasker. Bismarcks persönlicher Finanzberater, der 1866 mitgeholfen hatte, den Krieg gegen Österreich zu finanzieren, war ein jüdischer Bankier, Gerson von Bleichröder. Selbst ein Historiker wie Dubnow, der die Erfolgsaussichten der jüdischen Assimilation im allgemeinen als sehr gering einschätzt, beurteilt die Umstände, unter denen deutsche Juden während dieser Jahre lebten, als günstig. Er schreibt:

»Nach der Konsolidierung des Reiches hatte es den Anschein, als ob das Gespenst der Judenfrage aus dem geeinten Deutschland endgültig verscheucht sei. Es war dies die Zeit, da die Juden in die höchsten deutschen Kreise Zutritt fanden und auf allen Gebieten des wirtschaftlichen Lebens festen Fuß faßten. Bei dem Bau von Eisenbahnen, der Gründung von Fabriken und der Errichtung von Handelshäusern spielte das jüdische Kapital eine führende Rolle. Die jüdische Intelligenz kam in den freien Berufen sowie in den den Juden zugänglichen Zweigen der Staatsverwaltung zur Geltung.« [2])

Diese Erfolge errangen die deutschen Juden in einer Zeit wirtschaftlicher und nationaler Aufwärtsbewegung. Eine bisher nicht gekannte Hochkonjunktur schien die Behauptung zu rechtfertigen, daß ungehemmter wirtschaftlicher Liberalismus die Interessen aller fördere. Schnell wurde der für den liberalen Kapitalismus notwendige gesetzgeberische und verwaltungstechnische Apparat aufgebaut. Die Gewerbeordnung von 1869 hatte bereits das Prinzip der Gewerbefreiheit statuiert. Nachdem durch die »Aktiennovelle« von 1870 alle hemmenden Vorschriften aufgehoben waren, konnten sich die Aktiengesellschaften frei entfalten. Die Reichsmünzgesetze von 1871 und 1873 führten den Goldstandard ein und spornten die deutsche Geschäftswelt an, ihre Position auf dem Weltmarkt zu verbessern.

Der Optimismus der deutschen Unternehmer, der schon mit den schnellen Fortschritten der chemischen und Montanindustrie, der Eisenbahn, des Bankwesens und des Außenhandels ins Kraut geschossen war, kannte nach dem siegreichen Kriege von 1870/71 keine Grenzen mehr. Die unerwartet

---

* Sämtliche Anmerkungen befinden sich am Schluß des Buches, S. 229 ff. Die hochgestellten Ziffern, z. B. [2]), beziehen sich auf reine Quellenangaben, die in Klammern gesetzten, z. B. (4), auf sachliche Anmerkungen, die dem besseren Verständnis des Textes dienen. (Anm. d. Bearbeiters.)

schnelle Bezahlung der französischen Kriegsentschädigung von fünf Milliarden Goldfranken gab dem Selbstvertrauen Deutschlands, und besonders dem des deutschen Bürgertums, neue Nahrung. Von 1866 bis 1873 stieg der industrielle Verbrauch von Roheisen auf über das Doppelte. Während des Jahres 1872 wurden in Preußen zweimal soviel Aktiengesellschaften gegründet wie in der ganzen Periode von 1790 bis 1867, darunter 49 Banken und 61 Unternehmen der chemischen Industrie. 1871 entstand die Deutsche Bank, 1873 die Dresdner Bank.

Es war die Blütezeit des freien Unternehmertums in Deutschland. Ungeahnte wirtschaftliche Möglichkeiten schienen nur darauf zu warten, ausgenutzt zu werden. Noch nie war es so leicht gewesen, schnell reich zu werden, und wer nur konnte, stürzte sich in Börsengeschäfte. Die Ideologien für diese »Gründerzeit«, die Max Wirth in seiner »Geschichte der Handelskrisen«[3]) anschaulich dargestellt hat, wurden von den beiden liberalen Parteien geliefert, der Fortschrittspartei (4) und den Nationalliberalen; diese waren, unter dem Hannoveraner Rudolf von Bennigsen, Bismarcks zuverlässigste Verbündete (5).

Die Weltmarktkrise von 1873 traf dieses optimistische, vorwärtsstrebende, wild spekulierende Reich wie ein Blitzschlag. Ein Börsenkrach, der viele schnell erworbene Vermögen zusammen mit einer Unzahl kleiner, mühsam errungener Spargroschen auslöschte, leitete den wirtschaftlichen Zusammenbruch ein; er entwickelte sich zu einer der längsten und schwersten Krisen in der Geschichte Deutschlands[6]). Im wirtschaftlichen Drunter und Drüber der nächsten sechs Jahre wurden das Ansehen und die Aussichten des deutschen Liberalismus, um die es ohnehin wegen der verspäteten wirtschaftlichen und verwirrten politischen Entwicklung des Landes nie sehr gut stand, tödlich geschwächt. Der ökonomische Rückschlag wirkte sich unmittelbar auch auf die Stellung der Juden aus. Der ganzen liberalen Bewegung wurde jetzt der Prozeß gemacht; die Bezeichnung »Liberaler« galt als Schimpfwort. Für die Feinde der neuen Ära verkörperte sich der Liberalismus in der Fortschrittspartei und der Nationalliberalen Partei, und beide wurden als »jüdisch« gebrandmarkt.

An diesem Wendepunkt in der Entwicklung der jungen Nation waren die beiden stärksten politischen Gegner der Bismarckschen Reichspolitik die Altkonservativen (7) und die Zentrumspartei (8). Die Konservativen sahen ihre führende Stellung von den Reformen, die der Reichskanzler im Interesse der nationalen Einigung hatte einführen müssen, bedroht. Mit der katholischen Hierarchie war Bismarck in einen erbitterten Kampf um die Vorherrschaft des Staates über die Kirche verwickelt. Die Konservativen und das Zentrum suchten nach Verbündeten, und es war nur natürlich, daß sie sich an diejenigen Gesellschaftsschichten wandten, die am meisten unter der plötzlichen Wirtschaftskatastrophe litten und schon begonnen hatten, ihren Enttäuschungen und Beschwerden in Ausbrüchen gegen Bismarck und den »jüdischen Liberalismus« Ausdruck zu geben.

Einer der ersten Wortführer der Unzufriedenheit war Wilhelm Marr, ein Journalist, der zu Beginn der Wirtschaftskrise eine Broschüre unter dem Titel veröffentlichte: »Der Sieg des Judenthums über das Germanenthum – Vom nicht-confessionellen Standpunkt aus betrachtet. Vae Victis!«[9]) Es war nicht Marrs erste Publikation dieser Art. Zehn Jahre vorher hatte er, »indigniert über die Folgen der Judenemanzipation«, deren Anfänge er schon vor der 48er Revolution zu sehen glaubte, seine erste antisemitische Schrift veröffentlicht, den »Judenspiegel« (10). Seine zweite Broschüre war ein sensationeller Erfolg. Zwischen 1873 und 1879 erlebte sie zwölf Auflagen. Sie ist ein ungewöhnlich interessantes Dokument für das Studium der Geschichte des deutschen Antisemitismus und der modernen faschistischen Agitation überhaupt.

Marr lehnt es ausdrücklich ab, die jüdische Religion anzugreifen: »Es liegt einmal in der Menschennatur, daß sie die Vorsehung, die Religion, immer behelligt, wenn sie Dummheiten oder Niederträchtigkeiten begehen will. Man hat sich fast noch nie in Kriegen gegenseitig erwürgt, ohne zuvor hüben und drüben Götter oder unsern Herrgott anzurufen und ihnen oder ihm die Ehre der Bundesgenossenschaft aufzudrängen, und so mußten denn auch Gott und die Religion herhalten bei allen Judenverfolgungen. . .[11]) Er betrachtete es als »blödsinnig«, den Juden die Verantwortung für die Kreuzigung Christi aufzuladen, für »einen Vorgang, welchen bekanntlich die römischen Autoritäten, dem Geschrei eines jerusalemitischen Pöbels feige nachgebend, in Szene gesetzt hatten . . . Gegen jede ›religiöse‹ Verfolgung nehme ich somit die Juden unbedingt in Schutz.«[12])

Nicht weniger bemerkenswert ist Marrs Charakterisierung der Juden. »Hoch begabt«, »stark«, »von staunenswerter Zähigkeit und Ausdauer« gehören zu den Eigenschaften, die er ihnen zulegt. Er benutzt Argumente der liberalen Verteidigung und der jüdischen Selbstverteidigung, um soziale Stellung und wirtschaftliche Rolle der Juden im Mittelalter zu erklären: »Von oben offiziell gedrückt, konnten sie sich nach unten hin realistisch schadlos halten. Das Volk durfte nicht murren zu dieser seiner Ausbeutung durch die Großen, bei der das Judentum den Makler machte.«[13]) Populärer Haß sei so auf die Juden abgelenkt worden, wie er in voller Übereinstimmung mit der Sündenbocktheorie schreibt: »Den ›Großen‹ kamen solche gelegentlichen Judenhetzen gar nicht ungelegen. Wurden doch die Juden dadurch in Abhängigkeit und Maklerwillfährigkeit gehalten und durften sich nicht beikommen lassen, als ›Courtage‹ die Emanzipation ihres Volkes zu fordern.«[14]) Marr scheint den höchsten Grad der Objektivität zu erreichen, wo er die Gültigkeit der Behauptung, Juden seien Revolutionäre, einer Prüfung unterzieht. Natürlich sind sie das, argumentiert er, aber »daß die Juden die Revolution von 1789 wie die 1848er Revolution froh begrüßten, daß sie sich eifrig daran beteiligten, wer kann es ihnen verargen? ›Juden, Polen und Literaten‹ hieß das conservative Schlagwort im Jahre 1848. Nun ja, drei unterdrückte Potenzen! Die Glücklichen und Zufriedenen revoltieren nicht in dieser Welt.«[15])

Indem Marr die gewöhnlich von Antisemiten vorgebrachten Anklagen gegen die Juden zurückweist, gibt er dem »jüdischen Problem« eine neue Wendung. Es geht ihm darum, ein altes Stereotyp zu zerstören: die Juden sind gar nicht eine kleine schwache Minderheit – sie sind eine Weltmacht! Sie sind viel stärker als die Germanen! Seine Verbeugung vor den Tugenden der Juden läuft darauf hinaus, ein neues Bild von ihnen als dem furchtbarsten Gegner zu schaffen: durch ihre rassischen Eigenschaften waren sie in der Lage, »1800 Jahre lang der abendländischen Welt den siegreichsten Widerstand« zu leisten, »im 19. Jahrhundert die erste Großmacht des Abendlandes in der Gesellschaft« und »heute der socialpolitische Diktator Deutschlands« zu werden, und das alles »ohne Schwertstreich, im Gegenteil, politisch verfolgt durch die Jahrhunderte hindurch.«[16])

Einem Gegner solchen Kalibers gegenüberzustehen, ist eine Sache von Tod oder Leben, und in einem solchen Kampf, meint Marr, ist es nutzlos, die Schuldfrage aufzuwerfen. »Die welt- und kulturgeschichtlichen Ereignisse haben das Judentum in das Abendland hineingeschleudert. Dasselbe fand ein ihm fremdartiges Element vor und war selbst diesem Element fremdartig.« Deswegen wäre es unsinnig, den einzelnen Juden zu hassen: Marrs Antisemitismus ist totalitär. Er greift das Judentum als Gruppe an, nicht seine einzelnen Mitglieder. Das jüdische Volk, so beharrt er, ist rassisch fixiert; es kann weder sich ändern noch geändert werden. Friedlich und gleichberechtigt neben ihm zu leben, ist unmöglich wegen seiner überlegenen Eigenschaften. Die Alternative heißt »wir oder sie«, und so müssen beide Seiten im Kampf um ihre Existenz alle zur Verfügung stehenden Mittel benutzen. »Ein weltgeschichtliches ›Fatum‹« habe es gewollt, daß Juden und Germanen »gleich Gladiatoren der Kulturgeschichte« einander in der Arena gegenüberstehen. Das Individuum, das sich auf dieser oder jener Seite findet, hat keine andere Wahl, als zu seiner Gruppe zu stehen, sei es im Angriff, sei es in der Verteidigung. Und da es nur den Befehlen des Schicksals folgt, kann es für seine Taten nicht verantwortlich gemacht werden.

Die Stunde sei spät, mahnt Marr. Der germanische Staat befinde sich in schneller Auflösung und verfüge nicht mehr über die physische und intellektuelle Kraft, sich zu »entjuden«. Mit der Pseudo-Resignation, die für den Geist und Stil seiner Broschüre charakteristisch ist, sieht er die Niederlage der Germanen voraus: »Zäher und ausdauernder als wir, waret Ihr [Juden] die Sieger in diesem Völkerkrieg, den Ihr ohne Schwertstreich geführt habt, während wir Euch massakrierten und verbrannten, aber nicht die sittliche Kraft besaßen, Euch auf Euch selbst und den Verkehr unter Euch anzuweisen.«[17]) Marr läßt jedoch in seiner Konstruktion von Untergang und geschichtlicher Tragödie noch ein Türchen offen: möglicherweise könne ein letzter verzweifelter Gegenstoß Europas gegen das Judentum unternommen werden, »vielleicht – aber nur sehr vielleicht!« unter russischer Führung (18). In Deutschland werde wahrscheinlich eine »Katastrophe«, eine »Explosion« stattfinden, bevor das Germanentum sich ergibt: »die empörte Volksleidenschaft«, der »Ingrimm gegen die Verjudung der Gesellschaft« drängen danach[19]). Das allgemeine Pogrom, schicksalhaft und unkontrollierbar, wird hier angekündigt.

Es existiert wenig zuverlässiges biographisches Material über diesen Vorläufer des deutschen Rassen-Antisemitismus (20). Indessen geben Form und Substanz der Beweisführung eine Reihe von Aufschlüssen über den Autor.

Die konkreten Argumente, mit denen Marr seine unheilvollen Orakel unterbaut, stammen vom Schreibtisch eines erfolglosen Journalisten. Die großen Zeitungen, die liberalen Blätter, veröffentlichen nichts von ihm. Immer wieder beklagt er sich darüber, daß die Presse in jüdischen Händen sei und alle schäbig behandele, die es nicht mit dem »jüdischen Liberalismus« hielten[21]). Die düstersten Prophezeiungen fließen unmittelbar aus der persönlichen Kränkung. Das jüdische Monopol an der Tagespresse, »das Resultat des Dreißigjährigen Krieges, den das Judentum seit 1848 offiziell mit uns geführt hat«, mache es unmöglich, publizistisch an Deutschlands politischem Leben Anteil zu nehmen. In »Neu-Palästina«, wie er Bismarcks Reich nannte, sei mit der Emanzipation die Fremdherrschaft gesetzlich anerkannt worden. Ihren Agenten sah er in der Nationalliberalen Partei, zu der die Juden strömten, »weil hier der Geist der Verjudung ..., die Prinzipienlosigkeit am weitesten vorgeschritten war. Rein erhalten von der Verjudung hat sich bis jetzt nur die ultramontane Partei. Die conservative Regierungspartei dagegen wimmelt von semitischen Elementen, denn zwei Drittel unserer offiziösen Literaten sind durch Juden vertreten.«[22]) Marr mag nicht Unrecht gehabt haben mit seiner Behauptung, er sei zugunsten jüdischer Konkurrenten aus dem deutschen Journalismus hinausmanövriert worden. Ebenso nahe liegt die Annahme, daß die aufblühende liberale Presse von ihren Mitarbeitern Leistungen verlangte, denen er sich nicht gewachsen zeigte. Wie dem auch sei, seine Anklage wäre wohl als ein Zeichen von Verfolgungswahn betrachtet worden, hätten seine eigenen Erfahrungen nicht in vielen anderen ein Echo gefunden. Er formulierte den Protest bestimmter Gruppen, die sich im neuen Reich nicht mehr zu Hause fühlten. Es waren, allgemein gesprochen, vorkapitalistische Schichten, die ihre gesellschaftliche Stellung und kulturelle Tradition bedroht sahen und, wie immer in solchen Fällen, ihr Schicksal mit dem der ganzen Gesellschaft identifizierten. »Die ganze Gesellschaft«, sagt Marr, sei in ihren Anschauungen korrumpiert, jeder »Idealismus« sei »aus der Gesellschaft hinausgedrängt«, »das Talent« zum »prasselnden Virtuosentum« und »die Kupplerin Reklame zur Göttin der öffentlichen Meinung gemacht« worden[23]).

Marr spricht jedoch nicht für alle Gegner der Bismarckschen Politik und der neuen kapitalistischen Gesellschaft. Er verschmäht es, die Errungenschaften der modernen Wissenschaft den Dogmen der katholischen Religion zu opfern, kann auch, wie er sagt, keinen Geschmack daran finden, sich »mit den protestantischen ›Muckern‹« zu verbinden, sondern zählt sich zu den »ehemaligen Radikalen«, die jetzt in das Lager jener Kräfte getrieben werden, die das »verjudete ›liberale‹ Deutschland« als »reaktionär« zu bezeichnen pflege[24]). Die Sozialdemokratische Partei erscheint ihm als »der rohe, brutale, aber vollständig unbewußte Protest gegen die realistische Verjudung der Gesellschaft« und überdies von allem Anfang an von Juden beherrscht, »wie denn ja auch der Stifter der deutschen Sozialdemokratie, Lassalle, ein Semit war«[25]). Deutschland könne sich besonders schlecht gegen die jüdische Invasion wehren, weil »das Gefühl einer deutschen Nationalität, geschweige eines deutschen Nationalstolzes, in den germanischen Ländern nicht existierte«[26]).

Marr grenzt sich also ab gegenüber anderen kritischen Gruppen und Kräften; er wurzelt weder im Katholizismus noch im protestantischen Konservatismus, erst recht nicht in der sozialistischen Arbeiterbewegung. Er zählt sich zu einer Elite Deutschlands, die aufgrund ihrer Bildung, Begabung und Hingabe an den nationalen Gedanken zur politischen Führung des Reiches berufen sei, aber beiseite stehen müsse, verdrängt von den »Juden und Liberalen«. Die Resignation, die er zur Schau trägt, kann kaum verbergen, wie tief ihn das Bewußtsein durchdringt, Männer von seinem Schlage seien die einzig legitimen Anwärter auf Macht und Ehre im neuen Deutschland. Selbst wenn er sich den Gegnern der gegenwärtigen Reichspolitik anbietet, zeigt er noch, daß er nicht einer von ihnen ist: »Wer uns hilft aus dem Verderben, der hat uns.«[27])

Kaum hatte Marr mit seinem »Sieg des Judenthums über das Germanenthum« den ersten Schuß abgefeuert, als ein weiterer Angriff erfolgte. 1874 veröffentlichte die Gartenlaube, die beliebteste literarische Zeitschrift des Mittelstandes, eine antisemitische Artikelserie »Der Börsen- und Gründungsschwindel in Berlin«, die 1876/77 auch als Buch herauskam und viel Aufsehen erregte. Der Verfasser war Otto Glagau, ein talentierter politischer Journalist, der sein Vermögen in Gründerzeitspekulationen verloren haben soll (28). Er gab konkreter als Marr den Beschwerden jener Gruppen des alten Mittelstandes Ausdruck, deren wirtschaftliche und gesellschaftliche Stellung auf dem Spiel stand – der Handwerker, kleinen Unternehmer, Gewerbetreibenden, unteren Beamten und Bauern. Glagau bezichtigte jüdische Abgeordnete, besonders Lasker und Bamberger, der Verantwortlichkeit für Gesetze, durch welche Handel, Börse und die großen Unternehmen auf Kosten von Handwerk und Landwirtschaft begünstigt wurden. Seine Ansichten über Judentum, Liberalismus, Manchestertheorie, die moderne Bourgeoisie, politische Parteien überhaupt und die Rolle der großen Staatsmänner zeigen außergewöhnliche Verwandtschaft mit der späteren Gedankenwelt des Nationalsozialismus. Wir finden hier dieselbe Kritik an liberaler Wirtschaftsfrömmelei und konservativer Engstirnigkeit, dasselbe Werben um die Industriearbeiter und die Forderung nach sozialen Reformen, die fünfzig Jahre später typische Bestandteile der faschistischen Propaganda wurden. In der Beschreibung des kapitalistischen Systems benutzt Glagau jene unverkennbar marxistische Terminologie, die später bei den »linken« Nazis gängig wurde.

»Unter dem ökonomischen Liberalismus kann sich ein tüchtiger und behäbiger Handwerkerstand nicht behaupten, er wird von der Großindustrie erbarmungslos verdrängt; ebenso verdrängt der Großhändler den Kleinhändler, verschwindet mehr und mehr der Bauernstand und wird verschlungen von dem Großbesitz. Wie einst im alten Rom, so zerfällt auch im neuen Deutschen Reich der kräftige Mittelstand, und es wächst lawinenartig das besitzlose Capital.«[29])

»Das Manchestertum ist die Midaslehre vom Gelde, es will alles in Geld verwandeln, Grund und Boden, Arbeit und Menschenkraft; es feiert den Egoismus, das völlig ungebundene Walten der rohen Selbstsucht, und verwirft Gemeinsinn,

Humanität und alle sittlichen Prinzipien; es predigt das Streben nach unbedingter Herrschaft des Capitals, den krassen Materialismus. Sein Grundsatz ist das berüchtigte ›Laissez faire et passer‹ ... Die erste Forderung des Manchestertums ist daher: unbeschränkte Gewerbefreiheit und Freizügigkeit; damit glaubt es für den Arbeiter alles getan zu haben, aber wie dieser begriffen hat, ist es nur die Freiheit, sich die Beschäftigung und den Ort zu wählen, wo er verhungern mag. Gerade Freizügigkeit und Gewerbefreiheit versorgen den Fabrikherrn mit einem unversiegenden Strom von wohlfeilen Arbeitskräften, indem sie das platte Land entvölkern, die Städte aber überfüllen.« 30)

»Das Judentum ist das angewandte, bis zum Extrem durchgeführte Manchestertum. Es kennt nur noch den Handel, und auch davon nur den Schacher und Wucher. Es arbeitet nicht selber, sondern läßt Andere für sich arbeiten, es handelt und spekuliert mit den Arbeits- und Geistesprodukten Anderer. Sein Zentrum ist die Börse ... Als ein fremder Stamm steht es dem Deutschen Volk gegenüber und saugt ihm das Mark aus. *Die soziale Frage ist wesentlich Gründer- und Judenfrage,* alles übrige ist Schwindel.« 31)

Die Schichten, die Glagau verteidigt, waren bisher nicht fähig gewesen, eine selbständige politische Organisation aufzubauen. Handwerker hatten es während und nach der 48er Revolution versucht, aber ihre Bestrebungen waren vereinzelt und erfolglos geblieben. Glagau erwähnt lobend ihre »sozialistische« Werbearbeit und bedauert, daß es ihnen, im Gegensatz zu den Arbeitern, nicht gelungen sei, sich zu organisieren. Daß der kleine Mittelstand Schwierigkeiten hat, sich für eine systematische politische Aktion zusammenzuschließen, ist eine weithin beobachtete Tatsache. Seine Zwischenstellung zwischen Kapital und Arbeit und seine verschieden gelagerten sozialen wie ökonomischen Interessen erschweren die Zusammenarbeit auf lange Sicht. Solche Gruppen neigen dazu, nach einem Führer zu suchen, der nicht auf die Unterstützung der bestehenden politischen Parteien angewiesen zu sein scheint. In Zeiten akuter Spannung machen sie gern den Bonapartismus zu ihrem politischen Ideal. Die Sehnsucht nach dem starken Mann, dem »ehrlichen Makler«, der über Klassen und Parteien steht, und die Vorstellung von einem »unpolitischen« Staat durchzog die politischen Träume des deutschen Mittelstandes von Bismarck bis Hitler. Später wurde es der deutschen Gesellschaft zum Verhängnis, daß sie nicht in der Lage war, das politische Potential dieser Gruppen rechtzeitig zu erkennen und zu leiten. Der Liberalismus hatte ihnen nichts anderes zu bieten als die Weisheit des erfolgreichen Konkurrenten; die Konservativen nichts als das Lob ihrer moralischen Tugenden; die Sozialisten schoben sie, als von den »Gesetzen des Kapitalismus zum Untergang verurteilt«, beiseite. Erst dem Nationalsozialismus gelang es, sie politisch zu organisieren.

Die Verwandtschaft der Wirtschaftsphilosophie des Antisemitismus im neunzehnten Jahrhundert mit der des Nationalsozialismus liegt auf der Hand. Der Begriff »raffendes Kapital« zum Beispiel, der so prominent in der frühen Wirtschaftstheorie des Nationalsozialismus auftrat, war von den antisemitischen Schriftstellern der siebziger Jahre schon allgemein benutzt worden. Glagau, der Wortführer des Mittelstandes, gebrauchte ihn. Adolf Stoecker, der Vertreter des christlichsozialen Antisemitismus, betonte einige Jahre später, daß er ja nur das »mobile« Kapital, das »Börsenkapital« bekämpfe. »Marx und Lassalle«, sagte er, »haben das Problem nicht nach der Börse, sondern nach der Industrie hin gesucht, die Industriellen für alle sozialen Mißstände verantwortlich gemacht und den Haß der Arbeiter auf sie gelenkt. Unsere Bewegung korrigiert das in etwas: Wir zeigen dem Volk die Wurzeln seiner Not in der Geldmacht, dem Mammonsgeist der Börse.«[32]) In ähnlicher Weise stellte im Dezember 1893 der antisemitische Abgeordnete Liebermann von Sonnenberg im Reichstag fest, er und andere Antisemiten hätten gar nichts gegen jüdisches Kapital als solches oder gegen Kapital an sich einzuwenden. Man müsse unterscheiden zwischen »schädlichem und nützlichem Kapital«. Nützliches Kapital sei angelegt in der Landwirtschaft und »in der gesamten Industrie«, in »redlichem Handel« und »in dem Sparvermögen, das das Ergebnis eines an Arbeit reichen Lebens darstellt«. Schädliches Kapital sei das, »welches sich, ohne wirkliche Arbeit zu leisten, ins Ungemessene vermehrt« durch »Lug und Trug und Schwindel. Dieses Kapital finden wir an der Börse, und daß dieses Kapital meist ein jüdisches ist, dafür können *wir* doch nichts.«[33])

Die Vorstellung von produktivem und unproduktivem Kapital war keine Erfindung der deutschen Antisemiten. Sie stammt aus der katholischen Wirtschaftsphilosophie, liegt der Wirtschaftstheorie der deutschen Romantik zugrunde, wurde von Proudhon theoretisch ausgearbeitet und von den deutschen Proudhonisten übernommen. Im Kommunistischen Manifest verspottet Marx die Konstruktion als den ideologischen Grundstein sowohl des »aristokratischen« wie des »wahren« Sozialismus.

Ein festes Einkommen und ein »gerechter Lohn für ehrliche Arbeit« waren von jeher die ökonomischen Ideale des deutschen städtischen und ländlichen Mittelstandes gewesen. Diese Schichten fürchteten und haßten die Dynamik der kapitalistischen Wirtschaft, ihre Mobilität und ihre Spekulation. Besonders das Geldkapital, Kapital in seiner abstraktesten und anonymsten Form, galt ihnen als Symbol für den unmoralischen, wucherischen und unheimlichen Charakter des Systems, dessen gefährlichsten

Agenten sie in der Hochfinanz sahen. Je weniger sie deren Arbeitsmethode kannten und persönlichen Kontakt mit der Finanzwelt hatten, desto mysteriöser und drohender erschien sie ihnen. Diese ganze Sphäre empfanden sie als etwas eminent Jüdisches. Das Stereotyp vom jüdischen Zwischenhändler, Bankier und internationalen Finanzmann – »alles Schwindler« – zog seine Nahrung sicherlich aus den Legenden, die sich um mittelalterliche jüdische Geldgeschäftspraktiken gesponnen hatten; auch wußte man um den traditionell hohen Anteil der Juden an Handel und Zwischenhandel. Aber die Langlebigkeit des Stereotyps beruht vermutlich auf wirklichen wirtschaftlichen Gegensätzen, die sich in der Unterscheidung zwischen »jüdischem« (finanziellem) Kapital und »deutschem« (industriell-landwirtschaftlichem) Kapital Luft machten. Dem Geschmack des Mittelstandes war diese Zweiteilung wie auf den Leib geschnitten, gab sie doch Gelegenheit, an der bestehenden Ordnung zu nörgeln, ohne ihre Grundlage, das Privateigentum, anzutasten. Antisemitische Agitatoren ließen sich nie die Gelegenheit entgehen, Antikapitalismus dieser zweigleisigen Art auf ihre Fahnen zu schreiben. Er barg nicht die Gefahr, die Anhänger des Antisemitismus den herrschenden Gruppen zu entfremden, im Gegenteil: er förderte die Pseudosolidarität des christlichen Staates und führte später dem Mythos der Volksgemeinschaft neue Nahrung zu. Wie groß die psychologische und taktische Wirkung einer derartigen Differenzierung war, hat keiner besser beschrieben als Hitler. Als er zum ersten Mal Gottfried Feder über die »Brechung der Zinsknechtschaft« sprechen hörte, wußte er »sofort, daß es sich hier um eine theoretische Wahrheit handelt, die von immenser Bedeutung für die Zukunft des deutschen Volkes werden würde. Die scharfe Scheidung des Börsenkapitals von der nationalen Wirtschaft bot die Möglichkeit, der Verinternationalisierung der deutschen Wirtschaft entgegenzutreten, ohne zugleich mit dem Kampf gegen das Kapital überhaupt die Grundlage einer unabhängigen völkischen Selbsterhaltung zu bedrohen.«[34])

Die Angriffe auf »jüdischen« Finanzschwindel, durch welche sich die Reaktion auf den großen Krach von 1873 Luft schaffte, müssen im Lichte dieser tieferen ökonomischen und weltanschaulichen Auseinandersetzung gesehen werden. Es machte wenig Eindruck, als der jüdische Abgeordnete Lasker, der Führer der Liberalen, im Preußischen Abgeordnetenhaus (am 14. Januar und 1. Februar 1873) und im Reichstag (am 4. April 1873) Alarm schlug und enthüllte, daß mehrere konservative Abgeordnete höchst zweifelhafte Aktiengeschäfte unterstützt hatten. Unter den von Lasker genannten Personen befand sich Geheimrat Hermann Wagener, ein Führer der Gruppe, die sich um die Kreuzzeitung (35) scharte; er war ein Freund Adolf Stoeckers und später Förderer der antisemitischen Christlichsozialen Partei. Lasker vermochte es nicht, die Juden vor der Anschuldigung zu bewahren, den geschäftlichen Zusammenbruch verursacht zu haben; vielmehr sah man in seinen Reden einen von der jüdischen Gruppe gestarteten Versuch, die Verantwortung auf die Konservativen abzuwälzen. In der rapiden kapitalistischen Umgestaltung der deutschen Gesellschaft war Teilnahme der Konservativen an Spekulationsschwindeleien sicherlich kein genügender Grund, die neue Ära als ein Produkt des Konservatismus erscheinen zu lassen. Im Gegenteil, die Zeit gehörte dem kapitalistischen Fortschritt. Er hatte neue Gesetze und eine neue Geschäftsmoral gebracht, die sozialen Gegensätze vertieft, die politischen und religiösen Spannungen verschärft. Gerade durch diese Veränderungen aber konnte sich die soziale Stellung der Juden verbessern. In einer solchen Atmosphäre fanden die Behauptungen von Glagau und anderen Antisemiten, der Statistik zufolge seien 90 Prozent der Spekulanten Juden, williges Gehör.

Den Antisemitismus von Publizisten wie Marr und Glagau – die Liste der Agitatoren ließe sich leicht erweitern, ohne daß dabei wesentlich neue Einsichten zu gewinnen wären – nahm die öffentliche Meinung als einen Ausdruck privater Überzeugung zur Kenntnis, ohne ihn noch mit politischen Organisationen in Verbindung zu bringen. Das änderte sich 1875. Der Antisemitismus wurde in dem Augenblick eine Angelegenheit der Politik und der politischen Strategie, als zwei politisch repräsentative Blätter ihn auf ihre Fahnen schrieben: die Kreuzzeitung, das Sprachrohr der preußischen Konservativen und des orthodoxen preußischen Protestantismus, und die Germania, das Zentralorgan der Zentrumspartei.

In einer nicht gezeichneten Artikelserie, die unter dem Namen »Ära-Artikel« notorisch wurde, begann im Juni 1875 die Kreuzzeitung einen heftigen Angriff auf »die Finanz- und Wirtschaftspolitik des neuen deutschen Reiches«, die »auf unbefangene Beurteiler den Eindruck reiner Bankierpolitik« mache[36]). Als Schuldige wurden die Männer um Bismarck bezeichnet, darunter sein Finanzberater Bleichröder. Nicht nur, daß Bismarcks »regierender Bankier« ein Jude sei, beanstandete das Blatt; die Polemik richtete sich gegen die ganze nationalliberale Ära, die auf nichts anderes hinauslaufe als auf eine »von und für Juden betriebene Politik und Gesetzgebung«. Die Juden beherrschten, hieß es, durch Lasker und Bamberger die Nationalliberalen, durch die Nationalliberalen das Parlament und durch die nationalliberale Presse das deutsche Volk; diese Politik müsse ins Verderben führen. Die einflußreiche Stellung der Juden im öffentlichen Leben Deutschlands, drohte die Kreuzzeitung ganz offen, werde nicht unangetastet bleiben, sobald die christlich und national gestimmten Deutschen erst einmal den Charakter der von den herrschenden Gruppen betriebenen »Judenpolitik« durchschaut hätten (37).

Im Sommer 1875 nahm die Germania den Kampf auf und verstärkte die Anklagen der Kreuzzeitung in einer Serie antisemitischer Artikel von meisterhafter Demagogie [38]). Das Blatt stichelte gegen Bismarck durch den Abdruck einer Rede, die er im ersten Vereinigten Landtag von 1847 gegen einen Gesetzesentwurf zur Judenemanzipation gehalten hatte; Bismarck erklärte damals, er gönne den Juden alle Rechte, »nur nicht das, in einem christlichen Staat ein Obrigkeitsamt zu bekleiden« [39]). Die Germania durchsuchte die deutschen Klassiker, Goethe, Herder, Kant und Fichte, nach antijüdischen Äußerungen und begann damit ein Studium, das einige Jahrzehnte später von Theodor Fritsch im »Handbuch der Judenfrage« und schließlich vom nationalsozialistischen »Institut zur Erforschung der Judenfrage« weiterbetrieben wurde. Einige Germania-Artikel machten auf die berufliche Verteilung der Juden aufmerksam; in den »produzierenden Schichten« seien sie nur spärlich vertreten, sehr zahlreich dafür in »lukrativen Geschäften«, wo sie auf Kosten der christlichen Bevölkerung Reichtümer ansammelten; »ganz horrende Mißverhältnisse« bestünden im Anteil von christlichen und jüdischen Schülern an höheren Lehranstalten. Die Regierungskampagne gegen die katholische Kirche, Bismarcks »Kulturkampf«, interpretierte das katholische Blatt einerseits als Feldzug der Juden gegen Rom, unternommen aus Rache für die Unterdrückung des Judenstaates in Palästina vor 1800 Jahren, andererseits als ein Ablenkungsmanöver, das den Juden erlaube, ungestört das deutsche Volk zu beschwindeln und auszubeuten.

Die Germania ließ es jedoch nicht mit einer Kritik bewenden, sondern entwickelte ein eigenes Programm für eine »Emanzipation der Christen von den Juden«. Sie war zu vorsichtig, gesetzliche Maßnahmen gegen die Juden zu empfehlen – erlebten doch die Katholiken gerade am eigenen Leib die Wirkung einer ihnen feindlichen Gesetzgebung. Statt dessen appellierte das Blatt an die wirtschaftliche Solidarität der Christen, popularisierte Schlagworte wie »Kauft nicht von Juden!« oder »Leiht nicht von Juden!« und empfahl die Gründung von Sparkassen und Kreditanstalten als einen Schritt zur wirtschaftlichen Befreiung vom jüdischen Wucher.

Nach dem gemeinsamen Angriff der beiden führenden Blätter des konservativen und katholischen Lagers nahm die »Anti-Kanzler-Liga« den

Kampf gegen den »jüdischen Liberalismus« auf. Die von Katholiken und Konservativen gegründete Liga, der einflußreiche Aristokraten beider Konfessionen angehörten, genoß das Wohlwollen des kaiserlichen Hofes. Unter Joachim Gehlsen veröffentlichte sie ein Blatt, das sich sarkastischerweise zuerst Deutsche Eisenbahnzeitung nannte – der Bau von Eisenbahnen war eine der »Gründer«-Industrien, worin Vermögen gewonnen und verloren worden waren – und später Deutsche Reichsglocke. Bismarck beschwert sich in seinen Memoiren darüber, daß der Kaiser zwar die Zusammenarbeit mit ihm in dieser Zeit nie abgelehnt, aber doch täglich die Reichsglocke gelesen habe, ein Blatt, das »ausschließlich davon lebte«, ihn zu verleumden. Vom Königlichen Hausministerium seien nicht weniger als dreizehn Exemplare für den preußischen und andere Höfe bezogen worden. Die Liga zeichnete auch verantwortlich für eine Anzahl von Büchern und Broschüren, gespickt mit heftigen Angriffen auf Bismarck und die Juden, zum Beispiel Rudolph Meyers »Politische Gründer und die Korruption in Deutschland« (1877), Joachim Gehlsens »Aus dem Reiche Bismarcks« (1894) und von demselben, ohne Verfasserangabe, »Das kleine Buch vom großen Bismarck« (1877). Der Eisenbahnzeitung galten die Juden als Bismarcks »Kulturkämpfer«, die nach dem uralten Prinzip »teile und herrsche« einen Kampf gegen die Katholiken provoziert hätten. Bei der Judenfrage, schrieb der ungenannte Verfasser eines Artikels – wahrscheinlich war es Rudolph Meyer (40) – gehe es um Leben und Tod des deutschen Volkes; sie könne erst nach der Beseitigung von Bismarck und seinem jüdischen Regierungssystem gelöst werden [41]).

Es gab sowohl kulturelle als auch politische Gründe für dieses merkwürdige Bündnis von Konservativen und Katholiken. Bismarck hatte den »Kulturkampf« begonnen, um die politische Macht des Katholizismus zu beschneiden. In der 1870 konstituierten Zentrumspartei fürchtete er eine Mobilmachung gegen den Staat, das heißt gegen sein Reich, das auf der Vorherrschaft der protestantischen preußischen Monarchie beruhte. Der Kanzler und die Nationalliberalen betrachteten den politischen Katholizismus als die Seele der »großdeutschen«, pro-österreichischen, anti-preußischen Opposition gegen Bismarcks »kleindeutsche« Lösung der Einigung Deutschlands unter Führung Preußens mit Anschluß Österreichs. »Nationalgesinnte« Kreise mißtrauten dem politischen Katholizismus auch deshalb, weil der Zentrumsführer Ludwig Windthorst ein treuer Freund des Königs von Hannover war, dessen Land sich Preußen 1866 einverleibt hatte.

Als Bismarck mit der Hilfe des liberalen Bürgertums die Macht der katholischen Kirche im Reich einzuengen begann, konnte der orthodoxe Protestantismus leicht die Gefahren dieser Politik für seine eigene Stellung erkennen. Der Kulturkampf wuchs sich zu einer prinzipiellen Auseinandersetzung zwischen geistlicher und weltlicher Autorität aus.

Gegnerschaft zu Bismarcks Politik allein konnte jedoch kaum die unmittelbare Ursache für den gemeinsamen konservativ-katholischen Angriff auf die Juden gewesen sein. 1875, als die antisemitische Kampagne begann, stand der Kulturkampf schon in seinem vierten Jahr. Ebensowenig läßt sich der politische Angriff als eine spontane Reaktion auf den Wirtschaftszusammenbruch erklären. Der große Krach lag schon etwa zwei Jahre zurück. Nur weil die aufgespeicherten Spannungen durch drängende politische Ereignisse und Erwägungen freigesetzt worden waren, konnten sie sich in der Kampagne entladen.

Die Wahlen vom Januar 1874 hatten den Nationalliberalen – »der Partei Bismarcks und der Juden« – einen außerordentlichen Sieg gebracht. Die Zahl ihrer Reichstagssitze konnten sie von 119 (von insgesamt 382) auf 152 (von 397) erhöhen. Auch die Fortschrittspartei hatte sich gut gehalten und ihre 45 Mandate um 4 vermehrt. Die Konservativen aber waren empfindlich geschlagen worden. Ihr Prozentsatz an Wählerstimmen fiel von 14 auf 7, die Anzahl ihrer Reichstagsmandate von 54 auf 21. Am erstaunlichsten aber hatte das Zentrum abgeschnitten. Trotz der Kulturkampfagitation gelang es ihm, seine Reichstagsmandate von 58 auf 91 zu erhöhen. Der Katholizismus war jetzt die einzige größere politische Kraft, mit der die sehr geschwächten Konservativen sich verbünden konnten. Von ihnen kam die Initiative für den Angriff auf den »jüdischen Liberalismus«; die antisemitischen Artikel in der Kreuzzeitung erschienen vor denen in der Germania. Hier zum ersten Mal in der Geschichte des modernen Reichs zeigte die »kleine, aber mächtige Partei«, wie die Konservativen gern sich selbst nannten, daß sie vor keiner politischen Koalition zurückschreckte, wenn es um die Verteidigung ihrer traditionellen Vorrechte ging.

Entsprechende Gründe dürften auch bei dem Entschluß des Zentrums mitgespielt haben, sich an der antisemitischen Kampagne zu beteiligen. Zwar konnte es als die Partei einer religiösen Minderheit kaum hoffen, gleich den Konservativen die Stimmen des Mittelstandes zu gewinnen. Aber es durfte sich andere politische Vorteile von dem Angriff auf die »Juden und Liberalen« erwarten. Wenn es dem Zentrum gelang, die Nationalliberalen, die im Reichstag Bismarck am eifrigsten förderten, zu schwächen, so war die Fortsetzung des Kulturkampfes für den Kanzler viel schwieriger geworden. Außerdem hing der Einfluß des Zentrums im Reichstag weitgehend davon ab, ob die Notwendigkeit einer Mehrheitsbildung die Linke oder Rechte dazu zwang, sich um eine Koalition mit den Katholiken zu bemühen. Obwohl die Zahl der Zentrumsmandate im Reichstag beträchtlich angestiegen war, hatten die Wahlen von 1874 dennoch die taktische Lage der katholischen Partei geschwächt, denn die Linke war stark genug geworden, um auf ihre Unterstützung verzichten zu können. Fortschrittler und Nationalliberale hatten mit 201 von insgesamt 397 Sitzen eine bequeme Mehrheit. Es lag im Interesse des Zentrums, durch ein Bündnis mit der jetzt stark geschwächten Rechten ein besseres Gleichgewicht herzustellen.

Solche politischen Erwägungen waren aller Wahrscheinlichkeit nach von Bedeutung, als das Zentrum beschloß, an dem antisemitischen Feldzug teilzunehmen. Aber der Grad von Feindseligkeit, die ausgesprochene Leidenschaft der Germania-Artikel, läßt noch auf tiefere Beweggründe schließen. In der Heftigkeit des antisemitischen Ausbruchs kam auch die Erbitterung einer Gruppe zum Ausdruck, die ihre eigene Position mit der einer anderen Minderheitsgruppe verglich. Die Juden, die bis vor kurzem als Parias gegolten hatten, kraft des Gesetzes Staatsbürger zweiter Klasse gewesen waren, schienen binnen weniger Jahre in den Brennpunkt des öffentlichen Lebens gerückt zu sein, eng verbunden mit der Regierungspolitik und dem Reichskanzler selbst. Die Katholiken dagegen fanden sich offiziell verfolgt und von vielen Seiten angegriffen. »Welch' ein Vergnügen jetzt dieser Kulturkampf für die Juden ist!«, bemerkte der katholische Schriftsteller Constantin Frantz verächtlich im Jahre 1874. »Sie haben alle Veranlassung, ihn nach Möglichkeit anzuschüren und nach Kräften mitzukämpfen. Auch wird man ihnen die Anerkennung nicht versagen, daß sie dabei wirklich ihren Mann stehen. Aber sie wissen auch, wofür sie kämpfen, weil sie in der Kirche ganz richtig das Bollwerk des Christentums erkennen. Was können sie mehr wünschen, als die Zerstörung dieses Bollwerks? Das Christentum als bloß geistiges Prinzip, hoffen sie, wird sich dann in den allgemeinen Kulturbrei einstampfen lassen.«[42])

Daß den Katholiken die »Juden und Liberalen« ein Dorn im Auge waren, hatte seine guten Gründe. Die Liberalen hatten seit der Gründung des Reichs bereitwillig an einer undemokratischen Regierung teilgenommen und sich in der Freundschaft des Kanzlers gesonnt. Prominente Juden wie Lasker waren an dem parlamentarischen Kampf für die antikatholische Gesetzgebung von 1873 eifrig beteiligt gewesen. Dem berühmten Pathologen Rudolf Virchow, einem der Begründer der Fortschrittspartei und Befürworter der Bismarckschen Katholikenverfolgung, wurde die zweifelhafte Ehre zuteil, den Begriff »Kulturkampf« prägen zu dürfen. Die Berliner liberale Presse, mit der viele Juden verbunden waren, hatte einen Kreuzzug gegen Konservative und katholische »Reichsfeinde« geführt und geholfen, das Prädikat »ultramontan« zu einem der populärsten Schmähworte der Zeit zu machen, zu einem Begriff, in dem sich liberale Aufklärung gegen katholisches Dogma mit nationalistischer Feindseligkeit gegen eine Autorität verband, die ihren Sitz ultra montes hatte, nämlich im Vatikan.

Die antisemitische Agitation des katholischen Lagers endete jäh und unter merkwürdigen Umständen. Ein katholisches Blatt in der Provinz, die Schlesische Volkszeitung, hatte mit dem Nachdruck der Germania-Artikel begonnen, unterbrach aber die Reihe plötzlich und veröffentlichte am 2. Oktober 1875 eine Erklärung, in der es sich von dem Inhalt der Artikelserie lossagte[43]). Haß gegen die Juden sei unvereinbar mit christlicher Nächstenliebe, stellte das Blatt fest und fragte sich, ob die Germania nicht der Kreuzzeitung in die Falle gegangen sei; der Verfasser der Germania-Artikel könne sehr wohl Hermann Wagener sein, ein Vertrauter Bismarcks, und die Anregung sei möglicherweise direkt vom Kanzler gekommen, der auf diese Weise eine Änderung seiner Politik vorbereiten wolle. Ob die Schlesische Zeitung mit dieser Vermutung recht hatte, läßt sich kaum feststellen. Wawrzinek[44]) nimmt an, daß die Germania-Artikel von Joseph Cremer stammten, der später einer der Führer und Bismarcks Agent in Adolf Stoeckers antisemitischer Berliner Bewegung wurde. Ob jedoch von oben inspiriert oder nicht, die Artikel taten ihr Werk: zwei ehemalige politische Opponenten stießen auf einen gemeinsamen Feind. In der antijüdisch-antiliberalen Kampagne fanden sich katholische Gegner des Preußentums und protestantisch-konservative Antikatholiken zusammen.

Von der liberalen Geschichtsschreibung ist das heftige Aufflammen von politischem Antisemitismus in den katholischen Kreisen der siebziger Jahre oft als eine bedauerliche Episode in einer sonst harmonischen Beziehung zwischen zwei Minderheitsgruppen betrachtet worden, als ein faux pas der gereizten Kirche, den sie schnell wieder korrigiert habe. Eine solche Erklärung dürfte kaum genügen. Die Zentrumspartei war dabei, eine exponierte strategische Stellung im Reichstag zu beziehen, die sie von 1879 bis zum Ende der Weimarer Republik nicht wieder verlieren sollte. Als eine konfessionelle Partei, deren Mitglieder sich aus allen sozialen Klassen rekrutierten, war sie in der Lage, politische Bündnisse mit der Rechten und der Linken einzugehen, ohne befürchten zu müssen, ihre Anhänger könnten ihr davonlaufen. Als Bismarck Ende der siebziger Jahre den Kulturkampf abbrach, gewährten ihm die Katholiken als Gegenleistung bedingte parlamentarische Unterstützung. Die nationalliberale Ära war vorbei; mit ihr erlosch der stärkste Anlaß für Antisemitismus in den katholischen Reihen (45).

Die Strategie der Katholiken den Juden gegenüber hatte also wohl ebensowenig etwas mit christlichen Prinzipien zu tun wie die der protestantischen Konservativen. In erster Linie waren es politische Erwägungen, von denen sich der Katholizismus leiten ließ. Daß seine Beziehung zu den Juden im weiteren Verlauf der deutschen Geschichte nicht unfreundlich war, beruhte auf anderen Faktoren als auf dem christlichen Glauben an die Brüderlichkeit der Menschen (46).

In seinem Vorhaben, Deutschland zu einigen und zu einer modernen Großmacht zu entwickeln, war Bismarck gezwungen gewesen, sich auf den Liberalismus zu stützen, nicht aus innerer Neigung, sondern weil die immer noch halbfeudale preußische Aristokratie seinen Plänen lauwarm gegenüberstand. Schon in den siebziger Jahren jedoch wurde es immer klarer, daß es auf die Dauer kaum möglich sein werde, das Reich mit einer liberalen Mehrheit zu regieren, ohne dafür drastische Änderungen in der Machtstruktur des Staates in Kauf nehmen zu müssen. Schon seit der Reichsgründung standen die nivellierenden Tendenzen von Handel und Industrie in scharfem Konflikt mit den ständischen Interessen der preußischen Aristokratie und Monarchie. Das Staatsgefüge konnte diese Spannungen nicht eliminieren, sie lagen in ihm selbst begründet (47).

Während seiner ganzen Kanzlerschaft war es Bismarcks Bestreben, zu verhindern, daß die konstitutionelle Regierungsform unter liberalem und sozialistischem Druck von der parlamentarischen abgelöst werde. Das allgemeine und gleiche Wahlrecht, eine notwendige Konzession an den Liberalismus, beschwor ständig diese Gefahr, und des Kanzlers Abhängigkeit von den Nationalliberalen verstärkte sie noch. Die Liberalen gewährten ihre Unterstützung nicht ohne Gegenleistung. Sie drängten auf Liberalisierung des Staatsapparates und auf Demokratisierung der Verwaltungslaufbahn, die immer noch weitgehend ein Monopol des Land- und Dienstadels war. Sie betrieben eine Wirtschaftspolitik, die wachsende Opposition hervorrief und die Führung der Regierungsgeschäfte komplizierte. Es tat der Stellung des Kanzlers als eines »ehrlichen Maklers« zwischen Vertretern gegensätzlicher Interessen nicht gut, daß er in Abhängigkeit zu einer einzelnen Partei geraten war. Angesichts seiner Position und der politischen Aufgaben, die er sich gesetzt hatte, mußte ihm daran liegen, daß sich im Parlament keine ständigen Mehrheiten gruppierten.

Die von der Wirtschaftskrise hervorgerufenen sozialen und politischen Spannungen ließen bald eine neue Gefahr am politischen Horizont auftauchen, die es Bismarck noch schwerer machte, seinen Kurs einzuhalten. Im Mai 1875 vereinigten sich in Gotha die beiden Hauptorganisationen der sozialistischen Arbeiterschaft – der von Lassalle 1863 in Leipzig gegründete Allgemeine Deutsche Arbeiterverein und die von den Anhängern von Karl Marx, insbesondere Wilhelm Liebknecht und August Bebel, 1869 in Eisenach gegründete Sozialdemokratische Arbeiterpartei – zur Sozialistischen Arbeiterpartei Deutschlands (48). In den Wahlen von 1874 hatten die beiden Richtungen zwar erst neun Reichstagssitze erhalten, und ihrer Ideologie nach war die neue Partei scharf gegen die Grundsätze des bürgerlichen Liberalismus gerichtet, in der parlamentarischen Praxis aber spielte sie doch die Rolle eines Verbündeten der linken Liberalen; beide erstrebten eine parlamentarische Regierungsform. Bismarcks vordringlichste Aufgabe wurde es jetzt, seinen Obrigkeitsstaat gegen den Einbruch einer gefährlichen Koalition zu verteidigen; seine politische Strategie zielte darauf ab, die Liberalen zu schwächen und die Sozialisten zu unterdrücken.

Sozialgesetzgebung und Schutzzollpolitik, so hoffte der Kanzler, würden es der Regierung ermöglichen, sich die von der Krise verursachte allgemeine Unzufriedenheit zunutze zu machen. Staatseingriffe sollten die liberalen Vorkämpfer des Freihandels in Verlegenheit setzen und schwächen, dagegen Macht und Ansehen des christlichen Staates stärken und den Sozialdemokraten den Wind aus den Segeln nehmen. Zur Durchführung seiner Absicht aber brauchte Bismarck die Unterstützung einer ihm wohlgesinnten Reichstagsmehrheit, die er in diesem Falle nur von den Konservativen und Katholiken erhoffen konnte. Die Grundlagen für eine Koalition der beiden Parteien waren im Laufe der antisemitisch-antiliberalen Kampagne gelegt worden. Daß Bismarck persönlich dabei aufs heftigste angegriffen worden war, trübte nicht seinen Blick für die Möglichkeiten, die sich aus der Neugruppierung ergaben.

Kapitel II

Der christlich-konservative Gegenangriff (1879-1886)

In den Jahren stockender Wirtschaftsentwicklung und gesellschaftlicher Malaise zwischen 1874 und 1878 setzte sich im neuen Reich eine verwickelte soziale und politische Umorientierung durch. Das Elend der großstädtischen Massen und ihre zunehmende Entfremdung von Kirche und Staat erregte allgemeine Besorgnis; die »soziale Frage« wurde zum Thema der Zeit, zu einem Gegenstand endloser Diskussionen in Presse und Predigt. Überall war der Schrei nach »Reformen« zu hören, Reformvereine aller Art schossen aus dem Boden. Der Zentral-Verein für Sozialreform, angefeuert von dem evangelischen Pfarrer Rudolf Todt, lenkte die Aufmerksamkeit auf das Elend von vernachlässigten städtischen und ländlichen Gruppen und verlangte Abhilfe durch die Regierung. Die Gewerbetreibenden riefen nach »Steuer- und Gesetzreformen«, die Industriellen verlangten »Schutz der nationalen Arbeit«. Der 1873 gegründete Verein für Sozialpolitik war die Organisation der Reformer an den Universitäten, denen ein nationalliberaler Journalist, H. B. Oppenheim, den Spitznamen »Kathedersozialisten« anhängte. Nicht der Sozialismus hatte sie zusammengeführt – sie gehörten den verschiedensten politischen Richtungen an – sondern die ihnen gemeinsame Ablehnung des »Manchestertums« der Nationalliberalen und die Besorgnis über die sozialen Folgen des entfesselten Kapitalismus. Im Verein für Sozialpolitik fanden sich solch hervorragende akademische Lehrer wie Gneist, Roscher, Schmoller, Brentano, Knapp, Conrad und Adolph Wagner zusammen.

Die Programme dieser neuen Reformbewegungen und -organisationen zeigten oft deutliche Spuren von Antisemitismus; sogar bei den Kathedersozialisten konnte man sie finden. Wagner, einer ihrer bekanntesten Führer, war ein persönlicher Freund von Adolf Stoecker und übernahm für einige Jahre das Amt eines Ehrenvorsitzenden von Stoeckers Christlichsozialer Partei und die Präsidentschaft des Stoeckerschen Evangelisch-Sozialen Kongresses. Es war wohl nicht reiner Zufall, daß der Verein für Sozialpolitik in einer seiner ersten Studien das Problem des ländlichen

Wuchers aufgriff; der vorgelegte Bericht hob die Rolle der Juden bei dieser Geißel der Bauernschaft hervor.

In einer Schrift des Königl. Stadtgerichtsrats C. Wilmanns trat die enge Verbindung von mittelständischer Sozialreform und Antisemitismus offen zutage. In »Die ›goldene‹ Internationale und die Notwendigkeit einer sozialen Reformpartei« befürwortete Wilmanns die Aufhebung der Macht des »Geldkapitals« gegenüber Landwirten, Handwerkern und kleinen Industriellen, und zwar sollte das durch eine neue Finanzpolitik erreicht werden. Er trat besonders für ein neues Landrecht ein. Es sollte das römische Recht ersetzen, das er als ein für eine freie Bauernschaft verderbliches Stadt- und Sklavenrecht bezeichnete. Seine Ansichten von der Notwendigkeit neuer Rechtsinstitutionen, welche »den Bedürfnissen und dem Charakter des Deutschen Volkes entsprechen«[49]), wurden später von den Rechtsphilosophen des Nationalsozialismus wieder aufgegriffen.

Alle diese Reformvorschläge zielten im wesentlichen darauf, das Vertrauen des Arbeiters in den Staat wiederherzustellen und die Position des kleinen Mittelstandes zu festigen. Der Widerhall, den die Bestrebungen der Reformer hervorriefen, war jedoch bei den beiden ungleich strukturierten gesellschaftlichen Schichten sehr verschieden.

Die Industriearbeiter hatten begonnen, das herrschende System mit steigendem Selbstvertrauen herauszufordern und durch ihre eigenen beruflichen, politischen und kulturellen Organisationen am Leben der Nation teilzunehmen. Sie erwarteten eine Verbesserung ihrer Lage aus eigener Kraft, nicht vom Wohlwollen eines Staates, der sich weigerte, die Herrschaft des Parlamentes anzuerkennen. Die entmutigten, entwurzelten und unorganisierten Mittelstandsgruppen dagegen waren nicht gewöhnt, auf sich selbst zu stehen; sie setzten ihre Hoffnung auf die Führung »starker Männer«.

Bis in die sechziger Jahre hatte sich der kleine Mittelstand den oberen Schichten des Bürgertums, die dem christlich-konservativen Staat noch immer feindlich gegenüberstanden, angeschlossen und die liberalen Bestrebungen unterstützt. Vom Liberalismus enttäuscht, unter starkem wirtschaftlichen Druck, begannen sie jetzt mehr und mehr, beim Staate Schutz und Gönnerschaft zu suchen. Ihrer Sache nahm sich ein Heer von Wortführern an, Geistliche und Professoren, Kurpfuscher und Besessene, verbitterte Journalisten und reaktionäre Romantiker. Ein evangelischer Pfarrer, Adolf Stoecker, war der erste, dem es gelang, die vielfältigen Klagen und Hoffnungen dieser Schichten zu kanalisieren. Er gab ihnen einen Namen, ein Ziel und eine politische Organisation (50).

Stoecker stammte selbst aus einer sehr bescheidenen Mittelstandsfamilie. Sein Vater hatte das Schmiedehandwerk gelernt, war ins Heer eingetreten und erwarb sich nach siebenundzwanzig Jahren Dienstzeit das Amt eines Gefängnisinspektors. Unter großen Entbehrungen brachten die Eltern es fertig, den 1835 geborenen Sohn durch Gymnasium und Universität zu schleusen. Er studierte Theologie, erwarb seinen Lebensunterhalt zuerst als Hauslehrer in ostpreußischen Adelsfamilien und wurde dann, nach den üblichen Anfangsstellungen in kleinen Gemeinden, Militärpfarrer. In Metz, bald nach der Annexion von Elsaß-Lothringen, fiel dem kaiserlichen Hof der patriotische Eifer des Divisionspfarrers auf; 1874 wurde er als Hof- und Domprediger nach Berlin berufen.

Seit seiner frühen Jugend hatte Stoecker eine Schwäche für den alten preußischen Adel, der für ihn die Gesellschaft verkörperte, in welcher sich christliche Tugenden und politische Prinzipien, persönliche und öffentliche Lebensführung ideal verbanden. Bei der Aristokratie glaubte er noch die Werte zu finden, die ihm alles bedeuteten: Liebe zum Vaterland, Ehre, Pflicht, Gehorsam und nicht zuletzt das Bewußtsein, daß der dem Adel zukommende Anspruch auf politische Herrschaft eine Verantwortung dem Volk gegenüber einschloß.

Stoeckers Amt und Persönlichkeit machten ihn zum rechten Mann für die Aufgabe, die er sich gesetzt hatte: die unteren Volksschichten in den christlich-konservativen Staat zurückzuführen. Als Hofprediger schien er auch für seine politische Tätigkeit die Billigung höchster Stellen zu finden. Durch seine engen Beziehungen zur Kreuzzeitung erhielt er Einfluß auf die angesehensten Gesellschaftskreise, und als Leiter der Berliner Stadtmission, der Wohlfahrtspflege der evangelischen Kirche, kam er in unmittelbare Berührung mit der großstädtischen Armut. Er war ein glühender Patriot (51), ein hervorragender Redner und unermüdlicher Arbeiter, von dem sein einstiger Schüler, der spätere Pazifist Hellmut von Gerlach, sagte, daß man ihm gegenüber nicht gleichgültig bleiben konnte: man mußte ihn hassen oder lieben[52]). Binnen weniger Jahre schmiedete Stoecker aus den Beschwerden des Mittelstandes, aus der Furcht vor der Sozialdemokratie und dem Haß gegen das »jüdische« Kapital eine machtvolle Bewegung.

Ein Brief, den Stoecker zur Rechtfertigung seiner sozialen und politischen Agitation 1878 an den Kronprinzen Friedrich schrieb (aber erst 1907, zwei Jahre vor seinem Tode, veröffentlichte), gibt uns einen ausgezeichneten Einblick in seine Beweggründe:

». . . was mich trieb, war die Verzweiflung um mein armes Volk, das ich in den Abgrund rollen sah, und die Liebe zu den Seelen, die ich retten wollte . . . Seit beinahe zehn Jahren widme ich der sozialen Frage ein reges und ununterbrochenes Studium. In Berlin ergriff mich das Bewußtsein der Notwendigkeit, daß etwas geschehen müsse, um das Volk vom Abgrund zurückzurufen. Ich fand, daß Leute, die sich zur Kirche hielten, mit denen ich in freundschaftlicher Beziehung stand, dennoch mit den Sozialdemokraten stimmten, weil sie in dieser Partei die Vertretung ihrer Arbeiterinteressen erblickten. Da habe ich dann unter Gebet und Flehen den Entschluß gefaßt, mitten hinein in die Sozialdemokratie zu gehen, den wilden Stier bei den Hörnern zu fassen und mit demselben zu ringen . . . Seit fünfzehn Jahren ist das sozialistische Element der Köder, mit welchem die Arbeiter um ihren Glauben wie um ihren Patriotismus betrogen worden sind. Will man an ihre Herzen heran, so muß man die sozialen Dinge mitbesprechen.«[53])

Stoecker nahm wirklich »den wilden Stier bei den Hörnern« in einer Massenversammlung, die in der Geschichte seiner Berliner Bewegung eine ähnliche Rolle spielt wie die erste Hitlersche Massenversammlung in München in der Geschichte der Nazibewegung (53a). Als Hauptredner war ein gewisser Emil Grüneberg angekündigt. Diesen Grüneberg, einen ehemaligen Schneider, hatte der Geschäftsführer der Berliner Stadtmission als einen augenscheinlich bekehrten Sozialdemokraten zu Stoecker geschickt. Stoecker, der für seinen Feldzug gegen die Sozialdemokratische Partei nach geeigneten Helfern suchte, nahm Grüneberg gern in Dienst, obwohl er über seinen zweifelhaften Charakter und seine Vorstrafen Bescheid wußte. Nach dem Polizeibericht war Grüneberg als sozialistischer Agitator Wohlhabende um Geld angegangen und aus der Sozialdemokratischen Partei ausgeschlossen worden; zweimal saß er im Gefängnis, zuerst wegen Majestätsbeleidigung, dann wegen Bettelei. Aber das hinderte den Hofprediger nicht, sich seiner zu bedienen (54). »Ohne einen Mithelfer aus den Arbeiterkreisen hätte ich die Sache nicht anfangen können«, bemerkte Stoecker nachträglich [55]).

Die Männer, die in den Eiskellersaal kamen, um Grüneberg zu hören, waren größtenteils Sozialdemokraten. Unter ihnen befand sich der Reichstagsabgeordnete Johann Most, einer der besten Redner der Partei und bekannt für seinen streitbaren Atheismus [56]). Die Sozialdemokraten bemächtigten sich sogleich der Versammlungsleitung, gewährten aber Redefreiheit. Grünebergs frömmelnde Plattheiten erregten nur Gelächter. Die Versammlung war nahe daran, statt zur Wiege der Christlichsozialen Arbeiterpartei ihr Grab zu werden. Da ergriff Stoecker das Wort. Seine Rede zeigte sofort, daß er auch eine feindselige Zuhörerschaft aufmerksam machen konnte. Er sprach zunächst von seiner eigenen niedrigen Herkunft; obwohl er jetzt den hohen Rang eines Hofpredigers habe, sei er doch selber aus der Welt der Arbeit gekommen und kenne ihr Elend. Dann beschrieb er die unheilvollen Auswirkungen der wirtschaftlichen Depression auf das Leben der Arbeiter und griff den Kapitalismus an, »diese Herrschaft der schrankenlosen Konkurrenz und des krassesten Egoismus«, die »von Krisis zu Krisis« führe. Als Abhilfe verlangte er soziale Reformen: Fürsorge für Arbeitsunfähige, Beschränkung der Frauen- und Verbot von Sonntagsarbeit. Schließlich drängte er die Arbeiter, seiner neuen Organisation beizutreten:

»Ich denke dabei an eine friedliche Organisation der Arbeit und der Arbeiter; ist diese geschaffen, dann kann man gemeinsam beraten und erstreben, was not tut. Aber das ist Ihr Unglück, meine Herren, Sie haben Ihren Sozialstaat im Kopfe. Und wenn man Ihnen die Hand bietet zu Verbesserungen, wenn man Ihnen helfen will, dann weisen Sie das höhnisch zurück und sagen: Wir sind mit nichts zufriedenzustellen, wir wollen den Sozialstaat. Damit verfeinden Sie sich die anderen Klassen, und der Haß verdirbt alles.

Ja, meine Herren, Sie hassen Ihr Vaterland. Aus Ihrer Presse glüht dieser Haß schrecklich heraus. Und das ist schlecht; das Vaterland hassen, das ist, wie wenn einer seine Mutter haßt. Auch haben Sie dazu keinen Grund. Gewiß ist auch bei uns nicht alles, wie es sein sollte; wir sind eben auf der Erde und nicht im Himmel. Aber dazu hat Ihnen das deutsche Reich das allgemeine Stimmrecht aus freien Stücken gegeben, damit Sie in Frieden mit den andern beraten und beschließen, was zum Besten dient. Nicht dazu dürfen Sie Ihr Recht mißbrauchen, daß Sie auf Zertrümmerung Ihres Vaterlandes sinnen, das ist unvernünftig und undankbar. Aber Sie hassen auch das Christentum, Sie hassen das Evangelium von der Gnade Gottes. Man predigt Ihnen Unglauben, man lehrt Sie den Atheismus und Sie trauen den falschen Propheten . . .«[57])

Ein Sozialdemokrat, der sich auf dieser Versammlung zu der neuen politischen Anschauung bekehrte, schrieb später seine Eindrücke nieder. Die Zuhörer, berichtete er, wurden unruhig während Stoeckers Rede, bewahrten aber Disziplin und ließen ihn ausreden. Dann begann Johann Most unter wildem Beifall eine heftige Ansprache, in der er das Christentum angriff und die Geistlichkeit der Unterwürfigkeit vor den Ausbeutern bezichtigte.

Mit großer Mehrheit nahm die Versammlung einen Beschluß an, der die »christlichsozialen« Vorschläge zurückwies. Er lautete:

»In Erwägung, daß ein fast 1900 Jahre währendes Christentum nicht im Stande gewesen ist, das Elend, die äußerste Not der überwiegenden Mehrheit der Menschheit zu lindern, geschweige denn ihnen ein Ende zu machen; in fernerer Erwägung, daß die heutigen Diener der Kirche keine Miene machen, das seither von ihnen beobachtete Verfahren zu ändern; in schließlicher Erwägung, daß selbst jede wirtschaftliche Errungenschaft, sei sie groß oder klein, völlig ohne den gleichzeitigen unbeschränkten Besitz politischer Freiheit wertlos ist, und selbst bei Erfüllung des christlichsozialen Programms die Sache beim alten bleibt, dekretiert die Versammlung, daß sie lediglich und allein von der sozialdemokratischen Partei eine gründliche Beseitigung aller herrschenden politischen und wirtschaftlichen Unfreiheiten erhofft, und daß es ihre Pflicht ist, mit allen Kräften für die Lehren dieser Partei einzutreten und dafür zu wirken.«[58])

Stoecker ließ sich durch den anfänglichen Mißerfolg nicht entmutigen, sondern fuhr fort, eine Reihe wöchentlicher Versammlungen einzuberufen; schließlich wurde »auf dem Boden des christlichen Glaubens und der Liebe zu König und Vaterland« seine Partei organisiert. Sie lehnte die Sozialdemokratie als »unpraktisch, unchristlich und unpatriotisch« ab, befürwortete »eine friedliche Organisation der Arbeiter, um in Gemeinschaft mit den anderen Faktoren des Staatslebens die notwendigen praktischen Reformen anzubahnen«, und sah ihr Ziel in der »Verringerung der Kluft zwischen reich und arm« und in der »Herbeiführung einer größeren ökonomischen Sicherheit« (59).

War das Programm der neuen Partei auch zusammengestückelt, so hatte es doch seine innere Logik. Es mußte radikal genug sein, um Arbeiter von der Sozialdemokratie wegzulocken, durfte sich aber andererseits wichtige Mächte in Staat, Regierung und Wirtschaft nicht zu Gegnern machen. An peinlichem Befremden und offener Warnung vor den Folgen seiner Tätigkeit fehlte es Stoecker nicht; er klagte oft über die mangelnde Einsicht seiner konservativen Freunde. Das sensationelle Ereignis, daß ein Hofprediger am Getümmel politischer Agitation teilnahm, mußte natürlich mancherlei Kritik hervorrufen. Die Würde des Thrones drohte in Mitleidenschaft gezogen zu werden, und die evangelische Kirche fürchtete, man könne sie in kritischen sozialpolitischen Fragen auf eine Stellungnahme festlegen, die nicht mit der Billigung konservativer Kreise rechnen durfte. Außerdem betrachteten die Konservativen die Gründung dieser neuen Partei als Verletzung ihrer traditionellen Interessen.

Um das Mißtrauen seiner konservativen Freunde zu beschwichtigen, mußte Stoecker ihnen vor Augen führen, welch bedrohliche Folgen die Einführung des Systems der allgemeinen, gleichen und geheimen Wahlen im Reich mit sich bringen könne. In Preußen war seit der Gegenrevolution 1849/50 der überwiegende Einfluß der Konservativen immer noch zweifach gesichert, durch die feudale Zusammensetzung der oberen Kammer des Landtages – des Herrenhauses – und durch das indirekte »Drei-Klassen-Wahlrecht« zum Abgeordnetenhaus (60).

Wollten aber die Konservativen ihren Einfluß außerhalb Preußens ausdehnen und ihre Macht im Reich befestigen, wo das gleiche Wahlrecht für die männliche Bevölkerung herrschte, so gab es dafür nur einen Weg: die Partei des landbesitzenden preußischen Adels, der Hofkreise, der Armee und der protestantischen Hierarchie mußte eine Massenpartei im Reich werden. Das erforderte manche Konzessionen, die den eingefleischten Konservativen mit ihrer tiefverwurzelten Abneigung gegen demokratische »Pöbelherrschaft« höchst widerwärtig waren. Aber selbst wenn sie sich bereit gefunden hätten, ihrer Partei ein demokratischeres Gesicht zu geben, wäre es den Konservativen nicht leicht gefallen, die neue Rolle als Freunde der unteren Stände zu spielen. Die Erinnerung an 1848 und die nachfolgende Reaktionszeit war noch zu lebendig. Stoecker bestand daher auf der Bildung einer eigenen Organisation, die zwar in Freundschaft und Bündnis mit den Konservativen operieren, aber doch unabhängig bleiben sollte in ihrem Bestreben, der Sozialdemokratie eine christliche Arbeiterpartei entgegenzustellen und ein Sammelbecken für die »wertvollen Elemente in der Welt der Arbeit« zu bilden.

Die Beziehungen zwischen Stoecker und den Konservativen waren nicht unähnlich denen, wie sie ein halbes Jahrhundert später in der »Kampfzeit« zwischen Hitler und den Deutschnationalen bestanden. Um politisch zu gedeihen, brauchte die Christlichsoziale Arbeiterpartei ebensosehr Bewegungsfreiheit wie die National-Sozialistische Deutsche Arbeiterpartei. Es mußte ihr erlaubt sein, die privilegierten Schichten zu kritisieren und im Namen der Unterdrückten zu sprechen. Als »Anhängsel der konservativen Fraktion« konnten die Christlichsozialen keinen Erfolg haben. Die Arbeiter verlangten eine unabhängige Organisation zur Verteidigung ihrer Interessen. Wollte Stoecker dieses Versprechen geben, so mußte er die Freiheit haben, soziale Forderungen zu vertreten, auch wenn sie gegen Vorrechte verstießen, welche die Konservativen zu verteidigen entschlossen waren. Konflikte dieser Art sind unvermeidlich, wo ein Agitator zwei divergente politische Richtungen verkoppeln will. In den dauernden Reibungen und dem steten Mißtrauen, zu denen sie führen, drücken sich die objektiven Gegensätze der Kräfte aus, die der Agitator zu einigen unternommen hat.

So paradox es klingen mag, es war das Verlangen nach Demokratisierung des Staates, das bei der in Deutschland vorherrschenden Gesellschaftsschichtung dem politischen Antisemitismus den größten Antrieb gab. Die Feinde der Demokratie mußten sich schon damals demokratischer Methoden bedienen, um die alte Machtstruktur aufrechtzuerhalten. Der von der Aristokratie verachtete und gefürchtete städtische »Pöbel« war ein Machtfaktor geworden, soweit politische Entscheidungen von allgemeinen Wahlen abhingen. Man konnte die Organisierung der Massen nicht länger einfach dem Liberalismus oder Sozialismus überlassen. Stoecker erkannte das deutlich. Am 1. April 1881 sagte er in einer öffentlichen Versammlung in Stuttgart:

»Es gibt konservative Schichten, die sind so vornehm kühl, daß sie meinen, es schicke sich nicht, in Volksversammlungen hineinzutreten und da im Staube des Schlachtfeldes Kämpfe auszufechten . . . Wir haben den Gegnern die Positionen des Volkslebens überlassen; nun stehen sie auf den Höhen mit dem ganz groben und feinen Geschütz der Presse, der Volksversammlungen ausgerüstet; und wir müssen eine Stellung nach der anderen erst wieder zurückerobern . . . Was gerade den Konservativen fehlt, das sind große, das ganze Volksleben umfassende, anregende, bewegende Gedanken. Die anderen Parteien haben solche Gedanken gehabt; der Nationalliberalismus hatte die nationale Einheit, er hatte den großen Begriff der persönlichen Freiheit . . . Die Einheit haben wir, und der Freiheit mehr als zuviel. Auf dem Boden der Freiheit suchen wir heute wieder mehr Ordnung herzustellen, heute werden es andere als jene liberalen Gedanken sein, die unserem Volk eingehaucht werden müssen. Ich glaube, sie bewegen sich um diese beiden Worte ›christlich und sozial‹«.[61])

Die Demokratisierung des Staates erhöhte gleichzeitig die Chancen, als Gegenmaßnahme gegen die demokratische Mehrheitsherrschaft eine Massenbewegung von rechts organisieren zu können. Der anonyme, von Rang und Stand unabhängige Stimmzettel erschien nicht nur der Aristokratie als ein Ausdruck sozialer Gleichmacherei. Daß bei den Wahlen die Stimme eines Arbeiters, eine Sozialdemokraten, eines Juden, eines arbeitslosen Taugenichts ebensoviel gelten sollte wie die Stimme achtbarer Leute – die von Beamten, Lehrern, Gewerbetreibenden und Landwirten – war auch standesbewußten Mittelstandsgruppen unerträglich. Sie weigerten sich, die peinliche Tatsache hinzunehmen, daß das industrialisierte Deutschland ihnen nicht mehr die Stellung einräumte, deren sie sich in den idyllischen Zeiten der Kleinstaaterei erfreuen durften. Über die Minderung ihres gesellschaftlichen Ansehens konnten sie sich mit defensiven Ideologien trösten; der Verlust der wirtschaftlichen Sicherheit jedoch ließ sich nur durch politischen Druck kompensieren. Voraussetzung dafür war politische Organisierung. Die Konservativen, die sich nach Massenunterstützung umsahen, trafen auf Mittelstandsgruppen, die ihrerseits darauf drängten, »in die Politik zu gehen«.

In der ersten Phase seiner politischen Laufbahn hatte Stoecker offen den Kampf gegen die Sozialdemokratie als die Hauptaufgabe seiner Partei bezeichnet. In dem oben erwähnten Brief an den Kronprinzen Friedrich von 1878 schrieb er:

»Wir stehen eben vor der Wahl. Ich denke nicht daran, einen Sitz im Reichstag zu erhalten, aber ich denke, wir werden in den drei Wahlkreisen, in denen die Sozialdemokraten mächtig sind, soviel Arbeiterstimmen absplittern, daß die Sozialdemokratie nicht siegt. Sollten wir diesen Erfolg haben, so würde jeder die Richtigkeit unserer Aktion anerkennen müssen.«[62])

Stoeckers Hoffnungen sanken, als die Wahlen mit einer völligen Niederlage der Christlichsozialen Arbeiterpartei endeten. In ganz Berlin erhielten Stoeckers Kandidaten weniger als 1500 Stimmen, die der Sozialdemokraten dagegen 56 000. Der Versuch, die revolutionäre Organisation der Arbeiter durch eine konservativ-klerikale zu ersetzen und das Berliner Proletariat wieder mit Kirche und Staat zu versöhnen, war gescheitert.

Damit trat Stoeckers Bewegung in eine neue Phase. Ihr Programm enthielt zwar weiterhin die Forderung nach arbeiterfreundlichen Sozialreformen, aber die Partei nahm nach 1878 sehr schnell einen anderen Charakter an: »christlichsozial« wurde gleichbedeutend mit »antijüdisch«. Mit dem Angriffsziel der Partei wandelte sich auch ihre politische Anziehungskraft. 1881 verschwand das Wort »Arbeiter« aus ihrem Namen; sie nannte sich jetzt einfach Christlichsoziale Partei und gestand damit, daß der Angriff auf die Sozialdemokratie mißlungen war. Stoeckers Partei setzte sich fast nur noch aus Angehörigen des kleinen Mittelstandes zusammen.

Stoecker hatte die Versöhnung von Staat und Proletariat vor Augen gehabt; durch systematische Staatsintervention sollte das Verhältnis zwischen Kapital und Arbeit menschlicher gestaltet werden; dafür hätten die Arbeiter die Autorität des christlichen Staates anzuerkennen. Weltanschaulich richtete sich dieses Programm gegen den Wirtschaftsliberalismus. Einige seiner Forderungen, wie Börsensteuer oder Wiedereinführung von Gesetzen gegen Wucherei, ließen erkennen, daß es den Liberalismus mit jenen wirtschaftlichen Übeln identifizierte, die man jüdischen Geschäftsmethoden zuzuschreiben pflegte. Solange Stoecker sich jedoch hauptsächlich an die industrielle Bevölkerung wandte, stand der Antisemitismus nicht im Vordergrund seiner Agitation. In der Parteiliteratur fanden sich in der Anfangsphase der Bewegung nur gelegentlich Äußerungen prinzipiell antisemitischen Charakters. So hieß es in einem Flugblatt, das Stoecker während des Wahlkampfes 1878 verteilte:

»Wir achten die Juden als unsere Mitbürger und ehren das Judentum als die untere Stufe der göttlichen Offenbarung. Aber wir glauben fest, daß ein Jude weder in religiöser noch in wirtschaftlicher Hinsicht ein Führer deutscher Arbeiter sein kann. Die Christlich-soziale Arbeiterpartei schreibt das Christentum auf ihre Fahne . . .«[63])

Wer um die Arbeiter warb, durfte sich nicht auf eine offen antisemitische Agitation einlassen. Seit die Sozialdemokratie ihren Anhängern einhämmerte, daß es gleichgültig sei, ob ihre Ausbeuter jüdische oder christliche Kapitalisten seien und daß eine Judenhetze nur antirevolutionäre Zwecke verfolge, waren den Arbeitern antisemitische Demagogen verdächtig. Tatsächlich hatte der ungehemmte Antisemitismus seiner eigenen Parteigänger Stoecker häufig in Verlegenheit gesetzt, und er mußte ihre Ausbrüche auf seinen Parteiversammlungen mehr als einmal eindämmen. Erst am 19. September 1879, als die Aussichtslosigkeit des Versuchs, die Sozialdemokratie zu schwächen, offenbar geworden war, startete er seinen ersten unverbrämten antisemitischen Angriff mit einer Rede über »Unsere Forderungen an das moderne Judentum« (64).

Die Rede verschlug dem politischen Leben Berlins den Atem. Stoeckers Agitation bekam neuen Auftrieb, seine schwache Partei erwies sich plötzlich als eine Kraft, mit der man rechnen mußte. Von 1879 bis in die Mitte der achtziger Jahre hielt die sogenannte Berliner Bewegung, mit Stoecker als ihrem hervorragendsten Führer, die Hauptstadt in Aufruhr. Ihr Gedankengut war ein Gemisch aus christlichsozialen, konservativen, orthodox-protestantischen, antisemitischen, sozialreformerischen und staatssozialistischen Elementen. Das Konservative Zentralkomitee wurde ihr Hauptquartier; Handwerker, Büroangestellte, Studenten, untere Beamte, kleine Geschäftsleute und andere Mittelständler stellten den größten Teil ihrer Anhängerschaft.

Das Ziel, das Stoecker sich gesetzt hatte, trieb ihn dazu, den Antisemitismus zum Mittelpunkt seiner Agitation zu machen. Zwar war es ihm mißlungen, die Sozialdemokratische Partei zu verdrängen oder ihre Wählerschaft zu spalten, aber die Regierung hatte sich dieser Bedrohung auf ihre eigene Weise entledigt. 1878 war die Sozialdemokratie für gesetzwidrig erklärt worden; sie konnte nur noch unterirdisch weiterarbeiten. Der politische Liberalismus war jetzt der Hauptgegner, und im Kampf gegen »jüdischen Liberalismus« gab es keine bessere Waffe als Antisemitismus. Hinzu mag gekommen sein, daß Stoecker aus Furcht, von anderen Agitatoren überflügelt zu werden, den antisemitischen Kurs einschlug. Sein Freund und Biograph Oertzen stellt fest: »Die Notwendigkeit des Kampfes [gegen die Juden] ergab sich aus dem überschäumenden Interesse, das er erweckte. Tausende von Zeitungsartikeln, hunderte von Broschüren, ungezählte starke Bücher wurden verfaßt, um die [jüdische] Frage zu erörtern und klare Ziele herauszuarbeiten.« [65])

Stoecker selber betrachtete sich nie als Antisemiten; sein erklärtes Ziel war, die Flamme des Christentums in den Herzen seiner Anhänger zu schüren und seine Bewegung auf den Felsen des christlichen Glaubens zu gründen, nicht auf den Haß gegen die Juden. Am 23. September 1880 schrieb er dem Kaiser:

»Im übrigen habe ich in allen meinen Reden gegen das Judentum offen erklärt, daß ich nicht die Juden angreife, sondern nur dies frivole, gottlose, wucherische, betrügerische Judentum, das in der Tat das Unglück unseres Volkes ist.«[66])

Offenbar aber lockten seine antijüdischen Attacken und seine mittelständlerischen Forderungen mehr Zuhörer an als der christliche Inhalt seiner Reden (66a). Stoeckers Biograph Frank ermittelte aus Polizeiakten, wie stark der Besuch verschiedener seiner Veranstaltungen war[67]):

Datum		Thema	Besucherzahl
5. März	1880	König Hiskia und der Fortschritt	1 000
9. April	1880	Die Judenfrage	2 000
30. April	1880	Ist die Bibel Wahrheit?	500
24. September	1880	Die Judenfrage	2 000
19. November	1880	Das Dasein Gottes	1 000
17. Dezember	1880	Das Alte und Neue Testament	700
21. Januar	1881	Das Handwerk einst und jetzt	2 500
28. Januar	1881	Die Sünden der schlechten Presse	3 000
4. Februar	1881	Die Judenfrage	3 000
11. Februar	1881	Obligatorische Unfallversicherung	3 000

Wie tief die öffentliche Meinung aufgerührt war von dem Kampf gegen die Juden, geht aus der zeitgenössischen Literatur hervor. Wawrzinek stellt in seiner Studie »Die Entstehung der deutschen Antisemitenparteien (1873–1890)«[68]) eine Bibliographie von über fünfhundert Büchern, Broschüren und Artikeln aus jener Zeit zusammen, die sich ausschließlich mit der »Judenfrage« beschäftigen. Was sich in diesen Jahren in Berlin ereignete, wirkt wie ein Vorspiel zu dem, was fünfzig Jahre später geschehen sollte. Zwei Berichte – einer aus christlicher, der andere aus jüdischer Feder – mögen das politische Klima der Reichshauptstadt veranschaulichen. 1885 schrieb ein Berliner Mitarbeiter der Christlichen Monatsschrift in Barmen:

»Welche Wendung in Berlin vor sich gegangen ist, kann nur derjenige würdigen, der die Stadt zehn Jahre nicht gesehen und plötzlich wieder hineinversetzt wird. Er würde schon staunen, wenn er in ein kleines bescheidenes Restaurant eintritt und hier den ›Reichsboten‹ nicht bloß ausgelegt, sondern auch von dem kleinen Handwerker und Arbeiter begierig gelesen findet. Er müßte, bei den Erinnerungen an ehemals, wo man in diesen Kreisen das reaktionäre Blatt samt seinem Leser zur Tür hinausgeworfen hätte, sich geradezu an die Stirn fassen, ob er nicht träumt. Er würde dasselbe tun müssen, wenn er die Zeitungsfrau in das Hintergebäude drei oder vier Treppen hoch das ›Deutsche Blatt‹ tragen sieht. Ist denn da oben unter dem Dach nicht mehr die exklusive Domäne der ›Volkszeitung‹? Woher der Eindringling? Nun, er kommt von Stoecker und keinem anderen. Er hat die Umwandlung bewirkt. Der Fremde, der zehn Jahre lang Berlin nicht gesehen hat, sieht plötzlich gegen Abend das Gedränge in den Straßen eines Stadtviertels immer dichter werden. Er läßt sich vom Strom mit fortreißen und kommt in eine konservative Wahlversammlung. Tausende sind versammelt, Tausende müssen aus Mangel an Platz draußen zurückgehalten werden. Alle Stände sind vertreten, vom Arbeiter hinauf bis zum Offizier in Zivil und bis zu dem auf einer Tribüne hinter einer Säule sich nur schlecht verbergenden Minister. Es geht ein lebhaftes Geflüster durch die des Redners harrende Versammlung. Mit einemmal wird es still, dann atemlos still und dann wieder stürmisch laut. Hofprediger Stoecker ist in den Saal getreten, und ein donnerndes Hoch aus den Tausenden von Kehlen, ein Hoch, das nicht enden will, empfängt den populärsten Mann Berlins, einen Hofprediger! Der Fremde denkt nach, er verweilt mit seinen Gedanken bei jener konservativen Versammlung, die er vor zehn Jahren besucht hatte. Er hat davon noch die Empfindung einer Krankenstube. Vornehmer war die damalige Versammlung, aber klein und gichtbrüchig. Wer hat dieses Wunder vollbracht?«[69])

Der andere Bericht stammt von dem nationalliberalen Reichstagsabgeordneten Bamberger; als er 1883 von einer mehrmonatigen Auslandsreise nach Berlin zurückkehrte, schrieb er angeekelt in sein Tagebuch:

»Gleich in den ersten Tagen hörte ich im Vorübergehen zweimal gemeine Äußerungen über Juden, ohne daß damit eine Absicht auf mich im Spiele war, sondern nur weil mein Ohr sie erhaschte. Einmal waren es sogar Arbeiter. Jetzt, nach längerem Aufenthalt, ist man wieder aguerri. Ich sage, man muß nicht hinaus, damit der Gestank nicht weicht, wenn man einmal die Nase voll hat. Lüftet man sich, so muß man das Experiment von neuem durchmachen.«[70])

Warum fand Stoeckers Agitation gerade um diese Zeit so großen Widerhall? Gründe für die Dynamik des Antisemitismus können nur in der Dynamik der Gesellschaft gefunden werden. 1870 war ganz Deutschland freihändlerisch[71]). In erster Linie war Preußen damals bestrebt, Beschränkungen des Binnenhandels aus dem Wege zu räumen und die dafür notwendige Einheitlichkeit der Gesetzgebung zu erreichen. Jeder Schritt zur wirtschaftlichen Einheit Deutschlands bedeutete einen preußischen Sieg im Kampf um die »kleindeutsche« Lösung.

Als Großproduzenten von Exportgetreide traten die preußischen Konservativen natürlich für Freihandel ein. »Der Schutzzoll ist der Schutz gegen die Freiheit der Inländer, da zu kaufen, wo es ihnen am wohlfeilsten und bequemsten scheint, also ein Schutz des Inlandes gegen das Inland.« Diese typisch manchester-liberale Gesinnung vertrat im Oktober 1849 ein

Junker vor dem preußischen Abgeordnetenhaus – es war Bismarck[72]). Wie überall führte auch in Deutschland die Industrialisierung zu erhöhtem Verbrauch von Konsumgütern, also zu steigenden Getreide- und Bodenpreisen. Die Preissteigerung Anfang der siebziger Jahre veranlaßte Agrarier, mehr Land unter den Pflug zu nehmen und Verarbeitungsbetriebe anzugliedern. Die dafür nötigen Investitionen verschafften sie sich durch Aufnahme von Krediten. Dann brach der Markt zusammen. In anderen europäischen Ländern und in Übersee war es nicht anders; auch in den Vereinigten Staaten wurden die Landwirte von ihren Gläubigern – den Bankiers der Ostküste – bedrängt und mußten den Staat um Intervention bitten, aber ihre Beschwerden gegen »Wall Street« hatten nicht den antijüdischen Unterton, der die Beschuldigungen der deutschen Landwirte gegen die »Börsenmächte« charakterisierte.

Teilweise war das Fallen der Getreidepreise durch die Industriekrise in Deutschland verursacht, teilweise aber auch durch die Überflutung des ungeschützten deutschen Marktes mit amerikanischem und russischem Weizen. In Deutschland wie überhaupt in Mittel- und Westeuropa herrschte in der Landwirtschaft die intensive Bodenbearbeitung. Um die Mitte des Jahrhunderts hatten wissenschaftliche und technische Fortschritte diesem Verfahren weiteren Aufschwung gegeben. Die hohen Preise für landwirtschaftliche Erzeugnisse führten zu neuen Investitionen, um den Bodenertrag zu steigern. Seit den siebziger Jahren mußte die intensive Bebauungsweise mit der extensiven Methode in Konkurrenz treten, die sich auf den grenzenlos erscheinenden Flächen freien Landes in Übersee entwickelt hatte. Eisenbahn und Dampfer ermöglichten es jetzt, die amerikanische Ernte zu konkurrenzfähigen Preisen nach Europa zu werfen. Deutschland begann, Getreide einzuführen. Hatten die konservativen Grundbesitzer anfangs nur zögernd nach Schutzzollpolitik gerufen, so taten sie das seit der Mitte der siebziger Jahre mit steigendem Nachdruck.

In der Industrie fand eine ähnliche Entwicklung statt. Durch die Einverleibung von Elsaß-Lothringen war Deutschland in den Besitz von profitablen, technisch fortgeschrittenen Industrien gelangt. Die dortige Textilindustrie zum Beispiel verfügte über mehr als einhalbmal so viele Baumwollspindeln und über fast die gleiche Zahl mechanischer Webstühle wie das ganze Reich[73]). Deutschland hatte auch Eisenerzvorkommen in Lothringen und Kalilager im Elsaß erworben, beide von größtem Wert für die Entwicklung der deutschen Schwerindustrie. Damals glaubte man so fest an die Vorteile des Freihandels, daß die Meistbegünstigungsklausel in den Friedensvertrag mit Frankreich aufgenommen wurde. Um seinen internationalen Handelsverpflichtungen nachkommen zu können, hob Deutschland 1873 den Einfuhrzoll für Roheisen, Schrott und Schiffbaumaterial auf. Der Zoll, der auf Halbfabrikaten und Maschinen lag, wurde ermäßigt, nach vier Jahren sollte er ganz wegfallen. Diese Freihandelspolitik fand die Unterstützung der Konservativen. Einer von ihnen erklärte 1873 im Reichstag: »Nächst dem Brot und Fleisch ist nichts wichtiger als freies Eisen.« Im selben Jahre nahmen mehrere hundert landwirtschaftliche Vereinigungen an einer Riesendemonstration teil, die gegen die Beibehaltung des Zolles auf Roheisen protestierte [74]).

Kaum erst war die deutsche Schwerindustrie fähig geworden, mit der von Großbritannien, ihrem überlegenen Rivalen in Europa, zu konkurrieren (75), als die Engländer sich durch die internationalen Stagnationstendenzen veranlaßt sahen, in den ungeschützten deutschen Markt einzudringen. Die erhöhte Konkurrenz überzeugte daraufhin manchen eingefleischten Manchesterliberalen, daß eine »nationale« Handelspolitik an die Stelle des international orientierten Freihandels treten müsse. Der Ruf nach neuen Zöllen auf Eisen- und Stahlprodukte gesellte sich den Stimmen der bedrängten Landwirte zu.

Ohne gegenseitige Unterstützung konnten weder die Getreide produzierenden Junker noch die Schwerindustrie hoffen, die Schutzzollgesetzgebung durchzusetzen. Zwar wünschten die Industriellen niedrige Preise für Nahrungsmittel und die Agrarier niedrige Preise für Industrieprodukte, aber schließlich mußten beide Gruppen sich überzeugen, daß ein Kompromiß unumgänglich war. Um ihrer eigenen Interessen willen unterstützten die Agrarier die Schutzzollforderungen der Schwerindustrie, und die Schwerindustrie ihrerseits förderte der Landwirtschaft genehme Zolltarife. 1878 war mit der Annahme eines neuen Zolltarifs die kurze Ära des Freihandels beendigt und zugleich der Grundstein gelegt für das politische Bündnis zwischen Schwerindustrie und Großagrariern, das fortan Deutschlands wirtschaftliche und soziale Entwicklung lenken und seine auswärtige Politik entscheidend beeinflussen sollte.

Schutzzöllnerische Wirtschaftspolitik gab es nicht nur in Deutschland, aber in keinem anderen Industrieland zeitigte sie so drastische politische Folgen. Der Zusammenbruch der Freihandelsidee untergrub das Prestige des politischen Liberalismus, der ja mit den Freihandelsparteien eng verbunden war. Konservative Tendenzen konnten ihren Einfluß in dem Maße vergrößern, in dem der Obrigkeitsstaat seine Macht erweiterte. Der politische Druck, den die Anhänger des Schutzzolls auf die Regierung ausübten, störte den Reichskanzler wenig, obwohl er sich selber einst zu den

Prinzipien des Wirtschaftsliberalismus bekannt hatte. Niemals ließ sich Bismarck durch ideologische Neigungen oder politische Verpflichtungen von seinem eigentlichen Ziel, dem Ausbau der zentralisierten Reichsgewalt, ablenken. Wo es um dieses Ziel ging, scheute er vor nichts zurück. 1866 hatte er die preußischen Konservativen vor den Kopf gestoßen, indem er den König von Hannover entthronte und damit die geheiligten Rechte der Dynastien in Frage stellte; 1872 hatte er die ostpreußischen Junker verstimmt, indem er mit einer neuen Kreisordnung ihre alten Vorrechte in der ländlichen Selbstverwaltung aufhob; er hatte seine Gegner gedemütigt, indem er einen »Pairsschub« vornahm, das heißt fünfundzwanzig neue Mitglieder des Herrenhauses vom König ernennen ließ, um sein Reformgesetz durchzusetzen; er hatte konservative kirchliche Kreise verärgert, indem er hohe katholische Würdenträger einsperren ließ, als er zu der Überzeugung gekommen war, daß die Sonderinteressen der katholischen Kirche die Reichsautorität bedrohten. Während all dieser Jahre waren die Liberalen dem Kanzler treu geblieben, voller Jubel über jeden Schritt, mit dem er die Einheit des Reiches und die Zentralisierung der Regierung förderte. Dennoch gab es ein Spannungsfeld: selbst während der Jahre engster Zusammenarbeit führten die Liberalen einen stillen Krieg mit Bismarck um die Struktur der zentralistischen Regierung, um die Frage der autokratischen oder parlamentarischen Herrschaftsform.

Eine schwerwiegende Konzession an demokratische Forderungen war dem Kanzler 1867 abgerungen worden, als er mit den Nationalliberalen über die künftige Reichsverfassung verhandelte, nämlich das Recht des Reichstages, die Regierungsausgaben zu bewilligen. Man konnte es Bismarck nicht vergessen, daß er sich 1862 im »Verfassungskonflikt« mit dem preußischen Landtag kurzerhand über die Ablehnung seines Haushaltsplanes hinweggesetzt und vier Jahre lang ohne Etatbewilligung regiert hatte. Nach der Reichsgründung stellte sich bald heraus, wodurch des Kanzlers autokratische Hand zurückgehalten wurde: er brauchte eine Reichstagsmehrheit, die seiner Heeresvorlage zustimmte.

Es war schon zu Reibungen zwischen Bismarck und seinen nationalliberalen Freunden gekommen, als er 1869 eine Anleihe forderte, um die Flotte des Norddeutschen Bundes auszubauen. Ein Kompromiß beendete diesen Konflikt, und 1871 stimmten die Nationalliberalen dafür, daß der Reichstag, wie Bismarck wünschte, den Heeresetat auf vier Jahre im voraus genehmigte. 1874 mußte wieder eine Entscheidung getroffen werden; die Nationalliberalen waren zwar bereit, die von der Regierung beantragten zusätzlichen Ausgaben zu bewilligen, Bismarck jedoch verlangte ein »Äternat«, das heißt eine Blankoermächtigung der Regierung für Heeresausgaben auf unbestimmte Zeit. Dem Reichstag sollte nur das Recht verbleiben, die Stärke der Friedensarmee gesetzlich festzulegen, um dann innerhalb dieser Grenzen alle Ausgaben dem Ermessen der Regierung zu überlassen. Die Annahme dieses Vorschlags durch die Nationalliberalen hätte dem Parlament sein wichtigstes Vorrecht genommen: die jährliche Kontrolle des Staatshaushaltes, wozu nicht einmal der rechte Flügel des deutschen Liberalismus bereit war. Statt dessen wurde ein neuer Kompromißvorschlag ausgehandelt: das »Septennatsgesetz« erteilte dem Kanzler die Ermächtigung, die er dem Reichstag auf immer abzuzwingen versucht hatte, in abgeschwächter Form auf sieben Jahre. Diese Vorausgenehmigung wurde mit 224 gegen 146 Stimmen angenommen. Des nationalen Prestiges wegen hatten viele Fortschrittler, die Nationalliberalen aber ohne Ausnahme dafür gestimmt.

Das Septennat – es wurde 1880 erneuert – bedeutete einen Sieg für Bismarck, aber der Kampf um seine Annahme hatte wieder den Sprung im Unterbau des Reiches bloßgelegt: die Unvereinbarkeit des Prinzips des Obrigkeitsstaates mit dem der Mehrheitsherrschaft, ein Gegensatz, der sich auf allen Gebieten des öffentlichen Lebens zeigte. Jede Äußerung gegen die Staatsautorität, sei es in der Kunst, der Politik, der Erziehung oder den Sozialwissenschaften, wurde als Bedrohung des Regimes angesehen. Besonders die liberale und sozialistische Presse ging dem Kanzler gegen den Strich und erregte leidenschaftlichen Haß in allen konservativen, christlichsozialen und »national gesinnten« Kreisen, denen die ganze »jüdische Journaille« als Nährboden autoritätsfeindlicher Gesinnung galt. Kritik an der Obrigkeit mußte als umstürzlerisch und unpatriotisch verdammt werden.

Dennoch weigerte sich der Reichstag 1874 und 1876, Gesetzesvorlagen des Kanzlers zuzustimmen, mit denen er die sozialdemokratische Presse zum Schweigen bringen wollte. Schnell war die junge sozialistische Arbeiterbewegung angewachsen, trotz aller Hindernisse, die ihr die Regierung in den Weg legte. Ende der siebziger Jahre schon mußte der Bismarcksche Staat in der Sozialdemokratischen Partei seinen wichtigsten und gefährlichsten Gegner sehen. Einer der Hauptgründe des Kanzlers für den Kurswechsel in seiner Innenpolitik war sein Entschluß, sich dieser revolutionären Bedrohung zu entledigen. Aber solange die beiden liberalen Parteien, Fortschrittler und Nationalliberale, sich gegen jede Ausnahmegesetzgebung sträubten, konnte Bismarck sein antisozialistisches Programm nicht durchsetzen. Der Widerstand der Liberalen mußte gebrochen werden.

Bismarck gelangte zum Ziel mit Hilfe eines politischen Zwischenfalls, bei dem es ihm meisterhaft gelang, sich die wirtschaftliche Unzufriedenheit, kulturelle Erbitterung und politische Furcht, die im deutschen öffentlichen Leben lauerten, zunutze zu machen. Am 11. Mai 1878 verübte der Klempnergeselle Hödel, ein Halbirrer, der kurze Zeit der Christlichsozialen Partei angehört hatte, jetzt aber von der Polizei als Sozialdemokrat bezeichnet wurde, ein mißglücktes Attentat auf Kaiser Wilhelm I. Das war die Gelegenheit, auf die Bismarck gewartet hatte. Als der Kanzler von dem Mordanschlag unterrichtet wurde, soll er triumphierend ausgerufen haben: »Jetzt haben wir sie.« »Die Sozialdemokraten, Durchlaucht?«, wurde er gefragt. »Nein«, antwortete er, »die Liberalen.«[76])

Sofort brachte der Kanzler im Reichstag eine Gesetzesvorlage ein, die auf das Verbot der Sozialdemokratischen Partei hinzielte. Die Liberalen, glaubte er, könnten es sich jetzt, wo es um die Bestrafung einer »Mörderpartei« ging, nicht mehr leisten, für die Unverletzlichkeit von Bürgerrechten einzutreten. Aber er hatte sich verrechnet. Die Vorlage wurde abgelehnt, mit den Stimmen der meisten Nationalliberalen. Drei Wochen später verübte ein Anarchist, Nobiling, ein zweites Attentat auf den Kaiser; dieses Mal wurde der Monarch ernstlich verletzt. Die öffentliche Entrüstung war groß. Obwohl der Reichstag erst am 10. Januar 1877 gewählt worden war, löste Bismarck ihn sofort wieder auf und schrieb Neuwahlen aus. Jede Opposition wollte er in einer patriotischen Kampagne für »König und Vaterland« ersticken; alle Kräfte, die ihm im Wege standen, galten als Vaterlandsfeinde, als umstürzlerische Internationalisten, als Freunde und Beschützer von Mördern; die liberalen Elemente in der Beamtenschaft wurden eingeschüchtert; es sei ein Schaden für das Land, ließ der Kanzler verlauten, wenn so viele Anwälte, Beamte und Gelehrte – »Männer ohne produktive Berufe« – im Reichstag säßen.

Die Kampagne »gegen den roten Terror« führte zur Auslöschung der liberalen Reichstagsmehrheit in den Wahlen vom 30. Juli 1878. Die Nationalliberalen, die schon 1877 von 152 Abgeordneten auf 127 gefallen waren, brachten es nur noch auf 98 Sitze, die Fortschrittler auf 26 gegenüber 35 im Jahre 1877 und 49 im Jahre 1874. Die Konservativen dagegen erhielten 59 Mandate, während sie 1877 nur 40, 1874 sogar nur 21 hatten erringen können; die Mandate der Freikonservativen stiegen von 33 bzw. 38 in den vorigen Wahlen auf 56. Die Zentrumspartei konsolidierte ihre früheren Erfolge; sie behielt ihre 93 Sitze von 1877; schon 1874 waren es 91 gewesen (77). Jetzt konnte die Regierung auch mit den Konservativen und mit dem Zentrum regieren.

Die entmutigten Nationalliberalen gaben ihren Widerstand auf. Als Bismarck eine neue, noch schärfere Gesetzesvorlage gegen die Sozialdemokratie einbrachte, stimmten sie für die Ausnahmegesetzgebung und halfen mit, das »Gesetz wider die gemeingefährlichen Bestrebungen der Sozialdemokratie« vom 21. Oktober 1878 durchzubringen. Dieses berüchtigte »Sozialistengesetz« erklärte die Partei für gesetzwidrig und ermächtigte die Polizei zur Auflösung »sozialdemokratischer Vereine« – nämlich der Partei-Ortsgruppen – und von »Vereinen, in denen solche Bestrebungen zutage treten«; Gewerkschaften, Arbeiterclubs und praktisch alle sonstigen Organisationen waren damit der Polizeiwillkür ausgeliefert. Den Anhängern der Sozialdemokratie wurde Presse- und Versammlungsfreiheit genommen; die Polizei war befugt, »Agitatoren« (das heißt alle, in denen sie eine Gefahr für Ruhe und Ordnung sah) aus den Großstädten auszuweisen. Das Aufstellen von Wahlkandidaten blieb den Sozialisten jedoch gestattet, das Abhalten von Wahlversammlungen auch, aber nur in Anwesenheit der Polizei.

Viermal wurde das ursprünglich bis zum 31. März 1881 befristete Gesetz verlängert, jedesmal mit den Stimmen der Nationalliberalen. In ihrer Hoffnung, sich durch Zustimmung zum Sozialistengesetz die Gunst Bismarcks wieder erkaufen zu können, sahen sie sich jedoch schwer getäuscht. Sie hatten ihren politischen Feinden nur einen neuen Beweis dafür geliefert, daß es nicht mehr möglich war, gegen den Nationalismus, gegen bedingungslose Treue zu Kaiser und Reich, zu opponieren. Die konservativ-monarchischen Kräfte konnten ihre Ernte einbringen.

Kaum hatte Bismarck die Sozialdemokratie aus dem Wege geräumt, als er sich anschickte, den Liberalismus vollends niederzuringen. Die Regierung begann eine systematische Konsolidierung der Staatsverwaltung und eine Reorganisierung des Beamtentums, aus dem alle »unzuverlässigen«, das heißt alle liberalen Elemente entfernt wurden; besonders das Heer sollte vor Ansteckung durch den Liberalismus geschützt werden[78]). Die Konservativen aller Richtungen und das Zentrum – Bismarcks neue Reichstagsmehrheit – nahmen die Vorlage für eine neue Wirtschafts- und Sozialgesetzgebung an. Ideologisch und wirtschaftlich einigte diese Politik die Kräfte, die unter der Autorität von Thron und Altar einen »christlich-nationalen Staat« wünschten. Der Liberalismus, in die Enge getrieben durch die manipulierte Angst vor der sozialistischen Revolution, hatte ausgespielt. Sein rechter Flügel, die Nationalliberalen, war seitdem stets bereit, sich auf die Seite der herrschenden Macht zu schlagen, falls diese ihn überhaupt als Partner akzeptieren wollte. Die zusammengeschrumpfte Fortschrittspartei – »Vorfrucht der Sozialdemokratie« hatte Bismarck sie genannt[79]) – kam als Teilnehmer an einer parlamentarischen Mehrheit sowieso nicht in Frage.

Kapitel III

Konservativer Staat und soziale Demagogie

Der Antisemitismus hatte gute Dienste geleistet, als es galt, politischen Katholizismus und preußischen Konservatismus zusammenzukoppeln, schwankende Liberale einzuschüchtern und nationalistische Instinkte zu entfesseln. Seine Wortführer konnten sich jetzt auf gute Beziehungen zur Staatsautorität berufen; wenn diese auch lässige Vorbehalte machte, kam ihr die Judenhetze doch recht gelegen. Der politische Antisemitismus wurde respektabel, weil es sich immer deutlicher zeigte, daß die Regierung ihm den Rücken stärkte. Eugen Richter, der Führer der Fortschrittspartei, sagte am 12. Januar 1881 im Reichstag:

»Die Bewegung fängt an, sich an die Rockschöße des Fürsten Bismarck zu hängen, und wenn er sie gleich ablehnt und in seiner Presse die Überschreitungen mitunter tadeln läßt, so fährt sie doch fort, sich an ihn anzuschmiegen und sich auf ihn zu berufen, gleichsam wie lärmende Kinder ihren Vater umdrängen.«[80])

In Wilhelm I. fand Stoecker einen wohlwollenden Monarchen; er wußte die Anstrengungen seines Hofpredigers für Thron, Altar und nationalen Staat zu würdigen, wenn ihn auch Stoeckers öffentliche Agitation unangenehm berührte. Fürst Hohenlohe, damals deutscher Botschafter in Paris, bemerkte nach einem Besuch beim Kaiser am 29. November 1880:

»Der Kaiser billigt nicht das Treiben des Hofpredigers Stoecker, aber er meint, daß die Sache sich im Sande verlaufen werde, und hält den Spektakel für nützlich, um die Juden etwas bescheidener zu machen.«[81])

Des Kaisers Besorgnis galt wohl weniger den Gefahren, die Stoeckers Agitation für die Juden barg, als vielmehr denen, die sie womöglich durch eine Aufwiegelung der Massen heraufbeschwören könnte. In seiner Unterhaltung mit dem Botschafter gab er jener Furcht Ausdruck, die einen Konservativen immer befällt, wenn er sich sozialer Agitation gegenübersieht, sei sie nun revolutionärer oder demagogischer Art. Andererseits war er von Stoeckers Verehrung angetan und hörte viel Gutes über den Hofprediger von dessen Freunden unter den hohen evangelischen Würdenträgern und der preußischen Aristokratie. Der Kaiser schwankte und spürte die Gefahren nur dunkel; Bismarck dagegen war sich ihrer völlig bewußt. Das zeigte sich eindeutig in den Folgen von Stoeckers Angriff auf Bleichröder.

Um die sozialdemokratischen Angriffe gegen Kirche und Staat abzuwehren, hatte Stoecker auf einer Massenversammlung am 11. Juni 1880 Bleichröders Namen in die Debatte geworfen. Sozialdemokraten unter den Zuhörern, so berichtete Stoecker später, »schmähten die christliche Kirche und Geistlichkeit, daß diese nichts für die Arbeiterwelt getan habe. Die jüdische Tendenz war unverkennbar. Daraufhin rief ich ihnen zu, sie möchten nicht bloß von uns, sondern auch von den Juden Hilfe fordern, z. B. von Herrn Bleichröder, der habe mehr Geld als alle Pastoren zusammen.«[82]) Eine Woche darauf beschwerte sich Bleichröder in einem Brief an den Kaiser über den Zwischenfall und die christlichsoziale Agitation im allgemeinen. Der im Archiv des Kaiserlichen Geheimen Zivilkabinetts von Frank gefundene Brief ist ein interessantes Zeitdokument, nicht zuletzt deswegen, weil er zeigt, wie sehr der jüdische Bankier sich mit Staat und Thron identifizierte. Bleichröder wies auf die revolutionären Gefahren hin, die Stoeckers politische Tätigkeit in sich trage. Von sozialdemokratischer Agitation unterschiede sie sich einzig dadurch, daß sie »gefährlicher, weil praktischer« sei. Die ganze Sache könne nur auf eine Revolution hinauslaufen.

»Majestät«, schrieb er, »ich zittere nicht vor diesem letzten notwendigen Ereignis, wenn der Agitation nicht rechtzeitig Einhalt geboten wird. Ich versuche mich darauf vorzubereiten, so schweren Herzens ich das Vaterland auch meiden würde . . . Ich weiß, daß die hohe Staatsgewalt in der letzten und höchsten Katastrophe zu meinem Schutze kommen wird. Aber ich glaube annehmen zu dürfen, daß der Versuch einer Gewalt gegen mich, der in den Reden des Herrn Hofpredigers Stoecker und Genossen gegen mich heraufbeschworen wird, nicht vereinzelt stehen bleiben könnte, daß er vielmehr nur der Anfang des Unglücks einer furchtbaren sozialen Revolution sein müßte.«[83])

Der Kaiser sandte den Brief an Bismarck; der gab ihn an den zuständigen preußischen Minister, Robert von Puttkamer[84]), weiter mit dem Auftrage, die Sache zu untersuchen und geeignete Schritte gegen Stoecker vorzuschlagen. Als naher Freund Stoeckers nahm Puttkamer sich mehrere Monate Zeit, bevor er dem Kanzler einen Entwurf unterbreitete, den dieser am 16. Oktober 1880 ablehnte. Wie Frank einer Kopie im Archiv des Evangelischen Oberkirchenrats entnahm, begründete der Kanzler seine Ablehnung mit folgenden Worten:

»Ich kann der Gesamtauffassung Ew. Exzellenz nicht unbedingt beitreten. Die Tätigkeit des Hofpredigers Stoecker bleibt meines Erachtens auch dann eine bedenkliche, wenn die von ihm veranstalteten Versammlungen ihren tumultuarischen Charakter verlieren sollten. Die Tendenzen, welche er verfolgt, decken sich in mehreren Punkten mit denjenigen der anderen Sozialdemokraten. Ew. Exzellenz erlaube ich mir in dieser Beziehung auf die Rede aufmerksam zu machen, welche Herr Stoecker vorgestern in der Generalversammlung des Zentralvereins für Sozialreform gehalten hat. Er bezeichnete hier die Intentionen der Regierung als ungenügend und als das zu erstrebende Ziel die ökonomische Sicherstellung der Arbeiter in Fällen der Arbeitslosigkeit; er fordert die Normalarbeitszeit und die progressive Einkommensteuer. Daß letztere nur eine verhältnismäßig sehr geringe Erhöhung der jetzigen Einkommensteuer bedeuten würde, sollte er wohl wissen; seine Zuhörer aber wissen es nicht. Wenn er die Normalarbeitszeit verlangt, so arbeitet er auf den Ruin unserer Industrie zugunsten ihrer Konkurrenten in England, Belgien, Frankreich usw. hin, und wenn er die ökonomische Sicherstellung des Arbeiters in Fällen der Arbeitslosigkeit fordert, so muß er sich klar sein, daß dieses Ziel ein faktisch unerreichbares ist. Er regt unerfüllbare Begehrlichkeiten auf.

Was speziell die Judenfrage betrifft, ist es ein Irrtum, wenn angenommen wird, daß die reichen Juden bei uns einen großen Einfluß auf die Presse ausüben. In Paris mag dies anders sein. Nicht das Geldjudentum, sondern das politische Reformjudentum macht sich bei uns in der Presse und in den parlamentarischen Körperschaften geltend. Die Interessen des Geldjudentums sind eben mit der Erhaltung unserer Staatseinrichtungen verknüpft und können der letzteren nicht entbehren. Das besitzlose Judentum in Presse und Parlament, welches wenig zu verlieren und viel zu gewinnen hat und sich jeder politischen Opposition anschließt, kann unter Umständen auch zu einem Bündnis mit der Sozialdemokratie, einschließlich Stoecker, gelangen. Gegen dieses richtet sich auch die Agitation des Herrn Stoecker nicht vorzugsweise; seine Reden sind auf den Neid und die Begehrlichkeit der Besitzlosen gegenüber den Besitzenden gerichtet.«[85])

Bismarcks Sohn Herbert schrieb am 21. November 1880 dem Geheimrat Tiedemann, einem hohen Regierungsbeamten, sein Vater nehme viel mehr Anstoß an den sozialistischen als an den antisemitischen Tendenzen der Stoeckerschen Agitation.

»Auch gegen Bleichröder hetzt Stoecker nicht etwa, weil er Jude, sondern weil er reich ist. Für meine Beurteilung des Stoeckerschen Treibens sind namentlich die Versammlungsreden maßgebend, in welchen er den Arbeitern auf Kosten der wohlhabenden Klassen goldene Berge verspricht, vermittels der einzuführenden progressiven Einkommensteuer usw. . . . Wenn Stoecker sich bloß gegen die Ausschreitungen und das Überwuchern des Judentums in Presse und Parlament gerichtet hätte, würde Bleichröder keine Veranlassung gehabt haben, die Hilfe Seiner Majestät gegen seine Agitation anzurufen, und man hätte ihn gewähren lassen können: das Gefährliche ist aber die kommunistisch-sozialistische Tendenz der Stoeckerschen Aufreizung.«[86])

Beide Bismarcks waren dafür, Stoeckers Partei unter Berufung auf das Sozialistengesetz für ungesetzlich zu erklären.

Soweit aber wollte wiederum der Kaiser nicht gehen. Er beendigte die

Angelegenheit durch eine Mitteilung an den Hofprediger, worin er ihn tadelte, daß er in seinen an sich wohlmeinenden Bestrebungen Exzesse nicht vermieden habe. Der Kaiser sprach sein Bedauern darüber aus, daß Stoecker Begehrlichkeiten, zu deren Befriedigung auch er kein Mittel kenne, mehr erregt als beruhigt habe. Er habe die Aufmerksamkeit der Masse auf die Reichtümer Einzelner gelenkt und soziale Reformen vorgeschlagen, die über das Regierungsprogramm hinausgingen. Im ganzen aber blieb die kaiserliche Ermahnung schonend und entmutigte den Hofprediger nicht.

Während die Regierung noch die Bleichröder-Affaire beriet, hatte eine neue antisemitische Kampagne begonnen. Im Herbst 1880 machten sich Bernhard Förster, Max Liebermann von Sonnenberg, Ernst Henrici und andere antisemitische Führer der Berliner Bewegung daran, Unterschriften für eine Petition an den Reichskanzler zu sammeln. Ziel dieser sogenannten »Antisemitenpetition« war »die Emanzipation des deutschen Volkes von einer Art Fremdherrschaft, welche es auf die Dauer nicht zu ertragen vermag«[87]). Die Unterzeichner verlangten Verbot oder wenigstens Einschränkung der Immigration ausländischer Juden; Ausschluß der Juden von allen Regierungsstellen; beschränkte Zulassung von Juden bei den Gerichten, besonders als Richter; Ausschluß der Juden von Lehrerstellungen in Volksschulen; Verringerung jüdischer Lehrkräfte an höheren Schulen und Universitäten; Wiedereinführung des separaten Zensus für die jüdische Bevölkerung. Im April 1881 wurde die Petition mit etwa einer Viertelmillion Unterschriften Bismarck überreicht.

Im November 1880 – die Unterschriftensammlung war noch im Gange – hatte die Fortschrittspartei im Preußischen Landtag eine Interpellation eingebracht; die Regierung wurde ersucht, eine Erklärung darüber abzugeben, welche Haltung sie gegenüber den Bestrebungen einnähme, jüdische Staatsangehörige ihrer bürgerlichen Rechte zu entkleiden. Es kam zu einer Debatte, die sich über mehrere Sitzungen hinzog. Der Vizepräsident des preußischen Ministerrats gab die kurze Erklärung ab, die Verfassung garantiere die Gleichheit aller Konfessionen, und die Regierung beabsichtige nicht, eine Änderung der gesetzlichen Stellung der Juden zuzulassen. Die Antisemiten schlossen daraus, die Regierung sei über die Interpellation ungehalten, und fühlten sich ermutigt, ihre Unterschriftensammlung nun erst recht fortzuführen.

Gegen Ende des Jahres 1880 schien die antisemitische Agitation im öffentlichen Leben Berlins zu dominieren. Eduard Bernstein beschreibt in seiner »Geschichte der Berliner Arbeiterbewegung« die damalige Lage:

»Es war wie eine Sturzwelle judenfeindlicher Reaktion. Eine ganze Presse, die ihr Ausdruck gab, schoß ins Leben. Antisemitische Flugschriften und Schimpfblätter wider alles, was jüdisch oder jüdischer Sympathien verdächtig war, wurden in Massen verbreitet; sie predigten gesellschaftliche Ächtung der Juden, und diese Ächtung wurde auch verschiedentlich in verletzender Form in die Tat umgesetzt . . . Mit Rüpelszenen, wie sie Berlin zuvor nicht gekannt, wurde, nachdem am 30. Dezember 1880 eine große Antisemitenversammlung in der Bockbrauerei durch Reden der B. Förster, E. Henrici, Ruppel, Liebermann von Sonnenberg und anderer Führer der Bewegung bearbeitet worden war, in der Silvesternacht 1880/1881 das neue Jahr eingeläutet. Organisierte Banden zogen in der Friedrichstadt vor die besuchteren Cafés, brüllten, nachdem allerhand Schimpfreden gehalten worden, taktmäßig immer wieder ›Juden raus!‹, verwehrten Juden oder jüdisch aussehenden Leuten den Eintritt und provozierten auf diese Weise Prügelszenen, Zertrümmerung von Fensterscheiben und ähnliche Wüstheiten mehr. Alles natürlich unter der Phrase der Verteidigung des deutschen Idealismus gegen jüdischen Materialismus und des Schutzes der ehrlichen deutschen Arbeit gegen jüdische Ausbeutung.«[88])

Im Juni 1881 wurde der Reichstag aufgelöst, nachdem die liberale und sozialistische Opposition die Regierungsvorlage für eine obligatorische Unfallversicherung zu Fall gebracht hatte. Im darauffolgenden Wahlkampf erreichte der organisierte Antisemitismus einen Höhepunkt. Stoecker schreibt über die Stimmung der Wahlkampagne:

»Mit Naturgewalt brach sich die Überzeugung Bahn, daß die Hauptstadt des Deutschen Reiches nach den großen kriegerischen Siegen nicht in demokratischen jüdischen undeutschen Händen bleiben dürfe. Ein freudiges Arbeiten und Agitieren begann bei reich und arm, bei vornehm und gering . . . Zu dem in Hunderten von Volksversammlungen gesprochenen Wort kam das gedruckte hinzu. Der ›Reichsbote‹[89]) hatte schon das erste Aufflammen der christlich-sozialen Sache mit Freuden begrüßt, seitdem den Kampf mit seiner Teilnahme begleitet. Die ›Kreuz-Zeitung‹ verhielt sich einen Augenblick kritisch, stellte sich aber bald in die Reihen der Freunde. So war im Grunde alles, was sich in Berlin konservativ oder antifortschrittlich nannte, vereinigt und wirkte begeistert zusammen. Das Konservative Zentralkomitee, das viel geschmähte, viel gefürchtete C. C. C. kommandierte im Kampfe: Mit Gott für Kaiser und Reich.«[90])

Am Vorabend der Wahl ließ Stoecker ein Flugblatt verbreiten, worin es hieß:

»Seit vier Jahren stehe ich in dem öffentlichen Leben von Berlin und bekämpfe offen und frei die Übermacht des Kapitals, unredliche Spekulation, schnöde Ausbeutung der Arbeit, großen und kleinen Wucher. Ich betrachte die Ansammlung des mobilen Kapitals in wenigen, meist jüdischen Händen als eine drohende Gefahr und als eine der Hauptursachen des sozialdemokratischen Umsturzes. Aber nicht bloß der Herrschaft des Mammons, auch den Revolutionsgelüsten der Sozialdemokratie, den unpraktischen und unerfüllbaren Versprechungen eines sozialistischen Volksstaates habe ich mich entgegengestellt und betont, daß die soziale Revolution überwunden werden müsse durch die gesunde soziale Reform auf christlicher Grundlage. Diese Reform steht gegenwärtig, von der starken Hand der Regierung angefaßt, als die größte Aufgabe der Gegenwart vor uns. Die Mitarbeit daran ist heute der wahre Fortschritt. Aber der Berliner Fortschritt, der sie mit allen erlaubten und unerlaubten Mitteln verhindern will, ist der Rückschritt . . . Will Berlin an der Spitze der sozialen und nationalen Bewegung bleiben, so muß es dem *Fortschritt* den Abschied geben . . . Herr Professor Virchow hat das Judentum verteidigt und für russische Wucherjuden (91) einen Aufruf unterschrieben . . . Ein fortschrittlicher Aufruf nennt ihn den Vertreter der Kultur und den Kandidaten der gebildeten Welt. Ich will keine Kultur ohne Deutschtum und Christentum; deshalb bekämpfe ich die jüdische Übermacht.«[92])

Stoecker war es inzwischen gelungen, nicht nur Ladenbesitzer und Handwerker um sich zu scharen, sondern auch Offiziere und Beamte, Lehrer und Akademiker in freien Berufen – jene gebildeten Mittelstandsschichten, die sich immer stärker entfalteten, bisher aber wenig Interesse für die Konservative Partei bekundet hatten. Jetzt entstanden konservative Bürgervereine, und der 1881 gegründete Verein Deutscher Studenten gewann schnell an Einfluß. Die akademische Jugend, die bis 1848 liberalen und demokratischen Idealen gehuldigt hatte, dann aber in politische Gleichgültigkeit verfallen war, erwärmte sich langsam für die Idee des »nationalen« Staates. Die christlichsozialen Hilfstruppen der Konservativen waren eine Kraft geworden, auf die man im Kampf gegen die Liberalen nicht mehr verzichten konnte. Es gab sogar Anzeichen dafür, daß Bismarck die Christlichsoziale Partei anders einzuschätzen begann. Für Stoecker persönlich hatte er zwar noch immer nichts übrig und vermied es, mit ihm zu sprechen. Aus politischen Gründen schien es jedoch ratsam, Stoeckers Bewegung gegenüber eine weniger feindselige Haltung einzunehmen; offizielle wie auch private Äußerungen Bismarcks während dieser Periode zeigen, daß er sein Verhalten entsprechend geändert hatte.

In einer Kabinettssitzung am 14. November 1881 erklärte der Kanzler, er sei »nur gegen die fortschrittlichen, nicht gegen die konservativen Juden und ihre Presse«[93]). Am 26. November sagte er seinem Landwirtschaftsminister, »die Judenhetze sei unopportun gewesen, er habe sich dagegen erklärt, aber weiter nichts dagegen getan wegen ihres mutigen Eintretens gegen die Fortschrittler«[94]). Noch am 2. April desselben Jahres hatte er im Reichstag versichert, er habe nichts mit der antisemitischen Bewegung zu tun[95]); am 14. Oktober aber ließ er seinen Sohn Wilhelm wissen, daß er die Wahl Stoeckers für sehr wünschenswert halte. Graf Wilhelm von Bismarck hatte vor einer konservativen Wahlversammlung in Berlin Ausführungen gemacht, die eine Debatte in der Presse hervorriefen. Der

Kanzler ermahnte deshalb seinen Sohn, sich in Zukunft vorsichtiger auszudrücken:

»Wenn Du sprichst, so müßtest Du allerdings Stoecker unterstützen, weil sein Gegner Fortschrittler ist: aber die Identifizierung mit Stoecker paßt der Regierung nicht, und es wird nie Glauben finden, daß Du etwas anderes als Regierungsmeinung aussprichst. Stoeckers Wahl ist dringend zu wünschen: einmal als Nichtwahl des Gegners, dann weil er ein außerordentlicher, streitbarer, nützlicher Kampfgenosse ist, aber sobald man für ihn eintritt, indossiert man der Wirkung nach alles, was er früher gesagt hat, resp. alle anderen Antisemiten, und das kann doch en bloc nicht von mir kontrasigniert werden.«[96])

Einige Tage vor der Wahl, am 5. November 1881, gestattete der Kanzler einer Zeitung, eine private Äußerung von ihm zu zitieren, nämlich, »die Juden tun, was sie können, um mich zum Antisemiten zu machen«[97]). Der Artikel berichtete auch, der mutige Kampf Stoeckers und der Berliner Bewegung gegen die Fortschrittspartei fände durchaus die Billigung des Kanzlers, der seine anfängliche Abneigung gegen Stoecker überwunden habe und jetzt aufrichtig die Tapferkeit und Begabung dieses Redners bewundere; falls es zu einer Stichwahl zwischen dem liberalen Kandidaten und Stoecker komme, werde Bismarck offen für den letzteren stimmen. Nach den Wahlen soll der Kanzler gesagt haben:

»Ich wollte erst diese Agitation für Stoecker als Antisemit nicht, sie war mir unbequem und ging zu weit. Jetzt aber freue ich mich darüber, daß der Hofprediger gewählt ist. Er ist ein tätiger, furchtloser, standhafter Mann und hat ein Maul, das nicht tot zu machen ist.«[98])

Es ist bezeichnend für die damalige öffentliche Meinung in Deutschland, daß sowohl der organisierte Antisemitismus wie auch seine liberalen Gegner sich auf Äußerungen stützten, die der allmächtige Reichskanzler im Laufe seiner langen politischen Tätigkeit irgendeinmal getan hatte. Ob Bismarck wirklich ein Freund oder ein Feind der Juden war, ist viel diskutiert worden. Eingehend hat man seine offiziellen Reden und privaten Unterhaltungen, die Briefe und Memoiren seiner Freunde wie die seiner Feinde daraufhin untersucht. Otto Jöhlingers Buch »Bismarck und die Juden«[99]) enthält eine gründliche Zusammenstellung solchen Materials, nur hat der Verfasser das Thema recht apologetisch behandelt. Der eigentliche Kern der Kontroverse, der politische Aspekt, kommt bei ihm wie auch in den meisten anderen Fällen zu kurz.

Man kann leicht nachweisen, daß die persönlichen Beziehungen des Kanzlers zu Juden wie auch sein allgemeines Verhalten ihnen gegenüber freundlich waren; natürlich wahrte er stets aristokratische Distanz. Als er einmal im Gespräch mit einem Freund auf die Ursache der antisemitischen

Bewegung zu sprechen kam, bemerkte er, es sei eine Tatsache, daß Juden anderen Bevölkerungselementen im Geschäftsleben überlegen seien[100]). Damit erkannte er nur eine Fähigkeit an, von der er – dank Bleichröder – selbst profitierte, die er aber nicht allzu gerne sich selber nachsagen lassen wollte, obwohl er außerordentliches Talent für die Verwaltung seiner privaten Geschäftsangelegenheiten zeigte. In jenem Gespräch fügte er hinzu, diese Tatsache und ihre Folgeerscheinungen könnten nicht geändert werden, ohne zu Methoden wie denen der Pariser Bartholomäusnacht zu greifen; daran aber dächten nicht einmal die wildesten Antisemiten. Bismarck sprach als ein Aristokrat, der sich über rein geschäftliche Angelegenheiten der Konkurrenzwirtschaft nicht ernstlich aufregen kann. Die bereitwillige Anerkennung jüdischer Begabung für gewisse Berufe war weit verbreitet im kaiserlichen Deutschland und keineswegs auf konservative Kreise beschränkt. Diese Anerkennung fand ihre genehme Kehrseite in der Überzeugung, für bestimmte andere Berufe seien Juden durchaus ungeeignet, nämlich für solche, deren Angehörige sozusagen von Natur aus hof- und satisfaktionsfähig zu sein hatten (100a).

Es kommt in unserer Betrachtung weniger auf Bismarcks persönliche Neigungen und Abneigungen an als auf die Beweggründe seiner politischen Handlungen. Ihm das Hochkommen des konservativ-klerikalen Antisemitismus zur Last zu legen, wie es einige Geschichtsforscher getan haben, wäre ebenso falsch, wie ihn davon freizusprechen, den politischen Antisemitismus als einen willkommenen Verbündeten in seinem Kampf gegen Liberale und Sozialisten geduldet und oft genug gefördert zu haben. Bismarck muß als der erste große Manipulator des Antisemitismus im modernen Deutschland betrachtet werden, und zwar gerade deswegen, weil er weder rassische noch religiöse Vorurteile gegen Juden hatte und die Juden als solche gar nicht sein Ziel waren, als er die antisemitische Agitation unterstützte.

Nach 1881 begann Bismarck, sein Interesse an Stoecker zu verlieren. Trotz der offiziellen und inoffiziellen Förderung, die den Konservativen zuteil wurde, und trotz der Unterdrückung der Sozialdemokratischen Partei hatten die Wahlen den Antisemiten nicht den erwarteten großen Sieg gebracht. Aber es ging auch ohne sie. Im neuen Reichstag gab es eine Mehrheit, die willens war, die Regierung in ihrem Programm zu unterstützen. Das lag hauptsächlich an dem Zerfall der Nationalliberalen Partei. Ihr linker Flügel unter Bamberger und Forckenbeck, der gegen den neuen Kurs der Regierung war, fiel ab und konstituierte sich als Liberale Vereinigung. Die »Sezessionisten«, die später, 1884, zur Fortschrittspartei stießen und mit ihr eine neue Organisation bildeten — die Freisinnige Partei — errangen im Reichstag von 1881 siebenundvierzig Sitze, zwei mehr als die Nationalliberalen, die jetzt auf den fünften Platz zurückgefallen waren, während sie im Reichstag von 1874 die stärkste Fraktion gebildet hatten.

In Berlin jedoch durfte sich die antisemitische Bewegung über den Ausgang der Wahl freuen. 1878 hatten die Konservativen nur 14 000 Stimmen erhalten, gegenüber 86 000 fortschrittlichen und 56 000 sozialdemokratischen; 1881 aber brachten sie es auf 46 000 gegen 89 000 fortschrittliche und 30 000 sozialdemokratische Stimmen. Stoecker selbst wurde gewählt — zwar nicht in Berlin, aber in dem streng protestantischen Wahlbezirk Siegen in Westfalen. Von 1881 bis 1908, mit Ausnahme der Wahlperiode 1893 bis 1898, war er im Reichstag und von 1879 bis 1898 auch im preußischen Abgeordnetenhaus. In beiden Parlamenten schloß er sich sofort der konservativen Fraktion an.

Die Jahre 1881 bis 1884 können als die Zeit des größten Stoeckerschen Triumphes angesehen werden. Die kaiserliche Botschaft, mit der Bismarck sein Sozialreformprogramm dem neugewählten Reichstag vorlegte, mußte dem christlichsozialen Führer als ein persönlicher Sieg erscheinen. Die Regierungsvorlage, stellte er fest, »ist nach der einen Richtung hin, als Programm der Sicherung der Arbeiter-Existenz auf Grund von christlich gedachten Korporationen, nahezu die Erfüllung der christlich-sozialen Hoffnungen«[101]). Den Text der Botschaft, der emphatisch von den »sittlichen Fundamenten des christlichen Volkslebens« sprach, pries Stoecker als den Beginn einer neuen kulturellen Entwicklung, als einen der Höhepunkte in der Geschichte des sozialen Gedankens. Die geistige Einheit zwischen seiner Bewegung und der staatlichen Autorität schien hergestellt zu sein.

Eine anerkennende Geste von Allerhöchster Stelle ließ auch nicht auf sich warten. Im Frühling 1882 machte der Kaiser der Berliner Bewegung seine Aufwartung, indem er am Vorabend seines Geburtstages Stoecker und einigen von dessen Mitarbeitern eine Audienz gewährte. Dr. Cremer, Professor Dr. Adolph Wagner und der Berliner Kaufhausbesitzer Rudolf Hertzog (102) waren anwesend. Stoecker hielt eine Ansprache und verlas eine Gratulationsadresse.

»Da sagte unser Kaiser«, berichtet Stoecker, »der in seiner schlichten königlichen Rede den Nagel so oft auf den Kopf trifft: ›Wenn das vergangene Jahr den Herrscher des autokratischsten Landes, den russischen Kaiser, und den Präsidenten des freiesten Volkes, der aus der Wahl dieses Volkes hervorgegangen ist, das Leben gekostet hat, wer ist dann noch sicher?‹«[103])

Solange diese Interessengemeinschaft mit der Regierung andauerte, war Stoeckers Stellung so stark, daß auch einige peinliche Vorfälle sie nicht ernstlich erschüttern konnten. Einer davon war ein Skandal, den er 1883 in London durch zwei Reden hervorrief, die Bismarck in Wut brachten und den Kaiser ungnädig stimmten. Stoecker hatte der Einladung zu einer Luther-Gedenkfeier in London Folge geleistet und dort in zwei öffentlichen Versammlungen über die Sozialreformbewegung und seine Christlichsoziale Partei gesprochen; die liberale Stadt war aufgebracht. Unter dem Druck der öffentlichen Meinung zog der Lord Mayor die schon erteilte Erlaubnis für einen Vortrag im Mansion House, seiner amtlichen Residenz, zurück; die Veranstaltung mußte anderswo abgehalten werden. Deutsche Sozialdemokraten, vom Sozialistengesetz ins Exil getrieben, kamen in großer Zahl und sprengten die Versammlung. Stoecker mußte durch eine Hintertür fliehen. Der »Sozialdemokrat« berichtete darüber:

»Unsere Genossen waren hergekommen, nicht um zu diskutieren, sondern um Herrn Stoecker und in seiner Person Bismarck, seinem Patron, und den regierenden Klassen Deutschlands ihren Haß und ihre Verachtung in möglichst unzweideutiger Weise kundzugeben, auf die Mundtotmachung unserer Genossen in Deutschland zu antworten.«[104])

Nicht weniger peinlich gestaltete sich ein Beleidigungsprozeß, den Stoecker 1884 gegen eine Berliner Zeitung anstrengte; sie hatte während der Wahlkampagne unter dem Titel »Hofprediger, Reichstagskandidat und Lügner« einen Artikel erscheinen lassen, in dem Stoecker unter anderem des Meineids bezichtigt wurde. Auf Monate hielt der Prozeß Berlin und ganz Deutschland in Spannung; er gestaltete sich zu einer politischen Niederlage für Stoecker, obwohl der angeklagte Redakteur schließlich wegen Formalbeleidigung zu einer Gefängnisstrafe von sechs Monaten, herabgesetzt auf drei Wochen, verurteilt wurde. Da er als Jude einer Konfession angehöre, die der Nebenkläger Stoecker dauernd angegriffen hatte, wurden ihm mildernde Umstände zugebilligt. Das Gericht erklärte ausdrücklich:

»Derjenige müßte seinen Glauben und den seiner Väter nicht lieb haben, der schließlich nicht tief gereizt und innerlich empört würde, wenn er Angriffe sieht und wieder sieht auf seinen Glauben und die Gleichberechtigung seines Glaubens, zumal wenn diese Angriffe von einem Geistlichen kommen.«[105])

Zwei hervorragende Rechtsanwälte, einer von ihnen selbst ein Jude, vertraten den Angeklagten; für die Atmosphäre der Verhandlung war es bezeichnend, daß der vorsitzende Richter sich wiederholt versprach und den Nebenkläger – Stoecker – als Angeklagten bezeichnete. Bald darauf wurde Stoecker wirklich zum Angeklagten, als ihn ein liberaler Gegner in seinem Wahlbezirk wegen Verleumdung vor Gericht brachte. Er kam mit einer Geldstrafe davon.

An Propagandamaterial gegen Stoecker fehlte es also nicht. Seine politischen Gegner ließen sich die Gelegenheit nicht entgehen, die Prozesse nach Kräften auszuwerten. Der Vorsitzende der Fortschrittspartei begrüßte nach dem gegen den Redakteur angestrengten Prozeß dessen Anwälte in einer öffentlichen Erklärung, in der es hieß:

»Die antisemitische Bewegung konnte durch nichts besser charakterisiert werden als durch die gerichtliche Feststellung der sittlichen Qualitäten ihres Hauptführers.«[106])

Die liberale Presse begrüßte die Gerichtsentscheidung mit der größten Genugtuung; sogar die Konservative Korrespondenz, das halboffizielle Organ der Konservativen Partei, brachte einen unfreundlichen Artikel über Stoecker, und selbst der kaiserliche Hof, der sich von öffentlichen Auseinandersetzungen solcher Art fernzuhalten pflegte, sah sich schließlich gezwungen, Stellung zu nehmen. »Seine Majestät waren darauf hingewiesen worden«, daß Volksaufwiegelung unvereinbar sei mit dem Amte eines Hofpredigers, dessen »politisches Treiben geeignet sei, auf Allerhöchstdieselbe zu reflektieren«, wie aus den Akten des Kaiserlichen Zivilkabinetts hervorgeht[107]). In der Tat trug sich der alte Wilhelm I. ernstlich mit dem Gedanken, Stoeckers Rücktritt von seinem Amt zu verlangen, als dieser durch einen hochgestellten Bewunderer gerettet wurde, Prinz Wilhelm, den späteren Kaiser Wilhelm II. In einem handschriftlichen vierseitigen Brief an den Kaiser vom 5. August 1885, den Stoeckers Biograph Frank im Preußischen Hausarchiv später einsehen und inhaltlich wiedergeben, aber nicht textgetreu veröffentlichen durfte[108]), meldete der Prinz seinem Großvater, die Juden hätten den Prozeß absichtlich herbeigeführt, um Stoecker eine Falle zu stellen; als Beweismaterial für die Heimtücke der jüdischen Presse fügte er Zeitungsausschnitte bei. Er wußte auch zu berichten, das deutsche Volk sei über dieses jüdische Manöver sehr erbost, und man habe ihn selbst gebeten, seinen Großvater über den Hintergrund der Intrige aufzuklären. Gestützt und getrieben von Sozialdemokraten und Fortschrittlern – schreibt der Prinz – hätten die Juden es unternommen, Stoecker zu vernichten; es sei bedauerlich, daß das Judentum durch seine Presse im deutschen Reich genügend Macht errungen habe, um sich auf einen solchen Anschlag einlassen zu können. Er habe sich entschlossen, dem Kaiser zu schreiben, nachdem er erfahren habe, daß die Juden sogar am kaiserlichen Hof Einfluß besäßen.

Dann geht der Brief dazu über, Stoeckers Verdienste um die Sache der Monarchie zu preisen. Der Prediger habe gewiß manche Fehler, aber er sei der beste Förderer der Hohenzollernmonarchie und ihr mutigster und angriffslustigster Vorkämpfer unter dem Volke; in Berlin allein habe er den Sozialdemokraten und der Fortschrittspartei 60000 Arbeiter abspenstig gemacht. Schließlich hob der Brief noch Stoeckers Anstrengungen für die Wohltätigkeits- und Sozialbestrebungen hervor, wodurch er die Sympathien Augusta Viktorias, der Gattin des Prinzen, gewonnen habe. Die Prinzessin machte sich den Appell ihres Gemahls zu eigen; sie flehte den Kaiser an, sie nicht eines ihrer besten Mitarbeiter auf dem Gebiete praktischen Christentums zu berauben. Der Prinz hatte Erfolg: der Kaiser erneuerte nur seine Warnung, Stoecker solle in Zukunft seine soziale und politische Tätigkeit mehr mit den Erfordernissen seiner hohen Stellung in Übereinstimmung bringen.

Aber Stoeckers Stern war im Sinken. Die ihm von oben gezeigte Gunst verebbte, als sich der Kurs der Regierungspolitik wieder einmal änderte. Zur selben Zeit ging die Führung des politischen Antisemitismus in die Hände von Männern über, die nicht von Traditionen eingeengt waren, auf die der Hofprediger Rücksicht nehmen mußte. Ein neuer Typ von Antisemitismus begann sich auszubreiten, frei von christlicher oder konservativer Färbung und oft im Gegensatz zu den Interessen der Kirche und der Junker. Das Zentrum der neuen Bewegung lag nicht mehr in Berlin, sondern in den Provinzen, besonders in Sachsen, Westfalen und Hessen.

Kapitel IV

Stoeckers Niedergang (1886-1890)

Um die Mitte der achtziger Jahre war die Politik der kaiserlichen Regierung auf zwei Hauptziele gerichtet: auf die Erwerbung von Kolonien und die Verstärkung der Armee. Die Zentrumspartei, die seit einigen Jahren der Regierungskoalition angehörte, zögerte, sich das Regierungsprogramm zu eigen zu machen. Bismarck brauchte zur Rückendeckung eine neue parlamentarische Mehrheit. Die Nationalliberale Partei hatte sich, nach ihren großen Verlusten und der Abspaltung ihres linken Flügels (1880), unter der Führung von Johannes Miquel reorganisiert und war nun darauf bedacht, sich mit dem Kanzler wieder gut zu stellen. In ihrer »Heidelberger Erklärung« vom 23. März 1884 proklamierte sie ihre Zustimmung zu Bismarcks Wirtschafts-, Militär- und Außenpolitik. Sie werde, hieß es in der Erklärung, »unablässig für die Erhaltung einer starken deutschen Heeresmacht eintreten und kein notwendiges Opfer scheuen, um die Unabhängigkeit des Vaterlandes allen Wechselfällen gegenüber sicherzustellen«[109]). Die Partei befürwortete auch nachdrücklich die Fortsetzung des Kampfes gegen die Sozialdemokratie. Die Unterzeichner der Heidelberger Erklärung »werden bereitwillig der Reichsregierung die zur Abwehr staatsgefährlicher Umtriebe erforderlichen Machtmittel gewähren und erachten deshalb die Verlängerung des Sozialistengesetzes für dringend geboten«.

Reumütig und mit reorganisiertem Parteiapparat wurden die Nationalliberalen genau zu dem Zeitpunkt wieder regierungstreu, als Bismarck ihre Unterstützung am dringendsten brauchte. Sie gingen ein enges Bündnis mit den beiden konservativen Parteien ein, den Deutsch- und den Frei-Konservativen, und bildeten das sogenannte »Kartell«. Es wurde das parlamentarische Rückgrat der Regierung für das nächste Jahr und bewies seine Stärke in der »Kartell-Wahl« von 1887. Diesmal war der Reichstag aufgelöst worden, weil er dem Verlangen der Regierung, das Militärbudget wieder auf sieben Jahre im voraus zu bewilligen, nicht nachgegeben hatte[110]). Die Freisinnigen – so nannten sich die Fortschrittler seit ihrer Verschmelzung mit dem ehemaligen linken Flügel der Nationalliberalen – und das Zentrum waren bereit, den Heeresetat zu erhöhen, aber nur auf drei Jahre. Es war der Versuch, die parlamentarische Kontrolle über das Militär wenigstens in Spuren zu bewahren, ein schwaches Echo jenes Kampfes zwischen den Liberalen und Bismarck im Verfassungskonflikt von 1862–66. Auch diesmal setzte Bismarck seine Forderung durch. Zwanzig Jahre zuvor war ein siegreicher Krieg nötig gewesen, um die liberalen Kräfte zu spalten. Diesmal reichte schon die Kriegsdrohung. General Boulanger war französischer Kriegsminister geworden, und eine antideutsche kriegsfreundliche Gruppe gewann größeren Einfluß auf die Politik Frankreichs. Deutschlands Beziehungen zu Rußland waren zweifelhaft. Die verstärkte Propaganda für deutsche Kolonialforderungen hatte die deutsche öffentliche Meinung stark gegen England aufgebracht. »Das Vaterland ist in Gefahr!« wurde die Wahllosung der Kartellparteien. Die Einberufung der Reservisten für Wintermanöver gab der Kampagne der »Angstwahlen« die Atmosphäre eines unmittelbar bevorstehenden Kriegsausbruchs. So gelang es den drei »staatserhaltenden« Parteien des Kartells, mit 220 von 397 Reichstagssitzen eine ausreichende Mehrheit zu gewinnen. Die Freisinnigen verloren mehr als die Hälfte ihrer Mandate von 1884: von 67 blieben ihnen nur 32. Auch die Sozialdemokratie wurde durch die nationalistische Stimmung geschwächt: ihre Sitze verringerten sich von 24 auf 11. Dagegen konnten die Nationalliberalen ihre Sitze fast verdoppeln (51:99). Beim Zentrum allein änderte sich nichts: von den 99 Mandaten, die es 1884 errungen hatte, verlor es nur eins. Aber das Zentrum vermied einen ernstlichen Kampf gegen die Militärvorlage schon deswegen, weil der Papst Bismarcks Aussöhnung mit dem Katholizismus nicht gefährden wollte. Die Zentrumsabgeordneten enthielten sich der Stimme. Noch im Jahre 1887 konnte so Papst Leo XIII. den Kardinälen mitteilen, der Kulturkampf sei vorüber, und ein Jahr später, als der junge Kaiser Wilhelm II. zu einer aktiven Kolonialpolitik aufrief – »für die Abschaffung der Sklaverei« und um der christlichen Kultur willen – schwenkte das Zentrum zur Kolonialpolitik des Kartells um.

Stoecker geriet durch die Kartellbildung in eine schwierige Lage. Es war wichtig für die neue Koalition, Reibungen unter den Teilnehmern zu vermeiden. Die Nationalliberalen jedoch, die vor nicht so langer Zeit noch als die »Partei der Juden« bekannt waren, wußten, daß sie von Freisinnigen und Sozialdemokraten wegen ihres Bündnisses mit einer Partei, die Stoecker deckte, angegriffen werden konnten. »Wir müssen uns davon frei machen«, schrieb der nationalliberale Führer Rudolf von Bennigsen an Miquel, »daß eine Unterstützung des Stoeckerschen antisemitischen Demagogentums uns durch die Gegner noch weiter angehängt wird.«[111]) Vorsicht und Mäßigung in antisemitischer Agitation waren jetzt unumgänglich, um Konservative und Nationalliberale beieinander zu halten. Stoeckers Bewegung lag als Hindernis auf dem Wege der neuen Verbindung.

Die Norddeutsche Allgemeine Zeitung, Bismarcks Sprachrohr, forderte am 23. September 1885 Stoecker mit scharfen Worten auf, die Tätigkeit der christlichsozialen Bewegung auf das Gebiet der kirchlichen Wohlfahrtspflege zu beschränken. Die Konservativen wurden merkbar vorsichtiger in der Auswahl von Wahlkandidaten und unterließen es, notorische Antisemiten für Berlin aufzustellen.

Stoeckers enge Verbindung mit den Konservativen wurde jetzt auch für die Christlichsoziale Partei eine schwere Belastung. Er war im preußischen Landtag und im Reichstag zu einem Wortführer der Konservativen geworden. So war die Christlichsoziale Partei durch ihren Vorsitzenden in all die politischen Gefahren verstrickt worden, die sich aus der Art und Weise ergaben, wie Bismarck mit Parteien und Parteigruppierungen umsprang. Einerseits profitierte sie von den Vorteilen, die sich aus der Unterstützung der Regierung durch die Konservativen ergaben, andererseits aber mußte sie, wenn die Konservativen gegen Bismarck auftraten, alle Nachteile einer Oppositionspartei in Kauf nehmen. Das konnte angehen, solange die Konservativen das Bündnis mit den Antisemiten nicht als Hindernis für eine vorteilhaftere politische Verbindung empfanden. Das gerade taten sie jetzt. Die konservativ-nationalliberale Allianz bedeutete den Untergang für die Berliner Bewegung als einer Koalition antiliberaler und antisemitischer Gruppen. Nur der unentwegte Kreuzzeitungsflügel polemisierte gegen das Kartell und trat für eine Zusammenarbeit der Konservativen mit dem Zentrum ein. Gestützt auf diese rechte Opposition konnte Stoecker weiterhin Bismarcks »Politik der Mitte« angreifen. Die Christlichsoziale Partei aber fand sich in einer ausweglosen Situation: solange die Regierung sich auf die Nationalliberalen stützte, eine der beliebtesten Zielscheiben für Stoeckers antisemitische Attacken, und solange das Kartell zusammenhielt, blieb der Partei nichts anderes übrig, als die Regierung selber zu bekämpfen. Aber »eine Oppositionspartei unter Führung eines Hofpredigers war ... in Preußen ein unmöglicher Gedanke«[112]).

Noch mehr kompromittierte sich Stoecker, als er in eine Intrige gegen Bismarck verwickelt wurde; sie stand unter Graf Alfred von Waldersees

Führung, der damals stellvertretender Chef des Generalstabes und Generalquartiermeister der Armee war. Bismarck hatte Waldersee im Verdacht, auf die Kanzlerstellung zu aspirieren und sich bei Prinz Wilhelm, dem Thronfolger, einzuschmeicheln. Auf Anregung des Prinzen lud Waldersee im November 1887 eine Anzahl Würdenträger ein, die darüber beraten sollten, wie Gelder für die Berliner Stadtmission aufgebracht werden könnten. Prinz und Prinzessin Wilhelm, Stoecker, der preußische Innenminister von Puttkamer und andere Minister, Hofleute und führende Konservative waren anwesend. Waldersee sprach über die Dringlichkeit, »anarchistische« Tendenzen mit geistigen und materiellen Mitteln zu bekämpfen; die Mission müsse ein Sammelbecken werden für alle diejenigen, die treu zum König hielten und patriotischen Idealen huldigten. Er regte an, aus allen Teilen des Reiches ein Komitee zur Förderung der Mission zusammenzurufen und unter das Patronat des Prinzen zu stellen. Mit Wärme ging der Prinz auf diesen Vorschlag ein, denn er sei besorgt über die geistige Verkommenheit der Berliner Massen und über die Kräfte sozialer Zerstörung, die nur durch christliche und soziale Gesinnung überwunden werden könnten.

Die liberale und regierungsfreundliche Presse zog sofort die politischen Folgerungen aus der Zusammenkunft und griff den Kreis um Waldersee als einen ehrgeizigen klerikal-konservativen Klüngel an, der versuche, den künftigen Kaiser für seine eigenen Zwecke einzuspannen.

»An demselben Abend brach in Berlin und Wien der Sturm los«, schrieb Stoecker später darüber. »Was die Berliner Juden aus Furcht vor Strafe nicht den Mut hatten, zu sagen, das sagten die Wiener; es war ein schlimmes Treiben ... aber ... gefährlich war es nicht. Was ging diese Fremdlinge, die Feinde unseres Glaubens, ein christliches Hilfswerk an? Man konnte ihre boshaften Äußerungen verachten und tat es auch. Da mit einem Male hörte man ein Pfeifen wie das eines herannahenden Föhns im hohen Gebirge. Die ‚Norddeutsche Allgemeine Zeitung' warf sich mit einem wilden Artikel auf die Christlich-Sozialen ... Jetzt schrieb das offiziöse Blatt: die christlich-soziale Partei sei einseitig konfessionell und überhaupt keine politische Partei; sie sei das tote Gewicht der Berliner Bewegung, mit dem sich die Kartellparteien nicht amalgamieren sollten; nicht sie sei der Sauerteig der Berliner Bewegung, sondern der Antisemitismus allein. – Dieser Artikel war das Signal zum allgemeinen Angriff. Von wem er ausging, konnte nicht zweifelhaft sein ...« [113])

Bismarck erklärte später, weder er noch sein Sohn sei der Verfasser dieses und der darauf folgenden Artikel in der Norddeutschen Allgemeinen gewesen [114]). Aber wie ernst er die intime Zusammenkunft des Prinzen mit Waldersee und Stoecker nahm, zeigen seine Memoiren. Im dritten

Band seiner »Gedanken und Erinnerungen«, in dem er seine Beziehungen zu Prinz Wilhelm beschreibt, befaßt sich das erste Kapitel fast nur mit der Waldersee-Angelegenheit und dem daraus entstandenen Briefwechsel mit dem Prinzen über Stoecker. Er riet dem Prinzen dringend ab, die Schirmherrschaft über die Mission zu übernehmen, und »sich vor der Thronbesteigung schon die Fessel irgendwelcher politischen oder kirchlichen Vereinsbeziehungen aufzuerlegen« [115]). Diese Auseinandersetzung legte den Keim für die Entfremdung zwischen dem Kanzler und dem künftigen Herrscher.

Hinter jener dringenden Warnung Bismarcks lag mehr als persönliche Rivalität mit Waldersee. Zwar sollte der Hieb auf Stoecker gewiß Waldersee als möglichen Kanzler des Prinzen Wilhelm ausschalten; es ist bekannt, wie eifersüchtig und mißtrauisch Bismarck gegen Persönlichkeiten war, in denen er potentielle Nachfolger argwöhnte, wie schonungslos er sie aus dem Wege räumte. Aber hier ging es um ernstere Fragen. Der alternde Staatsmann beobachtete mit steigender Besorgnis und Gereiztheit jede neue Entwicklung, von der die noch ungefestigte Struktur des Reiches bedroht werden könnte. Würde sie dem wachsenden Druck innerer Konflikte standhalten? Würde sein Regierungssystem, das zwar nicht parlamentarisch, aber auch nicht gegen solche Konflikte geschützt war, allen Gefahren widerstehen? Bismarcks Vertrauen in seine eigene Fähigkeit, die Zukunft des Reiches zu sichern, mag unbegrenzt gewesen sein, aber seine Macht war es nicht.

Die Stellung des Reichskanzlers war entscheidend geschwächt durch ihre strikte Abhängigkeit vom Kaiser. Da Bismarck die Parteien von oben herab zu behandeln pflegte, konnte er sich auf keine von ihnen unbedingt verlassen. Er war auch nicht der anerkannte Wortführer irgendeiner bestimmten sozialen Gruppe. Die besonders im Ausland verbreitete Annahme, er sei vor allem der Vertreter seiner eigenen Kaste, der Junker, gewesen, ist völlig abwegig. Selbst die preußische Armee blieb nur so lange ein williges Werkzeug in seiner Hand, als er das uneingeschränkte Vertrauen des Königs besaß. Wilhelm I. war allerdings völlig auf seinen Kanzler angewiesen. Solange der Kaiser lebte, durfte Bismarck hoffen, durch geschicktes Manövrieren oder, falls nötig, durch Verfassungsbruch die undemokratische Struktur des Reiches bewahren zu können. Aber sobald einmal der ehrgeizige junge Wilhelm II. Kaiser sein würde, bestand die Gefahr eines tiefen Konflikts zwischen Regierung und Reichstag, der dem jungen Staat zum Verhängnis werden könnte. Im Kartell wollte Bismarck eine repräsentative und dauernde Verbindung aller staatstreuen

Kräfte schmieden, auf denen sein Reich beruhte: Aristokratie, Armee, Beamtenschaft und gemäßigt liberales, aber nationalgesinntes Bürgertum. Vereinigt sollten sie stark genug sein, die Sozialdemokraten in Schach zu halten und die Schritte des jungen Kaisers zu lenken. Das Kartell war die Voraussetzung für eine stabile Regierung. Als Bismarck es durch Stoeckers Oppositionsgruppe innerhalb der Konservativen gefährdet sah, schlug er mit aller Macht zurück. Er warnte den Prinzen:

»Es gibt Zeiten des Liberalismus und Zeiten der Reaktion, auch der Gewaltherrschaft. Um darin die nötige freie Hand zu behalten, muß verhütet werden, daß Ew. Hoheit schon als Thronfolger von der öffentlichen Meinung zu einer Parteirichtung gerechnet werden. Das würde nicht ausbleiben, wenn Höchstdieselben zur inneren Mission in eine organische Verbindung treten, als Protector.« [116])

Bismarcks Autorität und die Erregung, die Waldersees Schachzüge allenthalben hervorgerufen hatten, veranlaßten den Prinzen, die Mission fallen zu lassen. Mit Sorge sah Stoeckers Kreis, wie der Kanzler den künftigen Kaiser für seine Kartellpolitik gewann. »Es hat seitdem jede persönliche Berührung des Hofes mit der Stadtmission und ihrem Leiter aufgehört. Beide sind seitdem in gewissen hohen Kreisen vervehmt«, klagte Stoeckers ergebener Biograph [117]).

Im März 1888 starb Wilhelm I. Friedrich III., sein schwerkranker Sohn, auf dessen liberale Gesinnung die Freisinnigen so große Hoffnungen gesetzt hatten, und dem der Ausspruch zugeschrieben wird, die antisemitische Bewegung sei »die Schmach des Jahrhunderts«, regierte nur drei Monate lang. Er war entschlossen, der antisemitischen Agitation ein Ende zu bereiten, und stellte den Fall Stoecker gleich bei der ersten Zusammenkunft seines Kronrates zur Debatte. Da Kaiser und Kanzler sich einig waren, schien Stoeckers Schicksal besiegelt. Aber wiederum kamen politische Erwägungen dazwischen. Bismarck gelang es, den Kaiser davon abzubringen, Stoecker ohne weiteres aus seinem Amt als Hofprediger zu entfernen. Zum dritten Male wurde entschieden, Stoecker bedingungslos zwischen seinem Amt und seiner politischen Tätigkeit wählen zu lassen.

Bismarcks Intervention für Stoecker kam nicht etwa aus einer plötzlichen Sympathie für seinen bisherigen Widersacher. Er wollte Stoecker beseitigen, aber nicht durch einen aufsehenerregenden Gewaltstreich, aus dem die Freisinnigen, seine alten Gegner, die schon seit langem die Entlassung des Hofpredigers verlangt hatten, Nutzen ziehen könnten. Für Bismarcks Zwecke war es ausreichend, Stoecker von der Politik fernzuhalten. Die Entscheidung des Kronrates wurde Stoecker erst im Frühjahr

1889 mitgeteilt, als Wilhelm II. schon den Thron bestiegen hatte. Stoecker entschied sich für sein Hofpredigeramt.

Das Abkommen, das er nach einer Unterredung mit einem Vertreter des Kaiserlichen Hofes selbst entwarf, hatte folgenden Wortlaut:

»Da Se. Majestät eine Tätigkeit, wie ich sie bisher im politischen Leben Berlins ausgeübt habe, mit dem Amte eines Hofpredigers für unvereinbar halten, ist es selbstverständlich, daß ich dieselbe aufgebe, so lange Se. Majestät mir dies Amt anvertrauen. Nach den gemachten Erfahrungen habe ich auch zunächst jede Freudigkeit verloren, den öffentlichen Kampf gegen den Umsturz auf politischem, sozialem und religösem Gebiete in der bisherigen Weise fortzusetzen. Es hat deshalb für mich unter den gegenwärtigen Verhältnissen keine Schwierigkeit, sondern entspricht meiner Neigung, den politischen Parteikampf überhaupt für mich wie für die christlich-soziale Partei einzustellen. Ich werde diesen Teil meiner Tätigkeit anderen überlassen und meine Vorträge nach Thema, Inhalt und Ton so einrichten, daß sie Seiner Majestät keinen Anstoß geben können. Ich werde, wenn ich öffentlich zu reden habe, nur religiöse, patriotische und soziale Gegenstände besprechen, und die letzteren nur so weit behandeln, als sie unter den Gesichtspunkt des Christentums, der Kirche und der Inneren Mission fallen. Sollte ich später von Gewissens wegen mich veranlaßt sehen, im Interesse des Vaterlandes oder der Kirche den Kampf wieder aufzunehmen, so werde ich Sr. Majestät davon pflichtmäßige Mitteilung machen und Allerhöchstderselben alles weitere untertänigst anheimstellen.« [118])

Stoecker ließ sich in seiner Entscheidung von mehreren Gründen leiten. Das Kartell, glaubte er, habe bald abgewirtschaftet, ein offener Konflikt mit dem Kaiser aber könne auf seine Freunde und Förderer rückschlagen und ihre Kräfte brachlegen.

»Ein erfolgreicher agitatorischer Kampf gegen den Umsturz ist in Deutschland nicht möglich ohne die freudige Mithilfe der christlich-sozialen und starkkonservativen Kreise, die jetzt zurückgestoßen sind.« [119])

Von nun an wurden Stoeckers Schritte scharf überwacht. Seine kirchlichen Vorgesetzten verweigerten ihm die Erlaubnis, im Ausland Vorträge zu halten. Bei verschiedenen Gelegenheiten wurde er verwarnt wegen Äußerungen, die nach kirchlicher Ansicht dem Geiste des Abkommens zuwiderliefen. Aber trotz der Spannungen mit Kirche und Regierung waren seine politischen Aussichten durchaus nicht hoffnungslos. Die Zeit schien für ihn zu arbeiten. Seine Warnung, die »Umstürzler« könnten nicht durch die einzige Waffe, die den Mittelparteien zur Verfügung stand, die nationale Idee, besiegt werden, begann sich zu bewahrheiten. Im Februar 1890 wurde das Kartell in den Reichstagswahlen vernichtend geschlagen. Nur ein gutes Drittel der Reichstagssitze verblieb den drei Kartellparteien; die Nationalliberalen gingen von 99 auf 42 Mandate zurück, die Deutschkonservativen von 80 auf 73, die Frei-Konservativen von 41 auf 21. Die Freisinnigen aber gewannen mehr als das Doppelte, 67 statt 32 Mandate, und die Sozialdemokraten verdreifachten ihre Sitze, von 11 auf 35. Das Zentrum war mit 106 statt 98 Mandaten zur stärksten Fraktion geworden. Die Angstpropaganda hatte ihre Zugkraft verloren. In den Großstädten hatten die Industriearbeiter ihren Protest gegen die steigenden Lebenshaltungskosten, eine Folge der Schutzzollpolitik, zum Ausdruck gebracht. In Berlin übertraf die Zahl der sozialdemokratischen Wahlstimmen die jeder anderen Partei. Ein weiteres Ansteigen der Sozialdemokratie schien unvermeidlich, denn am 1. Oktober 1890 lief das Sozialistengesetz ab, dessen Verlängerung die neue Reichstagsmehrheit – Zentrum, Freisinnige, Sozialdemokraten, 208 von 397 Abgeordneten – abgelehnt hatte[120]).

Das Ende des Ausnahmegesetzes ist interessant. Bismarck hatte beim neuen Reichstag den Entwurf für ein nicht mehr befristetes Gesetz eingebracht, das die Sozialdemokratie noch stärker unterdrückte. Die Nationalliberalen waren gewillt, für ein unbefristetes, aber milderes Gesetz zu stimmen, den Konservativen war es nicht streng genug. Bismarck hätte zweifellos eine Einigung zwischen den beiden Gruppen erreichen können, unterließ jedoch den Versuch dazu. Delbrück[121]), Luckwaldt[122]), Herkner[123]) und andere Historiker sind der Meinung, Bismarck habe die Ablehnung seines Gesetzentwurfes erwartet und gewünscht, weil er den jungen Kaiser davon überzeugen wollte, daß die Unterdrückung der Sozialisten durch Gesetz nicht mehr möglich sei, es bliebe nur die Außerkraftsetzung der Verfassung – die Wiedergutmachung des »größten Fehlers seines Lebens«, der Gewährung des allgemeinen, gleichen, direkten und geheimen Wahlrechts – und die Unterdrückung der Sozialdemokratie durch Waffengewalt. Aber der Kaiser lehnte den Plan ab, wie auch einen letzten Versuch Bismarcks, die Koalition von Konservativen und Zentrum wieder ins Leben zu rufen. Im Gegensatz zum Kanzler war Wilhelm II. davon überzeugt, die Massen der Industriearbeiter durch erweiterte soziale Gesetzgebung zurückgewinnen zu können.

Die Arbeiterschutzgesetzgebung hatte schon seit längerem zu prinzipiellen Meinungsverschiedenheiten zwischen Wilhelm und Bismarck geführt. Bismarck war in seinen Erwartungen, durch soziale Gesetzgebung sich die Sympathien der Arbeiter gewinnen zu können, schwer enttäuscht worden. Statt sich dankbar zu zeigen, hatten die Arbeiter sozialdemokratisch gewählt. Was der Kanzler und seine Freunde als einen Akt der Großmut ansahen, bezeichnete die Sozialdemokratie als widerwillig gegebene und unzulängliche Teilerfüllung ihrer berechtigten Ansprüche. Daß gar manche der prominenten Sozialistenführer, wie Paul Singer, Juden waren, ließ sie doppelt undankbar erscheinen. Und als nun gerade zu der Zeit, da Bismarck den innerpolitischen Knoten nur noch durchhauen zu können glaubte, der erst siebenundzwanzig Jahre alte Kaiser auf den Rat seines ehemaligen Erziehers Hinzpeter, aber, wenigstens indirekt, wohl auch unter Stoeckers Einfluß, Bismarck erklärte, er wolle den Arbeitern helfen, nicht aber auf sie schießen lassen, kam es zum Bruch. Im März 1890 erzwang der Kaiser Bismarcks Rücktritt, formell wegen einer Meinungsverschiedenheit über Bismarcks Befugnisse als Preußischer Ministerpräsident, in Wirklichkeit, weil eine Verständigung über die Lösung der »sozialen Frage« zwischen ihnen unmöglich geworden war.

Vorsichtig zunächst, und dann immer kühner, brach Stoecker nun aus der ihm auferlegten politischen Zurückgezogenheit aus. Schon 1889 hatte er eine Zeitung gegründet, Das Volk, die das offizielle Organ der Christlichsozialen Partei werden sollte. Aus ihren Artikeln sprach die Hoffnung auf ein gewaltiges Wiederaufleben der Stoeckerpartei nach Bismarcks Abtreten. Der Redakteur der Zeitung führte am 1. Mai 1889 in einer Berliner Rede aus:

»Die Seele des öffentlichen Lebens ist bei uns der Reichskanzler. Er ist jetzt 74 Jahre alt. Ein hohes Alter! Nach den Tagen der Erschlaffung kommen wieder Tage der Fieberhitze im Volksleben. Solche Tage stehen uns bevor, von dem Augenblick an, wo der Reichskanzler nicht mehr das öffentliche Leben beherrschen wird. Der gemäßigte Liberalismus wird dann die Früchte der jetzigen Politik heischen. Gewährt man sie ihm, so wird man zu den Zuständen der siebziger Jahre zurückkehren. Gewährt man sie ihm nicht, dann wird der demokratische Liberalismus sein Haupt erheben. Wir aber müssen auch auf dem Platz sein. Wir müssen dem Nachfolger des Reichskanzlers vorarbeiten und für die Bewegung sorgen, die wert ist, Gegenstand der Volkssehnsucht zu sein . . . Wenn Hofprediger Stoecker erkennt: jetzt ist wieder der Zeitpunkt zum Eingreifen gekommen, so wird er auch eingreifen und nicht nach Rücksichten, nach seinem Amt fragen, sondern nur nach der Bewegung.« [124])

Nun war Bismarck gegangen und der Kaiser zur Politik der Versöhnung mit den Industriemassen zurückgekehrt. Mit Jubel begrüßten Stoecker und seine Anhänger die Morgenröte einer neuen Ära. Bald nach den Wahlen von 1890 trat die Christlichsoziale Partei aktiv hervor. Die neue kaiserliche Botschaft mit der Ankündigung der Erweiterung des Sozialreformprogrammes machte die Diskussion der »sozialen Frage« wieder respektabel. »Die schwere Hand, welche auf der Entwicklung der sozialen Reform lag, drückt nicht mehr«, schrieb die Kreuzzeitung vom 19. März 1890.

Stoecker konnte triumphieren: »Die Welt ist über Nacht christlichsozial geworden.«[125]) Drei Tage nach Bismarcks Sturz nahm er im preußischen Landtag wieder an einer Debatte über Antisemitismus teil; auch während der Zeit der kaiserlichen Ungnade war man nie so weit gegangen, ihn zur Niederlegung seiner Landtags- und Reichstagsmandate zu veranlassen. Am 2. Oktober 1890, einen Tag nach Ablauf des Sozialistengesetzes, schrieb Das Volk, Bismarck, Stoeckers Feind und der Schöpfer des Gesetzes (das, nebenbei bemerkt, Stoecker immer gutgeheißen hatte), sei nun zum Schweigen gebracht, aber Stoecker halte »wie in den Tagen der lebhaftesten Agitation gewaltige Versammlungen ab«[126]).

Dann trat etwas ganz Unerwartetes ein. Bevor noch ein Monat verstrichen war, wurde Stoecker gezwungen, seinen Amtsrücktritt zu beantragen, dem der Kaiser sofort stattgab. Als Prinz hatte Wilhelm II. den Hofprediger vor Bismarcks Zorn bewahrt und öfters gezeigt, wie sehr er den Erzfeind des Liberalismus persönlich schätzte. Als Kaiser erzwang er Stoeckers Rücktritt ohne das kleinste Zeichen des Bedauerns. In den Memoiren Wilhelms findet sich ein Hinweis auf seine Beweggründe, obwohl Stoecker dort nur einmal flüchtig erwähnt wird. In der Erörterung seines Verhaltens zu den verschiedenen politischen Parteien unterstreicht Wilhelm seine guten Beziehungen zu den Nationalliberalen und seine Versuche, sie näher an die Konservativen heranzubringen.

»Ich habe oft darauf hingewiesen, daß die Nationalliberalen reichstreu und daher kaiserlich gesinnt, also durchaus als Bundesgenossen für die Konservativen zu begrüßen seien. Ich könne und wolle im Reiche nicht ohne sie, keinesfalls gegen sie regieren ... Aus diesem Grunde habe ich z. B. auch den Hofprediger Stoecker — einen auf sozialem Gebiete in seiner Missionstätigkeit glänzend bewährten Mann — aus seinem Amte entfernt, weil er in Süddeutschland eine demagogische Hetzrede gegen die dortigen Liberalen gehalten hatte.«[127])

Dieser Hinweis bezieht sich auf einen Parteitag der Badischen Konservativen, wo Stoecker die Notwendigkeit betont hatte, gegen Sozialismus und Liberalismus zu kämpfen; dabei hatte er es auch an einem Angriff auf die Juden nicht fehlen lassen:

»Über die Judenfrage will ich nicht viel sagen, um Israels Eitelkeit nicht noch mehr zu reizen. Aber so gut es erlaubt ist, über alles andere zu reden, Gott und Monarchie, Thron und Altar, Besitz und Eigentum herunterzureißen, warum soll man nicht auch auf die Gefahr hinweisen dürfen, die im Judentum liegt. Das finde ich keineswegs liberal, und ich für meinen Teil werde von dieser Wunde reden, bis sie geheilt ist, denn ein Haus, ein Volk, ein Herr, ist unsere Losung!«[128])

Warum gab dieser kleine Seitenhieb dem Kaiser Anlaß zu so strengen Gegenmaßnahmen, während er doch vor wenigen Jahren noch Stoeckers weit aufreizendere Angriffe auf Juden und Liberale gedeckt hatte? Persönlicher Ehrgeiz und politische Erwägungen hatten den Kaiser veranlaßt, das Kartell zu stützen und ihm womöglich eine breitere Grundlage zu schaffen. Er mußte Bismarcks Entlassung rechtfertigen. Nichts hätte die Weisheit seines Entschlusses, den Eisernen Kanzler loszuwerden, besser bewiesen, als der Erfolg einer Koalition, die sich von dem regierungsfreundlichen Flügel der Konservativen bis zum Zentrum erstreckte, mit den Nationalliberalen in der Mitte. Der neue Kaiser sah sich als der autokratische, aber wohlwollende Herrscher einer geeinten Nation, die er zu größerem Ruhm führen wollte. Eine Verbindung mit dem sehr umstrittenen Stoecker konnte er sich nicht länger leisten, wenn er die Unterstützung von Parteien wollte, die als unversöhnliche Feinde des Hofpredigers galten.

Nach seiner Entlassung aus dem Hofdienst widmete sich Stoecker mit ganzer Kraft der antiliberalistischen Agitation. Er dehnte sie jetzt sogar auf Kreise aus, die sich zu rein politischer Tätigkeit in der Christlichsozialen Partei nicht entschließen konnten. Für solche Leute gründete er eine neue Organisation, den Evangelisch-Sozialen Kongreß, der sich die Förderung der sozialen Reformen zum Ziel setzte. Der Kongreß, unter dessen Mitgliedern so hervorragende Gelehrte waren wie der Theologe und Kirchenhistoriker Adolf Harnack, der Volkswirtschaftler Adolph Wagner, der Historiker Hans Delbrück und der Soziologe Max Weber, nahm die Arbeit des Vereins für Sozialpolitik wieder auf, jener akademischen Organisation, die es fast zwanzig Jahre vorher unternommen hatte, Regierung und Staat die sozialen Gefahren des Manchesterliberalismus vor Augen zu führen.

KAPITEL V

Die Ära Caprivi (1890-1894)

Für die öffentliche Meinung Deutschlands bedeutete Bismarcks Rücktritt und die Ernennung des Generals Graf Leo von Caprivi zum Reichskanzler und Preußischen Ministerpräsidenten einen Wendepunkt in der Geschichte des Reiches. Die Zukunft der Nation erschien umwölkt und unsicher. Die wirtschaftliche Lage stimmte nicht sehr optimistisch. Der industrielle Unternehmungsgeist hatte nachgelassen, und in der Landwirtschaft sah es nach Krise aus. Der amerikanische Kontinent mit seiner riesigen landwirtschaftlichen Produktion war ein Konkurrent geworden, mit dem man auf die Dauer rechnen mußte. Die ganze Struktur des ländlichen Deutschland, die extensive Wirtschaft der halbfeudalen Großbetriebe wie der intensivere Bauernbetrieb schienen auf dem Spiel zu stehen.

Die politischen Aussichten im Innern waren kaum weniger bedrohlich. Das Problem, wie man sich gegenüber der revolutionären Arbeiterbewegung verhalten und was man von ihr erwarten solle, brannte Regierungsbeamten, Bürgern und Junkern auf der Seele. Als 1878 das Sozialistengesetz verkündet worden war, hatte es die Partei auf 437 158 Stimmen gebracht. Jetzt war sie mit 1 427 323 Stimmen nach elfjähriger Unterdrückung wieder auferstanden, unversöhnlicher denn je und entschlossen, für »die Summe von Niedertracht und Gemeinheit ..., die Not und Verzweiflung«[129]), die das Gesetz über sie gebracht hatte, abzurechnen. Staat, Kirche und Kapital, Konservative und Liberale, hatten zusammengearbeitet, die sozialistische Arbeiterschaft ihrer demokratischen Grundrechte zu berauben. Sie konnten schwerlich die Drohung vergessen haben, die ihnen die Sozialisten zugerufen hatten: »Wehe denen, über deren Häupter sich einst der Haß und all die Wut entladen wird, die durch dieses infame Gesetz erzeugt und angesammelt wird.«[130]) Die Angst vor einem Bürgerkrieg steigerte sich angesichts des Gespenstes eines äußeren Krieges. Es war keine Übertreibung, als ein sozialistischer Schriftsteller damals bemerkte, daß mit Bismarck das Gefühl der Sicherheit geschwunden war, mit dem die deutsche Bourgeoisie auf die politische Lage des Reiches geschaut hatte.

Die ersten Jahre der Herrschaft Wilhelm II. standen im Zeichen der Mäßigung. Die parlamentarische Konstellation war einem solchen Kurs des Kompromisses nicht ungünstig. Die Freisinnigen und die jetzt wieder legale Sozialdemokratie waren zwar noch Gegner des Staates, aber ihre Opposition gegen Caprivi hatte nichts von der Bitterkeit ihrer Gegnerschaft gegen Bismarck. Zentrum und Nationalliberale unterstützten die Regierung, und sogar die meisten Konservativen standen, wenigstens anfänglich, auf ihrer Seite.

Der neue Kanzler versuchte, Deutschlands auswärtige Beziehungen – vor allem die mit England – zu verbessern und die Spannung in Europa zu mildern. In seiner inneren Politik ging er ebenfalls behutsam vor. Der Arbeiterschaft bot er durch Ausweitung der Sozialgesetzgebung eine Versöhnungspolitik an, wie der Kaiser es wünschte. 1891 bewilligte der Reichstag Maßnahmen zur Regelung der Sonntagsruhe, des Arbeitstags für weibliche Arbeitskräfte und Jugendliche, ein Verbot der Kinderarbeit in Fabriken und ähnliche Bestimmungen. Gestützt auf eine Koalition von Zentrum und Liberalen konnte Caprivi auch die Reform der ländlichen Selbstverwaltung für Preußen fortführen, die Bismarck schon viele Schwierigkeiten bereitet hatte. Durch die Landgemeindeordnung von 1891 wurden die Vorrechte der Junker weiter beschnitten.

Am klarsten zeigte sich die Richtung des »neuen Kurses« in Caprivis Wirtschaftspolitik. Zur Förderung von Industrie und Handel und um Deutschlands führende Stellung in Zentraleuropa zu stärken, schloß er zwischen 1891 und 1894 mehrere Handelsverträge mit europäischen Staaten ab, die auf einer »gemäßigten« Zollpolitik beruhten und als der Verzicht auf die »Hochschutzzollpolitik« betrachtet wurden. Mehr als irgendeine andere Maßnahme der Caprivi-Regierung beeinflußten diese Handelsverträge die Haltung der Fraktionen im Reichstag: zum ersten Male stimmten die Sozialdemokraten für eine Regierungsvorlage. Mit ihren Stimmen wurden die Verträge gegen eine starke konservative Opposition angenommen.

Die Konservativen, die dem neuen Kanzler gegenüber eine abwartende Haltung eingenommen hatten, gingen nun zum Gegenangriff über. Schon die neue Landgemeindeordnung in Ostpreußen hatte die Junker gegen die Regierung aufgebracht. Nicht weniger war die Geistlichkeit verärgert worden durch die Ablehnung eines Schulgesetzes, das der konservative preußische Kultus- und Unterrichtsminister eingebracht hatte. Der Entwurf wollte den Kirchen die Aufsicht über den Religionsunterricht in den preußischen Volksschulen übertragen. Die Öffentlichkeit protestierte so scharf gegen diesen Versuch der Konservativen und der Katholiken, die Kontrolle des Schulwesens in die Hand zu bekommen, daß der Minister, Graf Robert von Zedlitz und Trützschler, im März 1892 zurücktreten mußte. Caprivi hatte die Vorlage des Gesetzentwurfs nicht verhindert und sah sich nach der Niederlage gezwungen, das Amt des preußischen Ministerpräsidenten abzugeben. Die öffentliche Auseinandersetzung über christliche und liberale Schulpolitik bot natürlich die beste Gelegenheit für antiliberale und antisemitische Angriffe von konservativ-klerikaler Seite. Die Regierung wurde scharf angepackt, weil sie die Segel gestrichen habe »vor dem Sturm im Tintenfaß der liberalen Redaktionen«, wie Stoecker sich ausdrückte. Was werde sie erst tun, rief er aus, »wenn einmal ein ernstes Revolutionsgeschrei das Land durchtobt?« [131]) Die Außenhandelspolitik der Regierung brachte den siedenden Topf der Konservativen zum Kochen.

Caprivi hatte die von Bismarck 1879 begonnene Schutzzollpolitik zwar gemäßigt, aber sicherlich nicht aufgegeben. Der Einfuhrzoll auf Getreide zum Beispiel wurde von fünf Mark per 100 Kilo auf drei Mark, die Rate vor 1879, erniedrigt. Aber gerade während der Zeit, da die Handelsverträge unterzeichnet wurden, 1891 bis 1894, drückte die Agrarkrise auf die Getreidepreise. 1891 kostete die Tonne Roggen im Hafen von Danzig noch 208 Mark, 1894 nur noch 110. Die Folgen der durch Caprivis liberalisierte Außenhandelspolitik verschärften Agrarkrise zeigten sich deutlich in einem Strukturwandel der Konservativen Partei.

Während Bismarcks Regierung kam die Opposition der Konservativen hauptsächlich von seiten des orthodoxen rechten Flügels, mit der Kreuzzeitung als seinem Sprachrohr. Bismarck war stark genug gewesen, mit der Rebellion in der Partei fertigzuwerden, nicht nur wegen seines großen staatsmännischen Talents, sondern weil sein Name, seine ganze Laufbahn, sein persönliches wie politisches Leben den preußischen Konservativen eine Garantie dafür boten, daß er das parlamentarische System verhindern werde, trotz aller Konzessionen, die er den liberalen und demokratischen Kräften zu machen für notwendig hielt. Solange Bismarck das Ruder in der Hand hielt, das wußten die Konservativen, bestand keine Gefahr, daß das Parlament die Oberhand bekäme, »der Pöbel« zur Macht gelange. Bei Caprivi, einem Berufsoffizier ohne politische Erfahrung, waren sie dessen nicht mehr sicher. Er hatte ihrer Meinung nach allzu schnell dem Druck des Liberalismus nachgegeben und, was schlimmer war, seine Handelsverträge mit den Stimmen der Sozialdemokraten durchgesetzt. Die Tatsache, daß der neue Kanzler bereit war, die Sozialdemokratie für einen Sieg über die Konservativen zu benutzen, verhieß nichts Gutes für die Zukunft. Offenbar zielte der »neue Kurs« der Regierung letzten Endes auf die Ausschaltung von Aristokratie und Kirche; es stand zu erwarten, daß die revolutionären, atheistischen Sozialdemokraten und die liberalen Geldsäcke die Verbündeten und schließlich die Herren der Regierung würden.

Vor Caprivi war die Konservative Partei eine lose Organisation gewesen, die mehr durch ungeschriebene Standeskonventionen zusammengehalten wurde als durch einen aktiven Parteiapparat unter zentralisierter Führung. Sie hatte keine Ortsgruppen mit bezahlten Funktionären; Komitees von Standespersonen, meistens Adeligen, besorgten alles. Wo es wenige adelige Gutsbesitzer gab wie im Westen und Süden Deutschlands, hatte die Partei oft gar keine organisierte Vertretung. Nach Bismarcks Abtreten konnten die Konservativen nicht mehr die Regierungspartei schlechthin bleiben. Die Caprivi-Regierung hatte sich als ein Gegner erwiesen, den man bekämpfen und vernichten mußte, bevor seine Politik zum Untergang der konservativen Gesellschaft und aller ihrer Werte führte. Da jedoch Kaiser und Kanzler mit den Kräften des Liberalismus und der Revolution zusammenarbeiteten, konnten sogar Ultrakonservative nicht an »direkte Aktion« denken, das heißt, an Verfassungsbruch und Bajonettregierung. Die Schlacht mußte im Parlament ausgefochten werden. Mehr als je brauchte jetzt die Konservative Partei den »kleinen Mann«. Eine Massenbewegung von rechts, unter konservativer Führung, das war das Gebot der Stunde. Ein Agitator wie Stoecker mit seiner dynamischen Anziehungskraft mußte jetzt wieder zu einem unschätzbaren Aktivposten werden. Volle konservative Unterstützung war auch für Stoecker die beste Gewähr, die Einbuße an Ansehen wettzumachen, unter der er leiden mußte, seit Wilhelm II. ihn kurzerhand hinausgeworfen hatte. Heinrich von Treitschke, bis 1890 ein Gegner der Stoeckerschen Agitation, beurteilte die Lage ganz richtig, als er in einer Wahlrede für einen antisemitischen Kandidaten am 14. Februar 1890 sagte: »Man mag ihn immerhin einen Demagogen nennen. Bei dem heutigen Stimmrecht muß man mit den Mitteln gemeinverständlicher Beredsamkeit wirken.« [132])

Die rechtsradikale Gruppe unter den Konservativen gewann durch die Opposition der Partei gegen die Caprivi-Verwaltung großen Einfluß. Ihr Führer war Wilhelm von Hammerstein, Mitglied des Preußischen Landtags seit 1876 und des Reichstags seit 1881, der als Leiter der Kreuzzeitung seit 1881 soviel journalistisches Talent und politische Geschicklichkeit entwickelt hatte, daß er aus einem Standesblatt für den Provinzadel ein machtvolles politisches Organ schaffen konnte. Hammerstein, ein erklärter Antisemit, war seit langem Stoeckers Freund und Förderer gewesen. Diese beiden Männer wurden nun in die Führung der Konservativen Partei emporgetragen und errangen ihren ersten Erfolg in dem Parteibeschluß, einen Reichsparteitag einzuberufen, der ein neues Programm ausarbeiten sollte.

Der letzte Parteitag war 1876 abgehalten worden. Preußische Konservative hatten stets eine aristokratische Abneigung dagegen, ihre Angelegenheiten in der Öffentlichkeit eines Parteitags zu verhandeln. Sie zogen vor, Politik »en petit comité« [133]) zu machen. Auch jetzt versuchten die altmodischen Junker einen Parteitag zu vermeiden. Noch im Mai 1892 hatte die konservative Landstagsfraktion beschlossen, die Revision des Parteiprogramms zu verschieben, mit der Begründung, es werde sehr schwierig sein, eine richtige Formulierung der Stellung der Partei zur Judenfrage zu finden. Im August 1892 gelang es dann der Hammerstein-Stoecker-Gruppe, mit der Hilfe von antisemitischen Anhängern in Stoeckers Wahlkreis, die westfälischen Konservativen dahin zu bringen, der Berliner Parteileitung ein Ultimatum zu stellen: entweder berufe die Parteileitung einen Parteitag ein oder die Provinzorganisationen würden einen Aufruf auch ohne Berliner Zustimmung erlassen. Die Führung gab nach. Im Dezember 1892 trat die Versammlung in den Tivolisälen in Berlin zusammen. Über eintausend Delegierte waren anwesend, darunter auffallend viele Angehörige des Mittelstandes. »Es war kein Parteitag im schwarzen Frack und weißen Glacéhandschuhen, sondern im Rock. Es war die Konservative Partei unter der Geltung des allgemeinen gleichen Wahlrechts . . .«, stellte Stoecker mit Genugtuung fest [134]).

Der frühere Beschluß der gemäßigten Konservativen, die Revision des Parteiprogrammes der Judenfrage wegen zu verschieben, hatte es klar gemacht, daß politischer Antisemitismus ein zentraler Punkt der Tagesordnung sein werde. Für Hammerstein und Stoecker war es von größter Dringlichkeit, die Partei auf ein offen antisemitisches Programm festzulegen. Die Führung des politischen Antisemitismus begann Stoeckers Händen zu entgleiten und drohte, antikonservativ zu werden. Bei den Kartellwahlen von 1887 hatte die Wählerschaft in Boeckel den ersten Antisemiten in den Reichstag entsandt, der es nicht nur ablehnte, sich der konservativen Fraktion anzuschließen, sondern auch scharf gegen die ausbeuterischen Rittergutsbesitzer auftrat; seinen traditionell konservativen

Wahlkreis hatte er mit antikonservativer und antijüdischer Agitation erobert. Außerdem war 1889 in Bochum ein Antisemiten-Kongreß zusammengetreten, ohne daß Stoecker auf ihn Einfluß gewinnen konnte. Der Abfall der »radikalen« Antisemiten von der Konservativen Partei war also schon in vollem Gange. Die Reichstagswahlen von 1890 hatten den radikalen Elementen weiteren Gewinn gebracht, und in einer Nachwahl mitten in der Junkergegend, die gerade zwei Wochen vor der Tivoliversammlung stattfand, war es einem antikonservativen Antisemiten gelungen, seinen konservativen Gegenkandidaten zu schlagen. Bauern und Mittelständler, die einzigen Gruppen, aus denen eine Massenbewegung von rechts entstehen konnte, begannen unter dem Einfluß der radikalen Antisemiten sich vom Konservatismus zu entfernen. Auf der Tivoliversammlung kamen die Konservativen zu der Überzeugung, daß sie es sich nicht leisten konnten, dieser neuen antisemitischen Welle fernzubleiben. Als im November 1892, entgegen allen Erwartungen, zweimal soviel Stimmen für den antikonservativen Antisemiten Ahlwardt abgegeben wurden wie für den konservativen Kandidaten, lenkte die Keuzzeitung vom 29. November 1892 mit großem Nachdruck die Aufmerksamkeit der Partei auf dieses Ereignis: »Der Antisemitismus, der einst in der Berliner Bewegung die Brücke gebildet« habe, auf welcher »der Übergang von der liberalen zur konservativen Partei sich vollzog«[135]), könne für die Interessen der Konservativen wieder benutzt werden, falls die Partei die Führung im Kampf gegen das Judentum übernehme.

Die Wiederaufnahme eines aggressiven Antisemitismus im konservativen Parteiprogramm, dies verdient festgehalten zu werden, war reiner Opportunismus. Die antisemitische Bewegung der frühen neunziger Jahre entsprang nicht altkonservativem Boden. Die fanatischen Antisemiten waren, wie der Tivolikongreß deutlich zeigte, nicht unter den Junkern zu finden. In dem Entwurf für ein neues Parteiprogramm, den die Führer der alten, gemäßigten Parteimehrheit ausgearbeitet hatten, stand noch der Satz: »Wir verwerfen die Ausschreitungen des Antisemitismus.« Nach einer scharfen Debatte ließ der Parteitag den Satz fallen. Bürgerliche Delegierte vor allem sprachen gegen den »gemäßigten« Wortlaut. Ein Rechtsanwalt aus Westfalen sagte:

»Wir sind den Opportunismus satt, der die aktuelle Kraft der konservativen Partei seit Jahren gelähmt hat! Eine gewisse Richtung der Partei hat es sich zur Aufgabe gesetzt, das Kind [den Antisemitismus] gewissermaßen in der Geburtsstunde zu ersticken ... Der Satz ist eine Hintertür, gewissermaßen ein Diener vor dem Judentum, er kann dem konservativen Programm die Spitze abbrechen.« [136])

Ein hochgestellter Adeliger verteidigte den umstrittenen Passus; man könne nicht gleichzeitig konservativ sein und den Radau-Antisemiten Ahlwardt wählen. Mit stürmischen Oho-Rufen wurde er unterbrochen. Ein Rechtsanwalt erklärte: »Ich halte mich für ebenso konservativ wie der Vorredner und habe in der Stichwahl Ahlwardt gewählt. Weiter habe habe ich Ihnen nichts zu sagen!« [137])

Ein nichtadliger Stoecker-Anhänger aus Sachsen prägte das Wort, die Partei müsse »demagogisch im guten Sinne« werden. Graf Otto von Manteuffel, der Vorsitzende der Landtags- und Reichstagsfraktion und Präsident des Parteitags, gab dem Standpunkt der Junker mit charakteristischem Zynismus Ausdruck, als er in einer Rede in Berlin, ein halbes Jahr nach dem Parteitag, sagte: »Die Judenfrage war nicht zu vermeiden, wollte man nicht den demagogischen Antisemiten den vollen Wind der Bewegung überlassen, mit dem sie einfach an uns vorbeigesegelt wären.« [138])

Das am 8. Dezember angenommene revidierte Programm der konservativen Partei enthielt unter anderen Grundsätzen und Forderungen die folgenden:

»Staat und Kirche sind von Gott verordnete Einrichtungen; ein Zusammenwirken beider ist die notwendige Vorbedingung zur Gesundung unseres Volkslebens.

»Die konfessionelle christliche Volksschule erachten wir für die Grundlage der Volkserziehung und für die wichtigste Bürgschaft gegen die zunehmende Verwilderung der Massen und die fortschreitende Auflösung aller gesellschaftlichen Bande.

»Wir bekämpfen den vielfach sich vordrängenden und zersetzenden jüdischen Einfluß auf unser Volksleben.

»Wir verlangen für das christliche Volk eine christliche Obrigkeit und christliche Lehrer für christliche Schüler.

»Wir wollen die Monarchie von Gottes Gnaden unangetastet erhalten wissen und bekämpfen, bei gesetzlich gesicherter bürgerlicher Freiheit für alle und bei wirksamer Beteiligung der Nation an der Gesetzgebung, jeden Versuch, die Monarchie zugunsten eines parlamentarischen Regimentes zu beschränken.

»Einer gewissenlosen Presse, welche durch ihre Erzeugnisse Staat, Kirche und Gesellschaft untergräbt, ist nachdrücklich entgegenzutreten.

»Hochhaltung von Christentum, Monarchie und Vaterland, Schutz und Förderung jeder redlichen Arbeit, Wahrung berechtigter Autorität, das sind die obersten Grundsätze, welche die Deutsche Konservative Partei auf ihre Fahne geschrieben hat.« [139])

Im wirtschaftlichen Teil verlangte das Programm Schutzzölle für Landwirtschaft und Industrie, »Beseitigung der Bevorzugungen des großen

Geldkapitals«, Schutz des Mittelstandes durch die Einführung von Gewerbeerlaubnisscheinen und die Stärkung von Zünften und Genossenschaften. »Redlicher Handel und Gewerbebetrieb ist zu schützen durch Beschränkung und Beaufsichtigung des Hausierhandels und der Abzahlungsgeschäfte, sowie durch die Beseitigung der Wanderlager und der Wanderauktionen.«

Hellmut von Gerlach, damals noch Antisemit und Mitarbeiter Stoeckers, schrieb später über die Ereignisse auf dem Tivoli-Parteitag, wo er eifrig hinter den Kulissen mitgearbeitet hatte:

»Die Aufnahme des Antisemitismus in das Programm der konservativen Partei war der größte moralische Erfolg, der für ihn denkbar war. Bisher offiziell vertreten nur von einzelnen Parteisplitterchen, wurde er nunmehr legitimer Besitz einer der größten Parteien, der Partei vor allem, die dem Throne am nächsten steht, die die wichtigsten Stellen im Staate besetzt. Der Antisemitismus war hart an die Grenze der Hoffähigkeit herangerückt.« [140])

Auf der Tivoli-Tagung begann die Massenbewegung von rechts, deren Erfolge bald alle Erwartungen übertrafen. Aber es war nicht die antisemitische Ideologie, die der Bewegung soviel Auftrieb gab. Zur Zeit des Parteitags veröffentlichte ein bekanntes Landwirtschaftsblatt in Schlesien einen ganz ungewöhnlichen Vorschlag, wie man der Not der Landwirte steuern könne. Der Verfasser, ein dort ansässiger Landwirt, riet seinen Lesern, das zu tun, was die Sozialdemokraten täten, nämlich eine entschlossene Haltung der Regierung gegenüber einzunehmen. Gegen Caprivis Vernachlässigung der landwirtschaftlichen Interessen könne man durch Appelle und Bittgänge nichts ausrichten.

»Ich schlage vor ..., daß wir sie [die Regierung] unsere Macht fühlen lassen ... Wir müssen aufhören zu klagen ... Wir müssen schreien, daß es das ganze Land hört; wir müssen schreien, daß es bis in die Parlamentssäle und Ministerien dringt — wir müssen schreien, daß es bis an die Stufen des Thrones vernommen wird! Aber wir müssen, damit unser Geschrei nicht wieder ungeachtet verhallt, gleichzeitig handeln. Wir müssen handeln, indem wir aufhören, was wir bisher immer für selbstverständlich hielten, für die Regierung in unseren Bezirken die Wahlen zu machen; wir müssen alle Ehrenämter ablehnen ... Wir müssen ... Interessenpolitik treiben ... Denn nur dadurch, daß wir rücksichtslose und ungeschminkte Interessenpolitik treiben, kann vielleicht die Existenz der heutigen Landwirte ... gerettet werden.« [141])

Der Notschrei dieses schlesischen Landwirts zündete in ganz Deutschland und löste eine machtvolle Bewegung aus, die sich die politische Organisierung agrarischer Interessen zum Ziel setzte. Im Februar 1893 war die Vorbereitungsarbeit soweit gediehen, daß Einladungen zur Gründungsversammlung eines »Bundes der Landwirte« und ein Programmentwurf ausgeschickt werden konnten[142]). Die Verfasser des Programms verschwendeten keine Worte an ideologische Verbrämungen. Der erste Artikel verlangte »genügenden Zollschutz für die Erzeugnisse der Landwirtschaft und deren Nebengewerbe«, der zweite, daß die Regierung »keine Handelsverträge mit Rußland und anderen Ländern« abschließt, die zu einer Verminderung der Zölle auf landwirtschaftliche Importe führen. Mit der Forderung, die Produktenbörse unter strenge Regierungsaufsicht zu stellen, trat der Bund unter die Fahnen des Antisemitismus. Schließlich erklärte er sich geradeheraus gegen die bestehende Arbeiter-Sozialversicherung und verlangte ihre Revision.

Der Tivoli-Parteitag hatte noch, unter Stoeckers Führung, gegenüber den Problemen der industriellen Arbeiterschaft Zurückhaltung gewahrt. Das Tivoli-Programm beschränkte sich auf die Feststellung, die Konservativen scheuten keine Anstrengung, »für die Besserung der Lage der Arbeiter, unter erheblicher Belastung der Arbeitgeber« einzutreten. Man wollte die Arbeiterschaft daran erinnern, daß Bismarcks Sozialversicherungsgesetz mit den Stimmen der Konservativen gegen die Opposition der Liberalen angenommen worden war. Obwohl der Bund der Landwirte die vom Parteitag geübte Vorsicht in den Wind schlug, begrüßte Stoecker sein Erscheinen auf der politischen Bühne. Kaum war der Programmentwurf veröffentlicht, als er erklärte, auf einer gesunden Landwirtschaft, aus Großgrundbesitz, mittleren und kleinen Landwirten bestehend, beruhe die Existenz Preußens. In jedem Falle sei es besser, sagte er am 28. Februar 1893, wenn Mitglieder der alten Adelsfamilien auf den ostpreußischen Rittergütern sitzen, als wenn »Kohn und Itzig als Hypothekenbesitzer einrücken und das Volk mit ihren umstürzlerischen Gedanken verderben«[143]). Um Junker und Bauern für den Kampf gegen den Liberalismus einigen zu können, ignorierte Stoecker die Absicht des Bundes, das Sozialversicherungsprogramm, den Hauptpunkt der christlich-sozialen Politik, anzugreifen – ein Programm, das einst in einer kaiserlichen Botschaft feierlich verkündet und von Stoecker als die Morgenröte eines neuen Humanismus begrüßt worden war.

Der Bund der Landwirte mit seinem antiliberalen, antisemitischen und arbeiterfeindlichen Programm wurde zum Hauptorganisator der Massenbewegung von rechts. Bismarck lieh ihm sein Prestige; für ihn war der Bund ein Instrument, das ihm in seiner Fehde mit Wilhelm II. und Caprivi gute Dienste leisten konnte. Sein Sohn Herbert übernahm den Posten des Vize-Präsidenten. Bald geriet die tatsächliche Leitung des Bundes in die

Hände von Konservativen, die alle Großagrarier, wenn auch nicht immer Junker waren. Um die Jahrhundertwende zählte der Bund fast eine Viertelmillion Mitglieder. Mehr als die Hälfte davon hatten ihren Wohnsitz westlich der Elbe, also in Gegenden, wo bisher die preußischen Konservativen schwach gewesen waren. Die Verbindung mit dem Bund der Landwirte machte es den Konservativen möglich, ihren Einfluß bis nach Bayern und dem Rheinland auszudehnen und die Konservative Partei in eine gutorganisierte Massenpartei, die sich über das ganze Reichsgebiet erstreckte, zu verwandeln. Endlich waren sie in der Lage, die politische Kluft zwischen Junker und Bauer und zwischen Preußen und Süd- wie Westdeutschland zu überbrücken. Das programmatische Ziel des Bundes, der Zusammenschluß aller Agrarinteressen, war im Grunde illusionär, da Groß- und Kleinbetriebe, extensive und intensive Bebauungsmethode, Futterproduktion und Veredelungswirtschaft schließlich nicht die gleichen, sondern oft widerstreitende Interessen haben. Trotzdem gelang es dem Bund in erstaunlichem Maße, die widerstreitenden Tendenzen zusammenzuschweißen. Eine Art berufsständisches Bewußtsein verhinderte auch hier die Trennung kulturell-sozialer und rational-ökonomischer Erwägungen.

Man sollte glauben, die Konservative Partei hätte für diese Machterweiterung ihre politische Seele opfern müssen. Wie konnte sie fortan gegen den »materialistischen Liberalismus« donnern, ohne daß ihr das Wort »Schutzzoll« entgegengehalten würde? Wie konnte sie die Ideale des christlichen Staates aufrechterhalten, wenn sich diese Ideale in der politischen Wirklichkeit in Forderungen nach staatlichem Schutz des Großgrundbesitzes verwandelten, dessen Kosten Konsumenten und Steuerzahler zu bestreiten hatten? Dennoch tat ihr die Verwandlung von einer Herren-Partei, die hauptsächlich mit Weltanschauungsfragen befaßt schien, in eine Massenorganisation, die spezielle wirtschaftliche Interessen vertrat, kaum Abbruch. Das ganze politische Leben Deutschlands machte zu jener Zeit einen ähnlichen Übergang durch. Die materiellen Interessen der Gesellschaftsgruppen brachen allmählich durch die ideologischen Verhüllungen durch. Die großen nationalen und liberalen Forderungen des Bürgertums hatten sich teils erfüllt, teils verflüchtigt. Mit allgemeinen Idealen konnte man Parteiprogramme nicht länger durchsetzen.

Die Tendenz zur sozialen und ökonomischen Ausrichtung der politischen Gruppen hatte sich seit den späten siebziger Jahren immer kräftiger durchgesetzt. Maximilian Harden schrieb im April 1893 in der Zukunft:

»Die alten Namen bleiben, im achtundvierziger Sinne aber war, mit geringen Ausnahmen, alles liberal geworden und das konservative Bestreben, das neue

Gebäude des Reiches erhalten zu sehen, war ... auch allen gemein. Seitdem kann man für die Parteinamen konservativ, nationalliberal, freisinnig getrost die Vertretungen des Grundbesitzes, der Industrie und des beweglichen Kapitals setzen, ohne sich darum zu bekümmern, daß pastorale und professorale Einflüsse da oder dort noch sich geltend machen.« [144])

Harden unterließ es, zwei Hauptgruppen – die Sozialdemokratie und die katholische Zentrumspartei – in dieser Identifizierung von wirtschaftlichen und politischen Gruppen zu erwähnen. Aber das Beispiel dieser beiden Parteien dürfte ihn kaum widerlegen. Die Sozialdemokratie hatte sich von Anfang an als eine Klassenpartei erklärt und dadurch die Umwandlung der bürgerlichen Parteien nur beschleunigt. Das Zentrum wurzelte zwar in religiösem Boden und war daher am ehesten in der Lage, der allgemeinen Tendenz zur Reorganisierung des politischen Lebens nach Wirtschaftsinteressen Widerstand zu leisten, aber es wurde durch die agressiven Forderungen des Bundes der Landwirte doch ernstlich bedroht. Der Historiker der Zentrumspartei, Karl Bachem, selber ein prominenter Reichstagsabgeordneter, beschrieb, wie schwer es der Parteileitung wurde, die ländlichen Anhänger zusammenzuhalten angesichts der lauten Agitation des Bundes gegen die von der Regierung vorgeschlagenen Handelsabkommen mit Rußland und Rumänien [145]). Das Zentrum war bereit gewesen, die Regierung zu unterstützen, aber die Kampagne des Bundes hatte sich als so wirksam erwiesen, daß nur einige der Zentrumsabgeordneten für die Verträge stimmten und eine große Anzahl dagegen. Eine wirtschaftliche Frage beschwor im Zentrum die Gefahr einer Spaltung!

Ihre erste Prüfung erlebte die Massenbewegung von rechts einige Monate nach der Gründung des Bundes der Landwirte. Die Regierung wollte die Friedensstärke der Armee erhöhen, da das Heer die alljährlich wachsende Zahl von Dienstpflichtigen nicht mehr voll zur Ausbildung übernehmen konnte. Eine politische Annäherung zwischen Rußland und Frankreich lieferte das Gefühl einer Bedrohung von außen, das immer in Erscheinung zu treten pflegte, wenn eine Heeresverstärkung zur Diskussion stand. Freisinnige, Sozialdemokraten und das Zentrum waren gegen die Armeevorlage, obwohl Caprivi versucht hatte, die bittere Pille schmackhafter zu machen durch Herabsetzung der Dienstzeit von drei auf zwei Jahre. Der Kanzler mußte entweder der Opposition nachgeben oder den Reichstag auflösen in der Hoffnung, durch die Neuwahlen eine regierungsfreundlichere Mehrheit zu erlangen.

Caprivi entschied sich für die Neuwahl, obwohl die politischen Verhältnisse der Regierung ungünstig waren. Das ländliche Deutschland stand in voller Auflehnung gegen die Außenhandelspolitik des Reichskanzlers. Bismarck, das Symbol so vieler nationaler und internationaler Siege, tat das Seine, das Ansehen Caprivis durch Angriffe auf das »persönliche Regiment« des Kaisers zu untergraben. Die Nationalisten gewannen Oberwasser. Sie warfen Caprivi vor, durch Herabsetzung der Dienstzeit die Sicherheit des Reiches zu gefährden. Der Antisemitismus loderte auf wie nie zuvor; die radikal antisemitischen Agitatoren stürmten durch die Provinzen von Hessen bis Ostpreußen und eiferten gegen Juden, Junker und kaiserliche Beamte. Die Sozialdemokraten konnten wieder einmal voll Zuversicht einen überwältigenden Erfolg an der Wahlurne erwarten.

Die Wahlen von 1893 waren von besonderem Interesse wegen der neuen Parteiverbindungen in den Stichwahlen. Der Bund der Landwirte machte seine Unterstützung eines Kandidaten davon abhängig, daß dieser das Programm des Bundes annahm. So verpflichtete er nicht nur konservative, sondern auch manche nationalliberale Kandidaten auf eine antisozialistische und antisemitische Linie. In Wahlkreisen, in denen ein Sozialdemokrat führend in die Stichwahl kam, bildete sich nicht selten eine geschlossene Front von den Antisemiten bis zu den Nationalliberalen, die den Gegner besiegte. In der Ausgabe vom 26. Juni 1893 sagte der Vorwärts, das Zentralorgan der Sozialdemokratie:

»Daß die konservative und die nationalliberale Partei auf den Antisemitismus gekommen sind, ist die schönste Illustration kapitalistischer Natur, und es ist nur logisch, daß die Antisemiten auf bürgerlicher Seite die Führung in dem Kampfe des Kapitalismus mit dem Sozialismus übernommen haben.«

Die Wahlkampagne zeigte auch, daß die Antisemiten – sei es der Bund der Landwirte, Stoeckers Christlichsoziale Partei oder eine der unabhängigen radikal antisemitischen Gruppen – in den ländlichen Gegenden und kleinen Städten mehr Zugkraft besaßen als die Konservativen. Ein Kandidat der Christlichsozialen, der mit den kombinierten Stimmen der Antisemiten und der Konservativen in den Reichstag gewählt wurde, ein Professor Huepeden, schrieb Jahre später über die Arbeitsteilung, die sich zwischen den beiden Parteien entwickelte:

»Die konservative Partei trug die Kosten des Wahlfeldzuges und die antisemitische Partei stellte die Redner für die Bearbeitung der Ortschaften; sie verfügte namentlich über die eifrige Jugend.« [146])

Eine ähnliche Arbeitsteilung ergab sich eine Generation später zwischen Deutschnationalen und Nationalsozialisten.

Die Antisemiten und die Sozialdemokraten, die extremen Flügel der Opposition gegen die »Politik der Mitte«, errangen die größten Erfolge in den Wahlen. Die Antisemiten, zwar zahlenmäßig noch immer eine kleine Partei, gewannen einen Stimmenzuwachs von über 450 Prozent (147). Stoecker selbst war allerdings nicht wiedergewählt worden, war aber noch preußischer Landtagsabgeordneter. Die Antisemiten zogen mit 16 statt 5 Abgeordneten in den Reichstag ein und waren so zum ersten Mal stark genug, eine eigene Fraktion zu bilden (für die eine Mindestzahl von 15 Abgeordneten erforderlich war). Damit hatten sie das Recht erworben, Vertreter in die Kommissionen zu entsenden und Gesetzesentwürfe einzubringen, was den »Wilden«, den fraktionslosen Abgeordneten, nicht gestattet war.

Die Sozialdemokratie erhielt in den Wahlen 1786700 Stimmen, fast dreimal soviel wie 1887 und 300000 mehr als 1890; die gefährlichste Oppositionspartei der kaiserlichen Regierung hatte alle »staatserhaltenden« Parteien weit hinter sich gelassen. Gegenüber dieser niederschmetternden Tatsache war es kaum mehr ein Trost, daß die bestehende »Wahlkreisgeometrie« die Sozialdemokraten stark benachteiligte. Mit ihren eindreiviertel Millionen Stimmen gewannen sie nur 44 Mandate, während die Konservativen, mit etwa einer Million Stimmen, 72 Sitze im Reichstag erhielten, einen weniger als 1890 (148).

Das Zentrum, mit ungefähr anderthalb Millionen Stimmen, verlor zwar 12 Mandate gegenüber 1890, war aber mit 96 Sitzen immer noch die stärkste Fraktion. Die Nationalliberalen erreichten die Wählerzahl der Konservativen. Sie gewannen 11 Sitze, so daß sie jetzt 53 Mandate besaßen. Die Freisinnigen erlitten die schlimmsten Verluste. Wie gewöhnlich hatten sie sich über die Frage der Heeresverstärkung nicht einigen können. Vor der Wahl kam es zur Spaltung. Die Minderheit unter Heinrich Rickert war für Caprivis Gesetzentwurf und nannte sich »Freisinnige Vereinigung«. Die Mehrheit unter Eugen Richter war dagegen; sie nahm den Namen »Freisinnige Volkspartei« an. In der Wahl erhielten sie 13 bzw. 24 Mandate, zusammen also 37, gegenüber 67 drei Jahre zuvor. Von diesem Verlust sollten sie sich nicht wieder erholen (149).

Der neue Reichstag nahm die Heeresvorlage an, aber es war ein Pyrrhussieg für Caprivi. Die Gegner des Entwurfs waren nur um 16 Stimmen schwächer. Caprivi verdankte die Annahme des Gesetzes der Polenpartei, die damals 19 Abgeordnete im Reichstag hatte. Sie war die politische Vertretung der Bevölkerung polnischer Herkunft. Bismarcks »Kulturkampf« hatte auch die polnischsprechende, größtenteils katholische Bevölkerung in Ostpreußen und Posen getroffen. 1872 waren mit dem Schulaufsichtsgesetz die Volksschulen dem Einfluß der polnischen Geistlichkeit entzogen,

1873 Deutsch als Unterrichtsfach und 1876 als alleinige Amtssprache eingeführt worden. Durch diese »Germanisierungsmaßnahmen« wurden die polnischsprechenden Bauern in Posen, bisher gute preußische Untertanen, in eine nationale Oppositon gedrängt, die sich bald auch unter den »Kaschuben« in Westpreußen und den oberschlesischen »Wasserpolaken«, wie die preußischen Eindeutscher sie nannten, ausbreitete. Das Ergebnis der Germanisierungsbestrebungen war die Polenpartei. 1886 begann Bismarck, sie aktiv zu bekämpfen, indem er durch die mit Staatsmitteln ausgestattete »Ansiedlungskommission« und durch Verwaltungsschikanen »polnische« Grundbesitzer dazu brachte, ihr Land zu verkaufen, das er dann mit deutschen Kolonisten besiedeln ließ.

Dieser Politik wollte Caprivi ein Ende bereiten, stieß aber auf Widerstand beim Kaiser und auf offene Feindseligkeit bei Bismarck und dessen Freunden (150). Das Groteske an der politischen Situation lag darin, daß die Caprivische Heeresvorlage nun von diesen polnischen »Reichsfeinden« gerettet wurde – von Elementen also, die der deutsche Nationalist als vermutliche Landesverräter im Kriege und als ein unzivilisiertes Pack im Frieden betrachtete. Die Schwäche der Regierung, die gesteigerte Unabhängigkeit des Reichstags und die stets wachsende Tendenz zur Parlamentsherrschaft waren nur zu deutlich sichtbar geworden.

Des Kaisers Beziehungen zu Caprivi kühlten sich bald ab. Eine »Kanzlerkrise« folgte der anderen. Wilhelm II., der seine Regierung in der Illusion angetreten hatte, von Gottes Gnaden zum Herrscher über eine geeinte und der Hohenzollerndynastie treu ergebene Nation berufen zu sein, war der endlosen, so gar nicht heldenhaften Aufgaben der sozialen Versöhnung müde. Sein Hauptziel der inneren Politik schien von der Verwirklichung weiter entfernt als je: die industriellen Massen sperrten sich nach wie vor hartnäckig gegen die erhoffte Bekehrung zu Thron und Altar. Statt dessen schlossen sie sich immer enger an die Sozialdemokratie an, die auch weiterhin revolutionäre Absichten kundtat. Die Politik der Mäßigung, die dem Kaiser vorschwebte, erschien ihm immer nutz- und aussichtsloser. Zum Bruch mit Caprivi im Jahre 1894 kam es wegen desselben Konfliktes, der auch zu Bismarcks Entlassung geführt hatte: die Bedrohung des Staates durch die sozialistische Arbeiterbewegung. Die Gefahr, die von einem parlamentarischen Regierungssystem zu erwarten stand, wuchs mit den gewaltigen Fortschritten, die der Partei der Revolution schon unter dem bisherigen System möglich waren. Staat und Gesellschaft konnten offenbar nur erhalten werden, wenn die »Kräfte des Umsturzes« unterdrückt wurden.

Diesmal aber spielte sich der Konflikt mit vertauschten Rollen ab. Der Kaiser begünstigte jetzt, was er 1890 dem Kanzler verweigert hatte: den Staatsstreich. Angespornt wurde er von den Königen von Sachsen und Württemberg, vom preußischen Ministerpräsidenten Eulenburg, von den Konservativen um Hammerstein, von hochgestellten Offizieren und Industriellen, von dem kurz vorher gegründeten, ultranationalistischen Alldeutschen Verband und von dem nicht weniger streitbaren Bund der Landwirte – ein Gemisch von Cliquen, Gruppen, Parteien und Individuen, die von gemeinsamem Haß und gemeinsamer Furcht beseelt waren. Ihre Feinde sahen sie im parlamentarischen System, in Liberalismus und Sozialismus.

Eine schnell aufeinanderfolgende Reihe von Wahlen und Reichstagsauflösungen sollte, so hofften sie, ein für allemal demonstrieren, wie widersinnig die verfassungsmäßige Regierungsform geworden sei, und so die Nation auf den Staatsstreich vorbereiten. Mit der Idee des Staatsstreichs spielte man damals viel und gern. Hellmut von Gerlach berichtet über eine Sitzung, in der ein konkreter Plan diskutiert wurde. Ende 1894 hatte Hammerstein führende Konservative zusammengerufen, um sie für die sofortige Ernennung Eulenburgs zum Reichskanzler und die Abschaffung des allgemeinen Wahlrechts durch Verordnung des Bundesrates zu gewinnen. Das wäre natürlich eindeutiger Verfassungsbruch gewesen, der zu Kämpfen mit den Arbeitern führen mußte. Eulenburg und Hammerstein rechneten offenbar auf Unterstützung durch das Heer, was voraussetzt, daß sie sich des Kaisers sicher fühlten. Aber sie wollten sich auch der Hilfe anderer konservativer Kräfte versichern. Stoecker, der unter den Anwesenden war, sprach mit Vorsicht für den Plan, einige andere Teilnehmer dagegen konnten nicht gewonnen werden[151]). Die Drohung mit dem Staatsstreich und der Armeerevolte wiederholte sich bei größeren politischen Krisen und war mit daran schuld, daß die ängstliche demokratische Opposition immer mehr Konzessionen an Nationalismus und Militarismus machen zu müssen glaubte.

Die Staatsstreichpläne kamen nie zur Ausführung. Das lag wohl in erster Linie daran, daß der Kaiser weder die Persönlichkeit besaß noch die Autorität genoß, deren es für ein so gefährliches Wagnis bedurft hätte. Außerdem ließ sich Caprivi nicht dafür gewinnen. Als der Kaiser vor der Entscheidung stand, entweder Verfassungsbruch zu begehen, was er nicht wagte, oder mit einer unwillkommenen Parlamentsmehrheit zu regieren, die er sich lieber vom Leibe halten wollte, versuchte er als Ausweg die Strategie des Eisernen Kanzlers nachzuahmen. 1878 hatte Bismarck die

Attentate auf Wilhelm I. benutzt, eine politische Krise herbeizuführen, die er dann mit der Unterdrückung der Sozialdemokratie und der Schwenkung von der liberalen zur konservativ-katholischen Mehrheit lösen konnte. Im Juni 1894 wurde Sadi Carnot, der Präsident Frankreichs, ermordet und eine Reihe anderer anarchistischer Gewaltakte in Frankreich begangen. Der Kaiser packte die Gelegenheit beim Schopf und forderte energische Maßnahmen gegen die umstürzlerischen Kräfte in Deutschland; der Preußische Ministerpräsident Eulenburg, der seine Fähigkeiten zur Zeit des Sozialistengesetzes bewiesen hatte, sollte dem Landtag angemessene Gesetzentwürfe zum Schutze von Reich, Monarchie, Kirche und Familie vorlegen. Eulenburg aber wollte eine solche Gesetzgebung zuerst im Reich, das heißt, von Caprivi im Reichstag eingebracht haben. Caprivi, der gegen derartige Gesetze prinzipielle Bedenken hatte und nur zu genau wußte, was des Kaisers und Eulenburgs Absichten waren, leistete Widerstand.

Der Kaiser gab nicht nach. Da er beim Reichskanzler für seine Pläne wenig Interesse fand, wollte er sie zu einer Sache des Volkes machen. Im September 1894, in einem der ersten seiner unverantwortlichen oratorischen Ausbrüche, rief er seine Untertanen zum Schutze der Religion, der Moral und der gegebenen Ordnung gegen die Parteien des Umsturzes auf. Einige Wochen darauf, in einer anderen Rede, zerstörte er Caprivis Politik der Versöhnung mit der polnischen Minderheit. Caprivis Feinde nutzten die Kluft zwischen Kaiser und Kanzler aus. Bismarck beeilte sich, die neue Politik Wilhelms ausdrücklich gutzuheißen. Eulenburg schickte eine Delegation des Bundes der Landwirte zum Kaiser, um dessen Wünsche nach einer Regierung der starken Hand und nach einer neuen Gesetzgebung der Unterdrückung zu schüren. Auch die Nationalliberalen wollten nicht beiseite stehen und hatten schon auf dem Parteitag in Frankfurt im September 1893 die Wiederaufnahme des Kampfes gegen Sozialisten und Polen gefordert. Auf der Grundlage der kaiserlichen Ansprachen entwarf Eulenburg eine »Umsturzvorlage« von solcher Schärfe, daß bei Durchführung des Gesetzes die bestehenden Gerichte und Gefängnisse nicht ausgereicht hätten, um mit der zu erwartenden Anzahl von Gesetzesbrechern fertig zu werden[152]).

Caprivi versuchte immer noch, einen Kompromiß zu erreichen. Er wollte die Befugnisse der Verwaltung durch strengere Gesetze gegen Vereinigungen, Versammlungen und staatsfeindliche Presse stärken. Er war bereit, die bürgerlichen Freiheiten einzuschränken, aber nicht sie abzuschaffen.

Der Kaiser mußte sich zwischen Caprivi und Eulenburg entscheiden, als die Minister der Bundesstaaten nach Berlin berufen wurden, um die Umsturzvorlage zu beraten. Ihre Warnung vor zu scharfen Maßnahmen, die zum Bürgerkrieg führen könnten, kühlte Wilhelms Begeisterung für den Eulenburgplan merklich ab. Die Entlassung beider Gegenspieler, Caprivis und Eulenburgs, schien ihm nun der einzige Ausweg aus der unhaltbaren Lage, die er selber herbeigeführt hatte. Am 26. Oktober 1894 traten beide zurück. Damit war die utopische Phase der Herrschaft Wilhelms II. zu Ende, der Traum von der sozialen Monarchie, vom patriarchalischen Obrigkeitsstaat. Zum Nachfolger Caprivis und Eulenburgs berief der Kaiser den fünfundsiebzigjährigen Fürsten Chlodwig zu Hohenlohe-Schillingsfürst. Unter Hohenlohe – wenn auch nicht auf sein Betreiben – entwickelte sich die Politik der Unterdrückung im Inneren und der Abenteuer im Äußeren, die den wilhelminischen Imperialismus kennzeichnet. Die konservativ-reaktionären Kräfte in Preußen und die einstmals liberale Bourgeoisie fanden sich in dem Bestreben, die Arbeiterbewegung zu vernichten, das allgemeine Reichs-Wahlrecht abzuschaffen und mit der »sentimentalen Philanthropie« der Sozialreform Schluß zu machen. Der neue Kurs fand seine Verkörperung in dem Stahlindustriellen Stumm-Halberg, der zum intimen Kreis des Kaisers gehörte. Seine Rolle als Scharfmacher gegen die Arbeiterorganisationen trug der Kanzlerschaft Hohenlohes den Beinamen »die Ära Stumm« ein.

Kapitel VI

Die völkische Bewegung

Sowohl der konservativ-protestantische als auch der völkische Antisemitismus fanden ihre erste politische Organisation in Berlin und breiteten sich von da in der Provinz aus. Im Gegensatz aber zu der konservativ-protestantischen Bewegung, die ihren anerkannten Führer in Stoecker und ihre zentrale Organisation in der Christlichsozialen Partei gefunden hatte, konnte sich der völkische Antisemitismus nur schlecht organisieren. Aus dem Stamm des Rassengedankens sproß eine Vielzahl von Reisern: Zirkel, Gruppen und Parteien, von denen die meisten bald wieder eingingen. Es lohnt nicht, sie im einzelnen zu beschreiben. Bedeutsam ist aber die Tatsache, daß die Völkischen in den neunziger Jahren die Führung der antisemitischen Bewegung, die bis dahin völlig unter dem Einfluß Stoeckers gestanden hatte, an sich reißen konnten. Diese Entwicklung sei in kurzen Zügen dargestellt.

Die Idee einer politischen Organisation, die sich radikalen Antisemitismus als einziges Ziel setzte, hatte wohl als erster Moritz Busch propagiert. 1880 ließ er in der Zeitschrift Grenzbote eine Artikelserie erscheinen, die er dann auch als Broschüre unter dem Titel »Israel und die Gojim«[153]) herausbrachte. Busch, ein Schriftsteller und Redakteur, war unter Bismarck in der Presseabteilung des Auswärtigen Amtes tätig und galt als des Kanzlers journalistischer Handlanger. Er forderte eine von allen Parteien unterstützte Organisation, die nur dem Zweck gewidmet sein sollte, die Juden aus dem öffentlichen Leben zu entfernen. Jedermann könne dieser »ad-hoc-Partei« als Mitglied beitreten, »sei er ... Unitarier oder Partikularist, liberal oder konservativ, orthodox oder Rationalist, ultramontan oder Protestant ..., wenn er nur entschieden erklärte, von einer vollen Gleichstellung des semitischen Elements mit dem alteingeborenen nichts mehr wissen zu wollen«[154]), und sich verpflichtete, niemals für einen Juden zu stimmen, kein von Juden herausgegebenes oder judenfreundliches Blatt zu lesen und mit aller Energie an der Vertreibung der »semitischen Eindringlinge« von der politischen Bühne zu arbeiten.

Wilhelm Marrs »Antisemitenliga« von 1879 und Ernst Henricis »Soziale Reichspartei« von 1880 hatten tatsächlich versucht, eine derartige politische Organisation aufzubauen. Keiner der beiden Gruppen war es gelungen, sich zu einer Massenorganisation zu entfalten (155); die Wahlen von 1881 zeigten, wie hoffnungslos isoliert sie in Berlin blieben, wo sie im Kielwasser der Stoeckerschen Agitation vorwärtszukommen versucht hatten. Marrs düstere Prognose vom »kulturellen und politischen Bankrott des Westens« fand eine Bestätigung darin, daß er keine finanzielle Beihilfe für ein Wochenblatt auftreiben konnte, mit dem er einen moralischen Druck auf die »jüdische Fremdherrschaft« auszuüben und ein Gegengewicht gegen die »sozialdemokratischen Utopien« zu schaffen gedachte[156]). Das Ende von Marrs politischer Karriere war, daß er sich »mit Ekel zum Erbrechen« vom Radau-Antisemitismus lossagte[157]).

Auch die Soziale Reichspartei konnte sich nur drei Jahre lang am Leben erhalten, 1880 bis 1882. Aber Henricis wilde Agitation kündigte die Ablösung des »christlich-konservativen« durch einen »aufgeklärten und demokratischen« Antisemitismus an. Henrici war der erste, der sich im Namen »aller wirklich liberalen Staatsbürger« zu sprechen anmaßte; die liberalen Parteien griff er wegen ihrer freundlichen Einstellung Juden gegenüber an und die Konservativen wegen ihrer »opportunistischen« Haltung in der Judenfrage. Sein eigenes antisemitisches Programm hatte allerdings nichts Neues zu bieten. Ein Gesetz sollte Juden verbieten, Beamte oder Offiziere zu werden oder in gesetzgebende Körperschaften gewählt zu werden; die Zensuszählung nach Religionen sollte wiederhergestellt und die Einwanderung von Juden unterbunden werden. Als Präzedenzfall für diese letzte Forderung wies Henrici auf das in den Vereinigten Staaten 1882 angenommene Gesetz gegen die Einwanderung von Chinesen hin; das freieste Land der Welt habe damit gezeigt, daß eine gesunde Rassenpolitik möglich und notwendig sei und daß die Grundrechte eingeschränkt werden müßten, wenn das Interesse der Gemeinschaft es verlange[158]). Neben den üblichen Forderungen nach sozialen Reformen, die in allen programmatischen Erklärungen der Antisemiten unter den Sofortmaßnahmen den breitesten Raum einnahmen, verlangte Henricis Partei eine Zentralisierung des Verwaltungsapparates und eine aktive Kolonialpolitik. Treue zum deutschen Volk, erklärte sie, sei nicht minder wichtig als Treue zu Kaiser und Reich. Henricis Versuche, einen Weg zu finden, auf dem man die bestehenden politischen Konflikte überwinden könnte, waren noch linkisch und unsicher. Aber die Tendenz läßt sich erkennen: Zentralisation der Regierungsgewalt, aggressive Außenpolitik, Versöhnung des liberalen Mittelstandes und der Arbeiter mit dem Kaiserreich im Zeichen eines ungehemmten Imperialismus. Die Idee der Nation, einst liberal und demokratisch orientiert, begann bürokratisch und imperialistisch zu werden.

Eine Zeitlang arbeitete Henrici Hand in Hand mit dem ultra-konservativen Max Liebermann von Sonnenberg, einem ehemaligen Offizier, der ebenfalls dem völkischen Antisemitismus huldigte. Liebermann sah das Heil Deutschlands in der materiellen und ethischen Wiedergeburt des deutschen Volkstums und im »praktischen Christentum«; diese Ideale, glaubte er, ließen sich nur dann verwirklichen, wenn man das parlamentarische Regierungssystem, diese Quelle der Korruption, abschaffte; eine interimistische Diktatur des Kaisers sollte den Weg für eine Regierung bahnen, die sich auf Ständevertretungen stützte. Bald aber erfolgte der Bruch zwischen den beiden Agitatoren. Liebermann versuchte zusammen mit Nietzsches Schwager Bernhard Förster eine eigene antisemitische Organisation aufzubauen, den »Deutschen Volksverein«, den er dem Konservativen Zentralkomitee als dem Hauptquartier der Berliner Bewegung unterstellte. Henrici war darüber erbost. 1881 denunzierte er während der Wahlkampagne den Volksverein wegen seiner Abhängigkeit von den Konservativen, die »nach echter Judenart« die große nationale Bewegung in Berlin für ihre kleinlichen Parteiinteressen ausbeuteten und sich an den Rockschößen der Antisemiten emporzuziehen versuchten (159).

Nach den Reichstagswahlen von 1881 verschlechterten sich die Beziehungen zwischen dem Konservativen Zentralkomitee und den völkischen Antisemiten liberaler und konservativer Färbung. Henricis und Liebermanns Parteien hatten sich als lächerlich schwach erwiesen. Vor den Berliner Municipalwahlen von 1883 ließ das Zentralkomitee, von der Regierungspresse dazu ermutigt, die »Radau-Antisemiten« fallen und schloß die vielen kleinen Bürger-Vereine zu einer »unpolitischen« Deutschen Bürgerpartei zusammen, mit der es – allerdings ohne Erfolg – Berlins fortschrittliche Mehrheit zu brechen versuchte. In den darauffolgenden Jahren verschwanden einige der bekanntesten Agitatoren aus der Reichshauptstadt. Bernhard Förster wanderte nach Südamerika aus, Henrici nach den Vereinigten Staaten. Auch Liebermann, dessen Deutsche Volkszeitung 1885 einging, packte sein Bündel, um in der neuen Welt sein Glück zu versuchen; dann besann er sich jedoch anders und verlegte sein Tätigkeitsgebiet nach den neuen Mittelpunkten des völkischen Antisemitismus, Westfalen und Sachsen. 1884 und 1885 gab es in Berlin einige neue Versuche, antisemitische Parteien außerhalb der Stoeckerschen Organisation zu bilden, aber sie alle führten zu nichts. Dennoch blieben die Anstrengungen, die moderne antijüdische Massenpartei zu schaffen, in der alle politischen Richtungen zu einer großen Bewegung verschmelzen sollten, nicht ohne Wirkung. Den radikalen Antisemiten schien es gelungen zu sein, ihre Weltanschauung von dem Stigma der Bigotterie und des Obskurantismus zu befreien; ein Antisemit konnte jetzt nicht mehr ohne weiteres als Konservativer, Reaktionär, Lakai der Junker oder frömmelnder Kirchgänger abgetan werden, sondern durfte als aufgeklärter, fortschrittlicher, ja sogar als revolutionärer Mann auftreten.

In Berlin zwar wurde der völkische Antisemitismus von seinem konservativ-klerikalen Rivalen noch in Schach gehalten. Er breitete sich aber in den Provinzen aus, wo Stoeckers Einfluß gering war. Organisationen von einiger Beständigkeit entwickelten sich in Sachsen, Westfalen und Hessen. Die 1880 unter Alexander Pinkerts Führung gegründete Deutsche Reformpartei in Dresden war ihrer sozialen Zusammensetzung nach der Stoecker-Partei ähnlich; kleine Gewerbetreibende, Handwerker, Ladenbesitzer und niedere Beamte stellten die Mehrzahl ihrer Anhänger. Im Grunde wiederholte sie nur die Schlagworte und Forderungen, die die Berliner Bewegung populär gemacht hatten: soziale Reform durch gesetzliche Zunftordnung, Krediterleichterung für den Mittelstand, höhere Besteuerung des Geldkapitals und natürlich Ausschluß der Juden aus der öffentlichen Verwaltung. Nach einigen Jahren hatte die Partei ihre Prinzipien so weit verdünnt, daß sie mit den Nationalliberalen gemeinsame Sache machen konnte, zum Beispiel 1884, als es darum ging, den sozialdemokratischen Kandidaten August Bebel in der Wahl zu besiegen. Der antisemitische Kandidat, der Bebels Mandat gewann, schloß sich der konservativen Reichstagsfraktion als Hospitant an. Außerhalb Dresdens errichtete die Partei Ortsgruppen in einigen Städten, darunter Berlin, war aber nie fähig, eine zentralisierte Organisation über das ganze Reich aufzubauen.

Zwei ihrer Ortsgruppen – die 1884 unter Theodor Fritsch in Leipzig und die 1886 unter Otto Boeckel in Kassel gegründete – versuchten, der dahinsiechenden Bewegung neue Impulse zu geben; sie schlossen sich 1886 zur Deutschen Antisemitischen Vereinigung zusammen, die sich von der Stoecker-Bewegung distanzierte, indem sie ihre Mitglieder verpflichtete, für die Aufhebung des Emanzipationsgesetzes und die Annahme einer Sondergesetzgebung zu stimmen, durch welche die Juden zu Fremden gemacht werden sollten. 1887 wurde Boeckel in den Reichstag gewählt.

Er war der erste antisemitische Abgeordnete, der sich nicht den Konservativen anschloß. 1890, als auch drei seiner Anhänger Mandate errangen, tat er sich mit ihnen zu einer unabhängigen antisemitischen Reichstagsgruppe zusammen, die seitdem eine ständige Einrichtung im Reichstag blieb und 1893, wie erwähnt, stark genug wurde, eine eigene Fraktion zu bilden.

Boeckel war in dem oberhessischen Wahlbezirk Marburg-Frankenberg-Kirchhain gewählt worden, einem Gebiet, das sich durch Armut seiner bäuerlichen Bevölkerung und industrielle Rückständigkeit auszeichnete. Auch die dort ansässigen Juden, die sich als Viehhändler, Gastwirte, Hypothekenvermittler und Agenten durchschlugen, teilten die kulturelle Rückständigkeit ihrer Umgebung; als »Landjuden« wurden sie von den städtischen Juden von oben herab angesehen. Diesen Wahlkreis – lange Zeit unangefochtener Besitz der Konservativen – hatte jetzt ein sechsundzwanzigjähriger Bibliothekar, der sich mit Volkssagen beschäftigte, erobert. Boeckel war von Dorf zu Dorf gezogen mit dem Schlagwort »Bauern! Macht euch frei vom jüdischen Zwischenhandel!« und hatte durch seine Propaganda für bäuerliche Kreditgenossenschaften und »judenfreie« Märkte unwahrscheinliche Popularität gewonnen. »Die Bauern schwärmten für ihn als ihren Erwecker und Erlöser«, schreibt Hellmut von Gerlach, Boeckels Gegenkandidat in den Wahlen von 1898 und 1903.

»Meilenweit kamen sie zu seinen Versammlungen gewandert. Beehrte er einen judenfreien Viehmarkt mit seiner Gegenwart, so wurde er von berittenen Bauernburschen eingeholt. Girlanden waren über die Straßen gespannt, die Mütter hielten ihre kleinen Kinder hoch und sagten zu ihnen: ‚Seht euch den Mann an, das ist unser Befreier!' Ein paar Jahre hindurch war er in Wahrheit der Bauernkönig Hessens.« [160])

Gleich Moritz Busch wollte Boeckel, wie er in seiner Broschüre »Die Juden, die Könige unserer Zeit« schrieb, die Judenfrage als ein nationales Problem angesehen wissen, das jeden Deutschen angehe, gleichgültig, welchem Glauben oder welcher politischen Richtung er zugehöre. Seiner Meinung nach drohte die antisemitische Bewegung nur deswegen unterzugehen, weil sie sich von den Konservativen ins Schlepptau hatte nehmen lassen. Der Kampf gegen die Juden, diese »zähe, alte und fremde Rasse« [161]), die weder durch Taufe noch durch Mischehen unterzukriegen sei, müsse über den Parteienkonflikten stehen. Alle echten Deutschen rief er auf, an einer Lösung zu arbeiten – auf gesetzliche und ehrenhafte Weise; Voraussetzung für eine solche Lösung müßte die gesetzliche Trennung von Deutschen und Juden sein; zwei verschiedene Nationen lebten in Deutschland, die eine als Herrin im Lande, die andere als Gast mit den Rechten der Gastfreundschaft, aber niemals der Herrschaft. Im Parlament sollte die Judenfrage solange debattiert werden, bis das deutsche Volk gelernt hätte, die Aufhebung des Emanzipationsgesetzes nicht mehr als unerträglichen Verfolgungswahn zu betrachten sondern als unumgängliche Notwendigkeit für seine eigene Rettung. Boeckels Broschüre, die ihren Titel wohl von der 1845 erschienenen Studie des französischen Monarchisten A. Toussenel »Les Juifs, rois de l'époque« entliehen hatte, soll eine Auflage von anderthalb Millionen Exemplaren erreicht haben[162]). Sein Blatt, der Reichsherold, vereinigte Judenhaß mit Verachtung der Konservativen Partei. Es wetterte gegen diese »diskreditierte Judenklique«, die von Rittergutsbesitzern und Berufspolitikern geführt werde und Stoecker nur als Köder benutze, um antisemitische Stimmen zu fangen. Boeckel trat für Pressefreiheit ein und für die Ausdehnung des allgemeinen, gleichen Wahlrechts auf Preußen; mit den Freisinnigen und Sozialdemokraten war er für eine Reichseinkommenssteuer; wie sie kämpfte er gegen das Anwachsen des Militäretats und die Versuche der Regierung, Reichshandelsmonopole als Einnahmequelle zu schaffen, die der Kontrolle durch den Reichstag entzogen waren. Ebenso fest lehnte er alle kirchlichen Ansprüche auf Kontrolle der öffentlichen Erziehung ab.

Im Kampf um die Seelen und Stimmen der ländlichen Bevölkerung begann der »demokratische« Antisemitismus Boeckelscher Färbung sich dem der Konservativen überlegen zu zeigen. Boeckels antiklerikale und antikonservative Agitation erregte bei Stoecker große Besorgnis.

»In Hessen«, schrieb er, »hat Dr. Boeckel in Stadt und Land ein solches Ansehen gewonnen, daß Geistliche nicht wagen dürfen, ihm entgegenzutreten, auch wenn er falschen Antisemitismus treibt. Sie würden sonst in ihren Gemeinden den letzten Rest von Einfluß verlieren. Grund genug, daß die Kirche versuchen muß, die richtige Art der Bekämpfung des Judentums sich zu eigen zu machen und dadurch mit der Volksseele ebenso wie mit den Erfordernissen ihrer Aufgabe als Leiterin des religiösen Volksgeistes in Übereinstimmung zu bleiben.« [163])

Die Konservativen und Stoecker klagten über Boeckels »sozialdemokratische« Agitationsmethoden. Boeckel hieb zurück, indem er auf jede Verbindung mit den »*cohn*servativen« Vertretern adeliger Vorrechte pfiff. 1888 verließ er die Antisemitische Vereinigung, weil sie ihm zu weit rechts stand. Als 1893 der Bund der Landwirte entstand, lehnte er auch ihn als ein Werkzeug der konservativen Reaktion ab, zur großen Enttäuschung aller regierungstreuen Gruppen.

Welche Kräfte hatten den plötzlichen Einbruch dieser neuen politischen

Bewegung in die ländlichen, traditionell konservativen Gebiete möglich gemacht? Wie konnte es gleichzeitig zwei antisemitische Bewegungen geben, die sich auf den ersten Blick kaum voneinander unterschieden und sich doch bekämpften? Sicher bestanden beträchtliche kulturelle und politische Unterschiede zwischen West- und Ostdeutschland. Dadurch allein läßt sich die Spaltung unter den Antisemiten jedoch nicht erklären, denn auch in die östlichen Provinzen konnte der völkische, antikonservative Antisemitismus ein paar Jahre später mit Erfolg eindringen. Eine wichtige Rolle spielten hingegen ökonomische Momente. Durch die schwere Krise in der Landwirtschaft und die Zoll- und Finanzpolitik der Regierung waren die Spannungen zwischen den landwirtschaftlichen Interessengruppen auf die Spitze getrieben worden. Es handelte sich vor allem um den Konflikt zwischen großbetrieblicher Getreideproduktion und kleinbetrieblicher intensiver Landwirtschaft. Stoecker stand den Getreide- und Futtermittelproduzenten, den Junkern, nahe, deren Wohlergehen von hohen Preisen für ihre Haupternten abhing; deshalb verlangten sie Schutzzölle und Regierungssubsidien. Wer sich auf die Seite der Junker stellte, verärgerte den kleinen Bauern, der sich von Milchwirtschaft und Viehzucht ernährte und billiges Futter brauchte. Dieser Gegensatz zwischen Junkern und Bauern läßt sich durch die ganze Geschichte des Kaiserreichs und der Weimarer Republik verfolgen; er rief bäuerliche Organisationen ins Leben, die sich nicht dem mit der konservativen Partei gekoppelten Bund der Landwirte anschlossen, sondern ihm oft genug feindlich gegenüberstanden. Auf diese Spannungen bauten die Liberalen und nach 1918 auch die Sozialdemokraten, als sie versuchten, Millionen kleiner Landwirte dem Einfluß der Konservativen zu entziehen und davon zu überzeugen, daß ihr eigenes Wohlergehen von dem der städtischen industriellen Bevölkerung abhinge. Diesen Versuchen war wenig Erfolg beschieden, aber der ökonomische Gegensatz wirkte in mancher Hinsicht weiter. Er beeinflußte die Auswahl von politischen Kandidaten, die Gruppenbildung im Parlament bei Debatten über Handels- oder Steuergesetzgebung und das Anwachsen der Genossenschaftsbewegung.

Daß Boeckels völkische Agitation auf so fruchtbaren Boden fiel, hatte allerdings noch besondere Gründe. Als er seine politische Laufbahn begann, beherrschte das »Kartell« das politische Leben. Durch die Koalition der Konservativen mit den Nationalliberalen waren Stoeckers Hände gebunden, und seine christlichsoziale Bewegung versandete. Die Konservativen benutzten jetzt, wie bereits geschildert, den politischen Antisemitismus sehr behutsam und fanden wenig Gelegenheit, aus antisemitischer Agitation Kapital zu schlagen. Dazu kam, daß sie den Unwillen des kleinen Mittelstandes auf sich gezogen hatten, als sie zusammen mit den Nationalliberalen die Verantwortung für die Regierungspolitik übernahmen. Der Mittelstand sah sich verraten und entdeckte wieder einmal, daß die konservative Partei ein Werkzeug in den Händen der Junker war. Der konservative Antisemitismus erschien ihm als ein taktisches Instrument, das eine machtvolle Gruppe manipulierte, solange es ihren Interessen diente.

Boeckels antikonservativer Feldzug zwang auch den rechten Flügel der Völkischen, die Gruppen um Liebermann, Fritsch, Paul Förster und andere, die Konservativen zu meiden. 1889, auf dem Antisemitentag in Bochum, einigten sich Boeckel und Liebermann auf ein Programm, das sowohl die Aufhebung des Emanzipationsgesetzes wie auch die Verstaatlichung der Hauptindustrien forderte. Liebermann, der doch so rührig für den Ständestaat warb und das parlamentarische System in Grund und Boden verdammte, ging so weit, sich gegen weitere Unterdrückung der Sozialdemokratie auszusprechen:

»Jeder Vertreter dieser [sozialdemokratischen] Richtung im Parlament ist für die Regierung und die gesetzgebende Körperschaft eine lebendige Mahnung, die sozialen Reformen zu beschleunigen, jeder nationalliberale Abgeordnete aber ist ein Gewicht in der Waagschale des ›laisser faire, laisser aller‹, das uns schon recht nahe an den Abgrund gebracht hat.«[164])

Das Ziel des Antisemitentags, Einheit, konnte jedoch nicht erreicht werden. Der »demokratische« und der »konservative« Flügel des völkischen Antisemitismus klafften nach wie vor auseinander. Da Liebermann sich mit der Boeckelschen Richtung nicht verständigen konnte, gründete er kurz nach der Bochumer Tagung seine eigene Gruppe, die Deutschsoziale Partei mit dem Sitz in Bochum. Im folgenden Jahr, 1890, tat Boeckel dasselbe in Erfurt; seine Antisemitische Volkspartei nahm 1893 den Namen Deutsche Reformpartei an. In den Wahlen von 1890 jedoch unterstützten beide Parteien gegenseitig ihre Kandidaten. Vier von der Boeckel-Partei und Liebermann als einziger Vertreter seiner Partei wurden in den Reichstag gewählt. Von den insgesamt über sieben Millionen Stimmen hatten antisemitische Kandidaten zusammen 48 000 erhalten. Die vier Abgeordneten der Antisemitischen Volkspartei formten im Reichstag unter Boeckel eine Antisemiten-Gruppe, aber Liebermann weigerte sich, ihr beizutreten.

Der »Antisemiten-Spiegel« von 1892 bringt interessante Einzelheiten über die Stimmenverteilung in den vier von der Boeckelpartei eroberten Wahlbezirken[165]). In einem Bezirk entschieden sich mehrere tausend Wähler, die im ersten Wahlgang für den sozialdemokratischen Kandidaten gestimmt hatten, im weiteren Wahlgang für den Antisemiten statt für den Nationalliberalen. In einem anderen Bezirk bekam der Antisemit in der Stichwahl fast alle nationalliberalen Stimmen, mit deren Hilfe der Kandidat der Freisinnigen besiegt wurde. Was Stoecker nicht fertiggebracht hatte, schien den radikalen Antisemiten zu gelingen. Unzufriedene Wähler zögerten nicht, es mit einer neuartigen Opposition oder sogar mit einer Rebellionspartei zu versuchen. Die politischen Grenzen waren in Fluß geraten; die traditionellen Bindungen an Konservative, Nationalliberale oder Sozialdemokraten lockerten sich, je mehr Anziehungskraft von dem linken »demokratischen« Flügel der Antisemiten ausging.

Die Völkischen ließen ihrem ersten größeren politischen Sieg einen intensiven Propagandafeldzug folgen. Die Antisemitische Correspondenz vom 27. Juli 1890, ein Organ der Deutschsozialen Partei, berichtet, »daß von Leipzig aus täglich drei- bis viertausend (also jährlich gegen eine Million) Flugblätter und andere Schriften in die Welt gehen und den Ideen der Antisemiten in aller Stille täglich neue Kreise erobern«[166]). Leipzig, wo Theodor Fritsch die Deutsche Antisemitische Vereinigung und seinen bekannten Hammerverlag leitete, wurde ein Hauptzentrum für völkische Propaganda. Und in den Wahlen von 1893 erregten dann die »wahren« Antisemiten gewaltiges Aufsehen, als ihre Stimmenzahl von 48 000 auf eine viertel Million sprang.

Antisemitismus als politische Kraft mußte jetzt für den christlich-konservativen Staat eine Drohung bedeuten. Die Antisemiten waren kühn geworden, und was sie forderten, stand in offenem Gegensatz zu den materiellen und ideologischen Interessen aller privilegierten Gruppen, der adeligen sowohl wie der bürgerlichen. Wie Maximilian Harden sagte, hatte allein das »Sicherheitsventil des Judenhasses« den antikapitalistischen Mittelstand daran gehindert, mit der Sozialdemokratie gemeinsame Sache zu machen[167]); es funktionierte nicht mehr. Antisemitismus war zur politischen Sache geworden, in der Elemente eines sozialen Radikalismus peinlich nach Umsturz der bestehenden Ordnung drängten. Am deutlichsten zeigte sich das in der Agitation eines Mannes, dessen Name jahrelang die Vorstellung von Tumulten und Skandalen beschwor: Hermann Ahlwardt. 1846 in einem kleinen pommerschen Dorfe als Sohn eines Handwerkers geboren, erhielt er eine gute Schulbildung und wurde Lehrer. Mit fünfunddreißig Jahren hatte er sich zum Rektor einer Berliner Schule hinaufgearbeitet. Seine pädagogische Wirksamkeit endete jedoch plötzlich unter Umständen, die ein trübes Licht auf den Mann und seine spätere »Berufung« warfen.

Ahlwardt war bei seiner Karriere in tiefe Schulden geraten, die – wie er sagte – durch einen Freundschaftsakt entstanden; ein Kollege, für den er gebürgt habe, sei seinen Verpflichtungen nicht nachgekommen. Wie dem auch sei, Tatsache bleibt, daß Ahlwardt mit seinen finanziellen Schwierigkeiten nie zu Rande kam. Freunde und Wohltäter – die Reihe erstreckte sich von Stoecker bis zu prominenten Liberalen, sogar jüdischen – kamen ihm verschiedene Male zu Hilfe, ohne Erfolg. Ahlwardt verfing sich immer hoffnungsloser in einem Gestrüpp von kurzfristigen Darlehen. Einhundert von den 250 Seiten seines ersten Buches »Der Verzweiflungskampf der arischen Völker mit dem Judentum«[168]) sind den Details seiner Geschäfte mit jüdischen Wucherern gewidmet, ein seltsames Gemisch von exhibitionistischer Selbsterniedrigung und Verfolgungswahn. Im Laufe der Zeit erreichte seine Nachlässigkeit in Geldangelegenheiten ein solches Ausmaß, daß er begann, Schulfonds zu veruntreuen. Ein Disziplinarverfahren wurde eingeleitet, 1890 mußte er sein Amt quittieren. Kurz darauf betrat er die Bühne der Politik mit der Veröffentlichung seines eben erwähnten Buches. Für das deutsche Publikum waren antisemitische Schriften damals keine Neuigkeit, aber alle zuvor erschienenen Werke wurden von Ahlwardts Pamphlet in den Schatten gestellt. An Schmähungen, Fälschungen und offenbarem Wahnsinn konnte es niemand mit ihm aufnehmen. Der jüdische Oktopus, behauptete Ahlwardt, strecke seine Fangarme in alle lebenswichtigen Sphären der deutschen Gesellschaft; weder das Heer noch die Regierung noch irgendeine gesellschaftliche Gruppe seien imstande, das Ungeheuer abzuschütteln; Erzieher, Offiziere, Bauern, Beamte, Arbeiter, Geschäftsleute – alle müßten sie ihren Tribut zahlen. Eine jüdische Verschwörung habe 1878 hinter den Attentaten auf den alten Kaiser gestanden; jüdische Bankiers hätten hochgestellte Mitglieder der herrschenden Dynastie finanziell versklavt; Juden übten durch Bestechung der Beamten einen beherschenden Einfluß in einigen Ministerien aus; mit ihren Handlangern mißbrauchten und untergrüben sie die gesunden und stabilen Beziehungen zwischen den sozialen Schichten und beuteten das deutsche Volk aus. All dies wurde dem Leser mit einer sorgfältig ausgearbeiteten Reihe von »Beweisstücken« belegt. Der zweite Teil des Buches, überschrieben »Der Eid eines Juden«, besteht fast ausschließlich aus privaten Dokumenten, Polizeiakten, Gerichtsentscheidungen und Zeitungsberichten, die beweisen sollten, daß Bleichröder in einem Alimentenfall einen Meineid leistete und seine Freiheit nur der Intervention Caprivis und anderer einflußreicher Regierungsbeamter verdanke.

Solche unbekümmerten Anklagen gegen die Ehre der Gerichte und die

Untadeligkeit von Beamten waren unerhört. Die Antwort blieb nicht aus. Ahlwardt kam vor Gericht, sein »Beweismaterial« löste sich in Nichts auf, und ein Teil des Honorars, das der Verfasser des »Verzweiflungskampfes« bezog, bestand aus vier Monaten Gefängnis wegen Beleidigung und übler Nachrede. Aber die angebliche Bleichröder-Caprivi-Verschwörung machte soviel Wind, daß es zu einer Reichstagsdebatte kam, die den Konservativen eine erwünschte Gelegenheit bot, die Stellung Caprivis anzugreifen.

Kaum hatten sich die Wellen der Erregung gelegt, als Ahlwardt durch weitere »Enthüllungen« für eine neue Sensation sorgte. In einer Broschüre, »Judenflinten«[169]), beschuldigte er die Maschinenfabrik Ludwig Löwe, der Regierung mangelhafte Militärgewehre geliefert zu haben; dahinter stecke aber mehr als die übliche jüdische Habgier; die Lieferung sei ein Anschlag gegen das Reich, ausgeheckt von der Alliance Israélite Universelle in Paris, und führende Börsenleute sowohl als hohe deutsche Beamte seien kriminell in diese Verschwörung verwickelt.

Es gab einen Skandal erster Klasse. Zwanzig Auflagen der Broschüre waren binnen weniger Wochen ausverkauft. Der Verfasser wurde »in einer Reihe großer Volksversammlungen mit tobendem Beifall angehört, mit Lorbeerkränzen geschmückt, als Retter des Vaterlandes gefeiert«, berichtete die Neue Zeit voller Sarkasmus aus Berlin[170]). Die Broschüre wurde schließlich beschlagnahmt und Ahlwardt verhaftet. Aber die öffentliche Meinung, in eine wohlorganisierte Fieberhitze getrieben, schrie nach seiner Freilassung und nach sofortiger Untersuchung der ganzen Angelegenheit. Man befand sich ohnehin in einer Zeit nationaler Erregung. Militärische Abmachungen zwischen Frankreich und Rußland hatten den Albtraum eines Zweifrontenkrieges beschworen und das ewige Tauziehen um die Verstärkung der Armee von neuem forciert. Eine Untersuchung durch das Kriegsministerium ergab, daß Ahlwardts »Enthüllung« von Anfang bis Ende eine Ausgeburt seiner Phantasie war. Am 29. Mai 1892 erklärte der Kriegsminister im Reichsanzeiger, die Löwe-Gewehre genügten allen Anforderungen; zwar seien bei Materialuntersuchungen technische Mängel festgestellt worden, aber nicht an Waffen, die die angeschuldigte Firma hergestellt hatte. Auf die Klage der Firma Ludwig Löwe hin wurde Ahlwardt zu weiteren fünf Monaten Gefängnis verurteilt. Inzwischen war er aber in den Reichstag gewählt worden und brauchte infolge der parlamentarischen Immunität die Strafe nicht abzusitzen.

Wiederholt sah sich Ahlwardt vor Gericht als unverantwortlicher, unredlicher und bösartiger Verleumder bloßgestellt. Die Beweiserhebung entlarvte seine »Enthüllungen« als bare Erfindung. Aber all das konnte seinem Renommee in der Öffentlichkeit nichts schaden – ganz im Gegenteil. Je mehr sich die Beweise für seinen völligen Mangel an Ehrlichkeit aufhäuften, desto besser schien es um seine politischen Aussichten zu stehen. Ob strafrechtliche Verfahren gegen einen Agitator ihn gesellschaftlich und politisch zu diskreditieren vermögen, hängt offenbar davon ab, wieviel Respekt seine Anhänger vor dem Gesetz haben. Die Geschichte radikaler Bewegungen, die aus Prinzip die Justiz als Instrument der herrschenden Klasse ablehnen, bestätigt diese Beobachtung. In den Anfangszeiten der europäischen Arbeiterbewegung führte die Einsperrung radikaler Führer gewöhnlich nur dazu, das Vertrauen ihrer Anhänger zu festigen. Schwere Freiheitsstrafen schadeten nicht der Popularität des Betroffenen, sondern machten ihn zum Helden und verliehen seinem Namen Weihe. Die Sozialdemokratische Partei konnte, während das Sozialistengesetz ihre Führer und Funktionäre verfolgte, nicht nur eine Million Stimmen gewinnen, sondern erreichte in diesen zwölf Jahren auch eine starke innere Festigung. Während der kritischen Jahre der Weimarer Republik verweigerten die Nationalsozialisten den Gesetzen des Landes ihre Anerkennung und denunzierten sie als volksfeindlich oder von der »Judenrepublik« korrumpiert. Wenn ein Urteil gegen sie erging, pflegten sie sich ihrer Strafe zu rühmen und sie wie eine Trophäe im Kampf um die Nation zu tragen. Für Leute wie Stoecker dagegen mußte auch der leichteste Zusammenstoß mit den Gesetzen schon unangenehme Folgen haben. Es war unvorstellbar, daß Thron und Altar von einem Mann verteidigt werden konnten, den die Gerichte als Gesetzesbrecher oder Verletzer der öffentlichen Moral enthüllten. Stoeckers Ansehen erlitt in der Tat durch Prozesse und Gerichtsverhandlungen starke Einbußen, besonders als ein Urteilsspruch eine früher von ihm abgegebene eidesstattliche Erklärung als »objektiv falsch, aber nicht absichtlich unwahr« bezeichnete. Das reichte aus, ihm den Spitznamen »Meineidspfaffe« einzutragen, unter dem er den Rest seines Lebens zu leiden hatte. Stoeckers Agitation fußte noch auf Gesetz und Ordnung. Die Tatsache, daß zwei Gefängnisstrafen Ahlwardts Popularität nichts antun konnten, zeigt deutlich, wieviel Feindschaft gegenüber Staat und Gesetz in seinen Anhängern schwelte.

Konservative wie liberale Einsicht sträubten sich damals noch zu verstehen, was es zu bedeuten hatte, wenn die Völkischen gegen die Rechtsordnung aufbegehrten. Die Sozialdemokratie, die das bestehende Gesetz als Klassengesetz angriff, konnte die Zusammenhänge besser erkennen. In der sozialistischen Literatur jener Zeit wurde das Problem oft diskutiert und analysiert. Der Historiker Franz Mehring, der als Berliner Mitarbeiter der Neuen Zeit die ätzendsten Kommentare zu den kulturellen Aspekten der Ahlwardt-Skandale schrieb[171]), fand eine Antwort auf die beunruhigende Frage, woher es komme, daß Ahlwardts Beschuldigungen um so frenetischeren Beifall fanden, je ungeheuerlicher sie waren. Die antisemitische Bewegung galt Mehring und seinen marxistischen Freunden als die mehr oder weniger natürliche Reaktion des Kleinbürgers auf die vom Großkapital ausgeübten sozialen Verwüstungen. »Es gibt eine Unmasse von Menschen in Berlin«, schrieb Mehring, »die als Beamte, als Lehrer, als Redakteure, als Hausverwalter usw. von der Klique abhängig sind, unter heimlichem Ächzen und Stöhnen eine schimpfliche Tyrannei ertragen müssen und so die willenlosen Opfer jedes verwegenen Demagogen werden, der die Klique öffentlich ins Gesicht zu schlagen wagt.«[172])

Ahlwardt begnügte sich nicht mit Angriffen auf die Juden und alle, die für ihn mit den Juden unter einer Decke steckten. Er griff auch Stoecker und die christlichsoziale Bewegung an, weil sie ihm zu gemäßigt war, und hatte damit großen Erfolg: scharenweise liefen Stoeckers Anhänger zu den völkischen Antisemiten über. So stark war der Eindruck, die neue radikalere Konkurrenz bedeute das Ende des von Stoecker geführten Antisemitismus der feinen Leute, daß Mehring ihn, zwar etwas zu vorzeitig, aber doch mit einem gewissen Recht, für politisch tot hielt und ihm mit seinem Artikel in der Neuen Zeit, »Das Ende eines Demagogen«, einen sarkastischen Nachruf widmete[172a]).

Nicht nur im unteren Berliner Mittelstand, der nach Mehring den antisemitischen Agitatoren am willigsten Gehör schenkte und sich durch ihre gerichtliche Verfolgung am wenigsten beeindrucken ließ, fand Ahlwardt Freunde, sondern bald auch in ländlichen Gegenden. In seinem eigenen Wahlbezirk, Arnswalde-Friedberg in Pommern, konnte er 1892 ohne jede Organisation und ohne Wahlfonds zweimal soviel Stimmen auf sich ziehen wie der Kandidat der bisher allmächtigen Konservativen Partei, woraufhin die Konservativen sich entschlossen, in der Stichwahl für ihn zu stimmen, wie sie es in Westdeutschland für Boeckel getan hatten. Hellmut von Gerlach beschrieb Ahlwardts Wahlkampagne so:

»Mit seinem Sekretär hatte er systematisch die Bauernhöfe besucht und jeden Bauern gefragt, wieviel Morgen Landes er habe und wieviel Vieh. Dann wandte er sich zum Sekretär, der ein Riesennotizbuch zückte, und diktierte ihm: ›Notieren Sie! Gussow hat 30 Morgen, 3 Kühe, 4 Schweine, müßte haben: 60 Morgen, 12 Kühe, 10 Schweine.‹«[173])

Ahlwardt sagte den Bauern nicht nur, ihnen stünde mehr Land und Vieh zu, er zeigte ihnen auch, wo sie es holen könnten, nämlich von den großen Besitztümern der Junker. Sein Schlachtruf »Gegen Junker und Juden!« richtete sich gegen die beiden Seiten, von denen die Bevölkerung eines halbfeudalen Gebietes sich unterdrückt wußte. Die kleinen Landwirte und die Landarbeiter litten sowohl unter den Änderungen, die die kapitalistische Gesellschaftsordnung mit sich brachte, als auch unter den Überresten der feudalen. Sie mußten doppelt zahlen, für zuviel und für zuwenig Kapitalismus. Durch die jahrhundertelange Junkerherrschaft eingeschüchtert, bewunderten sie den Mann, der öffentlich anzugreifen wagte, worüber sie sich nur im geheimen zu schimpfen getrauten. Wenn sie Ahlwardt unterstützten, konnten sie rebellieren, ohne selbst auf die Barrikaden steigen zu müssen. Ein Bauernkandidat brauchte mehr Mut als Weisheit; Bösartigkeit und Angriffslust schätzte sein Publikum höher als Vernunft und Glaubwürdigkeit. Das sprichwörtliche Mißtrauen des Bauern gegen »die Städtischen« im allgemeinen und »die Rechtsverdreher« im besonderen äußerte sich im Vertrauen gegenüber Ahlwardt, der in den Augen seiner Bewunderer nur deshalb eingesperrt worden war, weil er sich der Bauern gegen die großen Herren angenommen hatte. Seine Verurteilung schien für Ehrlichkeit und Aufrichtigkeit zu bürgen.

Zwei Sünden warfen die Völkischen der bestehenden Gesetzgebung vor: sie sei durch das Eindringen der Juden in die Justiz korrumpiert worden und habe das echte Volksempfinden und das allgemeine Rechtsbewußtsein verraten. Die offizielle Justizverwaltung, dessen waren sie sicher, werde von unheimlichen Drahtziehern für dunkle Zwecke mißbraucht. Wer anders als »die Juden« sollte verantwortlich sein für das verworrene Labyrinth der Rechtsordnung, die der kleine Mann weder verstehen noch für sich in Anspruch nehmen konnte. Hätten wir keine Juden, so brauchten wir nur die Hälfte der bestehenden Gesetze, sagte Ahlwardt in einer Reichstagsrede am 27. Februar 1895. Und Boeckel erzählt von sich selbst, seine Bekehrung zum Antisemitismus habe den stärksten Antrieb erhalten beim Anblick niedergedrückter Bauern, die den Gerichtssaal betraten in Begleitung des »grinsenden« Juden[174]).

Gerade die Unparteilichkeit des Gesetzes und der Rechtsprechung galt den Völkischen als Beweis für die Verderbtheit der nichtvölkischen Justiz. Einem besonders interessanten Beispiel antisemitischer Rechtsauffassung begegnet man bei Willi Buch. Dieser Veteran der völkischen Bewegung beschäftigt sich in einer Schrift mit den Versuchen der Juden, sich durch Anrufung der Gerichte zu wehren. 1893 war in Berlin der »Zentralverein deutscher Staatsbürger jüdischen Glaubens« gegründet worden, der die bürgerlichen und sozialen Rechte der deutschen Juden ohne Rücksicht auf ihre religiöse oder politische Stellung verteidigen wollte. Er war antizionistisch und forderte die deutschen Juden auf, sich zu assimilieren; sie sollten treue Staatsbürger, gute Deutsche sein. Das Ziel seiner »Rechts-Kommission« war es, Verfahren gegen antisemitische Gesetzesbrecher einzuleiten. Wie stellte sich das nun im Kopfe eines Willi Buch dar?

»Der ›Zentralverein deutscher Staatsbürger jüdischen Glaubens‹«, schrieb er, »hatte es sich zur besonderen Aufgabe gemacht, die antisemitischen Zeitungen und Redner zu überwachen und auf Grund des berüchtigten § 166 des Strafgesetzbuches vor den Staatsanwalt zu bringen. Er hieß deshalb allgemein ›Denunzianten-Verein‹. Leider mußte die Staatsanwaltschaft, dem Gesetze folgend, all diesen Anzeigen nachgehen, und die Gerichte waren gezwungen, oft sehr harte Verurteilungen auszusprechen. Es ist m. W. kein einziger der Antisemiten bis 1903 ohne Geld- oder Gefängnisstrafen davon gekommen, der irgendwo in Wort und Schrift für die Belange des Deutschtums tätig war.« [175])

Die Logik dieser Sätze ist aufschlußreich. Ergänzt man die fehlenden Glieder, so ergibt sich folgender Gedankengang: die Juden bedienen sich eines Gesetzes, das für uns bestimmt ist, nicht für sie, und profitieren dabei von seinem höchsten Prinzip, der Gleichheit aller vor diesem Gesetz. So zwingen sie uns Deutschen eins von zwei Übeln auf: entweder müssen wir uns die Gerichtsentscheidungen gefallen lassen und ohnmächtig zusehen, wie die Juden den Geist des Gesetzes für ihren Vorteil mißbrauchen, oder wir müssen unseren gerechten Kampf fortsetzen und dem Gesetzesbuchstaben zuwiderhandeln.

Derartige Gedankengänge wurden stets von der Überzeugung getragen, die bürgerliche Gleichberechtigung der Juden sei ein Gnadengeschenk, freiwillig von deutscher Großzügigkeit gewährt, aber auf Widerruf und keinesfalls als die Anerkennung eines unabdingbaren Rechtsanspruchs. Den Rechtsstaat und das Prinzip der Gleichheit aller Staatsbürger vor dem Gesetz betrachteten die Völkischen mit Skepsis – schließlich war es den Juden gelungen, sich das Vorrecht der Gleichheit zu erschleichen, auf das sie keinen Anspruch hatten; vor der Emanzipation auf Fürsten und Potentaten, nach der Emanzipation auf den Rechtsstaat angewiesen, um sich vor der Wut des Volkes zu schützen – stets blieben sie in den Augen der Antisemiten das gleiche: Schutzjuden.

Da die Völkischen ihre Zusammenstöße mit dem Gesetz nicht etwa zu verbergen suchten, sondern sich ihrer rühmten, taten sie ihr Bestes, um die Begriffe »Gesetz« und »Juden« in der Gedankenwelt ihrer Anhänger aneinanderzukoppeln. Die Vorstellung, die bestehenden Gesetze seien in irgendeiner dunklen Weise mit den Machinationen der Juden verbunden, trug viel dazu bei, den Respekt vor ihnen zu zerstören und die Autorität des Gesetzes durch die höhere des »Volksempfindens« und des »nationalen Wohls« zu ersetzen. Eine Generation später ersetzte der Nationalsozialismus das »undeutsche« System des gleichen Rechts für alle durch ein neues, der völkischen Weltanschauung besser angepaßtes System des »deutschen«, ungleichen Rechts.

Kapitel VII

Zur Charakteristik des völkischen Antisemitismus

Untersucht man die deutsche antisemitische Literatur, Bewegung und Agitation des neunzehnten Jahrhunderts, so kann man einige unerwartete und merkwürdige Beobachtungen machen. Die unversöhnlichsten Judenhasser kamen aus den Städten, nicht vom Land; sie waren keine christlichen Eiferer, sondern verhielten sich der Kirche gegenüber gleichgültig, wenn nicht direkt feindlich; fast alle gehörten den »gebildeten« Schichten an. Die bösartigste Sorte von Antisemitismus verbreiteten Lehrer, Studenten, Industrie- und Handelsangestellte, untere Beamte, Freiberufler und Anhänger der verschiedensten Sekten: Mitglieder von Lebensreformbewegungen, Roggenbrot-Enthusiasten, »Zurück-zur-Natur«-Schwärmer und Gegner der Vivisektion. Aus solchen Gruppen kamen die fanatischsten Judenhasser, nicht von den Bauern, den Rittergutsbesitzern oder der orthodoxen Geistlichkeit, wie eng der Horizont dieser Kreise auch gewesen sein mag.

Für die Geistlichen, die Junker und die Bauern waren die Juden ein Stein des Anstoßes; der Kirche erschienen sie als eine im Unglauben störrisch verharrende Minderheit, den Konservativen als kulturelle und politische Gefahr, den Bauern als ein wirtschaftliches Übel. Aber die Gegnerschaft hatte ihre Grenzen. Der Ungläubigen Bekehrung blieb die Aufgabe der Kirche. Die Funktion der Juden in der marktwirtschaftlichen Arbeitsteilung zwischen Stadt und Land erschien notwendig, ob man sie nun leiden konnte oder nicht. Vieh, Getreide und Düngemittel mußten gekauft und verkauft, Kredite beschafft, Industrieprodukte ins Dorf gebracht werden. Juden, die solche Tätigkeiten ausübten, begegneten dem Landwirt als Vertreter der Stadt, des Handels, der Banken, der Industrie; trotz Reibereien und Interessengegensätzen gehörten sie irgendwie zur landwirtschaftlichen Zweckgemeinschaft. Die Junker waren nur solchen Juden gegenüber voreingenommen, die sich dem konservativen Milieu nicht anpaßten, das heißt »anständig« und »ehrenwert« waren.

In den Städten hatten die Beziehungen zwischen den Juden und den Schichten des alten und neuen Mittelstandes einen anderen Charakter: den des Konkurrenzkampfes, der sich nicht nur auf das Geschäftliche beschränkte. Seit höhere Bildung nicht mehr ausschließliches Privileg der »oberen Zehntausend« war, hatten Angehörige des unteren Mittelstandes sich mit Zähigkeit in Berufe emporgearbeitet, in denen es nicht viel Platz für neuen Zuwachs gab. Der Wettbewerb war bitter, die Existenzunsicherheit groß. Wie beunruhigt die Bewerber aus dem Mittelstand über ihre Berufsaussichten waren, zeigen die immer wiederkehrenden Klagen über den unverhältnismäßig hohen Anteil von Juden unter Gymnasiasten, Studenten, Rechtsanwälten und Ärzten. Antisemitismus entsprang hier dem Selbsterhaltungstrieb, der jede Möglichkeit für Toleranz oder Indifferenz abschnitt. In Erwerbsgebieten, in denen jeder neue Bewerber die Aussichten aller anderen zu beeinträchtigen schien, lehnte man es ab, einzelnen Juden aufgrund ihrer Befähigung oder ihrer individuellen Assimilation Gleichberechtigung zu gewähren. Die Logik der Situation verlangte, alle jüdischen Konkurrenten auszuschließen. Die jungen Mittelständler, die ihr Abitur oder Diplom in der Tasche hatten und auf eine Stellung als Lehrer, Richter, Anwalt, Journalist, Arzt, Ingenieur, Verwaltungsbeamter und Politiker aspirierten, brachen mit der Ansicht ihrer Väter, Juden könnten sich durch Taufe, politische Zuverlässigkeit, Ehrenhaftigkeit und Interesse für öffentliche Angelegenheiten die bürgerliche Gleichberechtigung erkaufen.

Um den Tenor dieser anti-jüdischen Haltung zu verstehen, muß man sie nur mit der eines Treitschke oder Stoecker vergleichen. Treitschkes Antisemitismus entsprang seinem Nationalismus, aber dieser Nationalismus wurzelte noch in den traditionellen Werten des Abendlandes. Treue zum deutschen Nationalstaat galt ihm als die höchste Tugend. Mit vielen anderen Liberalen war er durch die Ereignisse von 1866 und 1870/71 von einem Gegner Bismarcks zu dessen Anhänger geworden. Den Juden warf er vor, daß sie sich vom Staat und der protestantischen Monarchie fernhielten. Damit, glaubte er, untergrüben sie den heldenhaften Idealismus, auf dem das Reich ruhte. Für seinen Antisemitismus war das Bezugssystem der Gegensatz zwischen Staat und Individuum, Einheit und Freiheit, obrigkeitlicher Entscheidung und parlamentarischem Kompromiß. Treitschke billigte den Juden völlige nationale und soziale Gleichstellung zu, sobald sie die Sache der nationalen Selbstbehauptung betrieben, deren leidenschaftlicher Wortführer er selber geworden war. Ob jemand ein guter Deutscher ist oder nicht, das erkennt man, wie Treitschke glaubte, an seiner Überzeugung und seinem Verhalten; Assimilation ist nicht eine bloße Möglichkeit für die Juden, sondern ihre ausgesprochene Pflicht – und ihr einziges Heil. Die Aufhebung des Emanzipationsgesetzes »wäre ein offenbares Unrecht, ein Abfall von den guten Traditionen unseres Staates und würde den nationalen Gegensatz, der uns peinigt, eher verschärfen als mildern« [176]).

Eine ähnliche, wenn auch schwankendere Haltung den Juden gegenüber nahm Stoecker ein. Zwar sprach er sich gegen die Aufhebung des Emanzipationsgesetzes aus, befürwortete aber eine verwaltungsrechtliche Sonderstellung der Juden (177). Ließ ein Jude sich jedoch ohne innere Vorbehalte taufen, so war Stoecker nach außen hin bereit, ihn einem geborenen Christen gleichzustellen. Seine heftige Ablehnung des »jüdischen Geistes« war nicht auf einer Rassenlehre gegründet; wenn diese auch in Stoeckers Apotheose des »christlich-germanischen Geistes«, wenigstens in gewissen Elementen, anklingt. Stoecker huldigte viel zu sehr den ethischen Idealen des konservativen Protestantismus, um nicht Thron, Parlament und Kirche durch die Lehren der völkischen Fanatiker gefährdet zu sehen. Am 4. März 1881 sagte er in einer Rede vor deutschen Studenten: »Ich gebe auf eine bloße antijüdische Bewegung gar nichts, wenn sie nicht durchdrungen ist von einer herzlichen Liebe zum Evangelium in unserem deutschen Volke.« [178])

Sein Nationalismus ging nicht so weit, daß er dem Kaiser gab, was des Kaisers, ohne Gott zu geben, was Gottes ist.

»Aber wenn man aus dem irdischen Vaterlande einen Götzen macht, wenn über dem irdischen Vaterlande kein himmlisches Vaterland ist, dann kann auch der vaterländische Gedanke zum Dunkel werden. In vielen Geistern lebt heute eine Idee vom Vaterlande und Staat, die dem Lichte nicht dient.« [179])

Den völkischen Antisemitismus aber, der während der letzten Jahrzehnte des neunzehnten Jahrhunderts in Deutschland zusehends an Boden gewann, vermochten keine christlichen oder konservativen Traditionen mehr abzumildern. Im Gegenteil, er griff die Christen kaum weniger gewaltsam an als die Juden und fiel oft genug mit dem Schlachtruf »Gegen Junker und Juden« über die Konservativen her. Einige ganz fanatische Wortführer glaubten, nur dann jede Spur von »jüdischem Wesen« ausmerzen zu können, wenn sie auch die christliche Religion vernichteten. Die Herrschaft des Christentums sei »ein Kind wilder Ehe der jüdischen Religion mit dem Platonismus« und müsse letzten Endes auf die »Verjudung der Menschheit« hinauslaufen [180]).

Natürlich hatte die christlichsoziale Kritik an den Juden dem völkischen

Antisemitismus den Boden bereitet. Ohne die »gemäßigte«, fast hoffähige Richtung im Antisemitismus, die Stoecker vertrat, wäre die »plebejische« Hetz-Agitation eines Henrici undenkbar gewesen. Für den Antisemitismus der »feinen Leute« zeigte der ungeduldige kleine Mann unter den Völkischen mehr Verachtung als Verständnis. Der Jud' ist schuld, das sagten die feinen Herren doch selbst. Warum also die Behutsamkeit?

Sogar Stoeckers Freund und Biograph Oertzen gibt zu, daß »... die Rassen- und Radau-Antisemiten schwerlich jemals zur Welt gekommen wären, wenn nicht Stoecker zuvor mit seinem Kampf gegen das Judentum in Berlin eingesetzt hätte.«[181]) Stoecker hätte seine »respektable« Bewegung gerne von den wilden Judenfressern reingehalten, denen mehr am Beifall der Zuhörer als an der Förderung seiner sittlich-sozialen Ziele gelegen war. Aber, sagt Oertzen:

»So wenig Luther die Reformation unterlassen durfte, weil die von ihm gemeinte christliche Freiheit von Unverständigen als fleischliche Freiheit verstanden wurde, so wenig durfte Stoecker die ungeheure Macht des Bösen, die sich im modernen Judentum verkörpert, ungeschoren lassen, nur weil skrupellose Agitatoren sich das dankbare agitatorische Moment der ›Judenhetze‹ aneignen und es ohne sittlichen Ernst zur Erregung der Volksleidenschaft verwerten konnten.«[182])

Den christlich-konservativen Häuptern der Stoecker-Bewegung fiel es nicht leicht, die Grenzen zwischen berechtigtem Antisemitismus und unchristlichem Judenhaß zu ziehen. Ihre Entscheidungen entbehren nicht eines traurigen Humors. Als Beispiel sei eine Besprechung von einigen Dutzend Schriften der völkischen Agitation erwähnt, die ein evangelischer Pfarrer aus der Stoecker-Schule veröffentlichte. Viele davon empfahl er als »ausgezeichnet«, andere aber verurteilte er scharf:

»Zu verwerfen sind Nr. 1, 4–5, 13, 15, 17–20 (!), 24, 28, 30, 32, vor allem 34. Ein bibelgläubiger Conservativer und Christlich-Sozialer kann Schriften letzterer Art nicht empfehlen. Daß Adel und Geistliche verdächtigt werden, nur aus Eigennutz Antisemiten zu sein (Nr. 4), darüber mögen sie im Gefühl ihres guten Gewissens lächeln, daß schlechte Bücher freigeistiger Antisemiten empfohlen werden (Nr. 5 u. a.), möchte noch hingehen, denn die wenigsten werden sie kaufen, aber daß heidnische Religionen auf Kosten der Offenbarung des Alten Testamentes erhoben werden (Nr. 28, 30, 32), daß die Erzählungen des Alten Testamentes als Legenden betrachtet, daß Abraham (nebst allen Samaritern) als Teufelsdiener (des ›allmächtigen Gottes‹) erklärt wird (Nr. 20, 34), daß die in der Bibel ausdrücklich als unverdient bezeichnete Bevorzugung des jüdischen Volkes auch vor der Verwerfung des Heilandes als ›jüdische Anmaßung in der Bibel‹ bezeichnet wird (Nr. 1) ..., daß Schopenhauers Urteil über die ›erbärmliche Judenreligion‹, wie sie in der Genesis und allen historischen Büchern des

Alten Testamentes sich finde, beifällig abgedruckt wird – das muß jeden Christen empören.«[183])

Daß die Juden im wirtschaftlichen und kulturellen Leben der Nation eine unheilvolle Rolle spielten, darüber waren sich die beiden Richtungen allerdings so gut wie einig. Man braucht nur die Liste jüdischer Untaten zu lesen, die der völkische Antisemit Theodor Fritsch 1893 in seinem »Antisemiten-Katechismus« aufstellte, um zu sehen, wie weit er mit Stoecker übereinstimmte. Unter der Überschrift »Was haben die Juden eigentlich begangen?« laufen folgende Anklagepunkte:

1. Sie haben durch Auswucherung viele Bauern, Gewerbetreibende, Beamte, Offiziere, usw. vollständig ruiniert und . . . dem moralischen Untergang preisgegeben . . .
2. Sie haben durch unehrliches Gebahren und geheimes Zusammenwirken den soliden Handels- und Gewerbe-Stand untergraben und viele Geschäfts-Zweige so vollständig in ihre Hände gebracht, daß der ehrliche nichtjüdische Geschäftsmann kaum mehr neben ihnen bestehen kann.
3. Sie haben das ehrliche Handwerk fast vollständig vernichtet, so daß der frühere selbständige Meister heute zum Lohn-Sklaven des jüdischen Laden-Besitzers geworden ist und um einen Hungerlohn für denselben arbeitet.
4. Sie haben die Arbeits-Löhne und die Preise aller Produkte so sehr herunter gedrückt, daß es immer unmöglicher wird, sich durch ehrliche Arbeit zu ernähren. Das soziale Elend und die gesellschaftliche Unzufriedenheit wird dadurch immer größer und die Gefahr blutiger Volks-Aufstände immer näher gerückt.
5. Sie haben sich der öffentlichen Presse bemächtigt und bedienen sich derselben dazu, das Volk über die wahren Ursachen des allgemeinen Notstandes zu täuschen und dessen Unzufriedenheit nach einer falschen Richtung (auf die Regierung, auf »Pfaffen«, »Junker«, Polizei, Beamtentum usw.) abzulenken.
6. Sie fördern durch ihre Zeitungen die sittliche Verwilderung, indem sie das Volk mit allerhand »pikanten« Skandal- und Verbrechens-Geschichten unterhalten und dadurch das moralische Bewußtsein abzustumpfen suchen.
7. Sie haben mit Hilfe der Presse durch den Börsenschwindel in den 70er-Jahren tausende von Millionen aus dem Volke herausgezogen.
8. Sie haben durch jüdische Parlamentarier (Lasker, Bamberger und andere) sowie durch nichtjüdische bezahlte Subjekte in der Volks-Vertretung die Gesetzgebung dahin beeinflußt, daß den jüdischen Gelüsten möglichst viel Spielraum gegeben wurde (z. B. zum betrügerischen Bankrott, Börsen-Spiel, Gründungs-Schwindel u. s. w., sowie durch schrankenlose Gewerbe-Freiheit, Freizügigkeit etc.).
9. Alles machen sie käuflich: Ämter, Titel, Namen, Ehre, Liebe und so fort. Sie richten besonders in der weiblichen Jugend unseres Volkes eine unerhörte sittliche Verwüstung an. Das niedrig-sinnliche Naturell der Juden und ihr

Mangel an Scham und Gewissen macht sie zu den verwegensten Verführern. Auch der berüchtigte »Mädchen-Handel« wird fast ausschließlich von Juden betrieben.

10. Sie haben viele Personen in hervorragenden Stellungen in ihre Netze zu locken gewußt und dieselben durch ihren Geld-Einfluß sich dienstbar gemacht . . . Die wenigen charakterfesten Männer, die diesen Verlockungen widerstanden haben, werden vor dem Volke durch die jüdische Presse in unerhörter Weise verdächtigt und beschimpft.

11. Sie haben selbst die Regierungen durch schlaue Finanz-Operationen in ihre Fesseln geschlagen... Durch ihre internationalen Beziehungen beeinflussen die Juden alle Staats-Cabinette und halten die Regierungen gegenseitig im Schach, so daß kein einzelner Staat wagen kann, gegen die Judenschaft vorzugehen – ohne sofort die Nachbar-Staaten auf den Hals gehetzt zu erhalten.[184])

Stoecker hatte oft genug das gleiche gepredigt. Für den ruinierten Handwerksmeister, den armen Bauern, den unterbezahlten Angestellten und Beamten, den verschuldeten aktiven Offizier, den hungrigen Industriearbeiter einzutreten, das galt den Antisemiten aller Schattierungen als Ehrensache. Gemeinsam war ihnen auch die Furcht vor der sozialistischen Revolution, die Verachtung des Parlaments, der Haß gegen die einflußreiche liberale Presse und der Schmerz über das Aussterben der alten Tugenden. Aber in der Liste, die Fritsch aufstellte, gab es auch einige Anklagepunkte, in denen sich die Kluft zwischen konservativ-klerikalem und völkischem Antisemitismus klar widerspiegelte. Die letzten beiden Beschuldigungen entsprachen durchaus nicht christlichsozialer Überzeugung; niemals würde Stoecker daran gedacht haben, ein so düsteres Bild von der christlichen Gesellschaft zu malen und die »vielen Personen in hervorragenden Stellungen« eines so geringen Widerstandes gegen jüdische Verseuchung zu bezichtigen; niemals würde er nur von »wenigen charakterfesten Männern« gesprochen haben, die ihre Redlichkeit zu bewahren wußten. Das Klagelied von deutscher Tragödie und Untergang, das aus dem ganzen völkischen Schrifttum widerhallt, harmonierte gar nicht mit Stoeckers unerschütterlichem Vertrauen in die Stabilität seiner konservativ-christlichen Welt, deren jüdisches Erbe er nicht ableugnete. Er schalt die Völkischen wegen ihres nihilistischen Pessimismus. Er glaube nicht, daß das Ende des deutschen Geistes so nahe sei, hatte er in seiner ersten öffentlichen Rede gegen das »moderne Judentum« gesagt und seiner Hoffnung auf die Genesung Deutschlands Ausdruck gegeben.

Die verzweifelten Gebärden der Völkischen, die ihrer Agitation so große Wirksamkeit verliehen, waren keineswegs nur gemimt; sie kamen aus dem

Gefühl der Unsicherheit derer, die sich nicht zu einer starken und ihrer Zusammengehörigkeit bewußten Gesellschaftsgruppe zählen konnten. Ihrem Standesbewußtsein nach gehörten die christlichsozialen Antisemiten immer noch zur guten alten Gesellschaft, die im Schatten von Thron und Altar gedieh. Über den Verlust an sozialem Prestige, der sie betroffen hatte, trösteten sie die huldvollen Gesten aristokratischer und geistlicher Würdenträger. Kein Konservativer, der auf sich hielt, hätte denken, geschweige denn öffentlich aussprechen können, daß nur »wenige charakterfeste Männer« nicht von den Juden gekauft oder daß alle Regierungen bestechlich seien. Ein solches Gefühl der Geborgenheit und das Bewußtsein des Dazugehörens gingen den Völkischen ab. Zwischen den alten und den neuen Mächten stehend, konnten sie sich weder mit einer starken Gesellschaftsschicht noch mit einer der führenden Parteien identifizieren. Der Wut ihres Totalangriffs entsprach ihre tatsächliche Ohnmacht. Die verzweifelten Rationalisierungen, mit denen sie ihren Mangel an Selbstvertrauen zu verkleiden suchten, wirken oft geradezu mitleiderregend. Da war zum Beispiel die Tatsache, daß die Juden, diese minderwertige Rasse, auf allen Gebieten des öffentlichen Lebens so viele Begabungen hervorgebracht hatten. Was sollte man dazu sagen? Fritsch wußte Bescheid:

»... es liegt daran, daß dem Juden zehnmal leichter ist, berühmt zu werden, als einem Deutschen. Sowie ein Jude nur die Spur eines Talentes zeigt, legt sich die jüdische Presse der ganzen Welt für ihn in's Zeug und posaunt seinen Ruhm bis in alle Winkel der Erde. Der begabteste Deutsche aber, der es nicht mit den Juden hält, wird mit Stillschweigen übergangen und kommt nicht empor.« [185])

Warum – das war ein anderes Rätsel – war es möglich, daß die schöpferischen, fleißigen, gescheiten Arier von der minderwertigen Rasse hereingelegt werden? Ahlwardt hatte eine Antwort:

»Der Deutsche ist vertrauensselig von Hause aus, in seinem Herzen wohnt Treue und Vertrauen. Der Jude erwirbt sich dieses Vertrauen, und dann übt er im gegebenen Moment Verrath, dann wird der Deutsche ruinirt und arm gemacht. Dieses gemißbrauchte Vertrauen des Deutschen ist die Hauptwaffe des Juden.« [186])

Die völkische Literatur jener Jahre enthält unzählige Anzeichen dafür, daß ihre Schöpfer unter einem starken Gefühl der Isolation litten. Offenbar meinten sie sich selbst mit jenen »paar Männern«, die – dem »Antisemiten-Katechismus« zufolge – der Versuchung des jüdischen Geldes nicht anheimgefallen seien. Die meisten Anhänger fanden die Agitatoren unter solchen Gruppen, die am wenigsten Zusammengehörigkeitsgefühl und Zielbewußtsein besaßen. Und gerade diese beiden Eigenschaften wurden nun von den Antisemiten als jüdisch schlechthin gebrandmarkt. Sie beschuldigten die Juden, sich als »natürliche Aristokratie« aufzuspielen und »eine politische, soziale und geschäftliche Genossenschaft« zu bilden, die »auf die Ausbeutung und Unterjochung der nicht-jüdischen Völker hinarbeitet«[187]).

Um 1880, als der völkische Antisemitismus in Deutschland ein organisierter Mythos zu werden begann, waren Rassentheorien der europäischen Gedankenwelt bereits wohlbekannt. Nicht nur auf deutschem Boden waren sie gewachsen. Gobineau hatte mit seinem Werk über die »Ungleichheit der menschlichen Rassen« den ersten Versuch gemacht, Geschichte am Gängelband einer Rassentheorie zu schreiben[188]). Auch war Deutschland nicht das einzige Land, in dem politische Bewegungen auf Rassenressentiments gegründet wurden. In ganz Europa durchwucherten Rassengedanken die nationalistischen Regungen. Französische Nationalisten zum Beispiel erklärten die demütigende Niederlage im Krieg 1870/71 mit der Entweihung der echten gallischen Rasse durch »Fremde«[189]). In der chauvinistischen Atmosphäre, die der Fall Dreyfus verursachte, verdächtigte man französische Juden, Agenten Deutschlands zu sein. Im Vergleich zu Wilhelm Marrs kleinen Schriften ist Edouard Drumonts Studie »Das verjudete Frankreich«[190]) ein »klassisches« Werk der antisemitischen Literatur Europas. Einem Menschen von liberaler Prägung wäre ein nach den Ideen von Charles Maurras regiertes Frankreich oder ein von Anhängern Thomas Carlyles beherrschtes England ebenso zur Hölle geworden wie ein Deutschland unter der Führung von Schülern Paul de Lagardes – erst recht aber einem Menschen jüdischer Herkunft.

Überall waren im neunzehnten Jahrhundert Antisemitismus und Nationalismus eng verbunden. Warum aber gewann der Antisemitismus gerade in Deutschland eine so einzigartige Vehemenz? Und schließlich so teuflischen Charakter? Woher bezog er diese Stärke, die er in England und Frankreich nie hatte erreichen können?

Die sozialen und politischen Kämpfe, in die der Antisemitismus überall eingebettet war, wurden in Deutschland unter anderen Voraussetzungen ausgetragen als in den übrigen Ländern des Westens. Die Kräfte, die den Antisemitismus aufzüchteten und für ihre Zwecke benutzten, fanden hier weniger Widerstand als in England oder Frankreich. Politisch gesehen war das konservativ-klerikale Frankreich, das Frankreich der Dreyfus-Gegner, schon 1789 geschlagen worden und mußte seitdem schwer um seinen Führungsanspruch ringen. In Deutschland dagegen hatten die konservativ-klerikalen Kräfte nie die Vorherrschaft in Staat und Gesellschaft verloren. Träger der nationalen Idee war in England und Frankreich die Bourgeoisie, die sich als das Rückgrat des modernen Staates betrachtete, in Deutschland aber die Aristokratie; sie hatte die Nationalidee den Mittelklassen, in denen sie entstanden war, abgenommen, mit konservativ-klerikalen Emblemen ausstaffiert und zu ihrem Monopol gemacht. Um die Wende des Jahrhunderts war Deutschland ein führender Industriestaat geworden, aber seine Industrialisierung war einer vorindustriellen politischen Struktur aufgepfropft. Die Gruppen, die der Industrialisierung zum Opfer fielen, schoben alle Schuld auf den »Liberalismus«, auf jene Kräfte also, die zwar den sozialen und wirtschaftlichen Prozeß antrieben, aber weder die Macht noch den Willen hatten, auch für seine politischen und moralischen Konsequenzen die Verantwortung zu tragen. So konnte der Antisemitismus in Deutschland viel breiteren Boden gewinnen als in anderen Ländern, in welchen die industrielle Umwandlung von einer politischen begleitet war. In Frankreich und England litten dieselben Gesellschaftsgruppen unter dem Vormarsch des Kapitalismus wie in Deutschland, konnten sich aber nicht mit mächtigen halbfeudalen, halbabsolutistischen Kräften gegen die obere Mittelklasse verbinden, um ihrem Protest gegen Liberalismus und Judentum Nachdruck zu geben. Die Opfer des Kapitalismus mußten für sich selbst sorgen, hatten aber weit mehr Gelegenheit, am politischen Leben der Nation teilzunehmen und ihre Ansprüche geltend zu machen als im kaiserlichen Deutschland, wo ihr tatsächlicher Einfluß auf die Regierung in gar keinem Verhältnis zu ihrer Zahl und ihrem Gewicht stand und die Industrialisierung stattfand, ohne daß die Mittelklasse an der Regierungsgewalt wesentlich beteiligt gewesen wäre[191]). Den Mangel an politischer Macht suchte der Kleinbürger durch peinliches Augenmerk auf seine gesellschaftlichen Prärogativen zu kompensieren. In einer so stark standesbewußten Gesellschaft wie der Deutschlands mußte das sogar auf Gruppen zurückwirken, die sich gegen politische Reaktion und Klassenherrschaft wandten. Nicht demokratischer sondern Kastengeist durchzog die deutsche Gesellschaft; und auch die Arbeiterbewegung, die politische Organisation der Klasse, die auf der untersten sozialen Stufe stand und keinerlei Anteil an die Regierungsgewalt hatte, konnte sich ihm nicht entziehen.

So stark die Gegner der Juden waren, so schwach waren ihre Verteidiger. Niemals hatte der Liberalismus in Deutschland einen entscheidenden Sieg erringen können, und gerade die nationale Idee, die er den Konservativen überlassen mußte, schwächte ihn am meisten. In jeder Wahl, bei der es sich um eine »nationale« Sache handelte, seien es Heer und Flotte, die Kolonien oder Umsturzgefahr im Innern, zogen die Liberalen den

Kürzeren, wenn sie es wagten, gegen den Strom zu schwimmen. Der politische Katholizismus, der im kaiserlichen Deutschland als parlamentarische Macht auftrat, verfügte über eine größere innere Widerstandskraft. Aber auch das Zentrum durfte es nach Abschluß des Kulturkampfes nicht mehr wagen, sich – etwa durch eine feste liberale Linie – dem Vorwurf der Reichsfeindschaft auszusetzen. Es steuerte in behutsamem Kurs auf ein parlamentarisches Regime zu, bei dem allgemeine bürgerliche und politische Garantien dem Katholizismus Schutz vor einer protestantischen Autokratie bieten sollten. Insofern konnte das Zentrum, nachdem seine aktive antisemitische Zeit vorüber war, als Gegner des ausdrücklichen Antisemitismus gelten; eine schärfere Haltung aber nahm es kaum ein. Auch die sozialistische Arbeiterschaft verteidigte nicht die Juden als Juden, sondern lehnte nur den politischen Antisemitismus aus Prinzip ab. Da der Sozialismus aber die gegebene Gesellschaftsordnung und den nationalen Staat angriff, wurde er von den herrschenden Mächten als »Judenschutztruppe« bezeichnet. Die ihm angedichtete Interessengemeinschaft mit dem »internationalen Judentum« schien er durch seinen revolutionären Impuls und »hochverräterischen Internationalismus« selbst zu dokumentieren. Während die sozialistische Arbeiterschaft einen zielbewußten und geballten Angriff gegen die konservativ-klerikale Reaktion und deren antisemitische Propaganda führte, fehlte es ihr an Initiative gegen die anbrandende nationalistische Flut und die völkisch-rassenmäßige Version des Judenhasses. Davon ist noch des näheren zu handeln.

Indessen können all diese Überlegungen das Phänomen des deutschen Rassen-Nationalismus als solches nicht klären: wie soll man eine Weltanschauung verstehen, die – im neunzehnten Jahrhundert – den Begriff des Blutes zu ihrem Heiligen Gral macht, den der Rasse als höchsten geistigen Wert verehrt und von einer völkischen Gemeinschaft träumt, die gleichzeitig demokratisch und elitär sein soll, brüderlich gegen ihre Mitglieder und schonungslos gegen die »Anderen«?

Von Beginn an stand der deutsche Rassengedanke der christlichen Religion fern. Sieht man sich seine Literatur und Sekten an, so ist man fast versucht, in der deutschen vorchristlichen Geschichte nach seinen Wurzeln zu suchen. Der Paganismus, den die westliche Welt später in der nationalsozialistischen Ideologie entdeckte, war durchaus nicht identisch mit der antireligiösen und antiklerikalen Aufklärungsphilosophie des siebzehnten und achtzehnten Jahrhunderts; er lebte nicht aus dem Ethos von Vernunft und Toleranz sondern aus mythologischen Begriffen wie Rasse, Volkstum, Blut und Natur, die alle unwägbare religiöse Suggestionskräfte ausstrahlten. Aber dieses moderne Heidentum läßt sich wohl leichter als mit germanischer Stammesgeschichte mit dem nach- und antiaufklärerischen Romantizismus des neunzehnten Jahrhunderts in Zusammenhang bringen.

Die Natur nahm einen zentralen Platz in der Gedankenwelt der Völkischen ein. Individuen wie Kulturen sahen sie unabänderlichen Naturgesetzen unterworfen. Ziel des Menschen sollte es sein, sich seines Blutes bewußter zu werden, und damit seines Schicksals, seiner Bestimmung, seiner Pflichten, die die Natur ihm auferlegt hatte. Diese Biologisierung der Geschichte galt den Völkischen als die höchste Offenbarung der Naturwissenschaft, in deren Namen sie den ihnen gebührenden Platz in der Hierarchie der Menschheitsrassen beanspruchten. Während es sich bei dem christlich-konservativen Kampf gegen die Juden um die Erhaltung einer Gesellschaftsordnung handelte, in der es nach dem Willen Gottes Hohe und Niedere gab, predigte der völkische Antisemitismus den Herrschaftsanspruch der Nation als einer rassenbedingten Gemeinschaft und sah in der Unterdrückung »des Juden«, als des Untermenschen, eine naturgegebene Pflicht (192).

Nicht weniger charakteristisch war die Faszination, die der biologisch-sexuelle Aspekt des Rassenmythos auf die Völkischen ausübte; Begriffe wie »Blutschande« und »Blutreinheit« beschäftigten sie unaufhörlich. In einem der »Zehn Deutschen Gebote« aus Theodor Fritschs »Antisemiten-Katechismus« — das Bibeldeutsch sollte die christliche Lehre, als auf jüdischen Ursprung zurückgehend, verhöhnen — heißt es: »Erachte es als ein Verbrechen, Deines Volkes edele arische Art durch Juden-Art zu verderben. Denn wisse, das jüdische Blut ist unverwüstlich und formt Leib und Seele nach Juden-Art bis in die spätesten Geschlechter.« [193]) In der Interpretation der Völkischen bekam Theodor Mommsens Bemerkung, das Judentum sei »auch in der alten Welt ... ein wirksames Ferment des Kosmopolitismus und der nationalen Decomposition«[194]) gewesen, eine völlig neue Bedeutung. Wenn sie von »jüdischer Zersetzung« sprachen, so verstanden sie darunter nicht mehr die kulturelle Entartung, die der konservative Antisemitismus aus Mommsens Worten herausgelesen hatte, sondern einen rein biologischen Prozeß, unabhängig von irgendeiner geschichtlichen Konstellation, allein verursacht durch die »wohlbekannten Sexualneigungen der Juden«. Der Rasseninstinkt der Völkischen bäumte sich auf gegen die doppelte jüdische Ruchlosigkeit: permanente Sexualorgien verbunden mit permanenter Verschwörung. Während die Juden sich an lüsterner Sinnlichkeit ergötzen, wurde argumentiert, erfüllen sie gleichzeitig ihre geheime Rassenmission, die moralische und physische Entartung der Nation herbeizuführen, in der sie ihr Unwesen treiben (195).

Das Zusammentreffen von psychologischen mit politischen Faktoren im völkischen Antisemitismus ließ eine aggressive nationalistische und imperialistische Ideologie entstehen. Arisches Blut, die Verkörperung des höchsten Schöpfungsgeheimnisses, galt ihr als die einzige Bürgschaft für das Überleben der Nation in einer feindlichen Umwelt und damit zugleich als eine schicksalhafte Garantie schließlicher Weltherrschaft. Hitlers apokalyptische Prophezeiung, daß die Nation mit dem reinsten Blut letzten Endes das Weltall beherrschen werde, war schon im antisemitischen Schrifttum der neunziger Jahre des vorigen Jahrhunderts formuliert worden, zum Beispiel von Ahlwardt:

»Dasjenige Volk, welches sich zuerst und am gründlichsten seiner Juden entledigt und dadurch die Bahn für seine naturgemäße Kulturentwicklung frei macht, ist zum Kulturträger und folgerichtig auch zum Beherrscher der Welt berufen.« [196])

Hitler wiederholte denselben Gedanken, als er verkündete:

»Ein Staat, der im Zeitalter der Rassenvergiftung sich der Pflege seiner besten rassischen Elemente widmet, muß eines Tages zum Herrn der Erde werden.« [197])

Nichts konnte in moralischer, geistiger oder ästhetischer Hinsicht bei den Völkischen einen stärkeren Abscheu erregen als die Eigenschaften, die sie den Juden vorwarfen: ihre sogenannte Unproduktivität, ihr angeblicher Hang fürs Raffen statt fürs Schaffen, für die Zersetzung der organischen Struktur des Staates, für die Schändung von Reinheit und Schönheit des Rassenkörpers. Im völkischen Wortschatz bedeutete »jüdisch« soviel wie egoistisch, unlauter, asozial, aber auch häßlich, schleimig, sinnlich. Stoecker hatte sich berufen gefühlt, seine Stimme zu erheben gegen jüdische Anmaßung, Materialismus und Mangel an Ehrfurcht vor der christlich-konservativen Welt. Der Rassenantisemitismus bereicherte dieses stereotype Sündenregister noch um die Züge sexueller Perversität und nationalen Verrates; schließlich ging er so weit zu lehren, die Natur habe, als sie den jüdischen Untermenschen erschuf, die Absicht verfolgt, ihre vornehmste Schöpfung, den Arier, heimzusuchen und zu prüfen. Die bloße Existenz von Juden sollte ihm ständige Mahnung sein, sich seiner Auserwähltheit würdig zu zeigen. Immer wieder hallten durch das völkische Schrifttum Prophezeiungen des bevorstehenden Untergangs, schreckliche Warnungen, das deutsche Volk werde in Kürze ausgemerzt sein, falls es nicht die Kraft finde, die jüdischen Giftstoffe aus seinem Blutkreislauf auszuscheiden.

Spontane Tat oder Untergang der Nation, das war die schicksalsträchtige Alternative, vor die das deutsche Volk gestellt wurde – von Marrs »Sieg des Judenthums« und Ahlwardts »Verzweiflungskampf der arischen Völker« bis zu Hitlers »Mein Kampf«.

Das wilde politische Gebaren der völkischen Antisemiten und die offenbare Ungereimtheit ihrer Theorie machten den Zeitgenossen Ahlwardts manches Kopfzerbrechen. Welche gesellschaftliche Bedeutung hatte die Bewegung, wohin führte sie? Einige Kritiker bestritten schlechthin, daß ihr bestimmte soziale und ökonomische Veränderungen zugrunde lägen; sie unterstrichen die psychologischen Aspekte, insbesondere die gefühlsmäßigen Befriedigungen, die jede Haß-Bewegung gewähren könne. Eine Auslegung dieser Art, die manche Ähnlichkeit mit modernen Erklärungen zeigt, findet man bei Hermann Bahr. Bahr, später als Schriftsteller und Kunstkritiker bekannt, war in seiner Jugend Sozialist gewesen. Im Alter von dreiundzwanzig Jahren hatte er sich einen Namen gemacht, als er auf Albert Schäffles 1885 erschienenes Buch »Die Aussichtslosigkeit der Sozialdemokratie« mit seiner vielbeachteten Kampfschrift »Die Einsichtslosigkeit des Herrn Schäffle« antwortete. In späteren Jahren wurde er erst idealistischer Anarchist, und schließlich, 1912, Katholik. 1894, unter dem Eindruck der völkischen Bewegung, beschäftigte er sich mit der Judenhetze und kam zu dem Schluß, Antisemitismus sei

». . . nicht etwa ein Mittel zu einem Zwecke. Der einzige Zweck des Antisemitismus ist der Antisemitismus. Man ist Antisemit, um Antisemit zu sein. Man schwelgt in diesem Gefühle. Es liegt an der Zeit, daß, um die welken und verwüsteten Nerven zu montieren, künstliche Reize begehrt sind. Den holden Rausch, den sonst der den Massen jetzt verlorene Glaube und die entwichenen Ideale gaben, sollen sie ersetzen. Die Reichen halten sich an Morphium und Haschisch. Wer sich das nicht leisten kann, wird Antisemit. Der Antisemitismus ist der Morphinismus der kleinen Leute . . .

Und weil ihnen die Wollust der Liebe fehlt, versuchen sie es mit der Wollust des Hasses . . . Wer gehaßt wird, tut im Grunde dabei nichts. Der Jude ist ihnen nur eben bequem. Die Franzosen haben dafür der Reihe nach zuerst den Preußen und dann den Juden und neuestens den Bankier gebraucht, und es hat sich ihnen nicht um den Preußen und nicht um den Juden und nicht um den Bankier gehandelt: es handelt sich immer nur um den Haß, um die starken Aufregungen, die er gewährt. Wenn es keine Juden gäbe, müßten die Antisemiten sie erfinden . . .

Die antisemitischen Führer, denen es nicht bloß um das Geschäft zu tun ist, sind Prätendenten um die Gunst des Pöbels, die herrschen wollen. Sie möchten in ihrem kleinen Kreise so eine Art von Nietzsche'schen Übermenschen werden, die durch alle Mittel den Genuß der Macht erwerben. Es kitzelt sie, auf den Instinkten und Begierden der Massen . . . zu spielen . . .

Das meine ich über den Antisemitismus und meine deswegen, daß man mit Gründen gegen ihn nichts richten kann. Wer Antisemit ist, ist es aus der Begierde nach dem Taumel und dem Rausche einer Leidenschaft. Er nimmt die Argumente, die ihm gerade die nächsten sind. Wenn man sie ihm widerlegt, wird er sich andere suchen. Wenn er keine findet, wird es ihn auch nicht bekehren. Er mag den Rausch nicht entbehren. Heilen könnte ihn ein edlerer Taumel, wenn den Massen wieder ein Ideal, ein sittliches Pathos gegeben würde. Vielleicht ist so der Sozialismus der einzige Arzt des Antisemitismus.« [198])

Auch die Sozialdemokraten waren überzeugt, der Sozialismus sei die einzige Lösung der »Judenfrage« und damit des Antisemitismus, allerdings aus ganz anderen Gründen. Der Marxismus wies mit Nachdruck darauf hin, daß Antisemitismus als eine Massenerscheinung fast ausschließlich eine Ideologie des untergehenden Mittelstandes sei. Aber die Sozialdemokraten täuschten sich, wenn sie erwarteten, der wirtschaftlich ruinierte Mittelstand werde sich mit der Arbeiterschaft, der anderen großen Armee der Enteigneten, verbünden. Wohl konnten sie mit Recht darauf hinweisen, daß der Radikalismus der antichristlichen und antikonservativen Völkischen eine Bedrohung für Staat, Kirche und Großeigentum bedeutete. Völlig befangen in dem Dogma, es gebe keine andere Wahl als die zwischen Kapitalismus und Sozialismus, hielten sie jedoch die antikapitalistische Seite des völkischen Antisemitismus für revolutionär in dem einzigen Sinn, den der Sozialismus dem Begriff zu geben pflegte. Was die Welt später als Faschismus kennenlernte, war der sozialistischen Gedankenwelt noch unbekannt.

Schließlich fanden sich – und zwar hauptsächlich im liberalen Lager – noch solche, die in der antijüdischen Agitation nur einen Auswuchs der konservativen Reaktion sahen. Die starke Anhängerschaft, die der politische Antisemitismus gerade in ländlichen Gemeinden fand, ließ ihn als bloßes Anhängsel der landwirtschaftlichen Bewegung erscheinen. Diese Auffassung wurde besonders stark in Friedrich Naumanns Patria-Jahrbüchern vertreten [199]).

Aber weder als Ideologie noch als politisches Unternehmen entstammt der völkische Antisemitismus der »guten« Gesellschaft. Er wurde weder von den hohen Beamten propagiert, noch vom Offizierskorps, der evangelischen Kirche, den Junkern, der Regierung oder der Großbourgeoisie. Rassen-Ideen fanden später wohl Eingang in alle nationalistischen Kreise, aber die Lehrer und Führer der Völkischen gehörten damals keineswegs zu den herrschenden Schichten. Das vorhandene biographische Material über sie ist spärlich, erlaubt aber doch einige soziologische Beobachtungen.

Die Reichstagshandbücher für 1887 bis 1918 enthalten autobiographische Daten über die etwa 70 Abgeordneten (200), die seit Otto Boeckel als erklärte Antisemiten im Reichstag des kaiserlichen Deutschlands saßen. Katholisch war keiner von ihnen; mit Ausnahme eines »Alt-Katholiken« und eines Mennoniten bekannten sich alle zum Protestantismus, soweit sie sich überhaupt einer Religion zurechneten. Den angegebenen Berufen nach waren sie kleinere Kaufleute und Unternehmer, Handwerker, Lehrer, Anwälte, Beamte und Angestellte. Angehörige oder Vertreter der großen Industrie, Finanz- oder Handelswelt gab es nicht darunter, auch keine Industriearbeiter; zwei entgleiste Sprößlinge aus aristokratischen Kreisen können keinesfalls als repräsentativ angesehen werden. Der eine war ein Graf Ludwig von Reventlow, ursprünglich Rittergutsbesitzer, dann Anwalt; der zweite der bereits erwähnte Max Liebermann von Sonnenberg, ein verschuldeter ehemaliger Offizier. Bei 43 Mitgliedern der Gruppe liegen Angaben über ihre Schulbildung vor. Neunzehn von ihnen hatten die Universität besucht, doch läßt sich nicht feststellen, mit welchem Erfolg. Nur dreizehn besaßen lediglich höhere Schulbildung, das heißt hatten Einjährigenzeugnis oder Primareife; die übrigen elf hatten das Abiturientenexamen bestanden oder Kunstgewerbe- oder Fachlehranstalten besucht. Der Anteil von Akademikern und öffentlich-rechtlichen Angestellten erhöht sich etwas gegen das Ende der Periode. Keiner dieser völkischen Abgeordneten konnte sich auf intellektuellem, künstlerischem oder technischem Gebiet einen Namen machen. Nicht wenige hatten ihren ursprünglichen Beruf aufgegeben – sieben bekamen später Posten bei Kommunalverwaltungen, dreizehn als Schriftsteller und Herausgeber; sie lebten von der Hand in den Mund, hatten ihr Glück im Ausland versucht und waren nicht selten mit dem Gesetz in Konflikt geraten.

In jeder Massenbewegung lassen sich zwei Führertypen unterscheiden: die Besessenen und die Gewinnler. Das Überwiegen des einen oder anderen Typus läßt auf den sozialen Ursprung und die dynamische Kraft der Bewegung schließen. Im völkischen Antisemitismus der neunziger Jahre gab es viel mehr Fanatiker als Spektakelmacher, die ihren Lebensunterhalt aus der Judenfresserei bezogen. Lehrer und Oberlehrer stellten ein großes Kontingent der Führerschaft – unter ihnen Henrici, Bernhard Förster, Paul Förster, Jungfer, Bruhn, Schwarzschulz, Dühring, Ahlwardt, Holtz, Hentig; einige wie Dr. Jungfer, Dr. Bernhard Förster und Dr. Henrici wurden vom Berliner Oberbürgermeister Max von Forckenbeck, der eine »Gegenerklärungs«-Kampagne gegen die »Antisemitenpetition« anführte, ihrer Agitation wegen aus dem Dienst entlassen. Weder als Geschäft noch für seine politische Karriere konnte man sich vom völkischen Antisemitismus unter dem Kaiserreich viel erhoffen. Während Stoeckers Bewegung großzügige Unterstützung durch wohlhabende konservative Freunde genoß, litten die Völkischen an chronischem Geldmangel. Vor 1906 erhielten Mitglieder des Reichstags weder Gehalt noch Tagegelder. Mit Vorträgen war wenig zu verdienen. Bei antisemitischen Massenversammlungen wurde gewöhnlich kein Eintrittsgeld erhoben; die Organisatoren mußten Tellersammlungen einführen, um die Auslagen decken zu können. Einmal allerdings wurde den Berlinern eine Reihe von antisemitischen Vorstellungen mit Eintrittsgeld geboten. Ein antisemitischer Lehrer, Wilhelm Bruhn, hatte sich einen geistig erkrankten Adeligen, einen Grafen Pückler, beschafft, den er in Versammlungen gegen Eintrittsgeld auftreten ließ. Der Graf versprach, alle Juden aus Deutschland auszutreiben, wie er sie durch eine »Dreschflegelgarde« von Bauernjungen von seinem Rittergut verjagt habe. Sein Auftreten wurde zu einer Attraktion für große Scharen Vergnügungslustiger, die sich an dem Größenwahnsinnigen ergötzten; schließlich landete der Graf im Irrenhaus. Diese Episode blieb eine Ausnahme, sie unterstreicht aber den tödlichen Ernst, mit dem die völkische Ideologie gemeinhin von ihren Anhängern aufgefaßt wurde.

Wenn es zutrifft, daß der Rassenkomplex hauptsächlich in der Mentalität städtischer, gebildeter, der christlichen Kirche entfremdeter und gesellschaftlich entwurzelter Schichten zuhause war, wie läßt sich dann der Erfolg erklären, mit dem der völkische Antisemitismus in die ländlichen Teile Ost- und Westdeutschlands eindrang? Eines ist sicher: die Bauern, die für Boeckel und Ahlwardt stimmten, brüsteten sich nicht mit rassischer Überlegenheit. Ihre Sorgen waren nüchterner; sie brauchten billigere Industrieprodukte, billigere Verwaltung, billigeren Kredit, mehr Land und mehr Einkommen. Viele Momente der Unzufriedenheit mündeten in ihrem Antisemitismus; aus einer großen Zahl anonym-gesellschaftlicher Feinde machten sie sich einen Prügelknaben, »den Juden«, den sie ohne Furcht vor Strafe beschimpfen konnten. Überall sahen die erbitterten Bauern Juden: in der Großstadt, in der Regierung, im Parlament, in der umstürzlerischen Sozialdemokratie, an der Börse, bei der Presse, in der konservativen Partei und sogar am königlichen und kaiserlichen Hof. Ihren großen Erfolg bei der Landbevölkerung verdankten die antisemitischen Agitatoren zum Teil dem Radikalismus, mit dem sie Forderungen für wirtschaftliche Unterstützung vorbrachten, aber vielleicht noch mehr den wilden oratorischen Ausfällen gegen die bestehenden Mächte im Ton des »Gib's-ihnen«, der das Publikum ganz anders erbaute als der frömmelnde Predigtton der Christlichsozialen. Den stärksten Einfluß gewannen die Völkischen unter Bauern und Landarbeitern, als die Agrarkrise ihren Höhepunkt erreichte. Sobald aber »die Juden« weniger Anlaß zu Unzufriedenheit gaben, ließen die antisemitischen Tendenzen unter der Landbevölkerung merklich nach: sie waren von anderen als »rassischen« Faktoren bestimmt worden.

Es ist fraglich, ob spontane Gewaltakte gegen Juden, die in der Geschichte des deutschen Antisemitismus vor Hitlers Zeit sowieso relativ selten vorkamen, sich häufiger in Dörfern ereigneten, wo die Juden vereinzelt und ungeschützt lebten, als in Städten (200a). Es ist auch zweifelhaft, ob der rassische Antisemitismus eine allgemeine Verschlechterung der Beziehungen zwischen Bauern und ländlichen Juden zur Folge hatte. Die Wahlsiege »unabhängiger« antisemitischer Kandidaten zeigten das Vorhandensein einer allgemeinen diffusen Unzufriedenheit unter den Bauern an. Für einen Antisemiten stimmen, hieß nur, allen anderen Parteien eine laute Absage geben, und schloß keineswegs aus, daß man gute Geschäftsbeziehungen zu Juden haben, ja sogar in guter Nachbarschaft mit ihnen leben konnte.

Den eigentlichen Kern des Judenhasses muß man in der kleinen Elite suchen, für die der Rassenmythos eine radikale, ihr ganzes politisches wie persönliches Verhalten bestimmende Lebensphilosophie bedeutete. Das Wertesystem dieser Gruppe, wie es sich in den als »deutsch« gepriesenen Tugenden und ihrer Kehrseite, dem als »jüdisch« verworfenen Verhalten im sozialen, ökonomischen und kulturellen Leben manifestiert, hatte die Aufgabe, Unversöhnliches zu versöhnen. Es wurzelte in dem Traum von einer konkurrenzlosen, solidarischen und zugleich machtvollen, expansiven Gesellschaft und wollte den modernen Machtstaat auf der Grundlage des kleinen gesicherten Privateigentums etablieren. Die Widersprüche, die Sterilität, der ausgesprochene Unsinn im rassischen Lebensgebäude resultierten aus diesem Bemühen. Hier liegt auch der Schlüssel zu dem offenbar lächerlichsten seiner Versuche, nämlich dem, alle soziologischen Kategorien in biologische zu verwandeln, alles menschliche Verhalten dem einen unwandelbaren Gesetz der Natur zu unterwerfen – kurz gesagt, Geschichte zu entgeschichtlichen.

Das Ideal der Volksgemeinschaft entsprang der Sehnsucht nach einem Gemeinwesen ganz besonderer Art. Es sollte vor allem eine exklusive Gemeinschaft sein, im Gegensatz zu dem christlichen Begriff der universalen Menschheit oder der sozialistischen Utopie menschlicher Solidarität. Der Rassenmythos entstand im Sog dieser Ideologie. In seinem Bestreben, die durch den Zerfall der konservativen Ordnung entstandene Leere zu füllen, mußte er mit dem Sozialismus in Wettbewerb treten. Der Marxismus war mit einer herausfordernden Theorie der sozialen Umwandlung auf den Plan getreten, die der schnell wachsenden Zahl seiner begeisterten Anhänger den unvermeidlichen Sieg versprach. Die Sozialisten begrüßten in der Dynamik des kapitalistischen Systems den Garanten seines unabwendbaren Ruins, und in den sozialen Verwüstungen, die er mit sich brachte, sahen sie den objektiven Beweis für die Richtigkeit ihrer Lehre.

Die Völkischen verachteten den Marxismus als Theorie und als Bewegung. Sie teilten die Furcht der oberen Schichten vor dem Sozialismus als einem kulturellen Albtraum, einem seelentötenden Ungeheuer, nahmen aber andererseits den Oberklassen auch ihre exklusive Solidarität übel, die kaum weniger provozierend wirkte. Die völkische Gemeinschaft, die ihnen vorschwebte, mußte unabhängig sein von Kirche, Macht und Reichtum, und trotzdem etwas anderes als der Kollektivismus der armen Leute. Sie mußte auf zeitlosen, unzerstörbaren Eigenschaften beruhen, welche die Natur eben nur dem besonderen Blut der Arier anvertraut hatte. Eines Tages würden sie, so miserabel die Gegenwart auch war, an die Macht gelangen und Deutschland wiederherstellen im unsterblichen Geiste von Ehre, Schönheit, Freundschaft und Profitregelung. Das Schicksal wolle es, daß sie am Ende über die jüdischen Kräfte des Mammons und des Marxismus triumphieren.

Die völkische Idee hatte somit einen Doppelcharakter. Sie gab bedrohten und deklassierten sozialen Gruppen Zuversicht, Stolz und das Versprechen von Geborgenheit. Aber gleichzeitig führten ihre Voraussetzungen zu den radikalsten Folgerungen. Wenn Reinheit des Blutes das höchste Prinzip auf allen Lebensgebieten der Nation sein sollte, dann brauchten rechtmäßige Bewerber um die Führung weder mit materiellen Gütern noch mit gesellschaftlichem Rang oder Adelsprädikaten begnadet zu sein. Durch die Rassentheorie meldeten Gruppen ihren Anspruch auf Führung in Gesellschaft und Staat an, die weder reich noch vornehm waren, Habenichtse, die die Stellung der Besitzenden an sich reißen wollten. Die totale Ablehnung der Juden spiegelte die totale Kritik an den Besitz- und Machtverhältnissen wider. Alles mußte anders werden! Diese Universalität des Protests gab den Völkischen einen enormen agitatorischen Vorteil gegenüber ihren Konkurrenten, die, wie etwa Stoecker, durch ideologische und organisatorische Bindungen an die herrschenden Mächte gehemmt waren.

Die totalitäre Rassenlehre konnte sich nicht auf Kompromisse mit Ideen und Institutionen einlassen, die für Gleichstellung oder auch nur Duldung von Juden eintraten; das heißt, sie mußte mit ganz Deutschland Krieg führen. Dieser Radikalismus führte die völkische Bewegung in Zeiten wirtschaftlichen und politischen Aufschwungs in hoffnungslose Isolierung, so daß jeder, der für die Rassendoktrin Propaganda machte, dem Irrenhaus entlaufen zu sein schien. Psychopathen allein, so urteilte die öffentliche Meinung, seien imstande, sich über den Abgrund zwischen völkischer Lehre und gesellschaftlicher Wirklichkeit hinwegzusetzen. Daß die Kerntruppe von standhaften Agitatoren jahrzehntelang verschwindend klein blieb, zeigt, wie schwer es war, das völkische Evangelium in Zeiten nationalen Wohlergehens zu verkünden. Andererseits konnte der völkische Antisemitismus durch den Radikalismus seines Ansturms gegen die gegebene Ordnung zum Sammelbecken und Generalnenner für die heterogensten Oppositionsströmungen werden. Je größer die Zerrüttung der Gesellschaftsordnung, desto zahlreicher die unzufriedenen Elemente, die von der Absolutheit des völkischen Mythos angelockt wurden und seinen Anspruch, die einzig wahre Totalkritik der bestehenden Gesellschaft zu sein, anerkannten. Am Phantom des »Juden«, nicht an lebendigen Juden, entzündeten sich die Leidenschaften.

Als Lehre war die Rassentheorie unversöhnlich. Als politische Organisation aber mußten die Völkischen zu einem modus vivendi mit den anderen Parteien kommen, wenn sie nicht jede Aussicht auf Verwirklichung ihres Reformprogramms verlieren wollten. In der täglichen Politik ging die antisemitische Reichstagsgruppe meistens mit den Konservativen – aus guten Gründen. Keine antisemitische Bewegung, ob christlichsozial oder völkisch-radikal, konnte mit offener parlamentarischer Unterstützung durch eine der anderen größeren Parteien rechnen. Von ihren Beziehungen zu den Konservativen hing ihr parlamentarisches Schicksal ab. Auf einigen Gebieten war eine harmonische Zusammenarbeit der ungleichen Partner möglich, vor allem auf dem des Chauvinismus. Propaganda für deutsche Weltherrschaft ließ alle nationalgesinnten Herzen höher schlagen, auch solche, bei denen die Rassentheorie keinen Eingang fand; Nationalismus diente der sozialen Integration. Antisemitismus aber, dieser Zwillingsbruder des Nationalismus, enthielt auch den Stachel der Gesellschaftskritik, und die Konservativen hüteten sich, Umsturztendenzen zu fördern, wenn sie sich nicht in einer besonderen Situation für ihren eigenen Vorteil ausschlachten ließen. Ob sie den politischen Antisemitismus für ihre Zwecke einspannten oder nicht, hing in erster Linie von ihrem jeweiligen Verhältnis zur Regierung ab, das wiederum von dem jeweiligen Stand ihrer Beziehungen zur Bourgeoisie und der Arbeiterschaft diktiert wurde. Ging die konservative Partei mit der Regierung, so wollte sie mit dem antisemitischen »Pöbel« wenig zu tun haben. Stand sie aber in Opposition, so benutzte sie Antisemitismus als Druckmittel. Von den ersten Anfängen des organisierten Antisemitismus bis zu den letzten Tagen der Weimarer Republik blieb sich diese Taktik der Konservativen im wesentlichen gleich. Das mittelständische antisemitische Potential wurde nach Bedarf eingesetzt.

Solche Taktik beruhte auf souveräner Verachtung der unteren Schichten; die Konservativen vertrauten darauf, die Massenbewegung von rechts nach Belieben manipulieren zu können. Der Schaden, den dieser Zynismus für den Staat und die Gesellschaft haben mußte, von welchen schließlich ihre eigene Existenz abhing, wurde leicht genommen. »Lieber zehn Ahlwardts als einen Freisinnigen!«, rief der besiegte konservative Kandidat auf der Tivoliversammlung und erhielt frenetischen Beifall für seinen sportlichen Geist. Es bereitete den Konservativen kein geringes Vergnügen, als Ahlwardt den Kronprinzen Friedrich Wilhelm einen Gefangenen jüdischer Wucherer nannte; sie konnten dem Kronprinzen seine liberalen Neigungen nicht verzeihen. Caprivi appellierte wiederholt, aber vergebens, an ihr Verantwortungsgefühl:

»Sie haben angefangen mit der Agitation gegen die Juden; dabei sind Sie aber nicht lange stehen geblieben. Sie gingen weiter: Sie suchten nach einem jeden, der einen jüdischen Vater oder eine jüdische Frau hat; Sie verfolgten den Juden bis ins dritte und vierte Glied zurück. Es fing sich an zu vermischen der Religionsantisemitismus und der Rassenantisemitismus, und was übrig bleibt, ist der Kapitalantisemitismus. Das ist aber das Gefährliche in der Agitation . . ., daß zuletzt nicht mehr unterschieden wird; die Kreise, an die Sie sich wenden, sind vielfach nicht geneigt, vielleicht auch nicht geeignet, Unterscheidungen zu machen, aber die Empfindung wird in ihnen erregt: hier geht es gegen das Kapital. Also der Haß und die Abneigung der Menschen richtet sich gegen das Kapital als solches; Sie werden die Bewegung nicht am jüdischen Kapital, wenn sie überhaupt weiter in Gang kommt, zum Stillstand bringen können, – die Bewegung wird sich gegen das Kapital überhaupt richten.«[201])

Die Elite des Rassenantisemitismus ihrerseits haßte die Juden nicht als Phantom – das überließ sie den Wählern – sie meinte Juden aus Fleisch und Blut und traute keinem, der für Toleranz sprach, auch nicht den Konservativen; bewiesen diese doch ihre völkische Unzuverlässigkeit, indem sie sich politisch mit dem rechten Flügel des »verjudeten Liberalismus« verbanden, gesellschaftlichen Verkehr mit Juden pflegten und sogar blutschänderische Heiraten mit ihnen eingingen. Man durfte sich bei der Erneuerung Deutschlands nicht auf die Konservativen verlassen; ohne sie das erstrebte Ziel zu erreichen, war allerdings auch nicht möglich: zwischen

Liebe und Haß, Hoffnung und Mißtrauen schwankten die antisemitischen Agitatoren des rebellischen Mittelstandes in ihrer Einstellung gegenüber denen, die immer noch in Ehren gehaltene Werte repräsentierten, aber von jüdischem Geist und sogar jüdischem Blut verseucht waren.

Die auch für die Nationalsozialisten charakteristischen ambivalenten Gefühle der Völkischen gegenüber den alten Mächten drückten sich im periodischen Wechsel von Kooperation und Opposition aus. Ahlwardt hatte als Konservativer begonnen. Auf der Höhe seiner politischen Laufbahn griff er plötzlich die Konservativen erbittert an, weil sie den Antisemitismus bloß für die Förderung ihrer eigenen Parteiinteressen ausgebeutet hätten; er donnerte gegen »Junker und Juden«, um ein Reichstagsmandat zu erobern, und forderte in seinen stürmischen Massenversammlungen die Aufteilung der Rittergüter. Bald danach ließ sein Antifeudalismus wieder nach, und sein Verhalten zur preußischen Aristokratie machte eine erstaunliche »Berichtigung« durch; nur einer bestimmten Gruppe unter den Junkern sollten seine Angriffe gegolten haben, nicht aber der feudalen Kaste als solcher; er habe nur »die Bastarde der korrumpierten Junker und Juden gemeint, die den größten Theil des Nationaleigenthums jetzt in Händen haben« [202]). Die Umschaltung des Angriffs von Junkern auf Juden war nicht bloß ein demagogischer Trick. Ahlwardt mußte den Machthabern glaubhaft machen, daß die sozialen und ökonomischen Forderungen seines Antisemitismus demagogischer Firnis seien und die bestehenden Herrschafts- und Eigentumsverhältnisse ernsthaft nicht gefährden könnten. Er sah sich demselben Dilemma gegenüber wie später Hitler, und auch Hitler fand keinen besseren Weg, um sich aus der Affaire zu ziehen. Das »unabänderliche« Parteiprogramm von 1920 hatte durch seine Forderung nach radikaler Bodenreform die Großagrarier in Schrecken versetzt; 1928 blieb Hitler im Bemühen, seine Beziehungen zu den Deutsch-Nationalen zu bessern, auch nichts anderes übrig, als den unabänderlichen Programmpunkt abzuändern (203).

Aber wenn solche »Erklärungen« auch den taktischen Bedürfnissen des Augenblicks entgegenkamen, so konnten sie die Assoziation Junker-Juden doch nicht aus der Welt schaffen. Die Drohung, daß die Anklage der »Verjudung« eines Tages gegen die Konservativen als Gruppe gebraucht würde, verschwand nie völlig. Der völkische Agitator konnte jederzeit wieder die Parole aufgreifen, rassische Entartung habe auch die Junker ihres politischen Führungsanspruches beraubt.

Wenn die Völkischen die herrschenden Schichten der Verjudung bezichtigten, konnten sie sich übrigens auf Tatsachen berufen. Heiraten zwischen

Juden und Nichtjuden waren seit der Emanzipation keine Ausnahme mehr, 1880 hatten in Preußen gemischte Ehen 10 Prozent aller rein jüdischen Ehen ausgemacht, 1890 waren es 20 Prozent[204]). Wenn Ahlwardt von den »Bastarden korrumpierter Junker und Juden« sprach, bezog er sich auf diesen Prozeß zunehmender christlich-jüdischer Mischehen, an dem auch Nachkommen adeliger Familien beteiligt waren. Die Zentren des Reichtums hatten sich längst von der feudalen zur bürgerlichen Welt verschoben, und Heiraten zwischen Adeligen und Juden zeigten an, wie weit die gesellschaftliche Emanzipation der jüdischen Großbourgeoisie fortgeschritten war. Die Rassenschande der Aristokraten war natürlich Wasser auf die Mühle der Völkischen und erweiterte die Möglichkeiten politischer Erpressung. Als Gegenstück zum »Gotha« brachten die Rassenantisemiten später (1912) das unter dem Namen »Semi-Gotha« bekannte »Weimarer historisch-genealogische Taschenbuch des gesamten Adels jehudäischen Ursprungs« heraus; es enthielt über tausend Namen aus dem Uradel und neueren Adelsfamilien, die ganz oder teilweise jüdischen Ursprungs sein sollten.

Nach Ansicht der Völkischen war es im wesentlichen der »Verjudung« der Konservativen zu danken, daß der »wahre« Antisemitismus sich nach 1895 nicht weiter entwickeln konnte. Die eigentlichen Gründe für das Stagnieren und den Zerfall der völkischen Bewegung dürften aber wohl an anderer Stelle liegen. Um die Mitte der neunziger Jahre begann die imperialistische Phase der Wilhelminischen Ära. Sie brachte neue politische Konstellationen und neue Konflikte.

Kapitel VIII

Der Niedergang des politischen Antisemitismus

In den zwei Jahrzehnten von 1895 bis zum ersten Weltkrieg, der Blütezeit des wilhelminischen Imperialismus, verlor der politische Antisemitismus seine Anziehungskraft. Gerlachs Urteil, das Jahr 1893 sei der parlamentarische Zenit des deutschen Antisemitismus gewesen, so wie 1880 sein geistiger, dann aber sei es schnell bergab mit ihm gegangen[205]), wird allgemein bestätigt. In der zeitgenössischen Presse und Literatur trat die Erörterung der »Judenfrage« zurück. Auch Zeitschriften wie die Preußischen Jahrbücher, die Historisch-politischen Blätter für das katholische Deutschland, die Protestantische Kirchenzeitung für das evangelische Deutschland, die Neue Zeit, u. a. widmeten in der Periode 1896 bis 1914 dem Problem viel weniger Raum als in den vorangegangenen zwanzig Jahren.

Nur eine Wahlperiode lang, von 1893 bis 1898, durfte sich die Fraktion der Antisemiten im Reichstag ihrer parlamentarischen Stellung erfreuen. Dann fiel die Zahl ihrer Mitglieder von 16 auf 13 und damit unter Fraktionsstärke; 1903 waren es 11 und 1912 nur noch 7. Zwar konnten die Antisemiten 1907 wieder 17 Mandate erringen, aber diesen Wahlsieg, über den noch zu sprechen sein wird, verdankten sie besonderen Umständen[206]). Mit dem Jahre 1911, schreibt Willi Buch, »hatte der parteipolitische Antisemitismus ... ausgespielt«[207]).

Auf Jahre hinaus blieb eigentlich nur »Hammer-Fritsch« übrig, der letzte aus der völkischen Garde. »Henrici, Liebermann von Sonnenberg, Paul Förster, Otto Boeckel, Raab, Zimmermann, Ahlwardt, Karl Paasch, sie alle sanken zum Teil als müde Kämpfer vor ihm oder haben ihren Frieden gemacht«, schreibt Buch wehmütig[208]).

Die Sache der »wahren« Antisemiten schien in der Tat hoffnungslos geworden zu sein. Es gab keine Spur von Erfolg mehr, der die Moral der Agitatoren und ihrer Anhänger hätte aufrechterhalten können. Die antisemitische Presse war verschwindend klein im Vergleich mit den großen

»jüdischen« Blättern; chronischer Geldmangel herrschte; die Vorstellung, genug Unterstützung für antijüdische Gesetzgebung finden zu können, schien geradezu albern. Ein Propagandafeldzug, der dazu aufforderte, Juden aus »deutschen« Läden, Wirtshäusern, Hotels und Kurorten fernzuhalten, blieb unwirksam. Es gab so wenige selbst unter den Völkischen, die bereit gewesen wären, auf jüdische Kunden zu verzichten, daß sich – mit vereinzelten Ausnahmen wie etwa Borkum in der Nordsee – keine Sperrgebiete einrichten ließen. Juden konnten reisen und absteigen, wo sie wollten. Noch erfolgloser waren die Anstrengungen der Völkischen, den arischen Deutschen beizubringen, sie dürften nicht bei Juden kaufen, jüdische Ärzte oder Anwälte konsultieren, die jüdische Presse lesen oder jüdische Kunst genießen. Das vorhandene Material über das Leben der antisemitischen Agitatoren, die während der achtziger und frühen neunziger Jahre allenthalben von sich reden gemacht hatten, illustriert den Zerfall der einst so kriegerischen und lärmenden Bewegung.

Einer jener Apostel des »radikalen« Antisemitismus, Dr. Ernst Henrici, gab bald auf und zog sich so völlig vom politischen Leben zurück, daß sein Name in Vergessenheit geriet. Sogar die Standardliteratur über die Geschichte des Antisemitismus enthält nichts über sein späteres Schicksal. Der einstige Held der antisemitischen Bewegung stürzte schließlich seine Freunde in Verlegenheit: er war nach den Vereinigten Staaten gegangen und mit einer »mischblütigen« Frau wieder zurückgekommen[209]).

Dr. Bernhard Förster und seine Frau Elisabeth, Nietzsches Schwester, waren 1886 ausgewandert und hatten in Paraguay eine judenreine Kolonie »Neu-Germania« begründet. 1889 beging Förster Selbstmord aus Verzweiflung über den Mißerfolg seiner Unternehmung[210]). Karl Paasch, ein Broschürenschreiber der Bewegung zur Zeit von Henrici und Förster, ging nach der Schweiz und starb als Opfer seines Verfolgungswahns. Dr. Otto Boeckel, der »hessische Bauernkönig«, verlor seinen Reichstagssitz 1903, kurz bevor Gehälter für Abgeordnete eingeführt wurden, zog sich »völlig verarmt, verbittert und menschenscheu«[211]) zurück und starb 1923 in Vergessenheit. Hermann Ahlwardt, dem »Rektor aller Deutschen«, erging es noch schlimmer. Zwar war er 1898 wiedergewählt worden, aber selbst seine völkischen Kollegen wollten nichts mit ihm zu tun haben. Schon 1891 hatten Boeckel und Liebermann als Vorsitzende ihrer Parteien eine Erklärung veröffentlicht, in der sie jede Verantwortung für das Verhalten und die öffentliche Agitation Ahlwardts von sich wiesen. Fritsch lehnte ihn 1893 wegen seiner unbekümmerten Lügen und seines Größenwahns ab[212]). Seit 1898 nahm er kaum noch an Reichstagssitzungen teil, und einige Jahre später spielte er politisch keine Rolle mehr. Nachdem er in den Vereinigten Staaten erfolglos nach Geldgebern gesucht hatte, eröffnete er in Berlin einen Zigarrenladen, der bald wieder geschlossen wurde, reiste als Verkäufer von Bergwerksaktien durch Deutsch-Böhmen und wandte sich 1907, »unter gänzlicher Abkehr vom Antisemitismus« [213]), an Fritsch, den er für einen Kampf gegen Jesuiten und Freimaurer zu gewinnen hoffte. 1909 wurde er wegen Erpressung verurteilt [214]). Völlig heruntergekommen, starb er 1914 an den Folgen eines Verkehrsunfalls in Leipzig.

Offenbar war der Zeitgeist in jenen Jahrzehnten, da das Kaiserreich zur Weltmacht emporstieg, dem Antisemitismus nicht hold. Auf den ersten Blick scheint das Zusammentreffen von aufsteigendem Imperialismus und verblassendem Antisemitismus nicht recht erklärlich zu sein. Lag es denn nicht im Wesen des nationalistischen Imperialismus, in seiner Ideologie und seiner Praxis, die Schwachen, die Fremden, die »Anderen« zu unterdrücken? Benutzte er nicht Rationalisierungen vom Schlage des Antisemitismus für wirtschaftliche Habgier, politische Herrschaft und kulturelle Überheblichkeit? Und war der deutsche Imperialismus nicht besonders berüchtigt wegen seiner Großsprecherei, seiner Verherrlichung von Militarismus und Chauvinismus, seiner Verehrung der Autorität?

Häufig wurde angenommen, die antisemitische Bewegung sei damals zerbröckelt, weil es ihr an Integrität, guter Führung und innerem Zusammenhalt fehlte. So schreibt zum Beispiel Hellmut von Gerlach in einem Rückblick auf seine antisemitischen Jahre:

»Unter den antisemitischen Führern habe ich nur wenig wirklich anständige Leute kennengelernt, und die, deren Charakter ohne Makel war, waren wissenschaftlich so ungebildet, daß mich jungen Menschen die Empörung packte, als ich Gelegenheit hatte, sie aus der Nähe zu beobachten. Demagogen waren sie alle, die einen wider besseres Wissen, die anderen infolge mangelnden Wissens. Vom Antisemitismus haben mich weniger die Juden als die Antisemiten abgebracht.« [215])

Er spricht auch von der »grauenhaften wissenschaftlichen Öde« [216]), die er im Lager der Antisemiten vorfand. In Übereinstimmung mit Wawrzinek [217]) und anderen Forschern sieht Gerlach die fatale Schwäche der Bewegung im Mangel an politischer Orientierung und Disziplin, in der Skrupellosigkeit ihrer Agitation und in dem Unvermögen der Völkischen, eine Definition des »Juden« zu finden (218).

Neuere Erfahrungen machen es zweifelhaft, ob solche Gründe wirklich entscheidend gewesen sein können. Die junge nationalsozialistische Bewegung sah sich vor ganz ähnliche Schwierigkeiten gestellt und kam doch zur Macht (219). Der Vormarsch des politischen Antisemitismus wurde nach

1895 nicht in erster Linie durch das Versagen seiner Führer oder durch Widersprüche im Rassenmythos selbst aufgehalten. Daß diese Mängel so klar zutage treten konnten, war vielmehr nur ein Symptom für den Zerfall der Bewegung. Dessen Gründe sind eher in der politischen Entwicklung Deutschlands zu suchen.

Am Schicksal Stoeckers, des geschicktesten und einflußreichsten Agitators, lassen sich diese Entwicklung und ihre Wirkung auf die antisemitische Bewegung verfolgen. 1892 bis 1893, zur Zeit der Tivoliversammlung und der Gründung des Bundes der Landwirte, hatte Stoecker sich von seiner erzwungenen politischen Passivität wieder freimachen können und schien jetzt endlich in der Lage zu sein, die Ernte von fünfzehn Jahren politischer Arbeit einzubringen. Um sein Ansehen in der Konservativen Partei stand es besser denn je zuvor; in jedem Punkt des neuen Parteiprogramms konnte man seine Hand erkennen. Die Hammerstein-Stoecker-Koalition, der äußerste rechte Flügel der Partei, nahm alles in Regie, was es noch an regierungsfreundlichen Tendenzen geben mochte. Seit vielen Jahren hatten die Konservativen nicht mehr soviel Stärke und Einigkeit gezeigt. Nur eine einzige ernste Meinungsverschiedenheit hatte es gegeben, die man aber ausgleichen konnte, bevor sie öffentlich bekannt wurde und die wohlorganisierte Harmonie des Parteitages zu stören vermochte. Der vorläufige Entwurf für das neue Parteiprogramm hatte in unmißverständlicher Weise die Fronten gegen Sozialdemokraten und »Anarchismus« abgesteckt. Der betreffende Passus lautete:

»Die Anhänger der Sozialdemokratie und des Anarchismus, deren vaterlandslose und auf den Umsturz gerichtete Bestrebungen weite Kreise unseres Volkes gefährden, sind als Feinde der staatlichen Ordnung durch die Gesetzgebung zu kennzeichnen und demgemäß mit den Machtmitteln des Staates zu bekämpfen.«[220])

Stoecker selbst hatte an dieser Kriegserklärung nichts auszusetzen gefunden. Aber in seiner eigenen Partei erhob sich eine so scharfe Opposition, daß er Stellung nehmen mußte. Sie kam von den christlichsozialen »Jungen«, von denen leitende Mitglieder – Heinrich Oberwinder, Hans Leuß und Hellmut von Gerlach – zum Parteitag erschienen waren. Jeder von ihnen berichtete später unabhängig von den anderen, was vorgefallen war[221]). Als die Jungen die antisozialistische Erklärung im Entwurf sahen, suchten sie Hammerstein auf und bedrängten ihn, sie fallen zu lassen. Hammerstein soll geantwortet haben:

»Was wollen Sie, es gibt kein anderes Mittel gegen die Sozialdemokratie, als daß man die Arbeiter provoziert und auf sie schießen läßt.«[222])

Sie gingen dann zu Manteuffel, dem Vorsitzenden der Konservativen Partei. Gerlach, »Todfeind von Ausnahmegesetzen«, drohte:

»Herr Baron, wenn dieser Passus stehen bleibt, erheben wir hier auf dem Parteitag die Fahne der Rebellion. Wir wollen kein neues Sozialistengesetz, auch nicht in verschleierter Form.«[223])

Nach einer unfreundlichen Diskussion gab Manteuffel nach, und Gerlach schrieb die Erklärung um, so daß sie lautete:

»Diejenigen Anhänger der Sozialdemokratie und des Anarchismus, deren vaterlandslose und auf den Umsturz gerichtete Bestrebungen weite Kreise unseres Volkes gefährden, sind als Feinde der staatlichen Ordnung zu bekämpfen.«[224])

Stoecker unterstützte Gerlachs Text, der Parteitag nahm ihn an. So wurden die Konservativen verhindert, sich auf eine Politik der Gewaltanwendung gegen die sozialistische Arbeiterschaft festzulegen. Aber für Stoeckers Beziehungen zu den Konservativen verhieß es nichts Gutes, daß es in seiner christlichsozialen Partei Elemente gab, die sich als »national unzuverlässig« gezeigt hatten.

Der Konflikt zwischen ihnen, den christlichsozialen »Jungen« und den Konservativen schwelte schon seit längerer Zeit. Als Stoecker es 1889 vorgezogen hatte, sich aus der Politik zurückzuziehen, um sein Hofamt zu behalten, mußte er seinen Unterführern größeren Einfluß in der christlichsozialen Bewegung einräumen. Im selben Jahr hatte er die Zeitung Das Volk gegründet, aus der er ein populäres Sprachrohr für die christlichsozialen Ideen zu machen hoffte. Das Blatt kam aber sehr bald in die Hände des linken Flügels der Partei; die »Jungen« beherrschten die Redaktion. Der Lebenslauf einiger dieser Männer vor und nach ihrer Zusammenarbeit mit Stoecker ist recht aufschlußreich für die Triebkräfte ihres Antisemitismus. Chefredakteur war Oberwinder, einst Gründungsmitglied des Lassalleschen Allgemeinen Deutschen Arbeitervereins und später in der österreichischen Arbeiterbewegung tätig. Oberwinder bekämpfte die Marxisten (die ihn ihrerseits beschuldigten, ein Spitzel für den preußischen Innenminister Puttkamer geworden zu sein[225])), hielt sich jedoch für einen Sozialisten. Der zweite Redakteur war Hellmut von Gerlach, Sproß einer preußischen Junkerfamilie, der die Beamtenlaufbahn aufgegeben hatte, um sich der Politik zu widmen. Bei allen »natürlichen« Vorurteilen seiner Kaste (226) besaß der damals dreiundzwanzigjährige Gerlach ein starkes Gefühl für soziale Gerechtigkeit. Er war das erste Mitglied der Stoeckerpartei gewesen, das das Sozialistengesetz öffentlich angriff, solange es noch in Kraft war. Im späteren Kaiserreich kämpfte er mutig gegen Chauvinismus und Militarismus, war ein »guter Europäer« unter der Weimarer Republik und starb im Exil einige Jahre nach Hitlers Machtergreifung. Der dritte Redakteur des Volk war Hans Leuß, ein befähigter politischer Schriftsteller, der später eine bemerkenswerte Biographie Wilhelm von Hammersteins schrieb. Seine politische Laufbahn endete nach seiner Bestrafung wegen Meineids in einer Ehrenangelegenheit. Spuren seiner weiteren politischen Entwicklung finden sich 1899 und 1900 in der Neuen Zeit; Franz Mehring, von Leuß' »demokratischer Überzeugung« beeindruckt, hatte ihn aufgefordert, über seine Gefängniserlebnisse zu berichten[227]).

Turmhoch über die drei Redakteure hinaus aber ragte die Gestalt eines jungen evangelischen Pfarrers orthodox-lutherischer Provenienz, Friedrich Naumann, dessen Reden und Schriften schnell die Aufmerksamkeit aller derer auf sich lenkten, die sich mit der »sozialen Frage« beschäftigten. Er wurde 1860 als Sohn eines Pastors geboren, arbeitete 1883 bis 1885 am »Rauhen Haus« in Horn, der Geburtsstätte der evangelischen Inneren Mission, und war 1886 bis 1890 Pfarrer einer armen Gemeinde sächsischer Strumpfwirker, wo er sich den Ehrentitel »Pastor der kleinen Leute« verdiente. Während dieser Jahre schrieb er eines seiner ersten Bücher, den »Arbeiter-Katechismus«[228]), in dem er versuchte, christliche Ethik und moderne Wirtschaft miteinander zu verbinden. 1890 ging er als Vereinsgeistlicher für die Innere Mission nach Frankfurt am Main. Es war das Jahr, in dem Bismarck entlassen wurde und die Kaiserliche Botschaft die Absicht kundtat, die soziale Gesetzgebung zum Wohle der wirtschaftlich schwächeren Schichten im Geiste der christlichen Liebe auszubauen. Es war auch das Jahr, in dem das Sozialistengesetz ablief, Stoecker seines Amtes enthoben wurde und den »Evangelisch-Sozialen Kongreß« gründete.

Naumann kam mit der Überzeugung nach Frankfurt, das christliche Seelenrettungswerk unter den Armen – das Hauptziel der kirchlichen Wohlfahrtspflege – sei in der Zeit moderner Massenarmut hoffnungslos geworden; nur durch politische Aktion ließen sich die von der industriellen Zivilisation geschlagenen gesellschaftlichen Wunden heilen. Und er stürzte sich, wie vor ihm Stoecker, aus der Geborgenheit des evangelischen Geistlichen in das Getümmel der Parteipolitik. Zunächst fühlte er sich noch im konservativen Milieu des Evangelisch-Sozialen Kongresses daheim und teilte Stoeckers Überzeugung, Politik müsse Ausdruck des Glaubenseifers und deshalb konservativ-orthodox sein. Beide sahen die große Herausforderung in der Sozialdemokratie, diesem Feind des Staates, der Kirche und des Privateigentums. Naumann stellte die »soziale Frage« in der ursprünglichen Bedeutung des Wortes – das Problem der echten Aussöhnung des Arbeiters mit dem Staat – wieder in den Vordergrund; er wollte die christlichsoziale Bewegung zu ihrem Ausgangspunkt zurückführen, das wiedererwachte Gewissen der Bewegung sein. Kirchliche Tradition, Mittelstandspolitik und Antisemitismus, die bisher im Mittelpunkt der Stoeckerbewegung gestanden hatten, wurden jetzt beiseite gedrängt durch die Intensität, mit der Naumann und seine Freunde um die Arbeiterschaft kämpften.

Wiederholt schon hatte die arbeiterfreundliche Stellungnahme der Jungen bei Konflikten wie dem Bergarbeiterstreik von 1889 in den Reihen der Konservativen großes Unbehagen ausgelöst; der offensichtliche Einfluß von »romantischen Idealisten« und »weltfremden Gelehrten« auf die Stoeckerorganisation war beunruhigend:

»Solche Einseitigkeit, bei einer politischen Parteiwirksamkeit alles nur unter dem Gesichtspunkt der Arbeiterinteressen anzusehen, ist für uns Konservative unter den heutigen Verhältnissen unleidlich...«

protestierte ein guter Stoeckeranhänger der alten Schule[229]). Bis 1894 konnte ein offener Konflikt zwischen den »jungen« Christlichsozialen und den Konservativen vermieden werden. Dann kam es zu einer heftigen Auseinandersetzung; den Anlaß gab die Agrarfrage. Verschiedene Ereignisse, vor allem die Agitation der Völkischen in ländlichen Gebieten, hatten die Aufmerksamkeit der »Jungen« auf die Probleme des landwirtschaftlichen Proletariats gelenkt. Auch die Sozialdemokraten rüsteten sich für eine Aktion. Auf ihrem ersten Parteitag nach dem Sozialistengesetz hatte die Partei beschlossen, ihre erzieherische und organisatorische Tätigkeit auf ländliche Gegenden auszudehnen und sich insbesondere den Landarbeitern in den Rittergutsgegenden zuzuwenden. Falls der christlichsoziale »Sozialismus« jemals hoffen konnte, das Fortschreiten des Marxismus zu verhindern, hier bot sich eine Gelegenheit. Die »Agrarfrage«, die beiseitezuschieben Stoecker früher immer gelungen war, rückte jetzt in den Mittelpunkt der christlichsozialen Interessen.

Es hieße die Motive und Traditionen des konservativen Protestantismus verkennen, wollte man an der Aufrichtigkeit jener Konservativen zweifeln, die sich auf die Seite der Armen und Unterdrückten schlugen. Sie erlebten um diese Zeit manche Enttäuschung, als sie mit ansehen mußten, wie die »kleine, aber mächtige Partei« schnell vom Bund der Landwirte, der Interessenvertretung der großen Landwirtschaft, aufgesogen wurde. Schlecht harmonierten die Traditionen des preußischen Adels mit dem kapitalistischen Geist, der sich in der Partei der Großgrundbesitzer ausbreitete, je mehr diese sich in moderne Agrarunternehmer verwandelten. Wie wenig die Anhänger Naumanns von den Junkern hielten, wurde der Öffentlichkeit durch eine Diskussion bekannt, die 1894 auf der fünften Tagung des Evangelisch-Sozialen Kongresses stattfand. Die Versammlung, wie gewöhnlich durch die Anwesenheit von Würdenträgern der Regierung und Kirche geehrt, beschäftigte sich mit den Ergebnissen einer Untersuchung über die Lage der Landarbeiter, die von Mitgliedern und Freunden der Stoeckerorganisation durchgeführt worden war. Der Bericht übte scharfe Kritik an den Grundbesitzern, und kritisch war auch die darauffolgende Diskussion. Die Redner – unter ihnen befanden sich Max Weber und Pfarrer Paul Göhre, seit 1891 Generalsekretär des Kongresses – nahmen Partei für die Arbeiter. Weber hielt es für geboten, daß die im Rheinland und Westfalen entstandenen Evangelischen Arbeitervereine die Führung im Kampfe der Landarbeiter gegen die Grundbesitzer übernahmen; Naumann und die christlichsozialen »Jungen« stimmten ihm aus ganzem Herzen zu.

Nichts konnte die Junker mehr in Harnisch bringen, als die Vermessenheit, ihnen in ihre Betriebsführung hineinreden zu wollen, die eine seltsame Mischung von modernen Arbeits- und halbfeudalen Autoritätsverhältnissen darstellte. Immer noch betrachteten sich die Junker als unumschränkte Herren auf ihren Gütern, obwohl Bismarck und Caprivi ihre Privilegien, zum Beispiel die eigene Gerichtsbarkeit, stark beschnitten hatten. Durch die Gemeindeordnung war zwar ein normaler Verwaltungs- und Gerichtsapparat eingeführt worden, da aber gewöhnlich ein Mitglied einer Junkerfamilie zum Landrat bestellt wurde und bei der Wahl des Dorfschulzen der Wunsch des Gutsherrn ausschlaggebend blieb, hatte sich in der Praxis nicht viel geändert. Die Feudalverhältnisse auf den Gütern waren die gleichen geblieben; erst die Revolution von 1918 schaffte die letzten feudalen Privilegien ab, zu denen auch das Recht gehörte, das Gesinde mit Gewalt zur Arbeit zu treiben und durch »leichte Züchtigungen« zu bestrafen. Ergebenen Arbeitern gegenüber zeigten sich die Junker so loyal wie andere Unternehmer, gelegentlich vielleicht sogar großzügiger, aber sie verbaten sich energisch jede Einmischung in die Personalangelegenheiten. Der Gedanke, die Landarbeiter politisch zu organisieren, konnte nur in den Köpfen von Sozialisten und Anarchisten entstanden sein; mit Leuten, die solchen umstürzlerischen Ideen huldigten, durfte man nicht länger gemeinsame Politik machen. Man forderte Stoecker auf, die christlichsoziale Bewegung von Elementen zu säubern, die nicht einmal in seiner eigenen Zeitung Das Volk die Gefühle der alten Konservativen respektierten und dazu auch noch von Naumanns Blatt Die Hilfe Unterstützung erfuhren.

Stoecker fiel es schwer, solchen Forderungen nachzugeben und sich von vielen alten Freunden, befähigten Unterführern und Predigern des »praktischen Christentums« zu trennen. Ihr sozialer Radikalismus mißfiel ihm zwar, aber er suchte sie doch gegen die Reaktion zu verteidigen, die in der jetzt angebrochenen »Ära Stumm« gegen sie anstürmte. Andererseits sah er jedoch auch keinen Weg, seine Arbeit für die protestantische soziale Monarchie fortzusetzen ohne die Unterstützung durch den preußischen Adel. Die Aristokratie galt ihm immer noch als der oberste und ehrenwerteste der Stände, der zusammen mit der evangelischen Geistlichkeit das meiste Verständnis für die christlichsozialen Ideen und die Judenfrage gezeigt hatte. Wie zur Zeit seines früheren Konflikts zwischen Hofamt und Politik schwankte er auch jetzt und hoffte, der Sturm werde sich legen.

Die Beziehungen zwischen dem Naumannflügel und den Konservativen verschlechterten sich jedoch zusehends. Das neue Programm der Christlichsozialen Partei goß zudem Öl ins Feuer. Seit 1878, als Stoecker das erste Programm für die entstehende Bewegung entworfen hatte, waren manche seiner Forderungen überholt oder allgemein akzeptiert, dafür andere Probleme, die das alte Programm gar nicht aufgegriffen hatte, in den Vordergrund gerückt. Der Mittelpunkt der Bewegung lag nicht mehr in Berlin; in den Provinzen fanden die ursprünglichen Forderungen nach Reformgesetzgebung zugunsten der Fabrikarbeiter wenig Anklang. Dazu hatte die Sozialdemokratie Fortschritte gemacht, die 1878, als sie für gesetzwidrig erklärt wurde, niemand hatte voraussehen können. Und nun gefährdete auch noch eine wachsende innere Opposition die Einheit der christlichsozialen Bewegung und deren Bündnis mit den Konservativen. Es galt, Rückschau zu halten und den neuen Kurs für die nächsten Jahre festzulegen. Im Sommer 1895 legte Stoecker den Entwurf eines neuen Programms vor. Er empfahl ihn als Ausdruck einer gesunden Politik der Mitte, die sowohl dem rechten als auch dem linken Flügel der Partei gerecht werde. Aber keiner der beiden Flügel war zu einem Kompromiß bereit. Schon während der Debatte über den Entwurf verließen hochgestellte konservative Freunde Stoeckers unter Protest den Parteitag; unter ihnen befand sich Graf Roon, der in einem Artikel des Stoeckerschen Entwurfs – Bildung von ländlichen Arbeitervereinen – bereits den klaren Beweis dafür sah, daß die radikalen Elemente sich durchgesetzt hätten[230]). Die Naumanngruppe andererseits strebte nach größerer Unabhängigkeit von den Konservativen. In einem persönlichen Brief an Stoecker warnte Naumann davor, irgendwelche Konzessionen zu machen:

»Ein kleiner Finger und wir sind hin. Erst wenn wir ganz frei sind von Oben her, können wir eine schärfere Position als nationale Arbeiterbewegung neben der internationalen gewinnen.«[231])

Während so die Kluft zwischen den Christlichsozialen und den Konservativen wuchs, brach ein sensationeller Skandal aus, der sogar den gewiegten Politiker Stoecker außer Fassung brachte. Anfang 1895 wurden Gerüchte laut, Freiherr von Hammerstein – Herausgeber der Kreuzzeitung, konservativer Reichs- und Landtagsabgeordneter, Vorkämpfer der aristokratisch-protestantischen Weltanschauung – halte sich im Privatleben nicht an die hohen Prinzipien, denen er öffentlich huldigte. Es wurde unter anderem angedeutet, er habe Gelder seiner Zeitung unterschlagen. Ein Untersuchungsausschuß der Kreuzzeitung versuchte ihn zu decken, aber es war vergebens. Mitte des Sommers verdichteten sich die Gerüchte; Hammerstein, hieß es, habe sich 400 000 Mark aus dem Pensionsfonds der Zeitung angeeignet, habe größere persönliche Darlehen von einem Geschäftsmann erhalten und ihm dafür Papierlieferungen an die Zeitung zu übertriebenen Preisen zugeschanzt; auch der Name einer in die Affaire verwickelten Dame wurde genannt. Die Konservative Partei durfte die Angelegenheit nicht länger ignorieren. Stoecker, der Hammerstein selbst eine namhafte Summe geliehen hatte, wollte trotz der belastenden Beweise nicht an die Schuld seines alten Freundes glauben und kämpfte im Parteivorstand gegen den Ausschlußantrag. Im September stellte sich heraus, daß Hammerstein auch Schecks für etwa 200 000 Mark gefälscht hatte. »Er ist wirklich zum Verbrecher herabgesunken«, vertraute Stoecker seiner Frau an, nachdem der Untersuchungsausschuß der Zeitung beschlossen hatte, die Sache dem Staatsanwalt zu übergeben. »Und das ist nicht das einzige Verbrecherische. Gott sei seiner Seele gnädig! In diesen Tagen kommt der Steckbrief. Was wird er tun?«[232])

Um Stoeckers schwierige Lage noch peinlicher werden zu lassen, wählte der Vorwärts gerade diesen Zeitpunkt für die Veröffentlichung eines Briefes, der ein interessantes Licht auf die lange und intime Zusammenarbeit zwischen Stoecker und dem Angeklagten fallen ließ. Jener hatte den Brief 1888 an Hammerstein gerichtet, zur Zeit des Kartells, als es Bismarcks Strategie gelungen war, aus Konservativen und Nationalliberalen eine Reichstagsmehrheit zu schaffen gegen Freisinnige, Zentrum und Sozialdemokraten. Damals hoffte die konservative Opposition um Hammerstein, Stoecker und die Kreuzzeitung, aus der durch das Kartell entstandenen Isolierung ausbrechen zu können, wenn es gelänge, einen Keil zwischen Bismarck und Wilhelm II. zu treiben, der gerade den Thron bestiegen hatte. Hammersteins Attacken gegen die Regierungspolitik schienen Stoecker zu undiplomatisch, er riet zu einer vorsichtigeren Taktik. Die jüngsten Ereignisse, meinte er, böten eine gute Gelegenheit für einen indirekten Angriff auf Bismarck; so hatte sich der preußische Kultusminister geweigert, eine evangelische Privatschule in Schleswig-Holstein, das Martineum, als Gymnasium anzuerkennen; dann war Professor Adolf Harnack, der berühmte Berliner Kirchengeschichtler, wegen der liberalen Tendenzen in seinen Werken von orthodoxen Kreisen angegriffen worden (Stoecker selbst hatte in der Kreuzzeitung vom 22. August 1888 einen anonymen Artikel gegen ihn veröffentlicht); und schließlich standen im sechsten Berliner Reichstagswahlbezirk die Nachwahlen vor der Tür. Der Bezirk hatte zuletzt sozialdemokratisch gewählt; die Norddeutsche Allgemeine Zeitung, Bismarcks Blatt, schlug eine Einheitsfront aller antisozialistischen Kräfte vor, aber weder die Freisinnigen noch die Antisemiten wollten mitmachen. So schrieb Stoecker also an Hammerstein:

»Ich hörte noch gestern, daß er [der Kaiser] ganz für die Kartellpolitik gewonnen ist. Was man meines Erachtens tun kann und muß, ist folgendes: Prinzipiell wichtige Fragen wie Judenfrage, Martineum, Harnack, Reichstagswahl im sechsten Wahlbezirk, die gewiß mit einem Fiasko der antisozialdemokratischen Elemente schließt, muß man, ohne Bismarck zu nennen, in der allerschärfsten Weise benutzen, um dem Kaiser den Eindruck zu machen, daß er in diesen Angelegenheiten nicht gut beraten ist und ihm den Schluß auf Bismarck überlassen. Man muß also rings um das politische Zentrum resp. Kartell Scheiterhaufen anzünden und sie hell auflodern lassen, den herrschenden Opportunismus in die Flammen werfen und dadurch die Lage beleuchten. – Merkt der Kaiser, daß man zwischen ihm und Bismarck Zwietracht säen will, so stößt man ihn zurück. Nährt man in Dingen, wo er instinktiv auf unserer Seite steht, seine Unzufriedenheit, so stärkt man ihn prinzipiell, ohne persönlich zu reizen. Er hat kürzlich gesagt: ›Sechs Monate will ich den Alten verschnaufen lassen, dann regiere ich selbst.‹ Bismarck selbst hat gemeint, daß er den Kaiser nicht in der Hand behält. Wir müssen also, ohne uns etwas zu vergeben, doch vorsichtig sein.«[233])

Stoecker war kompromittiert. Der Brief beleidigte die populäre Vorstellung vom Eisernen Kanzler, dessen Gestalt durch nationalistische Verehrung bereits ins Legendäre gewachsen war; er weckte von neuem peinliche Erinnerungen an den Konflikt zwischen Kaiser und Kanzler, die im Interesse der nationalen Einheit besser vergessen geblieben wären; schließlich zeigte er auch die sakrosankte Sphäre der kaiserlichen Regierung im profanen Licht einer politischen Intrige. Die Öffentlichkeit war empört. Die liberalen Zeitungen fielen her über Stoeckers Heuchelei, – hatte er doch vor kurzem noch an der Ovation teilgenommen, welche die Konservative Partei dem alten Kanzler darbrachte. Die satirische Wochenschrift Kladderadatsch machte sich über die Konservativen lustig; die Nummer vom 10. November 1895 enthielt eine bitterböse Karikatur – Stoecker auf der Kanzel einer Kirche – und dazu das Gedicht:

»Den frechen Lügner sehn wir schänden
Allsonntäglich das Gotteshaus,
Wir sehn das Sakrament ihn spenden
Und keiner wirft den Kerl hinaus!«

Die konservativen Zeitungen konnten ihre Verlegenheit und ihren Ärger nicht verbergen. Das offizielle Parteiorgan, die Konservative Korrespondenz, und selbst der Stoecker seit alters her freundlich gesinnte Reichsbote machten unmißverständliche Andeutungen, es sei Zeit, Stoecker auszubooten. Die Enthüllung des »Scheiterhaufenbriefes« war natürlich auch Wasser auf die Mühle all derer, die Stoecker gemaßregelt wissen wollten, weil er immer noch den linken Flügel der Christlichsozialen Partei deckte. Die Kreuzzeitung regte sich zwar wenig über sein Ränkeschmieden mit Hammerstein auf, aber in diesem Punkt zeigte sie sich unnachgiebig. Als eine letzte Mahnung, die gefährlichen Tendenzen in der christlichsozialen Bewegung zu unterbinden, brachte sie in ihrer Ausgabe vom 11. November 1895 einen Artikel »Hofprediger Stoecker und die Jungen«, der die Tatsache bedauerte, daß »der verehrte Parteigenosse Stoecker« nicht eine schärfere Grenzlinie zwischen sich und dem linken Flügel gezogen habe.

»Ihm liegt ob, die Geister, die er rief, in die richtigen Grenzen zu bannen oder sich von ihnen loszusagen, wie er sich von Ahlwardt losgesagt hat.«[234])

Als Stoecker immer noch zögerte, erzwang die konservative Parteileitung eine Entscheidung. Am 2. Dezember 1895 mußte er vor dem »Elfer-Ausschuß«, der höchsten Instanz der Partei, der er selbst angehörte, erscheinen. Offiziell sollte nur seine Stellung zu der Zeitung Das Volk geklärt werden, denn er hatte bisher die antikonservative Linie des Blattes und seine linksstehenden Redakteure geduldet. Aber die Debatte über die Zeitung war, wie er selbst später schrieb, nur »der tote Strang, auf den die ganze Sache gefahren war«[235]). In Wirklichkeit ging es um die politische Einstellung der Christlichsozialen gegenüber Fabrik- und Landarbeitern. Die Konservativen waren zur Überzeugung gekommen, daß die sozialreformerischen Tendenzen, die sie bisher geduldet und im Kampf gegen »jüdischen Liberalismus« und Sozialdemokratie benutzt hatten, nicht länger opportun seien. In einem beim »Elfer-Ausschuß« eingebrachten Antrag hieß es:

»Die starke Strömung in der konservativen Partei, welche mit der Haltung des Herrn Hofprediger a. D. Stoecker in letzter Zeit – namentlich in Bezug auf die christlich-soziale Partei – nicht einverstanden ist, läßt aus taktischen Gründen es als wünschenswert erscheinen, daß Herr Stoecker sein Mandat als Mitglied des Geschäftsführenden (Elfer-) Ausschusses der Parteileitung niederlege.«[236])

Die Diskussion zog sich über mehrere Sitzungen hin. Stoecker versicherte verschiedene Male, er werde sein möglichstes tun, um die Redaktion und die Linie des Blattes zu ändern. Er versprach, keine Beziehungen zum »Volk« zu unterhalten, solange der politische Kurs des Blattes seinen konservativen Freunden mißfalle. In der Sitzung vom 11. Februar 1896 forderte man schließlich eine endgültige Erklärung von ihm, ob er sich öffentlich vom »Volk« distanziere. Das lehnte er ab mit der Begründung, seine Gegner würden das nur als Beweis dafür ansehen, daß er vor der Reaktion zu Kreuze gekrochen sei. Das war das Ende. Stoecker mußte seine Mitgliedschaft im Ausschuß niederlegen und aus der Konservativen Partei austreten. Einige Tage später gab er in einer überfüllten Massenversammlung seine eigene Darstellung des Konflikts. Er beendete seine Rede mit einer Prinzipienerklärung:

»Ich habe in den Zeitungen gelesen: die Konservativen gehen jetzt nach rechts, Stoecker nach links. Nein, meine Herren, das werden Sie nie erleben. Wir gehen noch rechtser. Wir wollen an den alten konservativen Grundlagen Christentum, Monarchie, Vaterlandsliebe festhalten und darauf die sozialen Zustände aufbauen.«[237])

Und als Seitenhieb für seine konservativen Freunde, die die Sache der christlichsozialen Reformen im Stich gelassen hatten, fügte er hinzu:

»Die Arbeiterfrage mit Gewalt anfassen wollen, und die Judenwirtschaft, die Mammonswirtschaft bestehen lassen, wie sie ist, das ist kein politischer Kampf, der Verheißung hat.«[238])

So hatte also eine Phase in Stoeckers Zweifrontenkrieg ihr Ende gefunden – ein Ende, das nicht beabsichtigt war. Die andere Aufgabe, den linken Flügel der Bewegung abzuschütteln, fiel Stoecker weniger schwer. Für Ende Februar 1896 berief er einen Parteitag der Christlichsozialen nach Frankfurt am Main ein. Bei seiner Maßregelung der Jungen zeigte er nichts von der Unentschlossenheit, die seine Verhandlungen mit den Konservativen ausgezeichnet hatte. Der Parteitag dekretierte, es sei unmöglich, weiterhin politisch mit »der sogenannten jungen Richtung« in der Bewegung zusammenzuarbeiten, »trotz mancherlei innerer Berührungspunkte«[239]). Ebenso resolut korrigierte Stoecker jetzt auch die politische Linie der Parteizeitung. Oberwinder und Gerlach wurden entlassen[240]). Dietrich von Oertzen, damals noch Herausgeber der Konservativen Monatsschrift, übernahm Das Volk. Stoecker wies ihn an, »konservativer als die Konservativen« zu sein. Die gereinigte Christlichsoziale Partei nahm dann 1896 auf der Wartburg ein neues Programm an. Es zeigte noch Spuren des Einflusses der Jungen; es verlangte von der Regierung eine »wirtschaftlich gesunde« Agrarpolitik, war gegen übergroße Konzentration von Grundbesitz und für die Ansiedlung von Landarbeitern, forderte gesetzliche Anerkennung von Arbeiter-Berufsvereinen, aus denen sich später obligatorische Genossenschaften entwickeln sollten: das alte Ideal des Ständestaats, in dem der Arbeiterstand seine wohlumgrenzten Rechte und Pflichten haben sollte, lag dem Programm zugrunde.

Aller Optimismus, den die reorganisierte Partei zur Schau trug, konnte die Tatsache nicht verschleiern, daß sie vom Tode gezeichnet war. In den Reichstagswahlen von 1898 brachte es nicht ein einziger ihrer Kandidaten zu Erfolg. Stoecker selbst gelang es nur mit größter Anstrengung, das Mandat, das er 1893 verloren hatte, noch einmal wiederzugewinnen. Sogar die freundlichen Pressekommentare zum zwanzigsten Gründungstag der Christlichsozialen Partei am 4. Januar 1898 lesen sich wie Nachrufe. So hieß es in einem Leitartikel im Reichsboten vom 5. Januar 1898:

»Was Stoecker mit seiner glänzenden, hinreißenden und unermüdlichen nie versagenden Beredsamkeit in den zehn Jahren von 1878 bis 1887 geleistet hat, ist über jedes Lob erhaben und kann ihm von allen, denen die Bedeutung von Kirche und Christentum für unser deutsches Volksleben feststeht, nicht genug gedankt werden. Nur mit tiefstem Schmerz kann man daran glauben, daß die Kraft dieser Bewegung gebrochen wurde.«[241])

Stoecker trat auch aus dem Evangelisch-Sozialen Kongreß aus, der ihm ebenfalls zu radikal geworden war. Er gründete eine Gegenorganisation, die Freie Kirchlich-Soziale Konferenz – später Kirchlich-Sozialer Bund und Kirchlich-Sozialer Kongreß genannt –, aber die neue Organisation blieb erfolglos. Nur innerhalb der engen Grenzen der evangelischen Gewerkschaftsbewegung konnten christlichsoziale Ideen noch auf einige Zeit einen gewissen Einfluß ausüben, als militante politische Kraft aber hatte die Stoeckerbewegung ausgespielt.

Einige Monate nach dem Bruch mit den Konservativen schrieb Stoecker einem Freund:

»In der Berliner Bewegung ist keine Autorität mehr. Wenn monarchische Bewegungen unterdrückt werden, kommen die demokratischen mit Naturnotwendigkeit obenauf. So ist's bei den Antisemiten, so jetzt auch bei den Christlichsozialen. Den Regierenden ist das schon ganz recht.«[242])

Es war wohl mehr als persönliche Bitterkeit, was Stoecker zu der Bemerkung veranlaßte, die Machthabenden bedauerten es nicht, seine Scharen vertrieben und erledigt zu sehen; er schien erkannt zu haben, daß seine zwanzigjährige Arbeit zunichte gemacht worden war, weil die Ziele seiner Bewegung sich als überholt erwiesen. Und die Machthabenden zögerten nicht, ihm das deutlich vor Augen zu führen. Kaum hatte man Stoecker gezwungen, aus der Konservativen Partei auszuscheiden, als der Kaiser am 28. Februar 1896 ein Telegramm an seinen alten Erzieher, Geheimrat Hinzpeter, schickte, der ihn einst – neben Stoecker – für eine Politik der sozialen Reformen gewonnen hatte. Das Telegramm wurde dann »auf kaiserlichen Befehl« an Baron von Stumm weitergegeben, der es »mit Allerhöchster Genehmigung« am 5. Mai 1896 in seiner Zeitung, Die Post, veröffentlichte. Es lautete:

»Stoecker hat geendet, wie ich es vor Jahren vorausgesagt habe. Politische Pastoren sind ein Unding. Wer Christ ist, der ist auch sozial, christlichsozial ist Unsinn und führt zu Selbstüberhebung und Unduldsamkeit, beides dem Christentum schnurstracks zuwiderlaufend. Die Herren Pastoren sollen sich um die Seelen ihrer Gemeinden kümmern, die Nächstenliebe pflegen, aber die Politik aus dem Spiele lassen, dieweil sie das gar nichts angeht.«[243])

Diese Überzeugung hatte sich bei Wilhelm II. während der Kämpfe der letzten zwei Jahre entwickelt, und die evangelische Kirche zögerte nicht, sich dem neuen Geschmack ihres summus episcopus anzupassen. In früheren Jahren hatten sich ihre Würdenträger wie auch die Vertreter der Regierung eine Ehre daraus gemacht, an den Jahrestagungen von Stoeckers »Evangelisch-Sozialem Kongreß« offiziell teilzunehmen. Seit 1894 aber boykottierte die Regierung den Kongreß, und die Kirche folgte ihrem Beispiel. In einem Erlaß vom 16. Dezember 1895 richtete der evangelische Oberkirchenrat eine scharfe Warnung an alle jene Geistlichen, die sich unachtsamerweiser zu Vorkämpfern für eine einzelne Gruppe – die Arbeiterschaft – gemacht hätten. Er erinnerte an die Aufgabe der Geistlichkeit, sich der geistigen, nicht aber der wirtschaftlichen Nöte anzunehmen,

»bei den begüterten Klassen dem Gewissen einzuprägen, daß Reichtum, Bildung und Ansehen nur anvertraute Güter sind, welche sie zum Besten ihrer Mitmenschen zu verwalten haben, die unter dem Druck des Lebens stehenden Klassen aber zu überzeugen, daß Wohlfahrt und Zufriedenheit auf gläubiger Einfügung in Gottes Weltordnung und Weltregierung, auf tüchtiger, ehrlicher Arbeit und Sparsamkeit, sowie auf gewissenhafter Fürsorge für das heranwachsende Geschlecht beruhen, daß dagegen Neid und Gelüste nach des Nächsten Gut dem göttlichen Gebote zuwider sind.«[244])

Es läge nicht in Gottes Absicht, sagte der Erlaß des Oberkirchenrats, die Kirche zum Schiedsrichter in weltlichen Dingen werden zu lassen.

Stoecker scheint außer sich gewesen zu sein. Sein Biograph Frank zitiert aus einem undatierten Brief Stoeckers an seine Frau eine Stelle, von der er annimmt, sie beziehe sich auf diesen Erlaß: »Die Antwort des Evangelischen Oberkirchenrates an Stumm ist scham- und ehrlos, die klirrende Kette am Bein des Staatskirchentums. Wohin kommen wir?«[245]) Stoeckers Empörung war verständlich. Nicht immer hatte die Leitung der evangelischen Kirche politische Abstinenz gepredigt. 1879 gab sie durch Erlaß den Unterdrückungsmaßnahmen der Regierung gegen die gottlose Sozialdemokratie ihren Segen; sie hieß die christlichsoziale Agitation der Geistlichen gut, als die Kaiserliche Botschaft von 1881 Bismarcks Sozialgesetzgebung eröffnete; und als 1890 der junge Monarch demonstrativ der Bismarckschen Politik absagte und eine Aussöhnung mit der Arbeiterschaft anstrebte, drängte sie die Geistlichkeit, aktiv an diesen Bestrebungen teilzunehmen, Arbeiterversammlungen zu besuchen und sich für christliche Ideale einzusetzen. Was aber war jetzt geschehen? Die »Ära Stumm«, die Zeit der »Herr-im-Haus«-Politik, hatte begonnen – wir werden uns im folgenden Kapitel mit ihr beschäftigen –, und der Oberkirchenrat gab ihr, wie Frank sich ausdrückt, »die kirchliche Weihe«[246]).

Noch unverständlicher und schmerzlicher als die Zurechtweisung durch den temperamentvollen Kaiser und die »scham- und ehrlose« Unterwerfung der Kirche war für Stoecker das Verhalten so vieler seiner alten Freunde unter den Konservativen. Die Konservative Partei hatte ihn nicht nur politisch fallen lassen, sie schien auch darauf aus zu sein, seinen persönlichen Ruf zu zerstören. Der Vorsitzende der Berliner Ortsgruppe der Partei, ein Oberst von Krause, hielt es für angebracht, den Hintergrund des Konflikts mit Stoecker in einer Broschüre[247]) zu enthüllen. Er ließ darin durchblicken, Stoecker habe einen erstaunlichen Mangel an Redlichkeit gezeigt, habe sich als politischer Falschspieler erwiesen und geflissentlich beide Augen geschlossen gehalten gegenüber dem unmoralischen Leben seines Freundes Hammerstein. Nach der Meinung der wenigen Freunde, die Stoecker noch geblieben waren, hätte die »liberale Judenpresse« keine bessere Ehrabschneidung besorgen können.

Die Entschlossenheit, mit der die Konservative Partei sich des Stoecker-Hammersteinschen Oberkommandos entledigte, ließ darauf schließen, daß ein innerparteilicher Machtkampf zur Entscheidung gekommen war. Franz

Mehrings Darstellung von Hammersteins Sturz mag überspitzt sein[248]). Aber Mehring traf den Kern der Sache, wenn er darauf hinwies, daß Entwicklungen innerhalb der Konservativen Partei einen großen, vielleicht entscheidenden Einfluß hatten, als es zum Beschluß kam, gerade diejenigen Führer hinauszuwerfen, die am engsten mit dem Antisemitismus verbunden waren. Antisemitismus als solcher stand dabei nicht zur Diskussion. Es handelte sich um Machtfragen wirtschaftlicher und politischer Natur.

Kapitel IX

Nationale Sammlung und Antisemitismus

Die innenpolitische Entwicklung von der Mitte der neunziger Jahre bis zur Jahrhundertwende stand unter dem Einfluß eines deutschen Großindustriellen der Montanindustrie, des Freiherrn Carl Ferdinand von Stumm-Halberg. Stumm wurde 1836 in Saarbrücken als Sohn eines bürgerlichen Eisenindustriellen geboren, wuchs in der Eisen- und Stahlindustrie auf, übernahm im Alter von dreißig Jahren die väterlichen Werke und ging sofort in die Politik, um Bismarck in seinem Kampf mit dem preußischen Landtag zu helfen. Die Saar hatte eine liberale Tradition. Wie die Pfalz hatte sie 1848 auf Seiten der Revolution gestanden und während der folgenden Reaktionsjahre stets zwei Liberale und Mitbegründer der Fortschrittspartei ins Abgeordnetenhaus gewählt: Rudolf Virchow und Franz Duncker. Bis Stumm 1866 den Versuch machte, den Bezirk für Bismarck zu erobern, hatten Bismarcks politische Gegner nie eine Wahl verloren.

Kohle und Eisenbahnen der Saar gehörten seit 1815 dem preußischen Staat. Im Verfassungskonflikt von 1862 drohte Bismarck, die Bergwerke an Frankreich zu verkaufen, wenn der Landtag ihm die Militärausgaben nicht endlich bewillige. Stumm unterstützte den Erpressungsversuch. Falls die Regierung sich gezwungen sähe, die Bergwerke zu verkaufen, so erklärte er, werde Frankreich die Vormachtstellung an der Saar gewinnen; aber die preußische Regierung habe keine andere Wahl, als zu verkaufen oder die Armee herunterkommen zu lassen; patriotische Pflicht und materielle Interessen geböten es daher, Männer zu wählen, auf die Bismarck sich verlassen könne. Mit der Parole »Die Saar muß deutsch bleiben!« kandidierte Stumm 1866 bei der Wahl für das Abgeordnetenhaus. Er verlor. Trotz der Gefahren, die der Saar von Louis Napoleons Regierung drohten, blieb sie den liberalen Kandidaten treu. Aber der Wahlfeldzug hatte Stumm die Freundschaft Bismarcks eingebracht. Im folgenden Jahr wurde er in den Konstituierenden Reichstag des Norddeutschen Bundes gewählt, und zwar in dem eigens für ihn eingerichteten Wahlbezirk um Neunkirchen, wo sein größtes Stahlwerk lag. Bismarcks siegreicher Krieg gegen Österreich, die Spaltung der Liberalen und die Aussichten auf baldige Nationaleinheit hatten ihre Wirkung getan. Im selben Jahr wurde Stumm auch Landtagsabgeordneter.

In beiden Parlamenten schloß er sich den Freikonservativen an, die sich, als Anhänger der Bismarckschen Reichspolitik, gerade von den Konservativen abgespalten hatten. Ihre Kernländer waren Oberschlesien und das Rheinland, beides stark industrialisierte Gebiete mit vorwiegend katholischer Bevölkerung. Bis zur Gründung der Zentrumspartei und zum Kulturkampf, bei dem die Freikonservativen zu Bismarck hielten, blieb der katholische Einfluß in der Partei bedeutend. Wie die alten Konservativen die Partei des aristokratischen Grundeigentums, so waren die Freikonservativen die Partei der industrialisierten Aristokratie, die nicht auf Preußens feudale Vergangenheit schaute, sondern vorwärts auf Deutschlands nationale Einheit und industrielle Entwicklung, auf eine Weltpolitik unter der Leitung einer vom Parlament unabhängigen Regierung. »Wir setzen das Vaterland stets über die Partei, wir stellen das Nationalinteresse über alles«, verkündete 1867 das Programm der Freikonservativen. Sie erklärten sich auch gegen den »Scheinkonstitutionalismus« und die »überlebte, doch immer fortwirkende Lehre von der Teilung der Gewalten«[249]). Stumm war mit seinen einunddreißig Jahren eines der jüngsten Mitglieder der Fraktion, gewann aber sehr bald eine führende Stellung, nicht nur seines Reichtums wegen. Reichtum war nichts Besonderes in einer Partei, die den Fürsten von Pleß, den Herzog von Ratibor, den Herzog von Ujest und andere Großeigentümer zu ihren Mitgliedern zählte. Stumm gewann Ansehen durch die Entschiedenheit, mit der er seine Überzeugung vertrat und um Ziele kämpfte, die mit denen starker gesellschaftlicher Kräfte zusammenfielen. Seine Weltanschauung war denkbar einfach. Als Grundlage der ganzen Gesellschaft galt ihm die Autorität, die ihre Legitimation vom persönlichen Eigentum erhielt. Die Staatsmacht habe die Aufgabe, sich hinter das Privatkapital zu stellen, wenn es sich nicht allein durchsetzen könne. Die Besitzenden und der Staat gehörten zusammen; die Wohlfahrt der Besitzlosen sei ihnen anvertraut. Stumm war kein Antisemit. Er zählte die Juden, als Besitzende, zu den »staatserhaltenden« Kräften, die sich selbst und das Reich gegen den Ansturm von »Anarchie und Revolution« schützen mußten. Neben seiner eigenen Partei waren die Nationalliberalen seine zuverlässigsten Förderer; 1871, bei Beginn des Kulturkampfes, wurde er mit ihrer Hilfe gegen den Zentrumskandidaten in den Reichstag gewählt; die Sozialdemokraten hatten in seinem Wahlbezirk noch keinen Kandidaten aufgestellt. 1874 gingen Freikonservative und Nationalliberale an der Saar ein offizielles Wahlbündnis ein als die »reichstreuen« Parteien und setzten wiederum Stumms Wahl gegen den Zentrumskandidaten durch. Aber 1877 war eine neue Situation eingetreten: die Sozialisten hatten begonnen, die Saararbeiter zu organisieren. Sofort begründete Stumm an der Saar ein »Komitee der Arbeitgeber zur Bekämpfung der Sozialdemokratie«. Sein Programm war drastisch:

»1. Es sollen keine Arbeiter auf den Werken geduldet werden, welche sich an sozialdemokratischen Agitationen direkt oder indirekt beteiligen, insbesondere
   a) sozialdemokratische Blätter halten oder verbreiten,
   b) an sozialdemokratischen Versammlungen oder Vereinen teilnehmen,
   c) Wirtshäuser frequentieren, in welchen sozialdemokratische Versammlungen abgehalten werden oder Blätter dieser Richtung aufliegen.
2. Arbeiter, welche in Ausführung dieses Beschlusses entlassen werden, sollen auf keinem anderen Werke Aufnahme finden.«[250])

Nachdem auch die Staatsbergwerke und Staatseisenbahnen dem Komitee beigetreten waren, standen sozialdemokratische Arbeiter und Gewerkschaftler überall auf der schwarzen Liste. So hatte Stumm, noch bevor Bismarck das Sozialistengesetz durchbringen konnte, ein privates Sozialistengesetz für sein Industriegebiet erlassen, und er wachte peinlich über seiner Durchführung. 1880 ließ er das den Fortschrittlern nahestehende Neunkirchener Tageblatt auf die Boykottliste der Arbeitgeber setzen, weil es ein Gedicht über das Schicksal eines alten arbeitslosen Arbeiters veröffentlicht hatte. Die Staatsbetriebe stimmten dem Bann zu, aber die Fortschrittler protestierten im Landtag und zwangen den Minister, die Entscheidung aufzuheben. Statt den Widerruf anzunehmen, trat Stumm aus dem Arbeitgeberkomitee aus und hängte einen Anschlag ans Tor seines Stahlwerkes in Neunkirchen, in dem es hieß:

»Dem ... Verbande ist dadurch die Grundlage entzogen, ich erachte dessen fernere Aufrechterhaltung für unmöglich und bin bereits aus dem Komitee ausgeschieden. Angesichts der jetzt geschaffenen Situation halte ich es für aussichtslos ... den Kampf gegen sozialistische und sonstige reichsfeindliche Bestrebungen ... weiterzuführen. Ich bin deshalb entschlossen, vom politischen Leben zurückzutreten. Das ... gegen das Halten des ›Neunkirchener Tageblattes‹ gerichtete Verbot bleibt unverändert in Kraft.«[251])

Stumms freiwillige politische Zurückgezogenheit – er ließ sich nicht mehr als Wahlkandidat aufstellen – hielt nicht lange an. 1882 ernannte

Wilhelm I. ihn zum lebenslänglichen Mitglied des Preußischen Herrenhauses. »Sie haben uns verlassen wollen«, sagte ihm der Monarch bei dieser Gelegenheit, »ich habe Sie aber wieder eingefangen.«[252]) Auf Bismarcks Vorschlag erhob Friedrich III. ihn 1888 in den Freiherrnstand. Ein Jahr darauf wurde er wieder in den Reichstag gewählt, wo er sofort Bismarcks Versuch, ein neues Sozialistengesetz durchzusetzen, unterstützte.

Der Konflikt zwischen dem Kaiser und Bismarck brachte Stumm in eine schwierige Lage. Im Kampfe gegen Katholizismus und Sozialdemokratie hatte er dem Kanzler treu beigestanden; er war auch für Schutzzollgesetzgebung und Verstaatlichung der Eisenbahnen eingetreten. Als Bismarck 1890 gehen mußte, versicherte ihn Stumm seiner anhaltenden Ergebenheit, konnte sich aber nicht entschließen, an der Fronde des ehemaligen Kanzlers gegen den Kaiser teilzunehmen. 1892, nachdem Bismarck Wilhelm II. und Caprivi schließlich offen angegriffen hatte, schrieb Stumm an Caprivi:

»Wie jetzt die Dinge liegen, gebe ich jede Verbindung mit Friedrichsruh auf und bin keinen Augenblick darin zweifelhaft, daß ich fest zu Ew. Exzellenz und der Regierung Sr. Majestät zu stehen habe.«[253])

Im selben Jahr besuchte der Kaiser Stumm an der Saar. Er war sehr beeindruckt von den Wohlfahrtseinrichtungen in den Stumm-Werken und brachte seine Anerkennung öffentlich zum Ausdruck. Stumms Lösung der sozialen Frage war klar und einfach: eigene Organisationen der Arbeiter können nicht geduldet werden; der einzelne Arbeiter muß sich der Betriebsführung treu ergeben zeigen, muß fleißig, geschickt, sparsam, patriotisch und gottesfürchtig sein; allein von diesen Eigenschaften hängt sein Wohlergehen und Vorwärtskommen ab. Stumms Wirtschaftsbereich wurde strikt nach diesen Grundsätzen regiert. Wenn ein Industrieunternehmen gedeihen wolle, müsse es nach militärischem und nicht nach parlamentarischem Muster organisiert sein, pflegte er zu sagen. Militärische Disziplin im Betrieb galt als selbstverständlich. Stumm bestimmte den Lohn jedes Arbeiters und beanspruchte auch das Recht, das Privatleben seines Personals zu überwachen:

»Sollte ... ich in der Tat verhindert werden, den Arbeiter auch in seinem Verhalten außer dem Betriebe zu überwachen und zu rektifizieren, so würde ich keinen Tag länger mehr an der Spitze der Geschäfte bleiben, weil ich dann nicht mehr imstande sein werde, die sittlichen Pflichten zu erfüllen, welche mir mein Gewissen vor Gott und meinen Mitmenschen vorschreibt.«[254])

Kein Arbeiter des Konzerns durfte ohne Stumms persönliche Erlaubnis heiraten; die wurde nur erteilt, wenn der Bräutigam über vierundzwanzig Jahre alt war und Geld genug gespart hatte, um einen eigenen Haushalt einzurichten. Die Braut mußte Stumm vorgeführt werden, damit er ihre Fähigkeiten als Hausfrau beurteilen konnte. Kinder mußten regelmäßig in die Kirche gehen. Schriften, die Stumm für schädlich hielt, durften seinen Arbeitern nicht ins Haus kommen. Dieses Verbot bezog sich natürlich auf alle sozialdemokratischen und gewerkschaftlichen Veröffentlichungen, aber manchmal auch auf katholische und liberale Zeitungen. Bei entsprechendem Betragen kamen die Arbeiter und Angestellten in den Genuß wohlorganisierter Sozialeinrichtungen wie Krankheits-, Lebens-, Invaliditäts-, Witwen- und Waisen-Versicherung, Sparkassen, Betriebswohnungen, Zuschüsse bei Verteuerung des Lebensunterhalts, Fachschulen für die Söhne und Nähkurse für die Töchter. An Sonntagen wurden Stumms Schloßgärten den Arbeiterfamilien geöffnet, Militärkapellen spielten nach dem Gottesdienst. Alle, die unter ihm und mit ihm im »ehrenvollen Stand der Hammerschmiede«[255]) arbeiteten, sollten sich als Angehörige einer großen Familie fühlen (256).

Völliger Sieg des Staates über die organisierte Arbeiterschaft war Stumms oberstes Ziel für die innere Politik. Er, der einen industriellen Feudalismus für die ideale Gesellschaftsform hielt und ihn in seinem eigenen Gebiet auch tatsächlich etabliert hatte, verspottete den sozialistischen Zukunftsstaat als »ein großes Zuchthaus, verbunden mit einem allgemeinen Kaninchenstall«[257]). Noch in den letzten Amtsjahren Caprivis hatte Stumm versucht, den Kaiser davon zu überzeugen, daß Mäßigung der Regierung gegenüber der Sozialdemokratie nur als ein Zeichen der Schwäche verstanden werden könne; Bismarcks Plan von 1890 sei immer noch der einzige Ausweg. Wilhelm von Kardorff, der Organisator des 1876 gegründeten Zentralverbandes Deutscher Industrieller und einer der Gründer und Führer der Freikonservativen Partei, konnte im Sommer 1893 Bismarck vertraulich berichten, daß Stumm »zuverlässig glaube, Seine Majestät jetzt sicher zu haben inbetreff einer Umkehr bezüglich der Sozialdemokratie«[258]). Nachdem die formelle Aussöhnung Bismarcks mit dem Kaiser zustande gekommen war, erneuerte Stumm seine Freundschaft mit dem ehemaligen Kanzler, der immer noch eine politische Macht erster Ordnung blieb und hinter allen Staatsstreichplänen seiner Zeit stand. Angefeuert durch Bismarck, drang Stumm auf Caprivi ein, einen neuen Gesetzentwurf gegen den »Umsturz« einzubringen. Als dann nach Caprivis Rücktritt die »Umsturzvorlage« vor den Reichstag kam, war es Stumm, der sich mit einer der provozierendsten Reden, die je im Parlament gehalten wurden, dafür einsetzte. Er bedauerte nur, daß der Entwurf nicht viel schärfer war. Wenn es nach ihm ginge, sagte er, sollte das Gesetz kurz und bündig allen Sozialdemokraten und Anarchisten das aktive und passive Wahlrecht entziehen und allen Agitatoren mit Deportation oder Gefängnis drohen [259]).

Stumms Hauptziel, jeden Versuch der Arbeiterschaft zu einer politischen Aktion im Keime zu ersticken, machte ihn zu einem unerbittlichen Gegner aller Tendenzen, den Ansprüchen der Arbeiter auf irgendeine Weise entgegenzukommen. Deshalb waren ihm auch die Bestrebungen der Christlichsozialen ein Dorn im Auge. Zwischen ihrem christlichen und dem gottlosen Sozialismus machte er keinen Unterschied. Von 1895 bis 1898 hatten Stoecker, Naumann und die Kathedersozialisten keinen Feind, der an Schärfe diesen unverblümten Vertreter der Schwerindustrie übertroffen hätte. Als Professor Adolph Wagner, der auch im Evangelisch-Sozialen Kongreß an prominenter Stelle stand, sich erkühnte, in der Debatte um die Umsturzvorlage gegen Stumm zu sprechen, wurde dieser ausfällig [260]). Am 12. April 1896 wetterte er in einer Rede gegen den »Sozialismus der Kanzel, des Katheders und der Straße«; Stoecker und einige evangelische Pfarrer an der Saar, die mit der christlichsozialen Bewegung sympathisierten, beschimpfte er derart, daß Stoecker nichts anderes übrig blieb, als eine Beleidigungsklage anzustrengen. Stumm legte den stenographischen Bericht seiner Rede dem Kaiser vor und gab dann in der Neuen Saarbrücker Zeitung vom 19. Juli 1896 bekannt, »Seine Majestät habe die Rede ohne Vorbehalt gebilligt«. Daraufhin ließ Stoecker auch gegen den verantwortlichen Redakteur der Zeitung ein Verfahren wegen Beleidigung einleiten. Als Zeuge in diesem Prozeß sagte Stumm aus, der Kaiser habe ihn ermächtigt, vor dem Gericht zu erklären, daß »diese Billigung Sr. Majestät sich speziell auf den Teil meiner Rede gegen Stoecker beziehe« [261]).

Stoecker zog daraufhin seinen Antrag gegen den Redakteur zurück, gewann aber den Prozeß gegen Stumm, der wegen Beleidigung verurteilt wurde. Das bedeutete fast eine Verurteilung des Kaisers selbst und trug dazu bei, Wilhelms Gefühle für Stumm ein wenig abzukühlen.

So donnerte Stumm als Wortführer der Schwerindustrie gegen alles, was »Umsturz und Anarchie« begünstigte, und die Schwerindustrie stand nicht allein in dem Generalangriff auf jede Form von sozialer Kritik [262]). Auch für die Junker war der Kampf gegen die Arbeiterbewegung vordringlich geworden. Die Konservative Partei, die unter dem vorherrschenden Einfluß der Agrarinteressen stand, hatte sich den Wirkungen nicht entziehen können, die die Entwicklung der kapitalistischen Wirtschaft auf sie ausüben mußte. Industrie, Banken, Handel – alle luden den landwirtschaftlichen Unternehmer ein, von ihnen zu profitieren. Dem Junker war die Möglichkeit geboten, modern zu produzieren, aber ob und inwiefern er von der Gelegenheit Gebrauch machen konnte, hing ab von Größe und Lage seines Gutes, lokalem Arbeitsangebot, Zugang zu Krediten usw. Da diese Vorbedingungen für eine kapitalistische Agrarwirtschaft nicht überall in gleicher Weise erfüllt waren, kam es zu sozialen und politischen Differenzierungen in der früher so homogenen Junkergruppe.

Der moderne Typ des adligen Landwirts benutzte die billigsten Arbeitskräfte, die er auftreiben konnte; das waren katholische Polen. Sie kamen als Landarbeiter in die Gebiete, die durch Abwanderung deutscher Landarbeiter in die Fabrikstädte entvölkert waren. Damit veränderte sich auch die Stellung des evangelischen Dorfpfarrers. Seine traditionelle Funktion als Mittler zwischen dem Junker und seinem Personal verlor an Bedeutung in dem Maße, wie arbeitsvertragliche Beziehungen an die Stelle von feudal-persönlichen traten. Um so wichtiger wurde es, den gewerkschaftlichen Organisator nicht die Stelle einnehmen zu lassen, die der Pfarrer hatte aufgeben müssen.

Die treuesten Anhänger fanden Hammerstein und Stoecker dort, wo der Landadel schlecht in der Lage war, seine Produktionsweise modernen Bedingungen anzupassen, also bei den relativ armen »Krautjunkern« in den äußersten Ostprovinzen. Die konnten es sich noch leisten, Mitgefühl für die Fabrikarbeiter in den Industriegebieten aufzubringen, an traditionellen Werten festzuhalten und den »jüdischen Kapitalismus« mit verachtungsvoller Entschiedenheit abzulehnen – die Versuchungen des Kapitalismus gingen an ihnen vorüber, ebenso wie am alten Mittelstand. Daß die »Judenfrage« in der Gedankenwelt beider Gruppen so breiten Raum einnahm, zeugt für ein gemeinsames wirtschaftliches Geschick: sie hatten beide keinen Teil an der kapitalistischen Entwicklung. Die Opposition innerhalb der Konservativen Partei gegen den von Stoecker und Hammerstein eingeschlagenen Kurs kam hauptsächlich aus den Reihen der »fortschrittlichen« Großagrarier. Die Gründung des »Bundes der Landwirte« 1893 hatte ihren Einfluß in der Partei verstärkt. Sie waren »gemäßigt« in puncto Antisemitismus aus demselben Grund, der sie zu unnachgiebigen Gegnern der Sozialreform machte. Ihr Interesse galt vorab praktischen Fragen. Sie kämpften um höhere Getreidezölle, um niedrigere Steuern für Landwirte und um Revision der Arbeiterschutzgesetzgebung. Ihre Führer waren Männer, die »im Leben« standen und deren Weltanschauung sich kaum von der eines Industriekapitäns unterschied. Nicht auf Ideen kam es dem Bund an sondern auf »Realpolitik«. In den verschiedensten politischen Gruppen suchte er sich Freunde und traf Wahlabkommen mit liberalen wie mit konservativen Kandidaten, vorausgesetzt, daß sie für sein Wirtschaftsprogramm eintraten. So mancher von dem sozialdemokratischen Gegenkandidaten hart bedrängte Nationalliberale verdankte dem Bund seine Wahl, und so mancher nationalliberale Wähler zog den vom Bund unterstützten Kandidaten einem Sozialisten vor, ohne sich um den Antisemitismus des ersteren zu kümmern. Man gewöhnte sich, Antisemitismus als eine »Privatangelegenheit« zu behandeln, die in der Politik nicht am Platze sei. Indem der Bund den Kampf für die Agrarinteressen auf eine ökonomische Basis stellte, räumte er mit einer ganzen Reihe von Vorstellungen auf, die zum alten konservativen Gedankengut gehörten; darunter befand sich auch der Abscheu vor »jüdischem Liberalismus«.

Die Entscheidung, Realpolitik zu treiben und zu diesem Zwecke die konservative Strategie zu ändern, war nicht willkürlich getroffen worden. Sie hatte sich allmählich als Möglichkeit ergeben und schließlich als Notwendigkeit durchgesetzt im Zuge einer Entwicklung, die die Konservativen nicht hatten verhindern können. Ein höchst bedeutsamer Faktor wurde bereits erwähnt: der Einbruch des Kapitalismus in die ausländische und deutsche Agrarwirtschaft. Hinzu kam der Beginn einer längeren Periode wirtschaftlicher Prosperität. Und schließlich blieb die Drohung seitens der organisierten Arbeiterschaft, der stärksten politischen Opposition. Aus Angst vor dieser revolutionären Bewegung ließ der Liberalismus seinen Anspruch auf die Macht fallen und versöhnte sich langsam mit der Form, die Bismarck dem Reich gegeben hatte. Je »vernünftiger« die Liberalen und je »moderner« die Konservativen wurden, desto mehr Gelegenheiten ergaben sich zur gegenseitigen Verständigung. Wo es sich um »patriotische« Fragen wie Treue zu Kaiser und Reich oder Kampf gegen die sozialdemokratischen »vaterlandslosen Gesellen« handelte, war die Harmonie zwischen Konservativen und Liberalen so gut wie ungetrübt. Die »Judenfrage«, die Stoecker und Ahlwardt in den Vordergrund der Politik gestellt hatten, erwies sich als unwesentlich für die größeren Konflikte zwischen den besitzenden Schichten. Als politisches Bekenntnis bekam der Antisemitismus einen provinziellen, hinterwäldlerischen Anstrich.

Stoecker behielt Recht: die Machthabenden weinten der christlichsozialen Bewegung keine Träne nach. Die Fronten hatten sich gründlich verschoben. Industrielle und agrarische Interessen nahmen gemeinsam Stellung gegen den christlichen antisemitischen Sozialismus, denn er war eher ein Hindernis als ein Hilfsmittel im Kampf gegen die sozialistische Arbeiterschaft.

Die Phalanx gegen die Sozialdemokratie reichte jetzt vom Kaiser bis zum linken Flügel der Freisinnigen unter Eugen Richter. Diese solide Front durfte nicht durch »Antisemitismus von oben« gestört werden.

Trotz ihrem gemeinsamen Kampf gegen die marxistische Arbeiterschaft konnten die führenden Gruppen sich jedoch nicht über ein einheitliches Aktionsprogramm verständigen. Auf das politische Durcheinander, dem Hohenlohe sich gegenübergestellt sah, warf das Schicksal der Umsturzvorlage ein scharfes Licht. Caprivi hatte vor einer neuen Unterdrückungsgesetzgebung gewarnt. Auch Hohenlohe machte Einwände. Die Konservativen und die Nationalliberalen waren dafür, bildeten aber nur eine Minderheit im Reichstag. Die Regierung versuchte, das Zentrum zu gewinnen; es verlangte eine Änderung des Entwurfs: der Schutz von Religion und Kirche, öffentlicher Sitte und Ordnung sollte in den Vordergrund treten, insbesondere aber die Einschränkung der Lehrfreiheit. Der abgeänderte Entwurf rief einen Sturm von öffentlichen Protesten hervor und wurde am 11. Mai 1895 vom Reichstag abgelehnt. Die ganze Umsturzkampagne endete mit einer peinlichen Niederlage der Regierung. »Die einzige Partei, die davon Vorteil gehabt hat«, schrieben die konservativen Preußischen Jahrbücher, »sind die Sozialdemokraten; sie waren plötzlich in der unerhört günstigen Lage, Schulter an Schulter mit der gesamten deutschen Bildung zu kämpfen und zu siegen«[263]). Aber der Kaiser und seine Hintermänner gaben sich noch nicht geschlagen. »Es bleiben uns somit noch die Feuerspritzen für gewöhnlich, und Kartätschen für die letzte Instanz übrig«, telegraphierte Wilhelm II. in offenem Text seinem Kanzler[264]). Stumm, Waldersee und der preußische Innenminister Köller drängten den Monarchen, wenigstens in Preußen gegen die Sozialdemokraten vorzugehen, aber Hohenlohe wollte nicht mittun. Der Kaiser, der es nicht wagte, schon wieder seinen Kanzler zu wechseln, ließ seiner Wut freien Lauf in Brandreden gegen das Gesindel, das es nicht verdiene, Deutsche genannt zu werden. Er war des verfassungsmäßigen Regierens überdrüssig. »Mein Reichstag«, schrieb er 1895 dem Zaren, »führt sich so schlecht wie nur möglich auf; er schwingt vorwärts und rückwärts zwischen den Sozialisten, die von den Juden angetrieben werden, und den ultramontanen Katholiken; beide Parteien sind, soweit ich sehen kann, bald reif, samt und sonders gehenkt zu werden.«[265]) Während der nächsten Jahre wartete er auf eine günstige Gelegenheit, bei der er die »Affenbande« im Parlament zum Teufel jagen könnte. 1897, als die Hamburger Hafenarbeiter streikten, und dann wieder, als der Reichstag die Kredite für den Flottenausbau verweigerte, drohte er von neuem mit dem Staatsstreich. Wie immer in Zeiten akuter Frustration, suchte er Trost bei Stumm und Waldersee und schwor, seinen widerspenstigen Kanzler zu entlassen.

Aber der Staatsstreich kam nie zur Ausführung. Auch die Bestrebungen der Regierung, die Arbeiterbewegung durch Gesetzgebung wenigstens in Preußen einzuengen, hatten nur geringen Erfolg. Zwar wurde ein Gesetz vom Landtag 1898 angenommen, das Sozialisten aus Stellungen an preußischen Universitäten fernhalten sollte, aber der Versuch, 1897 ein sogenanntes »kleines Sozialistengesetz« für Preußen durchzubringen, wurde von allen größeren Parteien zusammen gegen die beiden konservativen Fraktionen zu Fall gebracht. Im Reichstag fiel 1899 die »Zuchthausvorlage« (266) durch, die der Kaiser persönlich angeregt hatte, um die Entwicklung der Gewerkschaften zu verhindern. Das Zentrum hatte unter dem Druck der katholischen Arbeitergewerkschaften dem Entwurf seine Zustimmung verweigert. Das bedeutete eine große Niederlage für Stumm, der sich der Vorlage den ganzen Sommer 1899 hindurch eifrig angenommen hatte.

Damit fand eine Periode ihr Ende, die charakterisiert ist durch die dauernde Versuchung, die politische Sackgasse durch Gewaltanwendung gegen die Organisationen der sozialistischen Arbeiterschaft zu durchstoßen. Die persönliche Schwäche des Herrschers trug viel zu der Unschlüssigkeit der Regierung bei, aber diese Unentschiedenheit war auch der Ausdruck einer verworrenen Machtkonstellation, die es so gut wie unmöglich machte, den Risikofaktor eines Staatsstreichs einigermaßen zu beurteilen.

Eine andere, weniger radikale, aber auch weniger gefährliche Lösung mußte gefunden werden, um die »staatszerstörenden« Kräfte zu schwächen. Der erste Versuch in dieser Richtung wurde in den Reichstagswahlen von 1898 gemacht, als unter Führung der Freikonservativen eine »Sammlungspolitik« begonnen wurde (267). Durch Sammlung aller nationalen Kräfte und eine »Weltpolitik« mit dem Ziel territorialer Gewinne hoffte die kaiserliche Regierung, die politische Lage zu Hause meistern zu können. Als Hohenlohe 1900 zurücktrat, waren Deutschlands politische Zustände immer noch chaotisch. Sein Nachfolger, Fürst Bülow, war sich darüber klar, daß die Zeit für verfassungswidrige Abenteuer verpaßt sei. Es war dringend nötig geworden, die schlechten Beziehungen zwischen Regierung und Reichstag zu verbessern. Die Kartellparteien hatten sich als zu schwach erwiesen, der Regierung eine Reichstagsmehrheit zu liefern; mit Zufallskoalitionen zu regieren war zu schwierig. Bülow entschloß sich also, um das Zentrum zu werben; nach der Aufhebung der meisten Kulturkampfgesetze war es der Idee, Regierungspartei zu werden, nicht abgeneigt. Den Kitt der neuen Koalition bildeten weitgehende wirtschaftliche Konzessionen. 1902 wurde ein neues Zollgesetz genehmigt, das die Importzölle auf Getreide und Fleisch erhöhte und die Nahrungsmittelpreise in Deutschland zu den höchsten in Europa machte. Eine Reihe von Handelsverträgen, auf den neuen Zolltarif gestützt, wurde 1905 als ein Geschenk der Regierung an die Exportindustrie ratifiziert. Der Bau einer größeren Flotte sicherte der Schwerindustrie Subsidien. Die materiellen Voraussetzungen für »nationale Sammlung« und »Weltpolitik« waren durch Deutschlands ökonomische Entwicklung von der Mitte der neunziger Jahre an bis 1914 gegeben. Nach 1896 erhöhte sich das Nationalvermögen jährlich um fünf und später um zehn Milliarden Mark. Den größten Fortschritt wies die Schwerindustrie auf, sowohl in den Kapitalanlagen als auch in der Produktion; schnell verbesserte sich nach Tonnenzahl und Qualität die Handelsmarine; mit der Entwicklung des Außenhandels hielt die der Eisenbahnen und Binnenschiffahrt Schritt. In der Herstellung von Farbstoffen und optischen Instrumenten war die deutsche Industrie in der Welt führend. 1910 waren in Deutschland im Verhältnis zur Bevölkerungszahl mehr Menschen in der Industrie beschäftigt als in England oder Amerika; jeder fünfte Deutsche lebte in einer Stadt von über 100 000 Einwohnern. Lag die Bevölkerungsziffer 1890 noch unter 50 Millionen, so war sie 1914 auf 67,8 Millionen gestiegen.

So evident es sein mag, daß im gleichen Maß, in dem sich die materielle Lage und der Lebensstandard eines Landes verbessern, auch die Spannungen zwischen den sozialen Klassen nachlassen, so ist die konkrete Untersuchung eines solchen Prozesses doch nicht ohne Interesse. Allgemein gesehen bleibt schließlich das Zusammenfallen einer wirtschaftlichen Blütezeit mit einer Zeit des verebbenden Antisemitismus ebensowenig selbstverständlich wie die frühere Gleichzeitigkeit von Wirtschaftskrise und Aufstieg antisemitischer Bewegungen. Entscheidend für die deutsche Situation war die Frage, ob die wirtschaftliche Konjunktur Kräfte freisetzte, die das Grundübel heilen konnten, an denen das kaiserliche Deutschland krankte, oder ob sie es nur gestattete, die aus der anomalen politischen Struktur des Reiches entstandenen Spannungen zu neutralisieren.

Der wirtschaftliche Aufschwung machte nicht nur einen Kompromiß zwischen den herrschenden Gruppen möglich, er sorgte auch für die Anpassung des Mittelstandes an die neue ökonomische Situation. Der »kleine Mann«, der die Versammlungshallen gefüllt und der bösartigen Hetze gegen Juden, Liberale, Sozialdemokraten, ja sogar gegen Konservative und die hohe kaiserliche Bürokratie johlenden Beifall gezollt hatte, fand nun in den Jahren wirtschaftlichen Wohlergehens Gelegenheit, seine Existenz mit der Struktur der Industriegesellschaft in Einklang zu bringen. Im Zuge solcher Neuorientierung mußte er notwendig auch sein ideologisches Warenlager revidieren. Er wurde moderner, er wurde toleranter.

Dieser Prozeß der Anpassung läßt sich besonders deutlich bei einer Berufsgruppe verfolgen, deren Mitglieder sozusagen vom Schicksal dazu bestimmt waren, Antisemiten zu sein, nämlich bei den Handlungsgehilfen. »Stehkragenproleten« wurden die gehaltbeziehenden Angestellten von den organisierten Arbeitern genannt. Wirtschaftlich gesehen waren sie seit Ende des neunzehnten Jahrhunderts Lohnarbeiter und kaum weniger den Wechselfällen der Marktwirtschaft ausgesetzt als die Handarbeiter. In der öffentlichen Meinung aber und in ihrem eigenen Bewußtsein standen sie auf einer höheren sozialen Stufe als die industriellen Lohnempfänger. Ihr politisches Verhalten wurde von eben diesem Standesbewußtsein diktiert, von der peinlichen Sorge dafür, nicht der untersten Schicht der deutschen Kastengesellschaft zugerechnet zu werden. Der ideologische Reflex solcher Ambitionen war Antisemitismus und Antimarxismus.

Die Handlungsgehilfen zeigten alle für den Mittelstand charakteristischen Züge. Ihre Weltanschauung, Sitten und Kleidung orientierten sich an kleinbürgerlichen, nicht proletarischen Vorbildern. Sparsamkeit, Gottesdienstbesuch, Kulturkonsum, Patriotismus, der Hut anstelle der proletarischen Mütze waren ihre Statussymbole. Ihre konservativen Neigungen, die so sehr im Gegensatz zu denen der Industriearbeiter standen, wurzelten in mittelständischen Traditionen. Bestärkt wurde dieses Kastenbewußtsein noch von spezifischen Arbeits- und Lebensbedingungen. Meist hatten die Handlungsgehilfen ihre Anstellung in mittelgroßen Läden mittlerer Städte, wo die persönlichen Beziehungen zum Inhaber und zu den Kunden noch im Vordergrund standen; das nährte die windige Hoffnung, eines Tages könne man selbst ein unabhängiger Ladeninhaber sein, wie die Gesellen in den mittelalterlichen Zünften einmal Meister werden konnten. Solange diese Aussicht noch lockte, ertrug man niedrige Gehälter und endlose Arbeitszeit.

Die Einführung billigerer und wirksamerer Warenabsatzmethoden spielte aber dem Unabhängigkeitstraum der Handlungsgehilfen übel mit. Die Gründung von Warenhäusern, Einheitspreisläden, Konsumgenossenschaften und Kettenläden beschnitt die Kundschaft des altmodischen Ladens und gefährdete auch die Stellung des Handlungsgehilfen; er mußte bald empfindlich spüren, welch untergeordnete Rolle ihm im Verteilungssystem zufiel. Schlecht bezahlt, leicht ersetzbar, mit wenig Aussicht auf Beförderung, durfte er sich kaum noch der Einsicht verschließen, daß die Antwort auf seine Probleme nicht länger Treue zum Betrieb hieß. Nur durch den Aufbau einer Organisation konnte er seine Existenz verteidigen, aber es mußte natürlich eine Organisation sein, die zwischen ihm und dem Arbeiter eine scharfe Trennungslinie zog.

Der erste bescheidene Versuch, eine solche Organisation aufzuziehen, fällt – wie auch die Gründung des Bundes der Landwirte – ins Jahr 1893. In Hamburg taten sich dreißig kaufmännische Angestellte zum »Deutschen Handlungsgehilfenverband« [268]) zusammen. Der unmittelbare Anlaß dazu war, daß die Sozialdemokraten, deren kürzlicher Wahlerfolg alle nationalgesinnten Kreise in Schrecken versetzt hatte, unter den Handlungsgehilfen zu agitieren begannen [269]). Um noch schärfer zu betonen, daß man nichts mit sozialdemokratischem Gewerkschaftsgeist und mit dessen internationalen Tendenzen zu tun haben wolle, nannte der Verband sich schon zwei Jahre später »deutschnational«. Schon damals hatte der Begriff »national« seine ursprüngliche, gegen feudale Kleinstaaterei gerichtete bürgerlich-revolutionäre Bedeutung völlig verloren. Der neue Verband drückte in seinem Namen aus, daß er weder vaterlandslose Gesellen wie die Sozialdemokraten als Mitglieder wollte, noch Angehörige einer ethnischen oder religiösen Minderheit, wie Elsässer, Polen, Katholiken und vor allem Juden mit ihren verräterischen internationalen Beziehungen.

Die Elite-Ideologie des Verbandes wurde von einem seiner späteren Führer prägnant formuliert:

»Eine Gemeinschaft, die gegen die ganze Dumpfheit der Standeslage und die ganze brutale Gewalt der Sozialdemokraten ihr Los bessern will, braucht eine klare Begrenzung für die Auswahl ihrer Mitglieder, die einer Eignungsprüfung gleichen konnte. So beschlossen sie, nur Schicksalsgenossen aufzunehmen, also nur Handlungsgehilfen, und zwar nur lebenslange Schicksalsgenossen, also nur Männer. Um die Gemeinschaft auch schwersten Proben auf Treue in der Not aussetzen zu können, beschlossen sie, nur Blutsbrüder aufzunehmen und das Ferment der Dekomposition, die Juden, sich fernzuhalten.« [270])

Diese den Prinzipien industriell-gewerkschaftlicher Organisationen so strikt entgegengesetzte Exklusivität konnte das Gedeihen des Verbandes nicht hindern. Obwohl er seine Türen verschlossen hielt vor Frauen, Juden und Ausländern und keineswegs alle kaufmännischen Angestellten, sondern nur gelernte Handlungsgehilfen zuließ, stiegen die Mitgliederzahl und das Ansehen des Verbandes zusehends, zumal seit 1896, als er in dem Antisemiten Wilhelm Schack einen fähigen Agitator und Organisator gefunden hatte (271). 1911 zählte der Verband über 100 000 Mitglieder; das war etwa ein Viertel aller organisierten Privatangestellten. Die wirtschaftliche Entwicklung hatte diesen außerordentlichen Erfolg ermöglicht. Zwischen 1895 und 1907 fiel die Zahl der selbständigen Unternehmer in Industrie und Handel um 2,5 Prozent, die der Angestellten aber stieg um nicht weniger als 160 Prozent[272]). Von künftiger ökonomischer Unabhängigkeit konnte nicht mehr die Rede sein, und die gesellschaftliche Stellung des Standes war bedroht durch die Überzahl derer, deren Existenz den modernen, unpersönlichen, »jüdischen« Handelsunternehmungen ausgeliefert war.

Daß nun der Verband, trotz der veränderten gesellschaftlichen Lage der Angestellten, nicht mit der Arbeiterbewegung am selben Strang zog, gründete in der eigenartigen sozialen und politischen Struktur Deutschlands. Trotz eminenter industrieller, technischer und wissenschaftlicher Fortschritte waren in der deutschen Gesellschaft gleich erratischen Blöcken noch Teile des vorkapitalistischen Sozialgefüges, seiner Institutionen und seiner Gedankenwelt zurückgeblieben. Der Deutschnationale Handlungsgehilfenverband war eine der Organisationen, von denen die Ideale des Ständestaats und der hierarchisch-obrigkeitlichen Ordnung, Antisemitismus und allgemeiner Fremdenhaß, gepflegt wurden. Die deutschnationalen Handlungsgehilfen sahen in ihren weiblichen Kollegen, wie in allen außerhalb der Familie arbeitenden Frauen, Opfer der sozialen Auflösung, mit der die Industriegesellschaft die gottgewollte menschliche Ordnung heimgesucht hatte. Die Autorität und Unabhängigkeit des Mannes sollte, wenn sie schon in den industriellen Großbetrieben ausgeschaltet war, wenigstens im häuslichen Bereich, in seinen Beziehungen zu Weib und Kindern aufrechterhalten werden. Der schnelle Aufschwung des Verbandes zeigt, daß seine programmatischen Ziele Anschauungen entsprachen, die noch immer in einem großen Teil der Bevölkerung vorherrschend waren. Interessant ist ein Vergleich mit dem vier Jahre später unter Führung des jüdischen Buchhalters Max Josephson gegründeten Zentralverbandes der Handlungsgehilfen, der in Verbindung stand mit sozialdemokratischen Arbeitergewerkschaften. 1911, als der Deutschnationale Verband etwa 111 000 Mitglieder zählte, hatte es der Zentralverband auf knapp 15 000 gebracht (273).

Aber trotz der Mittelstandsideologie, die den Verband so sehr beherrschte, daß er den Streik als »eine proletarische Waffe des Klassenkampfes« ablehnte, sah er sich doch gezwungen, Funktionen einer echten Gewerkschaft zu übernehmen. Zwar legte er großen Wert auf harmonische Beziehungen zu der Betriebsleitung, war aber weit davon entfernt, ein »gelber« Werkverein zu sein, daß heißt eine von der Direktion beherrschte und finanzierte Scheingewerkschaft. Arbeitgeber konnten dem Verband beitreten, hatten aber kein Stimmrecht. Auch finanziell blieb er völlig selbständig. Durch seine Tätigkeit wurde er zwangsläufig in den Kampf um die Sozialgesetzgebung hineingezogen. Energisch setzte er sich ein für die Sonntagsruhe, für Alters- und Invaliditätsversicherung, für staatliche Schlichtung von industriellen Arbeitskonflikten. Diese realen Ziele waren es, die den Verband zwangen, innerhalb der vom deutschen Kapitalismus gesetzten Ordnung rationell und zweckentsprechend zu agieren. Seine Hauptanziehungskraft wurde mehr und mehr der Schutz, den er als Gewerkschaft gewährte, und der Druck, den er als politische pressure group ausübte. Antisemitismus und Antimarxismus blieben Glaubensartikel, aber sie konnten die praktischen Bestrebungen im Interesse der Verbandsmitglieder nicht beherrschen. »Leider ging der Verband später im rein gewerkschaftlichen Denken auf. Der neue Verbandsleiter Beckly versagte im völkischen Sinne vollkommen«, klagte Willi Buch[274]). Um seine Ziele durchsetzen zu können, mußte der Verband mit politischen Parteien zusammenarbeiten. Wie der Bund der Landwirte war er darauf bedacht, nicht in völlige Abhängigkeit von den Konservativen zu geraten. Er benutzte sie für seine Zwecke, traf aber auch Abkommen mit den Nationalliberalen und anderen Parteien. Schließlich gewann er einen starken Einfluß auf das Schicksal des politisch organisierten Antisemitismus.

Während der Jahre wirtschaftlichen Aufschwungs erwiesen sich die beiden straff geleiteten und gediegen finanzierten Berufsorganisationen, der Bund der Landwirte und der Deutschnationale Handlungsgehilfenverband jenen Parteien weit überlegen, die nichts anderes als Antisemitismus anzubieten hatten. Die Antisemitenparteien gerieten in finanzielle Abhängigkeit von jenen Interessenverbänden und wurden entsprechend behandelt. Der Antisemit W. Giese, Mitglied der Liebermannschen antisemitischen Partei, beklagte sich 1901:

»Bekanntlich ist der Bildung des Deutschnationalen Handlungsgehilfenverbandes durch unsere Führer und Parteivereine der denkbar größte Vorschub geleistet worden, und das Siechtum von manchem unserer Parteivereine rührt daher, daß die Mitglieder aus den Vereinen heraus- und in den Handlungsgehilfenverband hinübergezogen worden sind ...

Wie die Partei vom Handlungsgehilfenverband getragen wird, dafür will ich noch als Beispiel anführen, daß die Hanseatische Druckerei und Verlagsanstalt, in der das [antisemitische] ›Deutsche Blatt‹ hergestellt wird, wesentlich vom Druck der [offiziellen Verbandszeitung] ›Handelswacht‹ lebt und vom Druck der zahlreichen Formulare, die der Verband braucht.«[275])

Gieses Problem glich dem der revolutionären Sozialisten in ihren Beziehungen zur Gewerkschaftsbewegung. Die Partei, als Träger der reinen Lehre, mußte vor den Versuchungen des »Ökonomismus«, des wirtschaftlichen »Philistertums« geschützt werden. Die soziale Integrierung im Zuge der wirtschaftlichen Prosperität betraf sowohl die Arbeiter wie den Mittelstand und verfehlte ihre Wirkung ebensowenig auf den revolutionären Marxismus wie auf den reaktionären Antisemitismus.

Dieser Prozeß der Anpassung des Mittelstandes an die neuen gesellschaftlichen Bedingungen vollzog sich dialektisch. Voraussetzung war zunächst eine berufliche Organisation, deren Zustandekommen durch spezifische, der Tradition verpflichtete Standesideologien erleichtert wurde. Je erfolgreicher jedoch die Fachorganisation war, desto mehr verwies sie die Ideologie in den Hintergrund. Sowohl im Bund wie im Verband verblaßte der Antisemitismus in dem Maße, in dem es den beiden Organisationen gelang, die wirtschaftlichen Interessen der von ihnen vertretenen Gruppen mit Erfolg wahrzunehmen. Sobald jedoch die Möglichkeiten für soziale Kompromisse schwieriger wurden oder erschöpft schienen, trat die Ideologie wieder in den Vordergrund und wirkte innerhalb der großen Organisationen als ein Faktor, der eher zur Krise als zur Entspannung führte.

Die Parole »Sammlung und Weltpolitik« fand auch begeisterte Zustimmung in einer anderen Mittelstandsgruppe, der nationalistischen Intelligentsia. Das Gedankengut des Imperialismus war ihr wie auf den Leib geschnitten. Bis in die sechziger Jahre hatte der gebildete Mittelstand im deutschen politischen Leben ungefähr dieselbe Rolle gespielt wie die liberale Bourgeoisie in Frankreich und England. Angesichts der Schwäche des deutschen Bürgertums waren es die Gebildeten gewesen, denen die Aufgabe zufiel, den alten Staat zu liberalisieren, für nationale Einheit zu werben und aus dem Untertan einen Staatsbürger zu machen. Professoren der Geschichte und des Rechts hatten die Nationalversammlung von 1848 angeführt. Diese »Hilfstruppen des Bürgertums aus akademischen und intellektuellen Kreisen«[276]) wandten sich von der Bourgeoisie ab, als diese ihre eigene Stellung aufgab. Seit Puttkamer in den achtziger Jahren die Beamtenlaufbahn reorganisiert hatte, waren Verwaltungsstellen den Nichtkonservativen verschlossen.

»Das liberale Beamtentum verschwand in Preußen überraschend schnell. Wollte das Bürgertum an der Ämterpatronage wieder teilhaben, so mußte es einfach den politischen Freisinn aufgeben . . . Die gewaltigen Verluste der Nationalliberalen und Freisinnigen an Reichstagsmandaten zwischen 1878 und 1893 geben ein instruktives Bild von dieser Feudalisierung der kapitalistischen Gesellschaft in Deutschland.«[277])

Bürgerliche Beamte wetteiferten mit den adeligen Kollegen in Treue zu Kaiser und Reich. Besonders die jüngere Generation übertraf sich selbst in der Adaptation konservativer Sitten und Gebräuche, die als Requisiten des Patriotismus galten. Unbestechlich und »unpolitisch«, ernannt auf Lebenszeit und ein Grundpfeiler des Obrigkeitsstaates, war die Beamtenkaste eine Welt für sich. Die einzige anständige politische Überzeugung hieß Nationalismus und Weltpolitik; zu diesen Dogmen mußte sich bekennen, wer von den herrschenden Gruppen gesellschaftlich akzeptiert werden wollte. Wer eine freie politische Laufbahn erstrebte, traf auf unüberwindliche Schwierigkeiten im »preußischen Beamtenstaat«, dessen Herrscher darauf bestand, daß »das Staatsministerium des preußischen Königs kein Parteiministerium sein solle und dürfe« [278]). Über die Folgen urteilt Johannes Ziekursch: »Bei dieser Auffassung durfte sich nur ein politisch völlig instinktloser Mann darüber wundern, daß die deutsche Jugend nur an die Beamtenlaufbahn dachte, um ihren Ehrgeiz nach einer leitenden Stellung im Staate zu befriedigen.« (279)

Im neuen weltpolitischen Kurs des Kaisers seit den neunziger Jahren sahen die gebildeten Bürgerlichen ihre Chance, einen Platz an der Seite des traditionellen Militär- und Beamtenadels einzunehmen. Ein Weltreich, so erwarteten sie, werde einen erweiterten Verwaltungsapparat benötigen, der Adel werde nicht mehr alle einflußreichen Staatsstellungen besetzen können. Die akademische Jugend des Mittelstandes fieberte danach, die sich ergebenden Möglichkeiten auszunutzen, und war eifrig darauf bedacht, ihre Ergebenheit für die nationale Sache ja keinem Zweifel auszusetzen. Einen Hort fand die Gedankenwelt des mittelständischen Imperialismus im 1891 gegründeten Alldeutschen Verband (280). Unter seinen Gründern war Carl Peters, der Begründer der Gesellschaft für deutsche Kolonisation, und Alfred Hugenberg, der spätere Leiter der Krupp-Werke. Professor Ernst Hasse, der wegen seiner energischen Förderung der Heeresvorlage von 1893 ein nationalliberales Reichstagsmandat erhalten hatte, wurde der erste Vorsitzende.

Schon nach zehn Jahren zählte er mehr als 20 000 Mitglieder, von denen ein Drittel aus den akademischen Berufen kam. Professoren, Lehrer, Künstler, Schriftsteller und Beamte stellten die Hälfte der Mitglieder und die meisten Führer[281]). Caprivis Abkommen mit England über Sansibar hatte den Anlaß zur Gründung des Verbandes gegeben. Seine Ziele waren die Belebung des Nationalbewußtseins, die Unterstützung des Deutschtums im Ausland und die Förderung einer tatkräftigen Interessenpolitik in Übersee. In der Öffentlichkeit debütierte er mit einem leidenschaftlichen Angriff auf den Kanzler, weil er »die drei Königreiche Sansibar, Witu und Uganda« gegen die »Badewanne« Helgoland ausgetauscht habe. Das Programm von 1893 verkündete:

»Der Allgemeine Deutsche Verband ist gegründet zur Förderung deutschnationaler Interessen im In- und Auslande und verfolgt als Zwecke . . . Pflege und Unterstützung deutsch-nationaler Bestrebungen in allen Ländern, wo Angehörige unseres Volkes um die Behauptung ihrer Lebensart zu kämpfen haben, und Zusammenfassung aller deutschen Elemente auf der Erde für diese Ziele.«[282])

Im revidierten Programm von 1903 kommen die antisemitischen und imperialistischen Motive schon offen zum Ausdruck. Der Verband, heißt es,

»erstrebt Belebung der deutsch-nationalen Gesinnung, insbesondere Weckung und Pflege des Bewußtseins der rassenmäßigen und kulturellen Zusammengehörigkeit aller deutschen Volksteile.«

Das Programm verlangte

»eine tatkräftige deutsche Interessenpolitik in der ganzen Welt, insbesondere Fortführung der deutschen Kolonialbewegung zu praktischen Ergebnissen.«[283])

»Lebensraum« in Mitteleuropa und in Übersee, eine starke Flotte zur Eroberung und zum Schutz des Kolonialreiches, politische Beherrschung statt wirtschaftlicher Durchdringung, das waren Ziele des Verbandes, die er mit der rassischen Überlegenheit des deutschen Volkes rechtfertigte. Der erste Vorsitzende Ernst Hasse, im Vergleich zu seinen Nachfolgern noch ein gemäßigter Alldeutscher, verkündete schon 1897: »Unsere Zukunft liegt in unserem Blute!«[284]) Die völkischen Anthropologen Otto Ammon und Ludwig Wilser lieferten der imperialistischen Ideologie ihr wissenschaftliches Dekor. Der Verband selbst wurde aktives Mitglied der Gobineau-Vereinigung, die ein Alldeutscher, Professor Ludwig Schemann, 1894 gegründet hatte. Auch Houston Stewart Chamberlain war eine alldeutsche Leuchte. Die gesellschaftlichen Wurzeln des Rassenmythos, der in der Propaganda immer größere Bedeutung gewann, wurden mitunter voll rührender Unschuld ausgesprochen: Professor Ludwig Kuhlenbeck verlangte in einer Ansprache über »Rasse und Volkstum« bei der Tagung des Verbandes 1905 eine Gesetzgebung zum Schutze des Mittelstandes, weil seiner Meinung nach ein gesunder Mittelstand der wahre Träger der rassischen Substanz sei[285]). Trotz der programmatischen Bekenntnisse zur völkischen Rassentheorie war die Haltung des Verbandes in den ersten Jahren seiner Tätigkeit nicht offen und konsequent antisemitisch. Ein Antrag, Juden auszuschließen, wurde hauptsächlich dank des Widerstandes von Carl Peters abgelehnt. Zwar nahmen einige Ortsgruppen – wie zum Beispiel Berlin – keine Juden auf, offiziell aber erklärte der Verband sich in dieser Frage »neutral«. Allerdings befürwortete er ein Gesetz gegen die Einwanderung von Ostjuden, seine Begründung jedoch war die des konservativen, nicht die des rassischen Antisemitismus. Das Einströmen osteuropäischer Juden, so wurde erklärt, schaffe Hindernisse für »die Eindeutschung des bei uns ansässigen Judentums«[286]). Nicht wenige deutsche Juden hatten Verständnis für dieses Argument.

Der anfangs nur »inoffizielle« Antisemitismus des Verbandes wurde offiziell, nachdem 1908 der Rechtsanwalt Heinrich Class als Nachfolger Hasses Vorsitzender geworden war. Erst als ihm die Erreichung von drei Zielen garantiert schien, hatte Class sich bereit erklärt, die Verbandsleitung zu übernehmen. »Es mußte mir gelingen«, schreibt er in seiner Autobiographie,

»den Verband ganz fest in meine Hand zu bringen, also unbestrittener Führer zu werden, zum anderen mußte langsam aber sicher das Bekenntnis zur völkischen Weltanschauung und Staatsauffassung durchgesetzt werden, und schließlich mußte die politische Arbeitsleistung des Verbandes erheblich über das bisherige Maß hinaus gesteigert werden.«[287])

Er legt dann Rechenschaft darüber ab, wieweit es ihm gelungen sei, sein Programm zu verwirklichen:

»Ich kann sagen, daß ich spätestens nach der Eisenacher Tagung vom April 1909 die Zügel unbedingt in der Hand hatte, und daß man mir auch in den Fragen folgte, deren Behandlung bis dahin vermieden worden war. Hierher gehörte vor allem die Schwenkung in der Judenfrage, die schließlich zu der satzungsmäßigen Bestimmung führte, daß Juden und Jüdisch-Versippte dem Alldeutschen Verbande nicht angehören könnten. Diese Umstellung vollzog sich nicht ohne Widerstand, aber sie wurde mit Geduld und Zähigkeit vollkommen durchgesetzt. Aufs engste hing damit zusammen, daß die Rassenfrage und alles, was sich auf sie bezog, nun viel eindringlicher bearbeitet wurde.«[288])

Die Nationalliberale Partei, die Partei des gebildeten und nationalgesinnten Mittelstandes, war der beste Rekrutierungsboden für die Alldeutschen. Die Entwicklung innerhalb des Verbandes unterstreicht die Wandlung des Nationalliberalismus als politische Kraft: aus dem Vorkämpfer für nationale Einheit unter einer demokratischen Regierung war ein Instrument des Imperialismus und ein Sprachrohr für Rassenantisemitismus geworden. Diese Transformation hatte binnen einer einzigen Generation stattgefunden. Class, der seinen persönlichen Antisemitismus auf den Einfluß seines Lehrers Heinrich von Treitschke zurückführt (289), weist darauf hin, daß die älteren Leute in seiner Umgebung von Antisemitismus und Rasse nichts wissen wollten, und daß er seiner Überzeugung wegen einen Konflikt mit seinen Eltern hatte, die als Liberale der alten Schule auf die Prinzipien des »gleichen Rechts für Alle« schworen. »Wir Jungen waren fortgeschritten: wir waren national schlechthin; wir wollten von Toleranz nichts wissen, wenn sie Volks- und Staatsfeinde schonte; die Humanität im Sinne jeder liberalen Auffassung verwarfen wir, weil das eigene Volk dabei zu kurz kommen mußte.«[290]) Auch im Verband, schrieb er, waren die »älteren Herren« nicht antisemitisch,

»wenn sie auch hier und da einmal ein schroffes Wort über die Juden gebrauchten. Insbesondere war ihnen das reiche Schrifttum zu dieser Frage fremd. Aber auch darüber hinausgehend lagen ihnen Rassenfragen, wie sie besonders durch Schemanns Übersetzung von Gobineaus ›Versuch über die Ungleichheit der Menschenrassen‹ und weiterhin durch Chamberlains ›Grundlagen des 19. Jahrhunderts‹ in Fluß gebracht waren, ganz und gar nicht. Nach meinen Eindrücken wäre es zu Hasses Lebzeiten ausgeschlossen gewesen, den Alldeutschen Verband zum Träger einer völkischen Politik zu machen, wie sie aus den Erkenntnissen der Rassenlehren sich ergab. Wir Jüngeren mußten also Geduld haben und froh sein, wenn man, die Entstehungsgeschichte des Alldeutschen Verbandes berücksichtigend, ihn zur schärfsten nationalen Kampfgenossenschaft ausgestaltete, zum Träger der ›nationalen Opposition‹.«[291])

In den Jahren, da Class den Verbandsvorsitz führte, brauchten die Alldeutschen nicht mehr zu befürchten, sie könnten den Mittelstand kopfscheu machen durch ihre scharfe Kritik an der Regierungspolitik wegen ihrer Unfähigkeit, das größere Reich zu bauen, zu dem Deutschland seiner industriellen, wissenschaftlichen und kulturellen Großtaten wegen berufen sei. Die Nation hatte schon von den süßen Früchten der Weltpolitik gekostet. Die militärischen Expeditionen in die Südsee, Ostasien, Kleinasien und Ostafrika hatten den Appetit für ein Kolonialreich angeregt. Fast alle Parteien, von den Konservativen und Antisemiten bis zu den Freisinnigen und zum Zentrum, waren für die Flottenpolitik gewonnen worden. Die Idee der Weltpolitik brauchte nicht mehr propagiert zu werden; es kam jetzt darauf an, die Regierung in neue ausländische Abenteuer zu treiben, selbst auf die Gefahr des Krieges hin. Als regierungstreue »nationale Opposition« führte der Verband eine rücksichtslose Kampagne gegen diejenigen Mitglieder der kaiserlichen Bürokratie, die er liberaler, das heißt gemäßigter Neigungen verdächtigte; zuerst gegen Reichskanzler Fürst Bülow und Staatssekretär von Kiderlen-Wächter, später gegen Reichskanzler von Bethmann-Hollweg, dessen Sturz der Alldeutsche Verband während des ersten Weltkrieges betrieb, da er sich angeblich mit dem Gedanken eines »Verzichtfriedens« trug (292).

Es ist viel darüber gestritten worden, welchen Einfluß der Verband auf die Politik der kaiserlichen Regierung nun in Wirklichkeit ausgeübt hat (293). Niemals war er eine Massenorganisation. Sogar auf dem Höhepunkt seiner Entwicklung im ersten Weltkrieg zählte er nicht mehr als 30 000 bis 40 000 Mitglieder. Seine Bedeutung stand sicherlich in keinem Verhältnis zur Mitgliederzahl. Die Meinungsverschiedenheiten unter Historikern, Publizisten und Staatsmännern über eine so zeitnahe Erscheinung in Deutschlands politischem Leben erklären sich wohl aus dem eigenartigen politischen Milieu, in dem der Verband arbeitete, und aus seiner eigenen Arbeitsweise. Die Alldeutschen zogen es vor, mehr durch persönliche Beziehungen zu wirken als durch öffentliche Agitation. Ihre Anhänger warben sie hauptsächlich unter dem gebildeten Mittelstand und den höheren Beamten. Ihr offizielles Organ, die Alldeutschen Blätter, war unauffällig, auf schlechtem Papier gedruckt und nur wenig verbreitet. Die große Presse nahm kaum davon Notiz. Dennoch sickerten die Mitteilungen des Verbandes durch manche Kanäle, und durch manche Verbindungen kamen wichtige Berichte an den Verband zurück.

»Ortsgruppen und Vertrauensleute sandten aus allen Teilen der Erde ihre Berichte, Mitglieder des AV saßen in den Parlamenten und ihren Ausschüssen bis hinauf zum Bundesrat, persönliche Beziehungen bestanden zu einzelnen Trägern der Krone wie zu Führern aus Wissenschaft und Wirtschaft, vertrauliche Informationen kamen aus Ministerien und Verwaltung, über Balten und Deutschösterreicher reichten Verbindungen bis in den Auswärtigen Ausschuß der Duma und an den Hof des Erzherzog-Thronfolgers Franz Ferdinand. So glaubten die Alldeutschen berechtigt zu sein, selbst auf außenpolitischem Gebiet eine eigene Ansicht zu vertreten.«[294])

Der Wert einer solchen strategischen Stellung wurde außerordentlich erhöht durch das Zwielicht, in dem die Entscheidungen der Regierung vor sich gingen. Der Reichstag hatte keine Zuständigkeit in auswärtigen Angelegenheiten. Die kaiserliche Bürokratie ließ das Parlament und das Volk nur wissen, was sie bekannt werden lassen wollte. Bei der Verteidigung der die imperialistischen Bestrebungen der Regierung unterstützenden Zentrumspolitik schreibt Karl Bachem, der Historiker der Zentrumspartei:

»Das Schlimmste war jedoch, daß der Reichstag von den Vorgängen auf dem Gebiete der äußeren Politik fast nichts erfuhr und über deren jeweiligen Stand fast niemals genügend unterrichtet war. Der Reichstag war auch niemals in der Lage, sich die nötige Kenntnis zu verschaffen.«[295])

War schon der Reichstag uninformiert, so tappte das Publikum völlig im Dunkeln. Als nach dem Zusammenbruch des Kaiserreichs die Archive von der Republik geöffnet wurden, erfuhr ein verwirrtes Volk zum ersten

Male von so ausschlaggebenden Ereignissen wie dem wiederholten Angebot Englands, sich mit Deutschland über die Flotten- und Kolonialpolitik zu verständigen.

Nach Bismarck gelang es keinem Kanzler mehr, die widerstreitenden Kräfte im Regierungsapparat zusammenzuhalten. Die Regierung löste sich in mehr oder weniger selbständige Ministerien und Abteilungen auf. Heer und Flotte, Staaten im Staat, machten ihre eigene Politik, sowohl gegeneinander als auch gegen den Kanzler. Nachdem der Reichstag einmal in eine untergeordnete Stellung herabgedrückt worden war, fand der eigentliche Kampf um die politische Führung in der Verschwiegenheit der Kanzleien statt. Die Intrige in Permanenz wurde die Arbeitsmethode der hohen kaiserlichen Bürokraten. Sie fieberten danach, »persönlichen Vortrag« beim Kaiser zu haben, der, unfähig, die Lage zu meistern, sich bald auf seine Eingebungen verließ und eine Dummheit nach der anderen improvisierte. Die »Hunnenrede«, das Krügertelegramm und der Daily-Telegraph-Zwischenfall waren typische Produkte seines diplomatischen Talents.

Da die Quellen politischer Informationen und der Zweck ihres Durchsickerns im Dunkeln blieben, nahm die Presse eine übertriebene Bedeutung an. Die Memoiren deutscher Staatsmänner und Politiker sind gespickt mit Hinweisen auf diesen oder jenen Zeitungsartikel. Eine Passage aus Hohenlohes Tagebuch vom 3. März 1895 mag dies illustrieren:

»Es schwirren wieder allerlei Gerüchte und Intrigen umher. Holstein und Marschall beschuldigen Köller, die leitende Rolle im Ministerium spielen zu wollen, während Köller sich darüber beklagt, daß Marschall durch das Berliner Tageblatt wie durch National- und Kölnische Zeitung gegen ihn hetzen lasse. Köller erzählt, er habe die Herren von der Nationalliberalen Partei, u. a. Marquardsen gefragt, warum sie gegen ihn arbeiten, und dieser habe geantwortet, das käme nicht von den Redakteuren, sondern von anderer höherer Seite; Marschall, so glaubt Köller, arbeite durch Levyson gegen ihn im Tageblatt. Ich habe dies Marschall gesagt, der sich mit Köller und auch mit Miquel auseinandersetzen will. Letzterer hat Köller gegen Marschall gehetzt. Marschall sagt, daß Miquel dies immer so gemacht und gegen Caprivi in der Presse gearbeitet habe.«[296])

Die Bedeutung, die solchen Presseartikeln beigelegt wurde, bliebe im Rahmen eines demokratischen Staates völlig unverständlich. Die politischen Äußerungen einzelner Publizisten konnten nur durch deren wirkliche oder angebliche Beziehungen zu Regierungskreisen solches Gewicht bekommen. Bismarck hatte die Methode eingeführt, in ihm nahestehende oder auch gegnerische Zeitungen Artikel zu lancieren, oft mit der Absicht, sie als Ausgangspunkt für eine Erklärung im Reichstag zu benutzen. Durch diese Technik konnte er die Presse als Werkzeug gegen die Parteien und das Parlament benutzen. Als unter seinen Nachfolgern der Regierungsapparat zerfiel, wurde die Methode zur Waffe der Intrige für hohe Beamte. Da es an einer echten öffentlichen Meinung in Sachen der auswärtigen Politik fehlte, mußte eine künstliche für den Gebrauch hochgestellter Persönlichkeiten in der Regierung fabriziert werden. Durch derartige »Pressestimmen« konnten sie dann den Kaiser beeindrucken und ihre Stellung festigen. So war es möglich, daß eine Zeitschrift wie Hardens Zukunft die höchsten Würdenträger des Reiches erzittern ließ: man konnte nie wissen, wer gerade durch Harden sprach. In dieser Atmosphäre gewann auch die Propaganda des Alldeutschen Verbandes ihre schillernde, schwer zu erfassende Bedeutung.

Aber weder die Ohnmacht des Reichstags noch die Unwissenheit des Volkes in Dingen der auswärtigen Politik kann die Unwiderstehlichkeit erklären, mit der Deutschlands Imperialismus ins Kraut schoß. Daß der Nationalismus Liberale und Konservative, Antisemiten, Katholiken und Freisinnige in seinen Bann schlagen konnte, war das Ergebnis einer Verständigung zwischen gegensätzlichen gesellschaftlichen Kräften. Unter dem Banner der Nationalen Sammlung vereinigten sich die alten Mächte des preußisch-deutschen Staates mit den Mächten der modernen Großindustrie zu einer Partnerschaft, die für beide Teile verlockend war. Sie ließ die altertümliche Machtstruktur unberührt, gestattete eine schnelle militärische und wirtschaftliche Ausdehnung und fesselte den Mittelstand an den undemokratischen Staat. Auf diese Weise gelang es auch, die große und ständig wachsende sozialistische Arbeiterbewegung zu isolieren.

Für die Überbleibsel der alten christlichsozialen Reformbewegung gab es jetzt keine andere Wahl mehr als die zwischen Imperialismus und Sozialdemokratie. Einige der früheren Freunde und Mitarbeiter Stoeckers wagten den Sprung zur Arbeiterbewegung. Pfarrer Paul Göhre, der von 1891 bis 1894 Generalsekretär des Evangelisch-Sozialen Kongresses gewesen war, gehörte von 1896 bis 1899 zu Friedrich Naumanns Nationalsozialem Verein und trat 1901 in die Sozialdemokratische Partei ein. Seinem Beispiel folgte 1903 der evangelische Theologe Max Maurenbrecher, der durch eine 1905/06 erschienene kritische Geschichte der Hohenzollern, »Die Hohenzollernlegende«, bekannt wurde. Naumann selbst wählte einen anderen Weg. Er hoffte, Imperialismus und Sozialdemokratie vereinigen zu können. Sein Nationalsozialer Verein und sein 1900 erschienenes Buch »Demokratie und Kaisertum« sollten die sozialistischen Arbeiter für den imperialistischen Staat gewinnen; Naumanns Gegner auf der Linken nannten diese Politik den Versuch, die Marseillaise auf die Melodie der Wacht am Rhein zu singen. In den Wahlen von 1903 wurde der völlige Zusammenbruch dieser Bestrebungen offenbar. Der Nationalsoziale Verein löste sich auf, und Naumann ging zu den Freisinnigen, wo er sich für engere Zusammenarbeit mit den Sozialdemokraten einsetzte. Er träumte davon, den deutschen Imperialismus in der ganzen Nation zu verankern, »von Bassermann bis Bebel«, von den Nationalliberalen bis zur Sozialdemokratie. Als beredter Sprecher für Gebietserweiterung, Aufrüstung und »soziale Monarchie« wurde er zum Theoretiker und Propagandisten einer neuen Form von Imperialismus, der nicht länger nur von den herrschenden Gruppen getragen werde, sondern auch die Arbeitermassen mit einschließen sollte. Im ersten Weltkrieg kam seine Einheitsfront – »ich kenne keine Parteien mehr, ich kenne nur noch Deutsche«, sagte der Kaiser – zur vollen Blüte.

KAPITEL X

Der Standpunkt der Sozialisten

In Theorie und Praxis lehnte die deutsche sozialistische Arbeiterbewegung den Antisemitismus ab. Niemals schwankte sie in ihrem Widerstand gegen alle Versuche, Juden ihrer bürgerlichen Rechte zu berauben. Niemals erlag sie der Versuchung – die manchmal stark gewesen sein muß – durch Konzessionen an antijüdische Vorurteile Anhänger zu gewinnen. Für die antisemitischen Agitatoren und die Gruppen, die hinter ihnen standen, hatte sie nur Verachtung. Vom Beginn der sozialistischen Arbeiterbewegung bis zu ihrer Unterdrückung durch den Nationalsozialismus zeugen die Äußerungen ihrer Führer, die Beschlüsse der Parteitage und ihr politisches Verhalten in kritischen Situationen für die standhafte Opposition gegen jede Art von Antisemitismus.

Andererseits standen die Sozialisten allen Bestrebungen der Juden, ihre religiösen, kulturellen oder nationalen Traditionen zu erhalten und mit neuem Leben zu erfüllen, gleichgültig, wenn nicht feindlich gegenüber. Die marxistische Weltanschauung hielt ebensowenig von der jüdischen wie von der christlichen Religion. Sie erwartete vom sozialen Prozeß der Industriegesellschaft, daß solche Überbau-Differenzen gemildert und schließlich ausgelöscht würden, und sah daher im Glauben des orthodoxen Judentums kaum mehr als ein Hindernis auf diesem Weg; erst recht hatte sie keine Sympathie für jüdische Träume von nationaler Wiedergeburt.

In dem Maße, wie sich die Arbeiterbewegung dem politischen Liberalismus entfremdete, wurden die »Judenfrage« und der Antisemitismus für sie Phänomene der kapitalistischen Klassengesellschaft. Die Arbeiterschaft hatte 1848 und in der darauffolgenden Zeit der Reaktion das liberale Bürgertum im Kampf gegen die alten Mächte unterstützt, aber dafür demokratische Reformen verlangt, vor allem die Abschaffung des gestuften Wahlrechts. Die Liberalen wollten sich nicht auf die Forderung nach dem allgemeinen, gleichen, direkten und geheimen Wahlrecht festlegen, zeigten auch wenig Begeisterung für die von den Arbeitern verlangte

Pressefreiheit und konnten sich nicht einmal dazu entschließen, die Arbeitervereine in ihre eigene politische Organisation, den 1859 gegründeten Deutschen Nationalverein, aufzunehmen. Im Namen der laissez-faire-Philosophie lehnten sie auch die Forderungen der Arbeiter nach sozialen Reformen ab. Die Verhandlungen zwischen entstehenden Arbeitervereinen und den liberalen Parteien blieben ergebnislos und überzeugten die Arbeiter schließlich davon, daß das Bürgertum im Kampf um demokratische Grundrechte kein zuverlässiger Verbündeter sei.

Die ersten Bestrebungen der Arbeiterschaft, die Bevormundung durch das liberale Bürgertum abzuschütteln und eine unabhängige politische Organisation zu schaffen, fanden während des Verfassungskonflikts in Preußen statt[297]). Daß die liberale Opposition nach Preußens siegreichen Kriegen gegen Dänemark und Österreich zusammenbrach, bedeutete für die Demokratie kaum eine geringere Niederlage als die von 1848. Die Spannungen zwischen Arbeitern und Bourgeoisie blieben für die ganze Geschichte des kaiserlichen Deutschlands charakteristisch.

Vor der Reichsgründung befanden sich die Liberalen zweifellos in einer schwierigen Lage. Einheit und Freiheit waren ihre beiden großen politischen Ziele. Aber Einheit unter Preußens Führung – und keine andere Macht konnte die Einheit zustande bringen, es sei denn ein revolutionärer Umsturz im ganzen Reich – bedeutete den Verzicht auf demokratische Grundrechte. Das Bürgertum zog es vor, die notwendigen Konzessionen zu machen, um sich nicht der Gefahr einer sozialen Revolution auszusetzen, die möglicherweise sich nicht mit dem Sturz der konservativen Herrschaft begnügt hätte. Aus Furcht vor dem gefährlichen Bündnis mit den Arbeitern ließ die liberale Bourgeoisie ihren Anspruch auf politische Führung fallen, gerade als sie stark genug geworden war, die alten Mächte hinwegzufegen. Das war der Preis, den Deutschland zahlen mußte, weil es »zu spät« auf die europäische Bühne kam (298).

Von der liberalen Bourgeoisie enttäuscht und im Stich gelassen, wandten die deutschen Arbeiter sich der marxistischen revolutionären Philosophie zu, die ihrer eigenen Klasse eine geschichtliche Mission zuwies. Es ging jetzt nicht länger darum, ein rückschrittliches Herrschaftssystem durch ein fortschrittlicheres zu ersetzen, die aufgeklärte Bourgeoisie an die Stelle der alten feudalen Mächte treten zu lassen, sondern beide loszuwerden im Namen einer klassenlosen Gesellschaft, in der die Ausbeutung des Menschen durch den Menschen nicht mehr die Grundlage aller sozialen Beziehungen sein würde.

Der Mann, an den sich eine Anzahl von Arbeitervereinen auf der Suche nach politischer Führung zuerst wandte, war Ferdinand Lassalle, dessen demokratischer Radikalismus und dessen Eintreten für politische Aktion der Arbeiterschaft ihn als »einzigen Mann in ganz Deutschland, der helfen konnte«[299]), erscheinen ließ. Bei Ausbruch des Verfassungskonflikts hatte er vergeblich versucht, die Liberalen zu ermutigen, die parlamentarischen Rechte gegenüber der Krone zu verteidigen. Von der Unentschlossenheit der Liberalen abgestoßen, sah er in der Arbeiterschaft die letzte Machtgruppe, der man die Sache der Freiheit anvertrauen könne. Als 1863 ein Komitee von Arbeitern mit der Vorbereitung eines allgemeinen deutschen Arbeiterkongresses beauftragt worden war, hatte es seinen Rat über die zu befolgende Strategie eingeholt. Seine Antwort wurde zum Glaubensbekenntnis der ersten deutschen Arbeiterpartei, des in Leipzig gegründeten »Allgemeinen Deutschen Arbeitervereins«.

In seinem »offenen Antwortschreiben« warf Lassalle den Liberalen vor, die wahre Demokratie verraten zu haben. Die Arbeiter könnten sich nicht mehr auf das Bürgertum verlassen, sie müßten jetzt ihre eigene unabhängige Partei bilden: »Organisieren Sie sich als ein allgemeiner deutscher Arbeiterverein zu dem Zweck einer gesetzlichen und friedlichen, aber unermüdlichen, unablässigen Agitation für die Einführung des allgemeinen und directen Wahlrechts in allen deutschen Ländern.«[300]) Um der Armut und Unsicherheit des Arbeiterdaseins zu steuern, empfahl Lassalle die Gründung von »Produktivassoziationen«, das heißt industriellen Genossenschaften mit Unterstützung durch Staatskredite. Diese Genossenschaften sollten allmählich in allen Sphären der industriellen Produktion arbeiten und in der Lage sein, erfolgreich mit den Privatunternehmungen zu konkurrieren. Das allgemeine Wahlrecht und die Umwandlung der kapitalistischen Produktion auf der Grundlage von staatlich geförderten Arbeitergenossenschaften bezeichnete Lassalle als die beiden unmittelbaren Ziele der deutschen Arbeiterschaft: »Dies ist das Zeichen, das Sie aufpflanzen müssen. Dies ist das Zeichen, in dem Sie siegen werden!«[301])

Ein solches Programm mußte die Lassalleaner in scharfen Gegensatz sowohl zum liberalen Bürgertum wie auch zu den Anhängern von Karl Marx bringen, die damals ihre politischen Bindungen mit den Liberalen noch nicht abgebrochen und noch keine eigene Partei aufgebaut hatten. Das Bürgertum, als Vorkämpfer der freien Privatunternehmung, stand natürlich der Idee von Arbeiterproduktivgenossenschaften feindlich gegenüber, um so mehr, als die geforderte Staatshilfe die Macht des konservativen Staates außerordentlich verstärkt hätte. Auch fand es wenig Gefallen an Lassalles politischen Forderungen. Die Erfahrungen, die Frankreich mit dem plebiszitären Bonapartismus Napoleons III. machte, ließen erkennen, daß ein demokratisches Wahlrecht nicht unbedingt zugunsten des Bürgertums ausschlagen mußte. Bismarck andererseits hoffte damals noch, das allgemeine Wahlrecht in eine Waffe gegen Liberalismus und Parlamentsherrschaft verwandeln und die Stimmen jener Gruppen gewinnen zu können, die, wie in Frankreich, das Vertrauen in die liberale Führung zu verlieren begannen.

Marx und Engels im Londoner Exil und ihre Freunde in Deutschland beobachteten mit kritischen Augen den Kurs, den die erste sozialistische Arbeiterpartei unter Lassalles Führung einschlug. Es hatte schon vorher Zusammenstöße zwischen Marx und Lassalle über Fragen ökonomischer Theorie und politischer Strategie gegeben, insbesondere über die Stellung, die die revolutionäre Bewegung im Kampf um die nationale Einheit einnehmen sollte. Jetzt fürchteten die Marxisten, Lassalles Programm und Taktik werde zum ausgesprochenen Verrat an der Arbeiterbewegung führen. Natürlich waren auch sie Gegner der Liberalen, aber ihre Auffassung von den Bedingungen, unter denen in Deutschland der Kampf um politische und soziale Emanzipation geführt werden müßte, schloß taktische Abkommen mit den Liberalen nicht aus. Schon 1847 hatten Marx und Engels den deutschen Arbeitern ihren Platz zugewiesen in den Auseinandersetzungen zwischen dem liberalen Bürgertum und der reaktionären Regierungsbürokratie:

»Das Proletariat . . . fragt, ob der jetzige politische Zustand, die Herrschaft der Bürokratie, oder der von den Liberalen erstrebte, die Herrschaft der Bourgeoisie, ihm mehr Mittel bieten wird, seine eigenen Zwecke zu erreichen. Dazu hat es nur nötig, die politische Stellung des Proletariats in England, Frankreich und Amerika mit der in Deutschland zu vergleichen, um zu sehen, daß die Herrschaft der Bourgeoisie dem Proletariat nicht nur ganz neue Waffen zum Kampfe gegen die Bourgeoisie in die Hand gibt, sondern ihm auch eine ganz andere Stellung, eine Stellung als anerkannte Partei verschafft.«[302])

Lassalles Agitation veranlaßte sie, vor der neuen Abart von »königlich-preußischem Regierungssozialismus« zu warnen.

Die Reaktion, die die Lassallesche Bewegung in Deutschland hervorrief, wirft ein Licht auf die Anomalien in der deutschen Sozialstruktur. Protestantische wie katholische Konservative warteten voller Hoffnung darauf, daß die Forderungen der Arbeiter nach sozialen Reformen zu einem direkten Zusammenstoß mit dem Manchesterliberalismus führten. Konservative Wortführer der Sozialreform wie der katholische Bischof Ketteler von Mainz, der protestantische Sozialpolitiker Victor Aimé Huber und der führende Theoretiker des »Staatssozialismus«, Johann Karl Rodbertus, beeilten sich, freundschaftliche Beziehungen mit Lassalle aufzunehmen. Bismarck selber überschlug die Vorteile, die ihm Lassalle bieten könne, und ließ sich mit ihm bekannt machen (303). Das liberale Bürgertum bekämpfte die neue Partei auf das schärfste.

Diese sonderbare politische Konstellation war verantwortlich für eine höchst merkwürdige Erscheinung in der Geschichte des Antisemitismus. Die Kreise, die traditionell antisemitisch waren und antijüdische Stimmungen zu benutzen pflegten, zeigten sich auf einmal geneigt, keine Notiz davon zu nehmen, daß der Führer einer sozialistischen Arbeiterpartei ein Jude war, sogar ein »Ostjude«, dessen Vater, ein Seidenhändler aus Breslau, seinen Namen noch »Lassal« geschrieben hatte und dessen Großvater der Rabbi Braun aus Lozlau in Schlesien gewesen war. Die Historisch-politischen Blätter für das katholische Deutschland – eine der ältesten katholischen Zeitschriften, die zehn Jahre später, zur Zeit des Kulturkampfes, im Angriff der Katholiken auf die deutschen Juden führend wurde – nannten Lassalle in einem 1863 erschienenen Artikel, »Das neueste Zerwürfnis der Liberalen über die soziale Frage«, einen »Privatgelehrten«, und »einen wirklich merkwürdigen Mann«, ohne auch nur anzudeuten, daß er Jude war [304]). Aber im selben Band der Zeitschrift findet man auch einen scharfen antisemitischen Ausbruch, »Wiener Kabinettstücke: Juden und kein Ende« [305]), der über die österreichisch-ungarischen Juden herfiel wegen ihrer angeblichen Anmaßung, Schieberei und Kriminalität. Offenbar erwartete man sich in Lassalles Fall keinen Gewinn davon, Antisemitismus in den politischen Kampf hineinzutragen. Die Liberalen, das unmittelbare Ziel der Lassalleschen Angriffe, konnten es nicht; sie hatten sich auf die Emanzipation der Juden festgelegt. Die Konservativen fanden kein Interesse daran; sie hofften, in der jungen Arbeiterbewegung einen Verbündeten zu gewinnen. Dennoch gab es gelegentlich antisemitische Polemik, und zwar bei führenden Persönlichkeiten in Lassalles eigener Partei. Sie war gegen die Liberalen gerichtet. Einer von Lassalles Jüngern, der Rechtsanwalt Johann Baptist von Schweitzer, der nach Lassalles Tod sein Nachfolger im Allgemeinen Deutschen Arbeiterverein wurde, widmete ihm 1863 einen dreibändigen Roman, »Lucinde, oder Kapital und Arbeit / Ein sozialpolitisches Zeitgemälde aus der Gegenwart« [306]), in dem er die liberale Bourgeoisie in nicht gerade schmeichelhafter Weise porträtierte. Er verspottete ihre angebliche Vorliebe für wohltönende hohle Reden, ihre deklamatorischen Proteste und Resolutionen, ihre politische Feigheit und ihre gesellschaftliche Heuchelei, und um niemanden darüber im Zweifel zu lassen, wen er im Auge hatte, benutzte er nicht nur zeitgenössische prominente Liberale als Modelle für seine Romanfiguren, sondern gab ihnen überdies noch jüdische Namen (307).

Gustav Mayer, der Biograph Schweitzers[308]), hat darauf hingewiesen, daß der Antisemitismus, der in der Lassalleschen Partei zum Vorschein kam, gegen zwei Gegner gerichtet war: gegen die liberale Bourgeoisie und die gerade entstehende Organisation der marxistischen Rivalen. Man geht aber kaum fehl, wenn man die primäre Quelle im Gegensatz der Partei zum liberalen Bürgertum sucht. Historisch und politisch gesehen war das Schicksal der jüdischen Gruppe so eng mit dem des liberalen Bürgertums verknüpft, daß man nicht nur eine Interessengemeinschaft zwischen ihnen annahm, sondern die beiden fast schon identifizierte. Der Lassallesche Flügel der Arbeiterschaft, der die politische und soziale Emanzipation durch ein Bündnis mit dem konservativen Staat zu erlangen hoffte, war für Antisemitismus empfänglich und dehnte seine antisemitischen Angriffe auch auf alle die aus, die es mit der »jüdischen« und »verjudeten« liberalen Bourgeoisie hielten oder zu halten schienen. Daß die Marxisten mit den Liberalen zusammenarbeiteten, wenn auch nur mit dem radikalen Flügel des Liberalismus, machte sie zu »Judenknechten«. Wo immer in den kritischen Auseinandersetzungen der Lassalleaner mit den marxistischen »Eisenachern« – wie sie bis 1875, das heißt bis zu ihrer Verschmelzung mit den Lassalleanern in Gotha, genannt wurden – ein antisemitischer Ton hörbar wird, kann man zuverlässig annehmen, daß es sich um Fragen politischer Strategie handelt. Als zum Beispiel die Frage des weiteren Verhältnisses der Sozialdemokratischen Arbeiterpartei zum linken Flügel der Liberalen aktuell wurde, sah Schweitzer im Zögern der Marxisten den Beweis dafür, daß sie hinter der Bühne von »Kapitalisten wie Löb Sonnemann« dirigiert würden, und Wilhelm Hasselmann, Redakteur am Lasselleschen Socialdemokrat, legte in seinen Leitartikeln gegen die »Judenjüngelchen« los, das heißt die Führer der Marxisten, die eine taktische Zusammenarbeit mit den Demokraten gegen das Preußentum für angebracht hielten (309).

Schweitzers antisemitisch gefärbte Verachtung für die Unentschlossenheit der Liberalen ging Hand in Hand mit einer ausgesprochenen Ehrfurcht vor politischer Entschlußkraft, Kühnheit und Macht. Er bewunderte Napoleon III., von dem Marx und Engels nur in den despektierlichsten und drastischsten Ausdrücken sprachen, und er achtete die Erzkonservativen: »Nennt die Anhänger der Kreuzzeitungspartei Finsterlinge, Reaktionäre, Volksfeinde, kurz wie ihr wollt, aber dennoch den Hut ab! Es sind Männer!«[310]) Diese Ehrfurcht blieb nicht auf Worte beschränkt.

Als 1867 der Konstituierende Reichstag des Norddeutschen Bundes gewählt wurde – zum ersten Male seit 1848 auf Grund des allgemeinen, gleichen und geheimen Wahlrecht – kandidierte Schweitzer im Bezirk Elberfeld-Barmen gegen Bismarck selbst und gegen den Präsidenten des preußischen Landtages, den Nationalliberalen Max von Forckenbeck. Im ersten Wahlgang erhielt Bismarck 6525 Stimmen, Forckenbeck 6123 und Schweitzer 4668. In der Stichwahl mußte die Entscheidung also von den sozialistischen Wählern kommen, und sie stimmten für Bismarck. In einer Ansprache vor den sozialistischen Arbeitern der Gegend sagte Schweitzer später:

»Bei dieser engeren Wahl, in welcher es galt, zwischen dem preußischen Ministerpräsidenten und dem Präsidenten des preußischen Abgeordnetenhauses zu entscheiden, ist durch Eure Stimmen der Graf von Bismarck als Sieger aus der Wahlurne hervorgegangen. Vielleicht, Arbeiter, war Eure Abstimmung eine Huldigung, nicht zwar für den Candidaten der conservativen Partei, wohl aber für den Minister, der aus eigenem Antriebe ein Volksrecht Euch zurückgegeben, welches die liberale Opposition für Euch zu fordern so hartnäckig vergessen hatte.«[311])

Es darf nicht übersehen werden, daß gegen Mitte des neunzehnten Jahrhunderts ähnliche Lehren wie die Lassalles sich auch in anderen europäischen Ländern ausbreiteten. In Frankreich zum Beispiel hatten die Angriffe der »mutualistischen« Anhänger Proudhons auf das französische Finanzkapital scharfe antisemitische Beitöne. Lassalleaner und Proudhonisten teilten auch die völlige Ablehnung des Marxismus. Die gemeinsame Feindseligkeit ist nicht zuletzt dem Umstand zuzuschreiben, daß die Marxisten den Zusammenbruch aller Versuche voraussagten, die kapitalistische Produktionsweise durch staatlich-genossenschaftliche Experimente nach Proudhonschem und Lassalleschem Muster aus den Angeln zu heben; da sie die objektive Rolle der Bourgeoisie in der Entwicklung der Produktivkräfte unterstrichen, schienen sie sich zu Verbündeten der Klasse zu machen, der es desto besser ging, je mehr sich die alte Ordnung auflöste, und deren neuer Reichtum durch das Entstehen jüdischer Vermögen symbolisiert wurde.

Im Kampfe um die theoretische und politische Führung der sozialistischen Bewegung siegten die Marxisten über die Lassalleaner; damit entschied sich auch die Haltung der vereinten Partei gegenüber Juden und Antisemiten. Schon 1844 hatte Marx in der junghegelianischen Zeitschrift »Deutsch-Französische Jahrbücher« einen Beitrag »Zur Judenfrage« veröffentlicht als Antwort auf eine Broschüre seines Freundes Bruno Bauer[312]). Er hatte damit in die Diskussion eingegriffen, die der linke Flügel der

Hegelianer zu jener Zeit über die Beziehungen des Individuums zu Staat, Gesellschaft und Religion, über die Bedingungen einer religiösen, politischen und menschlichen Emanzipation im allgemeinen und für die Juden im besonderen führte. Bruno Bauer hatte sich den »lügenhaften Zustand« [313]), in dem die Juden im »Christlich-Germanischen Staat« gehalten wurden, zum Thema genommen und festgestellt, daß die Juden einerseits unterdrückt, schlecht behandelt und verachtet, andererseits aber auch im Interesse der Monarchie und der wirtschaftlichen Entwicklung des Landes begünstigt und beschützt wurden. Sie besäßen zwar keine politischen Rechte, hätten aber begonnen, die herrschende Schicht ihrer eigenen Kontrolle zu unterwerfen. Bauer zeigte sich über diesen heuchlerischen Zustand aufgebracht, den sowohl der christliche Staat als auch die Juden aufrechtzuerhalten trachteten. Er war zu dem Schluß gekommen, der Staat könne wegen seines religiösen Charakters die Juden politisch nicht emanzipieren, solange sie zu ihrem Glauben ständen. Um frei zu werden, müßten beide, Christen wie Juden, ihre Religion aufgeben.

In seiner kritischen Antwort an Bauer betonte Marx, das Problem der menschlichen Emanzipation reiche weiter als das der politischen und religiösen. Er bestritt dem Staat das Recht, von irgend jemand zu verlangen, er müsse seinen Glauben aufgeben, bevor er politisch emanzipiert werden könne, und verwies darauf, daß in einem vollentwickelten modernen Staat wie den Vereinigten Staaten religiöse Emanzipation neben politischer bestehe. Was solle schließlich politische Emanzipation des Juden, des Christen, des religiösen Menschen überhaupt bedeuten, wenn nicht die Emanzipation des Staates vom Judentum, vom Christentum, von der Religion im allgemeinen? Innerhalb der bürgerlichen Gesellschaft aber sei eine wirkliche Emanzipation unvorstellbar. Deshalb ließe sich auch die Judenfrage nicht dadurch lösen, daß man die Juden religiös oder politisch emanzipiere; die materielle Basis des jüdischen Lebens werde doch dieselbe bleiben. Nicht Bauers »Sabbatsjuden« hatte Marx im Auge, sondern den »Alltagsjuden«, und er fragte, ob dieser, selbst wenn man ihn von religiösen und politischen Fesseln befreie und als Gleichberechtigten anerkenne, seinen »weltlichen Grund«: »das praktische Bedürfnis, den Eigennutz« — seinen »weltlichen Kultus«: »den Schacher« — oder seinen »weltlichen Gott«: »das Geld« etwa aufgebe. Er werde es ebensowenig tun wie die bürgerliche Gesellschaft als ganze.

»Nun wohl! Die Emanzipation vom Schacher und vom Geld, also vom praktischen realen Judentum, wäre Selbstemanzipation unserer Zeit. Eine Organisation der Gesellschaft, die die Voraussetzungen des Schachers, also die Möglichkeit des Schachers aufhöbe, hätte den Juden unmöglich gemacht. Sein religiöses Bewußtsein würde wie ein fader Dunst in der wirklichen Lebensluft der Gesellschaft sich auflösen. Andererseits, wenn der Jude dies sein praktisches Wesen als nichtig erkennt und an seiner Aufhebung arbeitet, arbeitet er aus seiner bisherigen Entwicklung heraus, an der menschlichen Emanzipation und kehrt sich gegen den höchsten praktischen Ausdruck der menschlichen Selbstentfremdung.«[314])

Obwohl diese Stellungnahme des jungen Marx verhältnismäßig wenig bekannt blieb, bis Franz Mehring sie 1902 in der Nachlaßausgabe der Marxschen Schriften nachdruckte, wurde sie zum Muster für die revolutionär-sozialistische Behandlung des Judenproblems. Marx gab den Führern der Sozialdemokratie die Gewißheit, daß innerhalb der bürgerlichen Gesellschaft die Lösung der Judenfrage ebensowenig möglich sei wie die Emanzipation der Frau oder der Arbeiterklasse; erst im Sozialismus könne sie gelöst werden. 1891 wies Franz Mehring darauf hin, wieviel prophetische Wahrheit die Marxsche Analyse enthalte. In seinen Kommentaren zu den wütenden Kämpfen zwischen Gegnern und Verteidigern der Juden, in denen sich die »ekelerregenden Züge« des »verfaulenden Kapitalismus« enthüllten, griff Mehring auf den Essay von Marx zurück und kam zu diesem Ergebnis:

»Heute genügt ein Blick auf den anti-philosemitischen Krieg, um diese Sätze in ihrer ganzen Tiefe zu verstehen. Von dieser gesicherten Warte der Erkenntnis aus mag man mit gelassenem Lächeln die wütenden Kämpfer hüben und drüben gegen einander anstürmen und auf einander einschlagen sehen. Schade um jeden Schlag, der vorbeigeht, oder auch nicht schade, denn er trifft immer noch die kapitalistische Gesellschaft. Aber auf wie festen Füßen muß diese Gesellschaft stehen, die nur noch in einer Agonie leben kann, in der sie über kurz oder lang unrettbar sterben muß!«[315])

Die Abhandlung von Marx charakterisiert die Juden so negativ und gefällt sich so sehr in der traditionellen Ausdrucksweise der Antisemiten, daß man ihm vorwarf, selbst voller antisemitischer Vorurteile zu stecken. Erkennt man auch das Recht des Kritikers an, sich der Sprechweise des Gegners zu bedienen, um dessen Argumente desto gründlicher zu zerstören, so muß sich der Leser der Abhandlung doch konsterniert fühlen angesichts des Bildes, das da von »dem Juden« entworfen wird, und es liegt nahe, Marx zu verdächtigen, er habe für die jüdische Gruppe nichts als eine Gleichgültigkeit empfunden, die an Verachtung grenzt.

Aber der Vorwurf des Antisemitismus kann Marx nicht treffen. Ihn erheben heißt nichts weniger als die Marxsche Gesellschaftskritik eliminieren. Für Marx konnte ein Feind der Juden nur sein, wer auch ein Feind der befreiten Menschen war, wer den Kampf um eine Gesellschaftsordnung verriet, in der »das empirische Wesen des Judentums, der Schacher« nicht länger das Prinzip wäre, auf dem die zeitgenössische Kultur aufgebaut ist, wer vergaß, daß »die gesellschaftliche Emanzipation des Juden die Emanzipation der Gesellschaft vom Judentum«[316]) ist. Aber man darf wohl fragen, welchen Einfluß die Worte von Marx außerhalb des philosophischen Milieus gehabt haben mögen, für das sie geschrieben waren. Als Marx die Juden als eine Gruppe beschrieb, deren gesellschaftliche Funktion sich auf reine Geldmacherei beschränke, hatte er das Problem an seiner gesellschaftlichen Wurzel gefaßt. Die Judenfrage war die Frage des Menschen im Kapitalismus: »Aus ihren eigenen Eingeweiden erzeugt die bürgerliche Gesellschaft fortwährend den Juden.«[317]) Betrachtet man die Judenfrage losgelöst von diesem gesellschaftlichen Zusammenhang, so müssen die Juden als eine parasitäre, sippenhafte, asoziale und von einer reaktionären Religion zusammengehaltene Gruppe erscheinen, als Agenten des Geldes vom gemeinen Volk gehaßt und von den Machthabern gleichzeitig beschützt und verachtet[318]).

Man kann wohl mit Sicherheit sagen, daß die Sozialdemokratie als eine marxistische Partei die Stellung, die sie zur Judenfrage einnahm, auch dann bezogen hätte, wenn jene Abhandlung nie geschrieben worden wäre. Die allgemeine Marxsche Analyse des Kapitalismus wies der Partei eindeutig die Richtung; sie sah keinen Anlaß, die Juden auszusondern, sie anzugreifen oder zu verteidigen. Juden wie Christen hatten das Geschick der gesellschaftlichen Klasse zu teilen, zu der sie gehörten. Die revolutionären Arbeiter würden das Kapitalverhältnis beseitigen ohne Rücksicht auf die religiöse Zugehörigkeit der Kapitalbesitzer und die neuen Beziehungen zwischen den Menschen nach den Grundsätzen regeln, die im Manifest der Ersten Internationale niedergelegt waren: »Die Internationale Arbeiterassoziation ... erklärt: Daß alle Gesellschaften und Individuen, die sich ihr anschließen, Wahrheit, Gerechtigkeit und Sittlichkeit anerkennen als die Regel ihres Verhaltens zueinander und zu allen Menschen, ohne Rücksicht auf Farbe, Glaube oder Nationalität.«[319])

Die Klassentheorie bestimmte auch die Haltung der Sozialdemokraten zum Antisemitismus. Sie sahen, daß die ökonomischen und psychologischen Bedingungen, die der Antisemitismus zum Gedeihen brauchte, hauptsächlich in jenen Zwischenschichten gegeben waren, die der moderne Kapitalismus zu einem langdauernden, aber hoffnungslosen Todeskampf verurteilt hatte. Nur eine von vielen offiziellen Erklärungen der Partei sei zitiert:

»Der Antisemitismus entspringt der Mißstimmung gewisser bürgerlicher Schichten, die sich durch die kapitalistische Entwicklung bedrückt finden und zum Theil durch diese Entwicklung dem wirtschaftlichen Untergang geweiht sind, aber in Verkennung der eigentlichen Ursache ihrer Lage den Kampf nicht gegen das kapitalistische Wirtschaftssystem, sondern gegen eine in demselben hervortretende Erscheinung richten, die ihnen im Konkurrenzkampf unbequem wird: gegen das jüdische Ausbeutertum.«[320])

Das Zusammentreffen von Wirtschaftskrisen und ansteigenden Wellen von Antisemitismus bestärkte die Sozialisten in ihrer Überzeugung, der Antisemitismus sei die Reaktion bedrohter Gruppen, die sowohl zum Opfer des objektiven Prozesses der kapitalistischen Wirtschaft als auch zum Opfer ihrer eigenen Illusionen über die Ursache ihrer Not geworden waren. Wenn die antisemitische Bevölkerung von Juden rede, so meine sie die dem Kapitalismus inhärenten Tendenzen zur Ausbeutung. Es sei deshalb zu erwarten, daß Zeiten akuter ökonomischer und sozialer Zerrüttung Ressentiments und Haßgefühle steigerten, die die gefährdeten Gruppen dann auf einen sichtbaren, greifbaren und plausiblen Feind lenkten. Die Marxisten wiesen als erste auf die sozialen und ökonomischen Wurzeln des modernen Antisemitismus hin; sie warnten ihre Anhänger, ihn nicht als reines Produkt demagogischer Agitation abzutun, nicht die gesellschaftliche Wirklichkeit zu übersehen, die hinter den rein manipulativen Aspekten der antisemitischen Bewegungen steht.

»Über die Erscheinungen, die Widerhall in den Massen finden, über die kann man nicht hinwegsehen. Man muß sie auf ihre Ursachen hin prüfen und wenn die Ursachen der Erscheinungen erkannt wurden, muß man nach den Mitteln suchen, durch welche die Übel, die jene Erscheinung erzeugten, beseitigt werden können.«[321])

So Bebel auf dem Sozialdemokratischen Parteitag von 1893. Er ermahnte die Delegierten, die Dummheit ihrer eigenen Gegner nicht zu wiederholen, die lange Zeit in der sozialistischen Bewegung nur eine Angelegenheit von Drahtziehern gesehen hätten.

Eine Bewegung, die sich im Besitz der fortgeschrittensten Sozialwissenschaft glaubte, bezweifelte nicht einen Augenblick, daß sich die Ursachen des Antisemitismus historisch, soziologisch und sozialpsychologisch einwandfrei feststellen ließen. Auch über die Heilmittel zur Bekämpfung der Krankheit waren die Sozialisten sich im klaren. Sie hatten wenig Hoffnung, daß der Antisemitismus, dieses falsche Klassenbewußtsein des Mittelstandes, ausgemerzt werden könne, solange der gesellschaftliche Zustand diesen Gruppen es erlaube, sie sogar zwang, sich an Illusionen über ihre Stellung und ihr Schicksal in der modernen Gesellschaft zu klammern. Als Kleinbürger würden sie Vernunftgründen kaum zugänglich sein, aber der Kapitalismus werde ihnen nicht gestatten, Kleinbürger zu bleiben. Früher oder später werde ihr Geschick sie dazu bringen, die revolutionäre Weltanschauung der Arbeiter anzunehmen, in der es für Antisemitismus keinen Platz gab. Anders lag es mit Vorurteilen, die die Arbeiter selber noch haben mochten. Die Sozialdemokraten hielten es nicht nur für möglich, sondern auch für dringend notwendig, diese Überreste bürgerlicher Ideologie auszumerzen. Ein antisemitischer Arbeiter war kein verläßlicher Revolutionär. Sein Vorurteil bewies, daß er sich noch nicht von einem »primitiven, gedankenlos in den überkommenen Formen fühlenden Menschen« in einen »denkenden Revolutionär« verwandelt hatte[322]). 1893, in der Blütezeit des völkischen Antisemitismus, hatte Eduard Bernstein es ähnlich formuliert:

»Die Stärke des Antisemitismus ist die Unklarheit, Unbestimmtheit, Selbsttäuschung über die Natur dieser Übel . . . Bei den Massen des Volkes wird der Antisemitismus nur da Anhang gewinnen, wo die Sozialdemokratie noch nicht Licht in die Köpfe gebracht hat oder wo noch – wie bei Kleinbauern und Kleinbürgern – das falsch verstandene Interesse den Blick trübt.«[323])

Diejenigen aufzuklären, die sich von den Juden ausgebeutet glaubten, während sie unter kapitalistischer Ausbeutung litten, gehörte zur Aufgabe der revoultionären Erziehung und war eine Vorbedingung für den Sieg des Sozialismus. Die erzieherische Aufgabe verlangte eine befriedigende Antwort auch auf die Frage, warum Antisemitismus die sozusagen »natürliche« Manifestation der Ressentiments sei, die der objektive Prozeß des Kapitalismus in bestimmten Gruppen hervorrufe.

Die Sozialisten nahmen als selbstverständlich an, daß die jüdische Gruppe sich durch spezifische gesellschaftliche Züge von Nichtjuden unterscheide, und daß solche unterscheidenden Merkmale für das Problem des Antisemitismus wesentlich seien. Zuerst einmal hielten sie die jüdische Gruppe für potentiell gefährdet wegen ihrer exponierten ökonomischen Funktionen. Die Juden traten bestimmten Schichten der Bevölkerung – hauptsächlich in Zeiten wirtschaftlicher Schwierigkeiten – in der Rolle von Ausbeutern gegenüber. Dieser ökonomische Antagonismus wurde durch kulturelle Verschiedenheiten und traditionelle Vorurteile weiter verschärft.

Der eigentümliche Charakter der Beziehungen zwischen Juden und Nichtjuden nimmt einen wichtigen Platz ein in der sozialistischen Theorie der Ursachen des Antisemitismus. Niemals hätte er zur Massenbewegung werden können ohne die ökonomische Rolle der Juden in der modernen Gesellschaft und ohne konkrete Erfahrung mit Juden als Vertretern der modernen Formen von Ausbeutung und Konkurrenz. Jüdische Vieh- und

Getreidehändler, Geldverleiher und Darlehensvermittler waren wesentliche Figuren der ländlichen Wirtschaft und deshalb, nach sozialistischer Auffassung, bedeutsam für wesentliche Züge des agrarischen Antisemitismus. Das gleiche galt für die Beziehungen von Juden zu konservativen städtischen Gruppen. Wachsender Antisemitismus unter den Beamten wurde durch deren zunehmende Verschuldung bei Wucherjuden erklärt (324) und der traditionelle Antisemitismus der Junker durch ihre Furcht vor dem Verlust ihrer verschuldeten Güter an jüdische Gläubiger (325). Sozialdemokratische Führer wie August Bebel, Wilhelm Liebknecht, Karl Kautsky, Heinrich Cunow, Franz Mehring, Eduard Bernstein, Heinrich Braun sahen eine zentrale Ursache für Antisemitismus in der Tatsache, daß Juden als die Agenten einer durch Undurchsichtigkeit und Anonymität ihrer Ausbeutungsformen charakterisierten Wirtschaftsordnung in Erscheinung traten.

Das stimulierende Moment, auf das alle Gruppen ansprachen, die für Antisemitismus empfänglich oder tatsächlich antisemitisch waren, lag nach sozialistischer Meinung in der unmittelbaren Begegnung mit Juden als Zwischenhändlern, Bankiers, Maklern, Spekulanten, Warenhausbesitzern, Inhabern großer Zeitungen oder Konkurrenten in den freien Berufen (326).

Aber wenn auch die Sozialdemokraten einen direkten Kausalzusammenhang zwischen der beruflichen Struktur der jüdischen Gruppe und antijüdischen Stimmungen in der Bevölkerung sahen, so waren sie doch keineswegs der Meinung, die Juden sollten sich um eine Veränderung dieser Struktur bemühen. Die Marxisten konnten die »Normalisierung« und »Anpassung« der Juden dem Kapitalismus selbst überlassen, der zwangsläufig die religiösen Bindungen des Judentums auflösen und die Juden dann endgültig über alle sozialen Gruppen zerstreuen werde. In der Tat schien die Entwicklung gegen Ende des neunzehnten Jahrhunderts dieser Prognose recht zu geben. Die Auswanderung jüdischer Handwerker, Ladenbesitzer und Hausierer beschleunigte sich, nicht zuletzt infolge der osteuropäischen Judenverfolgungen; bald überschwemmte ein jüdisches Proletariat die sweatshops der englischen und amerikanischen Manufaktur. Von nun an würden die Gesetze des Klassenkampfes das Geschick der Juden bestimmen, ihre supra-ökonomische Solidarität als Gruppe zerstören und sie eingliedern in die miteinander ringenden Klassen der modernen Gesellschaft. Das war die Richtung der unfreiwilligen Assimilation, die, nach der Meinung der Marxisten, der Kapitalismus den Juden vorschrieb.

Bei ihrer Analyse wirklicher oder angeblicher Besonderheiten der jüdischen Gruppe hatten die Sozialisten schon früh begonnen, psychologische und soziologische Aspekte des Antisemitismus zu untersuchen, die heute im Vordergrund des wissenschaftlichen Interesses stehen. Sie versuchten, kritisch die echten von den imaginären kulturellen Unterschieden zwischen Christen und Juden zu trennen, und warnten davor, die letzteren einfach als irrelevant abzutun; man müsse die psychologischen Funktionen erkennen, die sie in der geistigen und emotionellen Welt der Antisemiten haben mochten. Als vielleicht einzige echte soziologische Differenz ließen die Sozialisten den rein städtischen Charakter des Judentums gelten. Kautsky betrachtete diesen Faktor als ausschlaggebend und führte die meisten antijüdischen Vorurteile auf ihn zurück, einschließlich der Vorstellung von rassischen Eigenschaften der Juden.

»Der Jude ist der Stadtmensch comme il faut geworden; in ihm finden wir gehäuft und bis ins Extrem entwickelt alle die Eigenschaften, die den Stadtbewohner im Guten wie im Bösen auszeichnen, ihm gegenüber ist der Christ ein reiner Bauer, auch der städtische Christ; stammt doch auch der christliche Städter in der Regel direkt oder indirekt von Bauern ab. Was uns als der unüberbrückbare Rassengegensatz zwischen dem ›Arier‹ und dem ›Semiten‹ erscheint, ist in Wahrheit nur der durch besondere Verhältnisse ins Extrem getriebene Gegensatz zwischen dem Bauern und dem Städter. Die Charakterverschiedenheiten des ›Ariers‹ und des ›Semiten‹ entstammen viel mehr der Verschiedenheit ihrer Lebensweise, wie sie sich durch Jahrhunderte gestaltet hat, als bestimmten Rasseneigentümlichkeiten. Erst durch das einseitige städtische Leben hat der Typus des semitischen Bergvolkes seine spezifischen sogenannten jüdischen Züge erhalten.«[327])

Demgemäß sei zu erwarten, daß der Antisemit gewisse menschliche Eigenschaften als typisch jüdisch ansähe – Geistesgegenwart, schnelle Bewegungen, Zungenfertigkeit, nervöse Unruhe, Muskelatrophie und überhaupt den Mangel an strotzender Körperkraft – alles Eigenschaften, die der Bauer teils mit Mißtrauen und teils mit Verachtung dem Städter zuschreibt.

»Es gibt Landdistrikte, wo für den Bauern die Begriffe ›Städter‹ und ›Jude‹ gleichbedeutend sind, wo alle die Argumente gegen den Städter ins Feld geführt werden, die der Antisemit gegen den Juden ins Feld führt.«[328])

Nach Kautskys Ansicht kam noch als wichtiges psychologisches Element hinzu, daß die Juden jahrhundertelang soziale Außenseiter gewesen waren und erst kürzlich aufgehört hatten, Parias in der feudalen Gesellschaft zu sein. Die zwiespältigen Gefühle, die der Bauer stets dem Städter gegenüber hegte – wir dürfen nicht vergessen, daß »Bauer« hier den Christen schlechthin bedeutet, ob Landbewohner oder Städter – diese Mischung von Mißtrauen und Scheu, Neid und Ablehnung, Unterlegenheit und

Überlegenheit verleite zu Rationalisierungen in der Richtung einer Rassentheorie. Es fiel dem Christen leicht, den Erfolg eines Juden als die Frucht angeborener, verächtlicher Charakterzüge einer fremden Rasse zu interpretieren und damit den Stachel der eigenen Niederlage zu beseitigen.

Da nach dieser Hypothese die Inferioritätsgefühle der Christen gegenüber den Juden in dem Gegensatz zwischen ländlicher und städtischer Kultur gründeten, dürfe man nicht erwarten, daß sie in der bürgerlichen Gesellschaft zum Verschwinden kämen. In der relativen Rückständigkeit des Dorfes sahen die Marxisten einen unvermeidlichen Zug der kapitalistischen Wirtschaft. Soziale und kulturelle Unterschiede würden also auch weiterhin vermittels des Rassenmythos rationalisiert werden. In konsequenter Anwendung ihrer Theorie der gesellschaftlichen Entwicklung kreideten die Sozialisten den Juden niemals an, daß sie im Geschäftsleben, Beruf oder Studium findiger und eifriger waren als ihre christlichen Konkurrenten, im Gegenteil, sie verteidigten die Juden gegen alle, die ihnen ihre Vorzüge zum Vorwurf machten. Handelten die Juden doch nach den Regeln und im Interesse der kapitalistischen Wirtschaft, in deren System ihr Erfolg legitim war (329). In den Lamentationen über jüdische Geschäftsunlauterkeit spiegele sich lediglich die ökonomische Rückständigkeit der Klagenden.

Die Erfahrung mit dem russischen Antisemitismus zwang die deutschen Sozialisten, ihre Grundauffassung vom Antisemitismus als Antikapitalismus kritisch zu überprüfen. Es schien unmöglich, die Wut und Gewaltsamkeit gegen arme Handwerker, Ladenbesitzer und Proletarier auf ökonomischen Neid, Rivalität oder Ausbeutung zurückzuführen. In Osteuropa lag die Judenfrage offenbar anders und erforderte daher eine andere theoretische Behandlung. Als Herausgeber der Neuen Zeit nahm Kautsky zu dem Pogrom von Kischineff Ostern 1903 Stellung; er mußte zugeben, daß die sozialistische Theorie des westlichen Antisemitismus der Lage in Rußland nicht gerecht werde. In Osteuropa waren die Juden nicht vorwiegend Kapitalisten und Intellektuelle, sondern gehörten zu allen Schichten der städtischen Bevölkerung, einschließlich Handwerkern und Proletariern, »darunter die Ärmsten der Armen. Was konnte die Volkswut gegen sie entfesseln?«[330])

Nicht zufällig begann Kautsky seine Frage mit »was« statt mit »wer«. Er wußte natürlich, daß die Ablenkungsstrategie des Zarismus hinter den Pogromen steckte, aber das war keine genügende Erklärung. Kautsky sah als wesentlichen Faktor der christlich-jüdischen Spannung die strenge Absonderung der orthodoxen jüdischen Gemeinden, die nicht nur in ihrer

Religion, sondern auch in Sitten, Kleidung und Sprache (331) sich von ihrer Umgebung unterschieden. Angesichts der Unwissenheit des Volkes und der Brutalisierung des ganzen kulturellen und politischen Lebens im zaristischen Rußland sei es den Behörden leicht gewesen, die Feindseligkeit der Massen auf die »Fremden« abzulenken. Kautsky glaubte nicht, daß das Nebeneinanderleben allein zu besseren Beziehungen zwischen verschiedenartigen Gruppen führen müsse. Entscheidend schienen ihm der jeweilige Charakter der Gruppen und die Natur ihrer gegenwärtigen Beziehungen.

»Menschen, die in primitiven traditionellen Verhältnissen, von der übrigen Welt abgeschlossen leben, sehen in sich selbst das Maß alles Menschlichen. Ihr Milieu, ihr Denken, ja selbst ihr Verständigungsmittel, ihre Sprache erscheint ihnen als natürlich, alles davon Abweichende als widernatürlich, abscheulich. Derartige Menschen stehen daher leicht dem Fremden auch dort mißtrauisch, ja feindselig gegenüber, wo kein Interessengegensatz vorhanden. Man hält die Fremden auch bar alles menschlichen Empfindens und schreckt nicht vor Grausamkeiten ihnen gegenüber zurück, die man entsetzlich fände, würden sie an Genossen der eigenen Rasse verübt.«[332])

Die Sozialisten waren davon überzeugt, daß ohne echte Gruppenverschiedenheiten und die daraus entstehenden Gegensätze antisemitische Agitation niemals erfolgreich sein könne. Politischer, manipulierter Antisemitismus setze spontanen, latenten Antisemitismus voraus. Haß gegen Juden war zwar vernunftwidrig, aber es war kein Zufall, daß sich der Haß gerade gegen die Juden richtete, solange sie eine so einladende Zielscheibe boten. Von der Stärke des traditionellen Vorurteils und dem ihm innewohnenden Trägheitsmoment abgesehen, gab es zwei Hauptfaktoren, die für die anhaltende Isolierung der Juden als Gruppe verantwortlich waren; für den einen – jüdischer Widerstand gegen Assimilation – waren die Juden selbst verantwortlich, für den anderen – Widerstand gegen jüdische Assimilationsbestrebungen – die antijüdische Feindseligkeit. Die meisten Marxisten – unter ihnen viele russische jüdische Sozialisten – sahen es als Pflicht der Juden an, sich nicht gegen die ökonomischen und kulturellen Tendenzen zu stemmen, die zur schließlichen Auflösung der Juden als besonderer Gruppe führen müßten. Alle Anstrengungen, die Juden als Gruppe zusammenzuhalten, würden nur zur Verewigung des Antisemitismus führen. Deshalb müsse jeder einzelne Jude den Assimilationsprozeß nach Kräften fördern.

Die Marxisten zweifelten nicht daran, daß der Antisemitismus eine Seite des modernen Klassenkampfes und daß die Interessen der jüdischen Emanzipation auf Gedeih und Verderb mit denen der größten Emanzipationsbewegungen der modernen Zeit verbunden seien. Revolutionäre

Klassen, schrieb Kautsky, hätten immer volles Verständnis gehabt für das Ringen der Juden um Freiheit und Gleichheit; und die Interessengemeinschaft zwischen jüdischer Emanzipation und revolutionären Bestrebungen sei der Aufmerksamkeit der Mächte der Reaktion und Unterdrückung nicht entgangen. Gerade weil diese Mächte die Juden nicht aus ihrer Isolation als Gruppe herausließen, könnten sie sie als Blitzableiter zur Ablenkung drohender gesellschaftlicher Gewitter benutzen. Die Juden würden ihren Feinden in die Hände spielen, wenn sie nicht bereit seien, die Exklusivität ihrer Gruppe aufzugeben, die Ursache der Entfremdung und damit Vorbedingung der antisemitischen Manipulation (333).

Die Sozialdemokraten waren nicht die einzigen, die glaubten, daß der Antisemitismus seine manipulative Stärke der Isolierung der jüdischen Gruppe verdanke, die sie für die Rolle als Blitzableiter besonders geeignet mache. Die Liberalen hielten aus denselben Gründen die jüdische Assimilation für wünschenswert. Sozialisten und Liberale waren sich darüber einig, daß diejenigen, die aus dem Judenhaß Nutzen zogen und ihn zu gewissen Zeiten organisierten, die Vertreter der sozialen und politischen Reaktion waren, sowohl in Rußland, wo »das Mißhandeln, Plündern und Erschlagen der Juden die einzige Volksbewegung ist, die ... gestattet wird«[334]), als auch im kaiserlichen Deutschland, wo Antisemitismus »die staatlich erlaubte Opposition ist, die sonst den Beamten unmöglich«[335]) sei. Aber die liberalen und revolutionären Ansichten über die Rolle des organisierten Judenhasses deckten sich nur teilweise und mußten zwangsläufig zu verschiedenen Schlußfolgerungen führen. Die Liberalen sahen im populären Antisemitismus ein Überbleibsel mittelalterlicher Ignoranz und ein Werkzeug der Reaktion; weiterleben könne er nur in solchen Schichten, die noch abseits der modernen Gesellschaft stünden, die fortschreitende Entwicklung des Kapitalismus aber werde ihn immer mehr einengen und die Möglichkeit seiner Ausbeutung für antiliberale Interessen verringern.

Die Sozialisten waren geneigt, im Antisemitismus ein Ressentiment zu sehen, das tief eingebettet sei in den Irrationalismus der Klassengesellschaft und praktisch unbegrenzte Möglichkeiten der Manipulierung böte (336). Die Diskrepanz zwischen liberaler und sozialistischer Auffassung trat besonders scharf hervor, wo antijüdische Bewegungen sich nicht auf die konservativ-kirchliche Reaktion zurückführen ließen, also vorab im Fall des Rassenantisemitismus, dessen antiautoritäre, antikonservative Züge nicht übersehen werden konnten. Diese neue Art von antijüdischer Feindseligkeit diente offenbar nicht den Interessen der alten Mächte. Was aber kam darin zum Ausdruck? Wer versuchte daraus Nutzen zu ziehen? Für wen sprachen die Agitatoren? War der Antisemitismus wirklich mit den Kräften der Vergangenheit verbunden, wie die Liberalen glaubten, so ließ sich nur schwer eine antisemitische Bewegung erklären, die für den kleinen Mann zu sprechen behauptete und sich liberal und demokratisch gebärdete. Um diese »plebejische« Rebellion zu bekämpfen, mußte der Liberalismus auf uralte Gemeinplätze zurückgreifen; er sprach von »Massenwahn«, »Zerstörungstrieb«, »menschlicher Irrationalität«, als ob die soziale Erscheinung jenseits aller gesellschaftlichen Zustände aufträte. Schließlich blieb nichts anderes übrig, als sich mit solchen Ausbrüchen der menschlichen Seele abzufinden in der Hoffnung, daß sie ebenso rätselhaft, wie sie gekommen, auch wieder verschwänden; natürlich versäumte man nie, an die ehrwürdigen Symbole der westlichen Zivilisation zu appellieren.

Die Sozialdemokraten verspotteten die Haltung der Liberalen als ausweichend, unzulänglich und im Grunde unehrlich. Sie machten sich lustig über den Eifer, mit dem die Verteidiger der Juden freundliche Äußerungen von prominenten Leuten — womöglich auch von den Behörden — sammelten, und über ihre Predigten vom Evangelium der menschlichen Brüderlichkeit. Kautsky schrieb:

»Das Empfindungsleben des Menschen bleibt von Sprüchlein und Ermahnungen völlig unberührt. Soweit es sich überhaupt veränderlich zeigt, nicht von angeborenen Eigenschaften in stets gleichen Bahnen erhalten wird, ist es der Inhalt seines Lebens, der es beherrscht. Das Empfindungsleben der Menschen ändern, heißt ihrem Leben einen neuen Inhalt geben. Auch die Abneigung gegen das Judentum kann dort, wo sie im Volksempfinden tief eingewurzelt ist, nur dann durch Aufklärung überwunden werden, wenn diese dem Volksleben einen neuen Inhalt gibt.«[337])

Daß der Liberalismus diesen neuen Inhalt nicht bieten konnte, hielten die Sozialdemokraten für erwiesen. Da die Liberalen die Quellen des Gruppenhasses in den Gegensätzen der feudalen statt in denen der gegenwärtigen Gesellschaft suchten, waren sie gezwungen, das Problem des Antisemitismus eher zu verdunkeln, als zu seiner Lösung beizutragen.

Als Ahlwardts Agitation 1893 auf ihrem Höhepunkt stand, erbat Hermann Bahr von Theodor Mommsen eine Erklärung zum Antisemitismus, die »wirken und helfen und reinigen wird«[338]). Mommsen hatte schon einmal, 1880, mit einer Schrift »Auch ein Wort über unser Judentum« als Widerlegung von Treitschkes »Ein Wort über unser Judentum« tapfer am Kampfe teilgenommen. Diesmal war Mommsens Abscheu vor dem Radau-Antisemitismus so stark wie seine Überzeugung, daß nichts dagegen getan werden könne. Er sagte zu Bahr:

»Sie täuschen sich, wenn Sie glauben, daß ich da was richten kann. Sie täuschen sich, wenn Sie glauben, daß man da überhaupt mit Vernunft etwas machen kann. Ich habe das früher auch gemeint und immer und immer wieder gegen die ungeheure Schmach protestiert, welche Antisemitismus heißt. Aber es nützt nichts. Es ist alles umsonst. Was ich Ihnen sagen könnte, was man überhaupt in dieser Sache sagen kann, das sind doch immer nur Gründe, logische und sittliche Argumente. Darauf hört doch kein Antisemit. Die hören nur auf den eigenen Haß und den eigenen Neid, auf die schändlichsten Instinkte. Alles andere ist ihnen gleich. Gegen Vernunft, Recht und Sitte sind sie taub. Man kann nicht auf sie wirken. Was soll man auch einem sagen, der dem ›Rektor aller Deutschen‹ [Ahlwardt] folgt? Der ist nicht mehr zu retten. Gegen den Pöbel gibt es keinen Schutz – ob es nun der Pöbel auf der Straße oder der Pöbel im Salon ist, das macht keinen Unterschied. Canaille bleibt Canaille, und der Antisemitismus ist die Gesinnung der Canaille. Er ist wie eine schauerliche Epidemie, wie die Cholera – man kann ihn weder erklären noch teilen. Man muß geduldig warten, bis sich das Gift von selber austobt und seine Kraft verliert.«[339])

Dennoch schlug Mommsen die Sammlung von Unterschriften hervorragender Männer aus allen Ländern für eine internationale Protesterklärung vor.

Der Vorwärts vom 11. April 1893 fiel über Mommsen her, als das Interview veröffentlicht wurde, weil er den Antisemitismus nicht als die Reaktion absterbender Gesellschaftsgruppen auf den von den Großunternehmungen ausgeübten Druck erkannt habe. Daß ein liberaler Wortführer wie Mommsen zum Verständnis des Antisemitismus lediglich ein paar heftige Worte beitragen könne, sei »doch etwas wenig für den Gelehrten von Weltruf«.

Die Haltung der Neuen Zeit war gelegentlich noch deutlicher. Im Xantener Ritualmordprozeß war 1891 ein jüdischer Schlächter namens Buschhoff des Mordes an einem fünfjährigen Kind angeklagt worden, woraus die Antisemiten einen Ritualmordfall zu machen versuchten. Der Angeklagte wurde freigesprochen, war aber finanziell ruiniert, und eine Gruppe bekannter Liberaler rief öffentlich zu einer Geldsammlung für ihn auf. Franz Mehring griff sie daraufhin in der Neuen Zeit an. Er schrieb:

»Daß der Prozeß Buschhoff sich in deutschen Landen abspielen konnte, war – natürlich! – eine ›Schmach des Jahrhunderts‹, aber wieso es kam, daß er sich abspielen konnte, das sollte billigerweise endlich zu einer Erkenntnis des Jahrhunderts geworden sein. Es ist ein blöder Fanatismus, an jüdische Blut-, an Ritualmorde zu glauben, aber ein ebenso blöder Fanatismus gehört dazu, den Glauben an solche Morde mit einem unerschöpflichen Überschwange von Schimpfworten ausrotten zu wollen oder ihn gar dem sorgenden Vaterauge der Polizei und Staatsanwaltschaft zu empfehlen . . . Wir haben für den unglücklichen Mann dasselbe menschliche Mitgefühl, wie für jedes Opfer niederträchtiger Verfolgungssucht, und gern widmen wir unsere Hochachtung denen, die nach Buschhoffs moralischer Wiederherstellung auch seinen ökonomischen Ruin beseitigen wollen. Aber um eins möchten wir in aller Bescheidenheit bitten: nur keinen Humbug, nur keine Reklame mit menschlichem Unglück!« [340])

Den Antisemitismus bekämpfen, hieß für die Sozialisten, die gesellschaftlichen Verhältnisse ändern, unter denen er gedieh. Was die fortschrittliche Bourgeoisie wollte, war »Kapitalismus sans phrase«, Ausbeutung ohne Protest, weder von sozialistischer noch antisemitischer Seite. Das jüdische Kapital schien so eng mit dem nichtjüdischen verflochten, daß es trotz der antisemitischen Agitation nichts zu fürchten habe. Außerdem zeigte es sich bei der Suche nach profitablen Anlagen keineswegs zimperlich. Bebel meinte, es mache einen peinlichen und widerwärtigen Eindruck, daß trotz der Pogrome in Rußland die jüdische Hochfinanz in Mittel- und Westeuropa stets bereit sei, die Anstifter und Förderer dieser Schlächtereien an der Macht zu halten. Eine satirische Wochenschrift habe den Nagel auf den Kopf getroffen, als sie einen jüdischen Bankier ausrufen ließ: »Wenn die russische Regierung meine armen jüdischen Glaubensgenossen abschlachten läßt, werde ich bei der nächsten russischen Anleihe ein Prozent mehr verlangen.« (341)

Was aber, fragten sich die Sozialdemokraten, war nun das eigentliche Ziel des Kampfes für und gegen Juden, der die Vertreter des Privateigentums so sehr beschäftigte? Das Aufkommen der Stoeckerbewegung mit ihrer ausgesprochenen Absicht, den Sozialisten das Wasser abzugraben, fiel nicht von ungefähr zusammen mit der von einem unterwürfigen Reichstag gebilligten Unterdrückung der Sozialdemokratischen Partei; für die Sozialisten waren die beiden Ereignisse aufeinander abgestimmt. In einem Bericht über die erste Reichstagswahl unter dem Sozialistengesetz stellte die Sozialdemokratische Partei fest:

»Der Skandal des Antisemitenunfuges war erst nach dem Sozialistengesetz möglich; daß er nicht die Ausdehnung einer allgemeinen Judenhetze annahm, ist einzig das Verdienst der Sozialdemokratie, welche die Arbeiterklasse vor diesem schmachvollen, den niedrigsten Motiven entsprungenem Treiben warnte ... erst die Ära des Sozialistengesetzes hat die ›Ausschreitungen‹ der Stoeckerschen Clique gezeitigt.«[342])

Die Gleichzeitigkeit der beiden Ereignisse bestärkte die sozialdemokratische Auffassung von Antisemitismus und Liberalismus tief und nachhaltig. Der Eifer, mit dem sich so viele Liberale an der Zerstörung eines der Pfeiler der Demokratie, Meinungs- und Versammlungsfreiheit für alle, beteiligt hatten, und ihre schweigende Billigung des Dreiklassenwahlrechts in Preußen nahm dem Liberalismus in den Augen der Sozialisten jedes Recht, sich als Verteidiger der bürgerlichen Rechte für Juden hinzustellen. Die schärfsten sozialdemokratischen Angriffe auf liberalen »Philosemitismus« kamen in der Form von Protesten gegen die Dickhäutigkeit des wirtschaftlichen Liberalismus, wo es sich um das menschliche Elend handelte, das der Aufstieg der großbetrieblichen Industrie anrichtete; gegen die Gleichgültigkeit der liberalen Presse in den vielen Fällen, wo Recht und Würde sozialistischer Arbeiter verletzt wurden, eine Gleichgültigkeit, die in scharfem Kontrast zu dem Eifer zu stehen schien, mit dem dieselbe Presse jüdischen Opfern zu Hilfe eilte. Der Kern des sozialdemokratischen Arguments gegen den Liberalismus war, daß für ihn Rechtsprechung und Klassenjustiz eines sei; er habe seine Anhänger so abgestumpft, daß sie einfach zu dumm geworden seien, die gesellschaftlichen Ursachen solcher Phänomene wie Antisemitismus zu erkennen. Der Philosemitismus der Liberalen war für die Marxisten der Antisemitismus der Konservativen mit umgekehrten Vorzeichen, eine Arbeitsteilung innerhalb der herrschenden Klassen, die letztlich den Zweck habe, die bestehende Ordnung gegen den Sozialismus zu verteidigen. Der Scheinkrieg zwischen Philo- und Antisemiten werde zum wechselseitigen Vorteil der beiden Lager geführt; ein Sozialist könne sich davon nur fernhalten.

Kapitel XI

Marxistische Politik

Zweimal war im kaiserlichen Deutschland das politische Leben in einem solchen Grade von antisemitischen Agitationen erfüllt, daß die Sozialdemokratische Partei sich diesem Problem stellen mußte. Die eine dieser Perioden stand im Zeichen Stoeckers, die andere ist durch den Namen Ahlwardt charakterisiert.

Die Stoeckerbewegung bedeutete für die Sozialdemokratie eine ernste Gefahr. In der Christlichsozialen Partei sahen die Sozialisten eine Machenschaft der Konservativen, die darauf abzielte, die Arbeiterbewegung unter dem Schutz des Sozialistengesetzes in eine »staatssozialistische« Hilfstruppe gegen den Liberalismus zu verwandeln (343). Eine der ersten Maßnahmen der Partei gegen Stoeckers Agitation war ein Aufruf an die Arbeiter, aus der evangelischen Landeskirche auszutreten[344]). Die von dem ungestümen Johann Most geleitete Kampagne hatte zwar keinen großen Erfolg – nur wenige Arbeiter verließen formell die Kirche –, erregte aber große Besorgnis bei den Behörden (345).

Am Silvesterabend 1880 hatten Antisemiten in Berlin randaliert. Daraufhin beriefen die Sozialdemokraten eine Massenversammlung ein, um die »Stellung der Arbeiter zur Judenfrage« zu klären. Sei es aus Sorge vor einem Versuch der Antisemiten, die Versammlung zu sprengen, sei es als eine Geste des Klassenbewußtseins, – die Ankündigung erklärte, daß nur Personen zugelassen werden sollten, die sich als echte Lohnempfänger ausweisen könnten. Der Erfolg der Versammlung übertraf alle Erwartungen. Ein übervoller Saal jubelte den Rednern zu, die gegen »den mit der antisemitischen Agitation verbundenen Lug und Trug« loslegten, und nahm mit Begeisterung einen Beschluß an, dessen wichtigster Teil lautete:

»In endlicher Erwägung, daß der Gerechtigkeitssinn und demokratische Geist der vorurteilsfreien, in großer Anzahl unter dem Drucke von Ausnahmegesetzen gegenwärtig selbst leidenden Lohnarbeiter Deutschlands . . . gegen eine Schmälerung der den Juden verfassungsmäßig garantierten staatsbürgerlichen Gleichstellung sich sträuben muß, beschließt ... die Arbeiterversammlung: 1. Wir warnen alle städtischen und ländlichen Lohnarbeiter Deutschlands vor den Betörungsversuchen gewisser angeblicher Volksfreunde der verschiedensten Art, sich nicht zu einer Beteiligung an jener Bewegung verleiten und als Werkzeuge für solche bewußt oder unbewußt volksfeindlichen Zwecke gebrauchen zu lassen. 2. Ebenso warnen wir die Arbeiter vor irgendwelcher aktiven Beteiligung an dieser sie nicht direkt berührenden Bewegung. Wir fordern alle deutschen Lohnarbeiter auf, in Stadt und Land bei den künftigen Reichstagswahlen überall da, wo unter den gegenwärtigen Ausnahmezuständen nicht völlige Wahlenthaltung geboten und beschlossen sein sollte, nur solchen Kandidaten ihre Stimmen zu geben, welche sich verpflichten, nicht nur gegen alle neuen Ausnahmegesetze zu stimmen, sondern auch für Aufhebung der bereits bestehenden wirken zu wollen.«[346])

Ebenso erfolgreich war eine Reihe ähnlicher Versammlungen. Die Arbeiter gingen zum Gegenangriff über; oft erschienen sie massenweise auf antisemitischen Versammlungen, übernahmen die Tribüne und verwandelten die Kundgebung in eine Demonstration für die geächtete Sozialdemokratische Partei. Da die Bewegungsfreiheit der Partei unter dem Sozialistengesetz stark beschnitten war, hatten die Gewerkschaften begonnen, sich mit Problemen der Sozialreform zu befassen. Die Antisemiten nahmen die Gelegenheit wahr, ihre eigene Reformfreudigkeit zu bekunden, und sprachen oft in Gewerkschaftsversammlungen, wo ihre Forderungen nach Arbeiterschutzgesetzen, Normalarbeitstag, Mindestlohn und »Verbot einer halsabschneiderischen Konkurrenz« viel Beifall fanden. Noch waren die alten Zunftgedanken in den Gewerkschaften lebendig, und das Ideal der Antisemiten von einer geschlossenen Gesellschaft, einem regulierten Ständestaat, verfehlte seine Wirkung nicht. Aber von Judenfresserei wollten die Gewerkschaften nichts wissen. Die Regierung war bei den Arbeitern so verhaßt, daß alle Verlockungen durch christlichsoziale, der Obrigkeit genehme Formen auf taube Ohren fielen (347).

Die stürmischen Wahlen von 1881 gaben der Sozialdemokratie Gelegenheit zu zeigen, daß sie jede Zusammenarbeit mit den Antisemiten ablehnte. Nach dem ersten Wahlgang schon war es klar geworden, daß der Fortschritt, Bismarcks bête noire, die Niederlage doch nicht erleiden werde, die sich der Kanzler versprochen hatte. Stoecker, Adolph Wagner und andere prominente Männer der christlichsozialen Bewegung wandten sich an die Berliner Sozialdemokraten mit dem Angebot, sie in den Stichwahlen zu unterstützen und die Verlängerung des Sozialistengesetzes zu verhindern, falls Bebel, Liebknecht und Hasenclever als Wortführer der Partei Bismarcks Sozialgesetzgebung zustimmen und in Zukunft mit den Parteien der Sozialreform, also der Stoeckerbewegung, zusammenarbeiten wollten. Um keinen Zweifel zu lassen, daß die Regierung das Angebot billigte, schrieb die halboffizielle Norddeutsche Allgemeine Zeitung vom 12. November 1881, die wirklichen Nutznießer des Sozialistengesetzes seien die Fortschrittler; durch das Verbot der Arbeiterbewegung hätten sie aus den Reihen der Arbeiter, ihrer wirtschaftlichen Erzfeinde, politische Unterstützung gefunden. Zwischen den Zeilen konnte man lesen, die Regierung sei bereit, das Gesetz fallen zu lassen, sobald der »gesunde Kern der sozialistischen Ideen« herausgeschält und den »berechtigten Forderungen der Arbeiter« durch sozialreformerische Gesetzgebung entsprochen worden sei. Bebel und Liebknecht gaben in der Volkszeitung vom 19. November 1881 den christlichsozialen Unterhändlern »entschieden und bestimmt« folgende Antwort:

»1. daß wir jeden Schacher und Stimmenkauf von uns wiesen; daß wir lieber 3000 ehrlich gewonnene Stimmen, als 30 000 erkaufte haben wollen; daß wir nicht in der Lage seien, die mit Erlaß des Sozialistengesetzes inaugurierte Wirtschaftspolitik der Reichsregierung: Vermehrung und Erhöhung der indirekten Steuern und Zölle auf notwendige Lebensbedürfnisse, Vermehrung der Militärlasten, Innungsgesetz und dergleichen als arbeiterfreundlich anzuerkennen;

2. daß wir nie abgelehnt – wie unsere Haltung und unsere Erklärungen noch zuletzt gegenüber dem Unfallgesetz gezeigt – Reformvorschläge der Reichsregierung ernsthaft zu prüfen, zu versuchen, sie unsern Wünschen entsprechend umzugestalten und, wenn sie unserm Standpunkt entsprächen, zu akzeptieren, daß wir es aber ablehnen müßten, mit Parteien gemeinsame Sache zu machen, die in ihren Bestrebungen reaktionär und darum arbeiterfeindlich seien;

3. daß, wenn mit Punkt 2 die Annahme ausgesprochen sein sollte, als wollten wir eine gewaltsame Revolution, dies eine ganz willkürliche Annahme sei. Wir hätten stets erklärt, daß planmäßige, gründliche und ganze Reformen der gewaltsamen sozialen Revolution, die andernfalls eine notwendige Folge unserer politischen und ökonomischen Entwicklung sei, vorbeugen könnten und wir nicht verantwortlich seien für Dinge, die nicht in unserem Willen und in unserer Macht liegen, sondern von dem Willen und der Macht unserer bisherigen Gegner abhängen.«[348])

Die Sozialdemokratische Partei ließ alle Versuche Stoeckers und Bismarcks, sie in ein Bündnis gegen die Fortschrittler hineinzumanövrieren, scheitern, obwohl die Beziehungen zwischen Sozialisten und Fortschrittlern alles andere als freundlich waren. Die Festigkeit der Sozialisten erscheint um so bemerkenswerter, als die Arbeiter und der Mittelstand an Regierungsschutz und damit an einer Einheitsfront gegen die Parteien der freien Wirtschaft interessiert waren. Stoeckers Versammlungen waren überfüllt von Leuten, die wenig oder gar keine Abneigung gegen die Arbeiter und die Sozialisten hatten. Für eine weniger prinzipientreue Bewegung als die Sozialdemokratie hätte ein Bündnis mit einer so kräftigen antikapitalistischen Opposition verlockend sein können. Es war das Verdienst der orthodoxen Marxisten, daß die Partei jedes Bündnis mit sozialreformerischen Strömungen ablehnte, die gewöhnlich zum Antisemitismus tendierten oder ganz auf ihm fußten. Diese prinzipielle Position hatte sich herauskristallisiert im Kampf sowohl gegen die Philosophie des antisemitischen Anarchisten Eugen Dühring, der anfangs großen Einfluß in der Partei besaß, als auch gegen die ständestaatlichen Ideen des antisemitischen Kathedersozialisten Adolph Wagner. So groß war damals die ideologische Verwirrung, daß ihr selbst ein der Sozialdemokratie so nahestehendes Organ wie das »Jahrbuch für Sozialwissenschaft« (349) zum Opfer fiel. In einem dort erschienenen Bericht, »Die sozialistische Bewegung in Deutschland«, hieß es:

»Das Eindrängen sozialistischer Ideen in die Kreise der Gebildeten und Wohlhabenden ist zum Glück auch in Deutschland eine nicht mehr abzuleugnende Tatsache. Alle Studenten, welche Dühring, Schäffle und Adolph Wagner gehört oder gelesen haben, sind mehr oder minder schon vom sozialistischen ›Gift‹ infiziert. Das Auftreten der Pastoren Stoecker und Todt, ja das Verhalten des Fürsten Bismarck zu so entschieden sozialistisch, wenn auch nicht sozialdemokratisch gesinnten Personen wie Geheimrat Wagener und Lothar Bucher zeigt evident, daß die neue Wahrheit unwiderstehlich die Gemüter gefangen nimmt.«[350])

Nicht einmal während der Hochflut der Berliner Bewegung machte die Partei Konzessionen an das antisemitische Klima der Reichshauptstadt. In den Stadtverordnetenwahlen von 1883 stellte sie einen jüdischen Kandidaten, Paul Singer, gleichzeitig in zwei Wahlbezirken auf. Singer war keineswegs ein kleiner Schneider oder Grünwarenhändler, sondern ein sehr erfolgreicher Kleiderfabrikant. Die Arbeiter zeigten Verständnis für die herausfordernde Geste. In der Rede, mit der Singer am 11. September 1884 die Kandidatur annahm, sagte er, er fühle sich geehrt durch seine Nominierung, mit der die Arbeiter ihre Einstellung zum Antisemitismus demonstrativ kundgetan hätten.

»Meine Kandidatur in ihrer Bedeutung geht weit über meine Person hinaus, sie gibt die Gewißheit, daß die Arbeiter auch in Zukunft die Gleichheit für alle hochhalten werden, daß sie nicht fragen, wer ist der Mann, sondern: wie ist der Mann.«[351])

Die Rede wurde mit Begeisterung aufgenommen und Singer im ersten Wahlgang mit einer absoluten Mehrheit gewählt. Im folgenden Jahr wurde er Reichstagsmitglied, 1885 Fraktionsvorsitzender und 1886 unter dem Sozialistengesetz aus Berlin ausgewiesen. Aber je mehr er den Zorn der Regierung und der Antisemiten auf sich zog, desto mehr verehrten ihn die sozialistischen Arbeiter. Sie benutzten Singers erzwungene Abreise aus

Berlin zu einer Demonstration gegen Bismarck und den preußischen Innenminister Puttkamer. Von dem illegal gedruckten Abschiedsschreiben Singers an die Arbeiter wurden in Berlin 20 000 Exemplare verteilt, ohne daß es der Polizei gelang, auch nur einen der Verbreiter festzunehmen. In den Kartellwahlen von 1887 wurde Singer wieder in den Reichstag gewählt – mit der höchsten Stimmenzahl von allen Berliner Kandidaten.

Während der Reichstagswahlen von 1884 machte die verfolgte Sozialdemokratische Partei eine der wenigen Ausnahmen von ihrer Taktik, in Bezirken, wo ihre Kandidaten in aussichtsloser Minderheit geblieben waren, sich bei der Stichwahl lieber der Stimme zu enthalten als die Kandidaten einer anderen Partei zu unterstützen. Zwar hatte die Partei beschlossen, sich in dem Kampf zwischen Antisemiten und Freisinnigen neutral zu verhalten; als aber Stoecker in einem Berliner Bezirk dem Freisinnigen Virchow gegenüberstand, gab sie bekannt, sie stimme trotz aller Spannungen gegenüber den Freisinnigen für Virchow, um die Wahl Stoeckers zu verhindern. Ein von den Freisinnigen verteiltes Flugblatt enthielt Auszüge aus Erklärungen der sozialdemokratischen Parteiführer:

Liebknecht schreibt: »Ich halte es für Pflicht der Parteigenossen, für Virchow zu stimmen. Die Wahl Stoeckers in Berlin wäre eine Schande für uns.«

Auer schreibt: »Ich hasse den Fortschritt so gut wie Einer, aber ich habe trotzdem . . . erklärt, daß ich, wenn ich wählen müßte und könnte, dem Fortschrittler meine Stimme geben würde.«

Bebel schreibt: »Man hat recht, wenn man sagt, beide Parteien seien unsere Feinde; es versteht sich aber von selbst, daß man unter zwei Übeln das kleinere wählt. Nicht für Virchow haben die Sozialdemokraten zu stimmen, sondern gegen Stoecker.«

Hasenclever schreibt: »Ich stehe auf dem Standpunkt strikter Wahlenthaltung, erkläre jedoch, diejenigen sozialdemokratischen Wähler, welche von ihrem Wahlrecht Gebrauch machen wollen, haben gegen Stoecker zu stimmen.«[352])

Stoecker wurde besiegt – das war ein Zeichen des Niedergangs seiner Partei in Berlin. Um 1885 hatte die Berliner Bewegung ihren Auftrieb verloren. Der Sozialdemokratie aber gelang es, ihre Stimmenzahl in Berlin in den Wahlen von 1884 gegenüber 1881 stark zu verdoppeln und trotz der Unterdrückung mehr Anhänger zu gewinnen als die verhätschelten Konservativen und Antisemiten zusammen. Nicht ganz zu Unrecht konnte sie behaupten, die Zurückdrängung der antisemitischen Bewegung der achtziger Jahre sei vor allem ihr Verdienst.

Die heroische Zeit der Sozialdemokratischen Partei, die Jahre des Sozialistengesetzes, war auch die Zeit ihres aktivsten Kampfes gegen politischen Antisemitismus. Nicht daß die Sozialisten später ihre Haltung gegenüber der antisemitischen Bewegung geändert hätten; sie fuhren fort, sie politisch als reaktionär, soziologisch als eine Mittelstandserscheinung und psychologisch als eine Manifestation ökonomischer Angst zu beurteilen. Aber niemals wieder fand sich die Partei in einer so klaren Situation dem organisierten Judenhaß gegenüber. Opposition zu Stoeckers Agitation war reine Selbstverteidigung, die Ablehnung einer Zusammenarbeit mit der regierungskontrollierten Sozialreform eine Kriegserklärung an den kirchlich-konservativen Obrigkeitsstaat, den erklärten Todfeind. Da die Partei selbst unter dem Druck der Ausnahmegesetzgebung stand, reagierte sie empfindlich auf die Gefahr einer sich verschärfenden politischen Reaktion, wie die Angriffe auf die bürgerlichen Rechte der Juden sie anzukündigen schienen. Emanzipation der Juden und allgemeines Wahlrecht waren zeitlich und ursächlich so eng miteinander verbunden, daß sie als gemeinsame Errungenschaften der Demokratie erscheinen mußten.

Auf die Welle des radikalen, völkischen Antisemitismus Anfang der neunziger Jahre reagierten die Sozialisten merkbar anders als auf die Stoeckerbewegung zehn Jahre früher. Damals hatte die Partei spontan eine feindliche Haltung eingenommen, jetzt blieb sie distanziert und wartete ab, wenn auch mit sehr kritischen Blicken. Eine der Hauptursachen dieser Wandlung mag darin gefunden werden, daß der völkische Antisemitismus einen ganz anderen Charakter hatte als sein konservatives Gegenstück, daß er ideologisch und politisch eine viel kompliziertere Erscheinung war. Als politischer Bewegung fehlten ihm einige bedeutsame Züge, die der Stoeckerpartei ihr eigentliches Gepräge gegeben hatten: die hochachtbare Führerschaft und die stillschweigende Billigung von »Höchster Stelle«. Das politische Ziel der Berliner Bewegung war genau umschrieben und beschränkt. Walter Frank nennt es treffend den »letzten Versuch großen Stils ..., der seitens der konservativ-kirchlichen Kräfte Preußens gemacht wurde, um den Mächten der modernen Demokratie, der herrschenden Schicht liberaler Bourgeoisie und geldmächtigen Judentums sowie der im Hintergrund erst langsam zum Erfolg der Stimmzettelüberlegenheit emporsteigenden Sozialdemokratie die Hegemonie in der Reichshauptstadt streitig zu machen, Berlin wieder der Kirche und ›den Hohenzollern zu Füßen zu legen‹«[353]).

Was aber war nun das Programm des völkischen Antisemitismus? Seine politische Tätigkeit zeichnete sich aus durch Unsicherheit und Richtungslosigkeit. Er schien blindlings nach allen Seiten loszuschlagen, gegen Sozialdemokraten und Konservative, gegen Liberale und Katholiken. Die ziellose Aggressivität seiner Anhänger, ihre Unfähigkeit, sich zu einer einheitlichen und systematischen politischen Aktion zusammenzufinden, stempelte sie in sozialistischen Augen ab als »wildgewordene Kleinbürger«.

Nicht nur der Charakter des politischen Antisemitismus, auch die allgemeine politische Konstellation hatte sich geändert. Die alten Konservativen, Stoeckers Freunde, die einst den Kampf gegen die Sozialdemokratie angeführt hatten, waren allmählich von Magnaten und Sprechern der modernen Industrie und Finanz verdrängt worden. Infolgedessen hatte sich auch die Taktik der Sozialisten geändert. Mehring schrieb 1896:

»Wir haben die ganze Stoeckerei und was damit zusammenhing, aufs heftigste bekämpft, so lange sie an der Macht war. Sobald das kleine Junker- und das mit ihm verbündete Pfaffenthum abgedankt wurde zu Gunsten der Stumm und Genossen, zu Gunsten viel gefährlicherer Feinde der Massen, haben wir es vorgezogen, den gefährlicheren Feind zu bekämpfen, statt in blinder Wut hinter armen Schächern herzujagen . . .«[354])

Wie sehr auch diese neue politische Situation die veränderte Haltung der Sozialdemokraten zur zweiten Welle des Antisemitismus beeinflußt haben mag, so darf doch ein anderer, von Mehring nicht genannter Faktor nicht übersehen werden. Innerhalb der Partei selbst war ein Problem aufgetaucht, das zwar indirekt, aber unvermeidlich ihre Haltung gegenüber dem völkischen Antisemitismus beeinflußte. Es handelte sich um die schwerwiegende Frage, welchen Kurs die Arbeiterbewegung künftig einschlagen solle. In den zwölf Jahren der Unterdrückung hatte sie ihr politisches Renommee und ihre organisatorische Stärke erheblich steigern können. Das Sozialistengesetz hatte, nach Paul Singers Worten, die Sozialdemokraten zusammengehalten wie ein eiserner Ring. Nicht nur über die vereinigte Macht der Regierung und der Reaktion hatte der intransigente Marxismus triumphiert, er hatte anscheinend auch Recht behalten gegenüber den »kompromißlerischen« Tendenzen, die innerhalb der Partei bald nach ihrer Ächtung aufgetreten waren. Ein gemäßigter, von der sozialdemokratischen Reichstagsfraktion unterstützter Flügel hatte sich die ganze Zeit über für eine Politik eingesetzt, die den »eisernen Ring« zerbrechen, die Partei aus ihrer Isolierung befreien sollte. Schon gleich nach der Kaiserlichen Botschaft von 1881 hatten »Parlamentarismus« und »Lassalleanismus« in der Organisation Boden gewonnen, so etwa die Idee des Lassalleschen »sozialen Königtums« unter Hohenzollern-Junker-Führung. Die orthodoxen Marxisten in der Parteiführung aber hatten solchen »defaitistischen« Tendenzen erbitterten Widerstand geleistet.

Die offizielle sozialdemokratische Parteigeschichtsschreibung konzentrierte sich verständlicherweise auf die begeisternden Aspekte der »heroischen Zeit« von 1878 bis 1890, der ersten und letzten Erfahrung mit Illegalität, die die Partei im kaiserlichen Deutschland machte. Die historische Wirklichkeit aber sah komplizierter aus. Die Parteiführung hatte große Besorgnis gehabt, ob die Organisation auf unbestimmte Zeit der endlosen Reihe von Regierungsmaßnahmen – Erpressungen, Bestechungen, Beschlagnahmungen, Verhaftungen und Ausweisungen – werde Widerstand leisten können. Wie Bebel erwähnt, war man sich darüber klar, daß langandauernde Unterdrückung die Partei schließlich in eine konspirative Organisation verwandeln und daß dieser Prozeß ernste Gefahren heraufbeschwören müsse.

»Während der ganzen Dauer des Sozialistengesetzes sahen wir streng darauf, es zu keiner allgemeinen, über ganz Deutschland verbreiteten geheimen Organisation kommen zu lassen. Wir waren überzeugt, daß diese schon nach ganz kurzer Zeit entdeckt werden und dann zu einer allgemeinen Verfolgung schlimmster Art führen müsse.«[355])

Auch drohte der unnachgiebige Kampf gegen die Regierung wichtige Gruppen zu entfremden, die zu gewinnen eine gemäßigtere Opposition hoffen durfte. All diese Probleme waren von den führenden Sozialdemokraten während der Dauer des Sozialistengesetzes diskutiert worden. Diesmal zwar hatte die Partei den mutig und klug geführten Kampf gewonnen. Würde sie aber eine zweite Kraftprobe solcher Art bestehen können? Keiner der sozialdemokratischen Führer teilte den Optimismus von Friedrich Engels, der 1892 schrieb, die Partei würde ein neues Sozialistengesetz »spielend« überleben[356]).

Seit dem Tode von Marx arbeitete Engels unermüdlich daran, das theoretische und politische Erbe der revolutionären Philosophie zu bewahren. Besonders lebhaft beteiligte er sich an den Diskussionen innerhalb der deutschen Partei. Obwohl formell kein Mitglied, war er, wie Bebel sagte, ihr »Haupt«[357]). Die Artikel und Briefe, die er von 1878 bis zu seinem Tod 1895 schrieb, zeugen von seinem unerschütterlichen Glauben daran, daß die sozialistische Revolution in Deutschland unmittelbar bevorstehe. 1880 versicherte er Bebel, alle geschichtlichen Mächte arbeiteten für die Bewegung, nichts könne geschehen, ohne daß ihr daraus Vorteil erwüchse[358]). Er rechnete mit der Möglichkeit, daß die steckengebliebene bürgerliche Revolution von 1848 doch noch durchbreche. Die Kräfte der modernen Industrie, so meinte er, könnten sich nicht mit dem Platz zufriedengeben, den die Hohenzollernmonarchie ihnen zugewiesen hatte. Potentiell seien sie immer noch revolutionär gegenüber der Monarchie, der Armee, der Bürokratie und den halbfeudalen »Krautjunkern«. Als Bebel 1886 ihm seine Zweifel an einer solchen Einschätzung der deutschen Bourgeoisie ausdrückte, antwortete Engels: »Von der deutschen Bourgeoisie kannst Du keine schlechtere Ansicht haben als ich. Aber es fragt sich nur, ob sie nicht wider Willen gezwungen wird, durch die geschichtlichen Umstände, wieder aktiv einzugreifen ... Eine Stagnation, wie sie jetzt im politischen Deutschland herrscht – das echte zweite Kaiserreich – kann nur ein vorübergehender Ausnahmezustand sein; die große Industrie läßt sich ihre Gesetze nicht von der Feigheit der Industriellen diktieren, die ökonomische Entwicklung bringt die Kollisionen immer wieder hervor, treibt sie auf die Spitze und leidet nicht, daß die halbfeudalen Junker mit feudalen Gelüsten über sie auf die Dauer herrschen.« [359]) Nach dem sozialdemokratischen Sieg in den Reichstagswahlen von 1884 schrieb Engels triumphierend an Kautsky: »Das Sozialistengesetz ist gerichtet. Staat und Bourgeoisie haben sich uns gegenüber tödlich blamiert.« [360]) Der Riesenerfolg in den Wahlen von 1890 ließ ihn an Wilhelm Liebknecht schreiben: »In drei Jahren können wir die Landarbeiter haben, und dann haben wir die Kernregimenter der preußischen Armee.« [361]) Am 19. April 1890 nahm Engels in einem Brief, dessen Adressaten man nicht kennt, der aber mit seiner Erlaubnis in der Wiener sozialdemokratischen Arbeiter-Zeitung vom 9. Mai 1890 teilweise abgedruckt wurde, zur Frage des Antisemitismus Stellung:

»Ob Sie aber mit dem Antisemitismus nicht mehr Unglück als Gutes anrichten werden, muß ich Ihnen zu bedenken geben. Der Antisemitismus ist das Merkzeichen einer zurückgebliebenen Kultur und findet sich deshalb auch nur in Preußen und Österreich, respektive Rußland. Wenn man hier in England oder in Amerika Antisemitismus treiben wollte, so würde man einfach ausgelacht und Herr Drumont erregt in Paris mit seinen Schriften – die an Geist denen der deutschen Antisemiten unendlich überlegen sind – doch nur ein bißchen wirkungslose Eintags-Sensation. Zudem muß er ja jetzt, da er als Stadtratskandidat auftritt, selbst sagen, er sei gegen das christliche Kapital ebensosehr, wie gegen das jüdische! Und Herrn Drumont würde man lesen, wenn er auch die gegenteilige Meinung verträte.

Es ist in Preußen der Kleinadel, das Junkertum, das 10000 Mark einnimmt und 20000 Mark ausgibt und daher den Wucherern verfällt, das in Antisemitismus macht, und in Preußen und Österreich ist es der dem Untergang durch die großkapitalistische Konkurrenz verfallene Kleinbürger, Zunfthandwerker und Kleinkrämer, der den Chor dabei bildet und mitschreit. Wenn aber das Kapital diese Klassen der Gesellschaft vernichtet, die durch und durch reaktionär sind, so tut es, was seines Amtes ist, und tut ein gutes Werk, einerlei, ob es nun semitisch oder arisch, beschnitten oder getauft ist; es hilft den zurückgebliebenen Preußen und Österreichern vorwärts, daß sie endlich auf den modernen Standpunkt kommen, wo alle alten gesellschaftlichen Unterschiede aufgehen in den einen großen Gegensatz von Kapitalisten und Lohnarbeitern. Nur da, wo dies noch nicht der Fall, wo noch keine starke Kapitalistenklasse existiert, also auch noch keine starke Lohnarbeiterklasse, wo das Kapital noch zu schwach ist, sich der gesamten nationalen Produktion zu bemächtigen und daher die Effektenbörse zum Hauptschauplatz seiner Tätigkeit hat, wo also die Produktion noch in den Händen von Bauern, Gutsherren, Handwerkern und ähnlichen aus dem Mittelalter überkommenen Klassen sich befindet – nur da ist das Kapital vorzugsweise jüdisch und nur da gibt's Antisemitismus.

In ganz Nordamerika, wo es Millionäre gibt, deren Reichtum sich in unseren lumpigen Mark, Gulden oder Franken kaum ausdrücken läßt, ist unter diesen Millionären nicht ein einziger Jude, und die Rothschilds sind wahre Bettler gegen diese Amerikaner. Und selbst hier in England ist Rothschild ein Mann von bescheidenen Mitteln zum Beispiel gegenüber dem Herzog von Westminster. Selbst bei uns am Rhein, die wir mit Hilfe der Franzosen den Adel vor 95 Jahren zum Land hinausgejagt und uns eine moderne Industrie geschaffen haben, wo sind die Juden?

Der Antisemitismus ist also nichts anderes als eine Reaktion mittelalterlicher, untergehender Gesellschaftsschichten gegen die moderne Gesellschaft, die wesentlich aus Kapitalisten und Lohnarbeitern besteht, und dient daher nur reaktionären Zwecken unter scheinbar sozialistischem Deckmantel; er ist eine Abart des feudalen Sozialismus, und damit können wir nichts zu schaffen haben. Ist er in einem Lande möglich, so ist das ein Beweis, daß dort noch nicht genug Kapital existiert. Kapital und Lohnarbeit sind heute untrennbar. Je stärker das Kapital, desto stärker auch die Lohnarbeiterklasse, desto näher also das Ende der Kapitalistenherrschaft. Uns Deutschen, wozu ich auch die Wiener rechne, wünsche ich also recht flotte Entwicklung der kapitalistischen Wirtschaft, keineswegs deren Versumpfung im Stillstand.

Dazu kommt, daß der Antisemitismus die ganze Sachlage verfälscht. Er kennt nicht einmal die Juden, die er niederschreit. Sonst würde er wissen, daß hier in England und in Amerika, dank den osteuropäischen Antisemiten, und in der Türkei, dank der spanischen Inquisition, es Tausende und Abertausende jüdischer Proletarier gibt; und zwar sind diese jüdischen Arbeiter die am schlimmsten ausgebeuteten und die allerelendesten. Wir haben hier in England in den letzten zwölf Monaten drei Streiks jüdischer Arbeiter gehabt, und da wollen wir Antisemitismus treiben als Kampf gegen das Kapital?

Außerdem verdanken wir den Juden viel zu viel. Von Heine und Börne zu schweigen, war Marx von stockjüdischem Blut; Lassalle war Jude. Viele unserer besten Leute sind Juden. Mein Freund Victor Adler, der jetzt seine Hingebung für die Sache des Proletariats im Gefängnis in Wien abbüßt, Eduard Bernstein, der Redakteur des Londoner ›Sozialdemokrat‹, Paul Singer, einer unserer besten Reichstagsmänner – Leute, auf deren Freundschaft ich stolz bin, und alles Juden! Bin ich doch selbst von der ›Gartenlaube‹ zum Juden gemacht worden, und allerdings, wenn ich wählen müßte, dann lieber Jude als ›Herr von‹ . . .!«[362])

1891 sagte Engels »eine mehr und mehr revolutionäre Wendung«[363]) voraus, die ungefähr 1898 eintreten werde. Ein größerer Zusammenbruch auf dem Weltmarkt werde zum Krieg in Europa führen und die Gelegenheit für eine sozialistische Revolution schaffen. Da so die Zeit für die Sozialdemokratie arbeite, sogar unter der schweren Hand einer halbabsolutistischen Regierung, und da die Bedürfnisse des modernen Kapitalismus einen dauernden Kompromiß zwischen den alten und den neuen gesellschaftlichen Klassen ausschlössen, sollten die Sozialisten sich davor hüten, der Regierung einen Vorwand für eine offene Militärdiktatur zu liefern (364). Engels befürchtete, ein vorzeitiger Versuch der Proletarier, die Macht zu übernehmen, werde das Bürgertum wieder in die Arme der Reaktion treiben. Soweit indessen ein Bündnis der Arbeiterschaft mit den liberalen Kräften der Bourgeoisie notwendig werden sollte, um die alten Mächte zu stürzen, dürfe es sich nur um eine vorübergehende Partnerschaft handeln. Um den Sieg des Sozialismus zu garantieren, müsse die Sozialdemokratische Partei eine dezidiert revolutionäre Organisation bleiben, die Partei der Industrie- und Landarbeiter. Verlorene Wahlen, gelegentliche Unbeliebtheit bei den Massen des Volkes, zeitweilige Rückschläge aller Art seien unvermeidlich, aber im Grunde ohne Bedeutung für das Schicksal einer Partei, welche die fortgeschrittenste Gesellschaftsklasse vertrete (365).

Ihren revolutionären Charakter könne die Sozialdemokratische Partei nur dann bewahren, betonte Engels, wenn sie alle Versuche aufgebe, jene Gruppen freundlich zu stimmen, die zwar ebenfalis unter dem Druck der modernen Industrie und Finanz litten, aber doch die ideologischen und materiellen Interessen des Privateigentums verträten. Es sei objektiv unmöglich, die Räder des Kapitalismus, unter denen überholte Eigentumsverhältnisse zerrieben würden, zurückzudrehen, und deshalb Schwindel und reine Demagogie, wollte man archaischen Klassen ihre ökonomische Rettung versprechen. Der siegreiche Sozialismus werde ihnen bei der Einordnung in die neue Gesellschaft helfen (366).

Der orthodoxe Flügel der Partei billigte die wirtschaftlichen Analysen von Engels, zog aber ganz andere Schlußfolgerungen daraus. Als Engels 1891 eine schwere Krise für die nächsten Jahre voraussagte, stimmte ihm Bebel, der ihm unter allen Parteiführern am nächsten stand, gegen die Parteimehrheit zu[367]). Aber während Engels eine solche Krise als Gelegenheit für revolutionäre Aktion bezeichnete, war sie für Bebel ein Grund, sich der Aktion zu enthalten: der kommende Wirtschaftszusammenbruch werde politisches Eingreifen überflüssig machen. Während für Engels die Aussicht auf eine kurze Periode ökonomischer Stabilität die Verpflichtung enthielt, sich auf die darauf zu erwartende revolutionäre Lage vorzubereiten, sah Bebel darin eine Chance, die Einheit der Partei gegen die

»Revisionisten« des rechten und die ultraradikalen, zum Anarchismus neigenden Feuerköpfe des linken Flügels zu bewahren. Der Kapitalismus, glaubte Bebel, müsse an seinen eigenen Widersprüchen zugrunde gehen; die moderne Industrie sei ihrem innersten Wesen nach revolutionär.

Damit hatte die Wandlung, welche die revolutionäre Theorie in der späteren Geschichte der Partei durchmachen sollte, begonnen. Die radikale Phrase war von nun an einem wachsenden Glauben an ökonomischen Determinismus verschwistert, der den »blinden Kräften« des Kapitalismus mehr zutraute als einer politischen Aktion. Bei den Diskussionen über die Agrarfrage, in der die Sozialdemokraten den Angelpunkt der antisemitischen Bewegung der neunziger Jahre sahen, lähmte diese Verquickung von radikaler Phraseologie und Vertrauen auf ökonomische Vorbestimmtheit die Entscheidungen der Partei.

In der modernen deutschen Wirtschaft hatte sich das System der freien Konkurrenz in geringerem Maße entwickelt als in anderen westlichen Ländern. Früh schon war sie durch Staatsinterventionen, Interessenverbände und Kartellabkommen zu einer im eminenten Sinne »politischen Ökonomie« geworden, ein System mit einer eigenen Dynamik, auf das sich die Kategorien der freien Marktwirtschaft kaum mehr anwenden ließen. Marx hatte sich auf empirische englische Daten gestützt, als er seine Gesetze der kapitalistischen Ökonomie formulierte. Seine deutschen Jünger liebten es, in ökonomischen Analogien zu denken. England, das kapitalistisch fortgeschrittenste Land, das allen rückständigen Nationen den Spiegel ihrer weiteren Entwicklung vorhalte, hatte bei seinem Aufstieg zur Vormacht in Industrie und Handel viele unabhängige landwirtschaftliche Betriebe zugrundegehen lassen. Diese Tatsache wurde zum entscheidenden Argument bei der Diskussion über die Zukunft der deutschen Landwirtschaft und das Schicksal der »Zwischenschichten«. 1891 hatte die Partei, im Jubel über den »Sieg über Bismarck und die Bourgeoisie«, ein neues Programm entworfen, das zuversichtlich von der Voraussetzung ausging, die ökonomische Entwicklung der bürgerlichen Gesellschaft müsse »mit Naturnotwendigkeit« zum Ruin der kleinen Unternehmen führen; die kleineren Bauern wurden ausdrücklich den »untergehenden Zwischenschichten« zugerechnet. Der eigentliche Grund dafür, daß die Sozialdemokratie den angekündigten wirtschaftlichen Exitus dieser Gruppen nicht stillschweigend übergehen durfte, war die peinliche Tatsache, daß nicht sie, die revolutionäre Partei, sondern die antisemitische Bewegung deren politisches Erbe anzutreten drohte. Zum ersten Male war ein ernsthafter Konkurrent aufgetaucht, der die künftigen Proletarier und potentiellen

Sozialdemokraten daran hindern konnte, sich der revolutionären Bewegung anzuschließen. Der außerordentliche Zuwachs des völkischen Antisemitismus in den ländlichen Gegenden zwang die Partei, sich der »Agrarfrage« zu widmen.

Woher den Antisemiten ihre großen Erfolge kamen, darüber gab es in der Partei keine Meinungsverschiedenheit: die Krise in der Landwirtschaft ließ die ländliche Bevölkerung auf die antikapitalistische Demagogie der Judenfresser hören. Welches Schicksal den völkischen Antisemitismus schließlich erwarte, schien ebenso eindeutig zu sein: die politisch »erwachten« Gruppen würden ihn wieder verlassen und den Weg zur einzig wahren antikapitalistischen Partei finden. In dieser Auffassung stimmten orthodoxe Marxisten wie Bebel und Kautsky mit Revisionisten wie Bernstein und Heinrich Braun (368) überein.

Es blieb also nur die Frage, wie man die »Erwachten« dazu bringen könne, Sozialdemokraten zu werden. Wollte man diese Frage ernsthaft anschneiden, so mußte das Problem des Antisemitismus ins Zentrum des Konfliktes zwischen dem orthodoxen und dem revisionistischen Flügel rücken. Obwohl man wenig geneigt war, die organisatorische Einheit der Partei aufs Spiel zu setzen, ließ sich eine prinzipielle Auseinandersetzung zwischen den beiden Richtungen kaum länger vermeiden (369).

Immer häufiger wurde darauf hingewiesen, es sei dringend geboten, die politische Arbeit von den Städten auf die Dörfer auszudehnen. Durch die Fortschritte der völkischen Antisemiten sah sich die Partei in ihrer Entwicklung gehemmt; viele Ortsgruppen begannen, über den durch Boeckels und Ahlwardts Agitation ausgeübten Druck zu klagen. Der Delegierte von Marburg hatte schon 1890 auf dem Parteitag in Halle erklärt:

»Auch wir in Hessen sind der Überzeugung, daß für die ländliche Bevölkerung etwas geschehen muß, wenn anders wir Boeckels Agitation gegenüber nicht in einzelnen Distrikten zurückweichen sollen.«[370])

Er hatte den Antrag gestellt, die Partei solle die Marburger Genossen unterstützen, damit an der Quelle der antisemitischen Agitation eine wirksame Gegenkampagne eingeleitet werden könne. Aber der Antrag war auf die Tagesordnung des nächstjährigen Parteitages gesetzt worden. In Süddeutschland, wo der Revisionismus viele Anhänger zählte, hatte sich inzwischen die Lage zugespitzt. Georg von Vollmar, unter dem Sozialistengesetz einer der mutigsten Führer, drang darauf, daß die Partei eine realistischere Politik gegenüber den kleinen Landwirten betriebe. Die Sozialdemokratie dürfe nicht erwarten, in den Dörfern Freunde zu gewinnen, solange sie den Bauern nichts anderes zu sagen habe, als daß ihr Schicksal durch die kapitalistische Entwicklung besiegelt sei. Diese Forderung nach einem Programm für »Bauernschutz« war nur ein Teil eines umfassenden Angriffs auf die orthodoxe Parteiführung. Vollmar verlangte eine »umsichtige Politik des Verhandelns«, durch welche die Partei allmählich ihrem Ziel der Machtübernahme näherkommen könne.

Die »Agrarfrage« wurde von nun an ein heiß umstrittenes Thema in Theorie und Praxis des Sozialismus. Auch auf andere sozialistische Parteien Europas griff die Debatte über, aber nur in Deutschland war sie so eng mit dem Problem des politischen Antisemitismus verbunden (371). Die Führung der Sozialdemokratischen Partei versuchte längere Zeit, einer Entscheidung auszuweichen. Der Parteitag von 1891 unterließ es, zum Antrag des Marburger Delegierten vom Vorjahr Stellung zu nehmen. 1892 mußten zwei Punkte der Tagesordnung des Parteitages in Berlin »aus Zeitmangel« vertagt werden: »Die Wirtschaftskrise und ihre Folgen« und »Antisemitismus und die Sozialdemokratie« (372). Der Kölner Parteitag von 1893 endlich beschloß, die Diskussion über den Antisemitismus stattfinden zu lassen. Aber noch immer gab es erheblichen Widerstand. Ein Berliner Delegierter zum Beispiel stellte einen Gegenantrag: die Ahlwardt-Boeckelsche antisemitische Bewegung enthalte revolutionäre Elemente, die Partei habe keinen Anlaß, in starrer Opposition allen antisemitischen Parteien gegenüber zu verharren. Der Gegenantrag wurde abgelehnt, nachdem Bebel selbst betont hatte, es sei an der Zeit, die Stellung der Partei zu klären.

Das lange Zögern der Partei kam natürlich nicht aus heimlicher Sympathie für Antisemitismus, sondern aus der Vorstellung, die antisemitische Bewegung sei wider Willen eine Hilfstruppe des Sozialismus oder zumindest ein Reservoir künftiger sozialdemokratischer Wähler. Außerdem hatte sich die Partei noch nicht entschieden, welche Politik sie der bedrängten und verbitterten Landbevölkerung gegenüber einschlagen sollte. Derselbe Parteitag, auf dem die große Debatte über Antisemitismus stattfand, beschloß denn auch, sich der Agrarfrage zuzuwenden. Antisemitismus, Agrarfrage und sozialdemokratische Mittelstandspolitik im allgemeinen konnten nicht mehr voneinander getrennt werden.

Für Marxisten aller Richtungen war der Kausalnexus zwischen ökonomischen und ideologischen Erscheinungen selbstverständlich. Über die Ursachen des Antisemitismus war man sich einig, keineswegs aber über die im Kampf gegen die Ahlwardts und Boeckels zu ergreifenden Maßnahmen. Bauern und kleine Geschäftsleute waren Antisemiten geworden, weil sie um ihren Besitz bangten. Ein erfolgreicher Kampf gegen bäuerlichen Antisemitismus verlangte also ein Programm zum Schutze des kleinen Eigentums. Eine solche »reformistische« Politik aber bedeutete Verrat an den Grundsätzen der marxistischen Ökonomie, wie die Orthodoxen sie verstanden, und würde, was noch schlimmer war, einem Verzicht auf den proletarischen Charakter der Partei, auf das orthodoxe Konzept von der großen proletarischen Revolution gleichkommen.

Die Problematik war allen klar. Als die Revisionisten unter der Führung von Jean Jaurès in Frankreich, von Georg von Vollmar und Eduard David in Deutschland ernstlich drohten, die sozialistischen Parteien auf eine Mittelstandspolitik zu verpflichten, griff Engels sie in der Neuen Zeit an. In einer Artikelserie »Die Bauernfrage in Frankreich und Deutschland« schrieb er:

»Wir können den Bauern, der uns zumutet, ihm sein Parzelleneigentum zu verewigen, nicht als Parteigenossen brauchen, ebensowenig wie den kleinen Handwerker, der sich als Meister verewigen will. Diese Leute gehören zu den Antisemiten. Mögen sie zu diesen gehen, sich von diesen die Rettung ihres kleinen Betriebs versprechen lassen; haben sie dort erfahren, was es mit diesen glänzenden Phrasen auf sich hat und welche Melodien die Geigen spielen, von denen der antisemitische Himmel voll hängt, dann werden sie in stets wachsendem Maß einsehen, daß wir, die wir weniger versprechen und die Rettung in einer ganz anderen Richtung suchen, daß wir doch die sichereren Leute sind...« (373)

Die Revisionisten wünschten ein Programm gesetzgeberischer Hilfe für die bedrängten Gruppen außerhalb der Arbeiterschaft. Die orthodoxen Marxisten hielten einen solchen Weg für zwecklos und unehrlich; außer der sozialen Revolution gäbe es kein Heilmittel für die Wunden, die der Kapitalismus geschlagen hatte und immer von neuem schlagen mußte. Auf dem Kölner Parteitag 1893 sagte Bebel ganz offen:

»Was uns in diesen Kreisen [der Kleinbauern, Kleingewerbe- und Handeltreibenden] die Agitation so erschwert, ist, daß wir als ehrliche Leute ihnen sagen müssen: Wir haben keine Heilmittel innerhalb der heutigen Gesellschaft, Euch auf die Dauer zu retten.« (374)

Auf dem Parteitag von 1896 endete die Debatte über die Agrarfrage mit der Ablehnung des Reformprogrammes, das ein besonderes Parteikomitee mit Bebels und Liebknechts Hilfe entworfen hatte. Es gelang Karl Kautsky, dem Altmeister der orthodoxen Schule seit Engels' Tod, eine Mehrheit für die Ablehnung zu finden, weil der Entwurf das Eigentum der Bauern sichern und dem Staat zusätzliche Macht gewähren wolle, was nur dazu angetan sei, den Klassenkampf zu erschweren.

»Der proletarische Charakter der Partei muß erhalten bleiben!« Diese

»radikale« Auffassung wurde in den neunziger Jahren beibehalten. Dementsprechend wurde auch die offizielle Parteipolitik dem politischen Antisemitismus gegenüber festgelegt. Sie mußte auf die doppelte Aufgabe des orthodoxen Flügels zugeschnitten sein: den Bestand der »revolutionären« Partei und der »reinen« Lehre zu sichern, ohne sich in einen neuen Entscheidungskampf mit der Staatsgewalt einzulassen. Die offizielle Erklärung besagte also, daß die antisemitische Bewegung eine leidenschaftliche Reaktion gegen den Kapitalismus darstelle; sie richte sich irrtümlich gegen eine bestimmte Gruppe von Kapitalisten statt gegen das ganze kapitalistische System; sie sei im wesentlichen antikapitalistisch und daher potentiell revolutionär, wenn sie auch in einer unreifen Form von Rebellion auftrete, nichtig und lebensunfähig wie die Gruppen selbst, die ihr anhingen, gewissermaßen das Todesröcheln dahinsterbender Klassen. Durch eine solche Interpretation des Antisemitismus gewann der orthodoxe Flügel (374a) wichtiges Beweismaterial für die Verteidigung seiner Stellung gegen den Druck der Revisionisten. Die Äußerungen der sozialdemokratischen Führer müssen in diesem Lichte gesehen werden. Wenn sie gewisse Züge des Antisemitismus hervorhoben und andere vernachlässigten, so steckten dahinter die Interessen einer allgemeinen Strategie, die wenig oder gar nichts mit den Juden, aber sehr viel mit der Zukunft der Partei zu tun hatte. Zur Rechtfertigung der Nichteinmischungspolitik diente zum Beispiel der von Bebel formulierte Beschluß des Kölner Parteitages von 1893:

»Die Sozialdemokratie bekämpft den Antisemitismus als eine gegen die natürliche Entwicklung der Gesellschaft gerichtete Bewegung, die jedoch trotz ihres reaktionären Charakters und wider ihren Willen schließlich revolutionär wirkt, weil die von dem Antisemitismus gegen die jüdischen Kapitalisten aufgehetzten kleinbürgerlichen und kleinbäuerlichen Schichten zu der Erkenntnis kommen müssen, daß nicht bloß der jüdische Kapitalist, sondern die Kapitalistenklasse überhaupt ihr Feind ist und daß nur die Verwirklichung des Sozialismus sie aus ihrem Elende befreien kann.«[375])

Die Hoffnung auf schnelle Proletarisierung der unteren Mittelschichten und auf einen baldigen Sieg des Sozialismus war die Entschädigung – und Entschuldigung – für die von der Mehrheit der Parteiführer empfohlene Passivität. Die ließ sich um so leichter ertragen, als der jüdischen Gruppe keine ernsthafte Gefahr drohte und die antisemitische Welle zu verebben begann. Die antisemitischen Agitatoren selbst schienen es darauf angelegt zu haben, die orthodoxe Prognose zu bestätigen, derzufolge die deklassierten Gruppen auf ihrer Suche nach politischer Orientierung in die Richtung der Sozialdemokratie getrieben würden. Auf der Höhe ihrer Laufbahn bedienten sich Ahlwardt und Boeckel oft einer Terminologie, die der marxistischen sehr nahe kam. Der Vorwärts nahm es ironisch und herablassend zur Kenntnis (376). Gegen Ende 1894 legte Ahlwardt ein Programm für eine neue Reichsorganisation des Antisemitismus vor. Es enthielt außer den Forderungen nach unbegrenztem Kredit für Handel und Handwerk und nach lebenslänglicher Ernennung von Beamten auch die nach »Überführung der großen Betriebe in der Industrie und Landwirtschaft in den Gemeinbesitz« [377]). Wegen seines »Sozialismus« zur Rede gestellt, verteidigte sich Ahlwardt damit, daß die Zukunft der antisemitischen Bewegung bei der Arbeiterschaft läge:

»Wer die Massen gewinnen wolle, muß mehr bieten als die Sozialdemokraten. Wenn es nicht gelingt, die Arbeiter von der Sozialdemokratie abzubringen, so ist der Antisemitismus verloren, der Mittelstand allein ist schon zu schwach und zu sehr ausgesogen, um das antisemitische Prinzip zum Siege zu führen.«[378])

Im selben Jahr hatte Boeckel in seiner Zeitung, dem Reichsherold, einen Artikel veröffentlicht, in dem er offenbar der Rassentheorie den Abschied gab. Es hieß dort:

»Der geldgierige Großkapitalist – ganz einerlei ob Jude oder Nichtjude – ist der Würgeengel unseres Volkes, dem er die Arbeitsgelegenheit entzieht. Das Aufspeichern großer Reichtümer muß zur Verarmung und zur Verkehrsstockung führen.«[379])

Das sei »deutlich«, sagte der Vorwärts in einer Glosse unter dem Titel »Der Antisemitismus als ›Vorfrucht‹ der Sozialdemokratie«, und er schloß mit den Worten:

»Das muß die Anhänger des Herrn Boeckel, wenn sie ihm einmal bis zu diesem Punkte gefolgt, schließlich in das Lager der Sozialdemokratie treiben.«[380])

Auf der Höhe der Ahlwardtschen Agitation faßte Bebel die Haltung der Sozialdemokratie zusammen:

»Uns kann es nur recht sein, wenn sich die herrschenden Klassen unter einander bekriegen und alles Vertrauen wankt und der Ekel vor dieser Ordnung der Gesellschaft wächst. Wir sehen ruhig zu und warten.«[381])

Exkurs: Der Fall Franz Mehring

Von allen sozialdemokratischen Schriftstellern trug zur Zeit der Ahlwardtskandale der Berliner Korrespondent der Neuen Zeit, Franz Mehring, am meisten zur Diskussion über den politischen Antisemitismus bei. Kein anderer marxistischer Publizist machte das »ekelerregende Schauspiel des Antisemitismus« so oft wie er zum Ausgangspunkt seiner Kritik an der kapitalistischen Gesellschaft. Kein anderer verband so regelmäßig seine Angriffe auf den Antisemitismus mit sarkastischen Bemerkungen über den »Philosemitismus«. Am Beispiel der Mehringschen Polemik lassen sich vielleicht generelle Beobachtungen darüber machen, wie sich die marxistische Theorie auf die weitverbreitete Abneigung gegen die kulturelle und politische Entwicklung der neuen Gesellschaft, den »jüdischen« Kapitalismus, auswirkte.

Als Student war Mehring von den Lehren Lassalles, dieser »genialen und ursprünglichen Natur«[382]), angezogen worden und hatte sich, von der Notwendigkeit radikaler Sozialreformen überzeugt und vom Manchestertum abgestoßen, dem Sozialismus zugewandt, »dem Bündnis zwischen der höchsten geistigen Elite der Wissenschaft und dem gesunden, tiefen, noch durch keine falsche und halbe Bildung angekränkelten Verstande der großen Arbeitermasse . . .«[383]).

Als 1875 die beiden sozialistischen Parteien sich vereinigten und die Marxisten die Oberhand über die Lassalleaner gewannen, verließ Mehring die Arbeiterbewegung; er begann sogar, die junge Sozialistische Arbeiterpartei anzugreifen. Die marxistische Doktrin eines unversöhnlichen Gegensatzes innerhalb der Gesellschaft war ihm zuwider. Er hatte vorher in Treitschkes Angriff auf den Sozialismus dieselbe »fanatische Predigt des unüberbrückbaren Klassenunterschiedes«[384]) gefunden. Die Arbeiter, hoffte Mehring, würden Schmollers Widerlegung der Treitschkeschen Thesen lesen und »aus der Lektüre die tröstliche Zuversicht schöpfen . . ., daß es auch in den höheren Ständen noch Männer von Kopf und Herz gibt, welche gegen die brutalen Doktrinen des Manchestertums energisch Front machen«[385]).

Nicht nur von der marxistischen Lehre fühlte Mehring sich abgestoßen sondern auch von der Art, in der sie den Arbeitern übermittelt wurde. Er verabscheute die Mittelmäßigkeit der kleinen Parteifunktionäre, ihren Mangel an Respekt für das geschichtliche Erbe, ihren sturen Dogmatismus. Sie waren für ihn »einer wie der andere, von dem obersten Phrasenwellenschlage unserer geistigen Entwicklung flach und platt gespült, wie die Kiesel am Meeresstrande«[386]).

Nachdem die Marxisten die sozialistische Bewegung in die Hand bekommen hatten, fürchtete Mehring für das ihm vorschwebende Bündnis zwischen Wissenschaft und Arbeit; das vom Kapitalismus bedrohte kulturelle Erbe schien ihm nun auch bei den Sozialisten nicht mehr gut aufgehoben zu sein.

Den Anlaß für seinen ersten scharfen Zusammenstoß mit den Sozialdemokraten (387) gab ein Angriff auf die Frankfurter Zeitung. 1876 kritisierte er das Blatt, weil es die wilden Spekulationen der frühen siebziger Jahre sanktionierte, woraufhin ihn Most und Liebknecht einen Wortführer der Reaktion nannten. Mehring erschien es als ein Zeichen der Korruption, daß die Sozialdemokraten es für notwendig hielten, einem liberalen Blatt zu Hilfe zu kommen, weil Bebel und Liebknecht früher mit seinem Besitzer Leopold Sonnemann gemeinsame Politik gemacht hatten. Seiner Meinung nach mußte das sich als demokratisch deklarierende Blatt schonungslos angeprangert werden, da es die Sache der Demokratie im Interesse des Kapitalismus kompromittiert habe. Schon bei diesem frühen Streit mit dem – diesmal in der Tat jüdischen – Liberalismus klang der Grundton an, der in Mehrings späteren Schriften immer wiederkehrte; er warf den Liberalen politische, soziale und kulturelle Unverantwortlichkeit vor.

Es geschah noch im Sinne des konservativen »noblesse oblige«, wenn Mehring zu Beginn der achtziger Jahre gegen die Demagogie Stoeckers und seiner Christlichsozialen Partei zu Felde zog. In ihrer Art, das Thema anzupacken, erinnert seine meisterhafte Broschüre über Stoecker [388]) an die Abhandlungen, in denen Maximilian Harden sich mit der Berliner Bewegung und ihrem führenden Kopf auseinandersetzte (389).

Seit 1886 gab Mehring die Berliner Volkszeitung heraus, ein viel gelesenes demokratisches Blatt, an dem auch Harden mitarbeitete. Unter Mehrings Leitung hatte es als einzige Zeitung der Hauptstadt den Mut, Bismarck an seiner empfindlichsten Seite anzugreifen: es protestierte gegen die behördliche Verfolgung der geächteten Sozialdemokratischen Partei. Die Regierung übte Vergeltung: immer wieder wurde die Zeitung beschlagnahmt; Mehring selbst kam gerade noch daran vorbei, wegen Verletzung des Sozialistengesetzes eingesperrt zu werden. Führende Sozialdemokraten bezeugten später:

»Als die Sozialdemokratie aus tausend Wunden blutend zu Boden lag, ihre bürgerlichen Freunde sich alle von ihr zurückgezogen hatten . . ., da wandte Mehring sich ihr wieder zu und trat für sie kräftig in die Schranken.« (390)

Niemals zögerte Mehring, die Mächtigen und Reichen herauszufordern, wenn er glaubte, daß sie ihre Vorrechte mißbrauchten. Bevor er zu der Überzeugung gekommen war, die Klassengesellschaft als solche impliziere notwendig die Verletzung des Rechts, griff er die Agenten des individuellen Unrechts an. Ein solcher Fall endete damit, daß er seine Tätigkeit bei der Volkszeitung aufgab und sich wieder dem radikalen Sozialismus näherte. Aus Besorgnis über die »kapitalistische Entartung«, die besonders die Zeitungen mit Massenauflagen »zu einem Werkzeuge der geistigen Verdummung, der sittlichen Verderbnis und der sozialen Unterdrückung«[391]) werden lasse, hatte Mehring den Journalisten und Bühnenschriftsteller Paul Lindau angegriffen, der als Theaterkritiker des Berliner Tageblatts im literarischen und künstlerischen Leben der Hauptstadt eine wichtige Rolle spielte (392). Lindau war jüdischer Herkunft. Ein Mitbesitzer des Berliner Tageblatts, der Millionär Emil Cohn, kaufte daraufhin die Berliner Volkszeitung und machte, mit Hilfe des freisinnigen Landtagsabgeordneten Hermes, der im Aufsichtsrat der Volkszeitung saß, Mehring das Leben schwer, bis dieser schließlich zurücktrat. Die Kathedersozialisten Gustav Schmoller und Lujo Brentano boten Mehring eine wissenschaftliche Stellung an, aber er zog es vor, zur Sozialdemokratie zu gehen. 1891 wurde er Mitherausgeber der Neuen Zeit und, zusammen mit Rosa Luxemburg und Paul Lensch, auch der Leipziger Volkszeitung, einer der größten Tageszeitungen der Partei. Binnen weniger Jahre hatte er sich den Ruf des bestinformierten und aggressivsten Polemikers der Partei erworben.

In einer Rückschau auf den Weg seiner Entwicklung sagte Mehring später, die entscheidende Wendung sei gekommen, als er seine Hoffnungen auf soziale Reformen aufgeben mußte, »als statt des Arbeiterschutzes die Schutzzölle, statt der Förderung des Gewerkschaftswesens die polizeiliche Unterdrückung der arbeitenden Klassen usw. kamen«[393]).

Aus seiner Enttäuschung über die Haltung der besitzenden Klasse erwuchs allmählich die beißende Ironie, mit der er sie in den meisten seiner späteren Arbeiten bedachte. Durch fast alle seine journalistischen und literarischen Schriften geht ein Zug, den man leicht für antijüdisch halten könnte. Die »Philosemiten«, auf die Mehring einhieb, waren Führer der liberalen Parteien, die, während sie die Rechte einer Minderheit zu verteidigen vorgaben, selber die Sache der Humanität und Gerechtigkeit verlassen hatten und sich an der Ausbeutung beteiligten.

»Über den Brutalitäten, welche der Antisemitismus, mehr in Worten als in Thaten, gegen die Juden begeht, darf man die Brutalitäten nicht übersehen, welche der Philosemitismus, mehr in Thaten als in Worten, gegen Jeden begeht, der, sei er nun Jude oder Türke, Christ oder Heide, dem Kapitalismus widerstrebt.«[394])

Mehr in Worten als in Taten — mehr in Taten als in Worten: in dieser Gegenüberstellung der antisemitischen und der liberalkapitalistischen Verhaltensweise drückte sich Mehrings Einschätzung der beiden Übel aus. Der Antisemitismus war ungeschlacht, lärmend und unfähig, eine gesellschaftliche Änderung herbeizuführen oder auch nur sein unmittelbares Ziel zu treffen; der ökonomische Liberalismus war elegant, selbstzufrieden, pontifikal und höchst geschickt in den Künsten der Ausbeutung und Korruption. Der Kampf zwischen einem armseligen verwirrten Fanatiker wie Ahlwardt und den verbündeten Mächten des Staates und der Finanz, sekundiert von der großen Presse, erschien Mehring so grotesk ungleich, daß er nichts anderes in ihm sehen konnte als eine den liberalen »Verbündeten« der Juden höchst willkommene Gelegenheit, die wirklichen sozialen Probleme zu verschleiern. Gerade diese Funktion kam nach Mehring dem Philosemitismus zu; er nannte ihn »um kein Haar besser als der Antisemitismus«.

»Wenn dieser den Kapitalismus zu bekämpfen behauptet, indem er die Juden verfolgt, so behauptet jener, die Juden zu schützen, indem er den Kapitalismus durch dick und dünn verteidigt.«[395])

In dem schnellen Anwachsen reaktionärer Einflüsse in den liberalen Parteien, in der hysterischen aber machtlosen antisemitischen Bewegung, in der politischen und wirtschaftlichen Sicherheit der Juden und dem Totalangriff gegen die Sozialisten sah Mehring die für die Situation der neunziger Jahre entscheidenden Züge. Nicht der Unfug der antisemitischen Agitatoren oder die Leidenschaft ihrer urteilslosen Anhänger waren »die Schmach des Jahrhunderts«, sondern die Einheitsfront der materiellen Interessen gegen die entrechteten Schichten. Daß reiche und einflußreiche Juden, die zu dieser Front gehörten, sich auf Gerechtigkeit beriefen und Schutz verlangten, wenn sie als Juden angegriffen wurden, schien ihm besonders verlogen. Vielleicht stand hinter seiner Erbitterung noch das Bild des Schutzjuden, der doppelte Vorrechte genießt: seinen Reichtum und einen Anspruch auf Protektion, der über die allgemeine Solidarität der Reichen hinausgeht. Die »Philosemiten«, die Gerechtigkeit für die Juden verlangten, die Liberalen, die gleichen Anteil der Juden am Kapitalismus forderten, sie waren nach Mehrings Meinung allein an der Verteidigung der ausbeuterischen Gesellschaft interessiert.

Mehrings bittere Angriffe auf den Philosemitismus richteten sich gegen ihn als eine Finte des Klassenfeindes. Die liberale Presse, die sich nicht genug über Ahlwardt und die antisemitische »Schmach des Jahrhunderts« entrüsten könne, bewahre auffallende Ruhe, wenn es sich um kapitalistische Vorrechte handele. Gelegentlich des Prozesses, den ein entlassener jüdischer Redakteur der liberalen Vossischen Zeitung gegen den Verleger und Chefredakteur des Blattes führte, schrieb Mehring, der Prozeß sei »jene kostbare Probe darauf, was dem Kapitalismus höher steht: das Recht des Kapitalisten, jeden seiner Kulis jederzeit auf die Straße zu werfen, wann oder aus welchen Gründen es ihm beliebt, oder aber der grundsätzliche Widerstand gegen die angeblich antikapitalistische ›Schmach des Jahrhunderts‹ ... Das Recht des Kapitalisten, aus jeder beliebigen, selbst einer antisemitischen Laune heraus seine Kulis zu mißhandeln, steht über allen anderen Rechten; es ist das Grund- und Urrecht des Kapitalismus, und wehe dem, der daran tastet, mag er sonst auch ein treuer Diener des Kapitalismus sein.«[396])

Wo immer die Liberalen von Freiheit und Gleichheit redeten, hörte Mehring die Stimme der Klassenheuchelei. Es erregte ihn um so mehr, als er den Liberalen und den Juden das Privileg der Dummheit und Abgebrühtheit nicht zubilligen konnte, das er den konservativ-kirchlichen Kreisen gern einräumte. Jene sollten es besser wissen. Oft tadelte er jüdische Bankiers, Industrielle, Zeitungsbesitzer, Politiker oder Schriftsteller, die in schönster Eintracht mit ihren christlichen Kollegen »der robusten Religion Sankt Manchesters frönten«, und unterließ es nie, auf die echten sozialen Nöte hinzuweisen, die ihren Ausdruck in der antisemitischen Agitation fanden. Aus seinen Schriften ließe sich ein langer Katalog aggressiv antijüdischer Äußerungen zusammenstellen (397).

Es nimmt kaum Wunder, daß andere Sozialdemokraten über den Ton seiner Kritik am Liberalismus und Antisemitismus beunruhigt waren (398). Eduard Bernstein, selbst ein Jude, hielt es 1893 für notwendig, vor dem Gebrauch des Schlagwortes »Philosemitismus« zu warnen, und zwar besonders »Genossen jüdischer Abstammung, die es, gerade weil sie selbst jüdischer Herkunft sind, für ihre besondere Pflicht halten, die Partei von jedem Verdacht der Begünstigung jüdischer Interessen frei zu halten«[399]), aber die Warnung war zweifellos mehr an Mehring gerichtet.

Mehring war gewiß kein Antisemit. Weltanschauung, nicht Geburt bestimmte, wer seine Freunde, wer seine Feinde waren. Unter seinen engsten Mitarbeitern fanden sich jüdische Revolutionäre und Gelehrte. Politische Solidarität und enge persönliche Freundschaft verbanden ihn mit Rosa Luxemburg, der polnischen Jüdin, die in den kritischen Januartagen 1919 zusammen mit Karl Liebknecht von antisemitischen Konterrevolutionären ermordet wurde (400).

Man könnte den Verdacht anmelden, Mehrings Ansturm auf den in den liberalen Kreisen herrschenden »Philosemitismus« habe, ohne es zu wollen, die sozialistische Arbeiterschaft in ein zweifelhaftes Bündnis mit den alten Mächten Preußens geführt (401). Doch dazu war es zu spät. Der konservative Staat brauchte keine Hilfe bei den Sozialisten zu suchen, die Liberalen bedeuteten für ihn keine Gefahr mehr. Die einzige Bedrohung für die großen industriellen und agrarischen Interessen und für das politische Gefüge des Reiches kam von der Sozialdemokratischen Partei. Deren splendid isolation bestimmte auch den strategischen Ort von Mehrings Attacken gegen die Liberalen. Jedem, der nicht bedingungslos auf Seiten der revolutionären Arbeiterschaft stand, wurde die Schuld am Antisemitismus zugeschrieben. Und schuldiger als alle anderen erschienen die liberalen Verteidiger der Juden. Die Strafe für ihre soziale Blindheit, drohte Mehring, könne nicht ausbleiben. »Unendliche Massen sozialpolitischen Zündstoffs« lägen im wilhelminischen Deutschland angehäuft, und die antisemitische Agitation drohe sie anzufachen zu »einem Brande . . ., den alle Spritzen von Gesellschaft und Staat nicht mehr löschen können«[402]). Der deutsche Antisemitismus war für ihn »ein historisches Symptom dauernder sozialer Not«[403]).

Durch diese Stellungnahme trug Mehring dazu bei – und man muß seinen Einfluß sehr hoch einschätzen – daß die Gleichgültigkeit gegenüber der »Judenfrage« und dem Antisemitismus unter den Sozialisten weiter um sich griff, daß in der Partei jene Indifferenz gepflegt wurde, die ihr später, angesichts der nationalsozialistischen Judenhetze eine passive und beklemmte Haltung aufzwang. Die jüngere Generation der Sozialdemokraten, die persönlich keine antisemitischen Bewegungen, keine Ausnahmegesetze, keinen gemeinsamen Kampf um demokratische Ziele miterlebt hatte, lernte von Mehrings Verachtung für den liberalen Philosemitismus, daß das Geschick der Juden einen Sozialisten nichts angehe, da es eine jüdische Gruppe, die als solche noch einmal das Objekt organisierten Terrors werden könnte, gar nicht mehr gäbe.

Kapitel XII

Die Sozialdemokratische Partei in der Ära des Imperialismus (1895 — 1914)

In der antisemitischen Bewegung der frühen neunziger Jahre kündigte sich, der marxistischen Analyse zufolge, der Niedergang des Kapitalismus an. Im Widerspruch zu dieser Prognose begann um 1895 eine Periode industrieller Konjunktur, die mit zwei kurzen Unterbrechungen bis zum Vorabend des ersten Weltkrieges anhielt. Die Sozialdemokratische Partei, einst eine revolutionäre Bewegung, verwandelte sich während dieser Zeit in eine legale Reformpartei, ohne jedoch aus ihrem Programm die revolutionären Ziele zu streichen. Innerhalb derselben Organisation fanden orthodoxe Marxisten und revisionistische Sozialisten einen modus vivendi. Die einen bestimmten die Theorie, die anderen die Praxis der Partei. Das kann hier nur grob skizziert werden. Zwei Erscheinungen aber verdienen eine eingehendere Behandlung: die Stellung der Partei zum russischen Antisemitismus und zum sozialistischen Zionismus.

In den Reichstagswahlen von 1903 wurden drei Millionen Stimmen für die Sozialdemokratie abgegeben. Jeder vierte Wähler hatte sich für die Partei entschieden, die in extremer Opposition zur Regierung stand. Der unerhörte Erfolg schien dem orthodoxen Flügel rechtzugeben; er lieferte das Hauptargument gegen die Revisionisten, die darauf drängten, der Partei einen stärkeren Anteil an den Staatsgeschäften zu sichern (404). Der Parteitag von 1903 in Dresden aber

»verurteilt auf das entschiedenste die revisionistischen Bestrebungen, unsere bisherige bewährte und sieggekrönte, auf dem Klassenkampf beruhende Taktik in dem Sinne zu ändern, daß an Stelle der Eroberung der politischen Macht durch Überwindung unserer Gegner eine Politik des Entgegenkommens an die bestehende Ordnung der Dinge tritt.« (405)

»Der revisionistische Nebel«, so begrüßte Rosa Luxemburg den Parteitagsbeschluß, »hat sich verzogen, und vor den haßerfüllten Blicken der

Bourgeoisie ragt die steile, zackige Felswand der proletarischen Bastionen in alter Unnahbarkeit, in alter Schroffheit empor. Zwischen ihr und der bürgerlichen Welt gähnt wieder unüberbrückbar die tiefe Kluft.«[406])

Das schnelle Fortschreiten der Industrialisierung kam der radikalen Parteiführung doppelt zugute. Unter der wachsenden Menge von Industriearbeitern konnte sie neue Mitglieder und Anhänger werben und damit ihren proletarischen Charakter rein erhalten. Außerdem verlor der Hinweis der Revisionisten, die Partei könne es sich nicht leisten, das Schicksal der Bauern und des städtischen kleinen Mittelstands zu ignorieren, an Dringlichkeit. Die Industrialisierung erweiterte den Binnenmarkt für landwirtschaftliche Erzeugnisse, verminderte den Druck der agrarischen Überproduktion und half, zusammen mit der aggressiven Schutzzollagitation des Bundes der Landwirte, die rebellischen Bauern wieder zu den Konservativen zurückzuführen. Um 1895 schien in der Agrarkrise eine Erholung einzutreten, und der völkische Antisemitismus verebbte. Man konnte die Auseinandersetzung mit den politischen Auswirkungen beider Probleme hinausschieben. Zwar ließ sich kaum leugnen, daß die »Zwischenschichten« lebensfähiger waren, als die orthodoxe Theorie es wollte, aber das vermochte die Argumente der Revisionisten kaum zu stärken; es erschien nämlich höchst fragwürdig, ob man diese Schichten noch länger als potentielle Verbündete der sozialistischen Arbeiter werde betrachten können.

Die schnelle Industrialisierung begünstigte nicht nur das Anwachsen der sozialdemokratischen Organisation, sie erleichterte auch den Kompromiß zwischen den beiden Flügeln der Partei. Solange solche objektiven Kriterien wie Wahlerfolge, steigende Mitgliederzahlen und Konzentration industriellen und finanziellen Reichtums die Theorie von der sozusagen automatischen Entwicklung zur Revolution bestätigten, kam es nicht so sehr darauf an, was die Partei tatsächlich unternahm, solange sie nur »revolutionär« blieb. Die sozialdemokratische Führung sah in der Beschränkung auf legale, von der Regierung nicht bekämpfte Agitationsmethoden keine Gefahr für den revolutionären Impuls der Partei. Der Wunsch der Orthodoxen, in der Legalität zu arbeiten, entsprach natürlich völlig den Überzeugungen der Revisionisten, die das wachsende Ansehen der Partei als Argument dafür benutzten, daß die Sozialdemokratie unter verfassungsmäßigen Zuständen die besten Fortschritte machen könne. Beim Sturz Bismarcks und zur Zeit des Konflikts zwischen dem Kaiser und Caprivi, als Gerüchte von einem bevorstehenden Staatsstreich die Luft erfüllten, war sich die Führung der Partei darüber einig, daß die

Bedingungen der verfassungsmäßigen Legalität der gefahrvollen Existenz unter einer Militärdiktatur vorzuziehen seien.

Im Rahmen des sich entfaltenden Imperialismus führten die Prinzipien von sozialer Revolution und sozialer Reform statt zu einer Spaltung zu einer Art Arbeitsteilung in der Partei. Die Führung übte revolutionäre Rhetorik, behielt aber doch ein Auge für die Erfordernisse politischer Zweckmäßigkeit. Durch die Betonung des immanent revolutionären Wirtschaftsablaufs war es der Partei möglich, die revolutionäre Ideologie zu präzisieren und gleichzeitig ihren Tagesaufgaben gemäß den Spielregeln der konstitutionellen Verfassung und des parlamentarischen Brauches nachzugehen. Ein neuer Typ von Parteifunktionär bildete sich heraus: geschult, bürokratisch und respektabel. Am Ende seiner langen politischen Laufbahn machte der alte Liberale Ludwig Bamberger, der seit 1871 im Reichstag gesessen und die Entwicklung der Sozialdemokraten aus nächster Nähe beobachtet hatte, eine ebenso sarkastische wie treffende Feststellung:

»Wer den Reichstag gekannt hat zur Zeit, wo die Bestien Hasselmann, Most und Konsorten in seinen Räumen wüteten, erkennt nicht mehr ihre Nachfolger in den Abgeordneten, welche als Berichterstatter oder als Vorsitzende von Kommissionen friedlich und gemütlich mit den anderen Kollegen zu kleinen Verbesserungen oder Verschlechterungen des bürgerlichen Lebens mitreden ... Gewiß, sie haben ihrem Bekenntnis von der Schlechtigkeit und Unhaltbarkeit der gegenwärtigen Gesellschaft nicht abgeschworen. Aber sie sind zu gescheit geworden, um noch zu glauben, daß man mit Barrikaden das Deutsche Reich umwerfe und, selbst wenn dies Unmögliche möglich wäre, daß man mit Barrikaden das Eigentum abschaffen könne.«[407])

Inzwischen begnügten sich die Feinde der sozialistischen Arbeiterschaft nicht damit, ruhig zuzusehen. Sie gingen politisch und ökonomisch zum Angriff über – politisch vor allem durch die Erzeugung nationalistischer Wahlatmosphären, ökonomisch dadurch, daß sie die Gewerkschaften unter Druck setzten. Um die Jahrhundertwende hatte sich die deutsche Wirtschaft organisiert. Bis 1906 waren schon über fünfhundert Kartelle ins Leben gerufen worden. Daneben gab es machtvolle Wirtschaftsvereinigungen und Arbeitgeberverbände, die etwa zwei Drittel aller Arbeitgeber umfaßten und teilweise im Falle von Arbeitsstreitigkeiten zu gegenseitiger Hilfe verpflichtet waren.

Gegen diese starken, disziplinierten und eng verflochtenen Verbände konnten die Gewerkschaften um 1906 insgesamt höchstens ein Drittel der deutschen Arbeiter ins Feld stellen, die jedoch Verbänden der verschiedensten politischen und religiösen Richtungen angehörten. Die sozialdemokratischen »freien« Gewerkschaften waren zwar zahlenmäßig die stärksten, besaßen aber in Fragen allgemeiner Strategie keine unangefochtene Autorität. Daß das organisierte Kapital der organisierten Arbeiterschaft überlegen war, zeigte sich bei mehreren Kraftproben, von denen der Streik der sächsischen Textilarbeiter 1903 und der Ruhrbergleute 1905 zu schweren Niederlagen führten. Die 7500 streikenden Textilarbeiter blieben mit Hilfe anderer Gewerkschaften und auch der Sozialdemokratischen Partei fünf Monate lang im Ausstand, mußten schließlich aber, ohne ein einzige ihrer Forderungen durchgesetzt zu haben, die Arbeit wieder aufnehmen. Der verlorene Bergarbeiterstreik von 1905 war gegen den Rat der Gewerkschaftsführer ausgebrochen und hatte sich binnen weniger Tage von der Ruhr auf Schlesien und Sachsen ausgedehnt, ja sogar bis über die deutsche Grenze: in Belgien bekundeten Bergleute durch eine Reihe von wilden Streiks ihre Solidarität mit den deutschen Kumpels. 270 000 deutsche Bergarbeiter, mehr als achtzig Prozent der Belegschaften, verließen die Schachtanlagen. Höchstens die Hälfte von ihnen war organisiert – und das in vier verschiedenen Verbänden. In wenigen Wochen waren die Streikfonds erschöpft. Andere Gewerkschaften oder die Partei konnten einen Kampf von solchen Ausmaßen nicht finanzieren. Der Streik brach zusammen; die Bergleute mußten wieder einfahren und waren auf die Gewerkschaftsführer kaum weniger schlecht zu sprechen als auf die Grubenbesitzer.

In der Geschlossenheit und Unnachgiebigkeit der vereinigten Arbeitgeber sah die Partei nicht ohne Grund die Antwort auf den sozialdemokratischen Wahltriumph zwei Jahre zuvor. Die Niederlage bei den Streiks stellte die dringende Frage, was die politischen Erfolge der Sozialdemokratie eigentlich wert seien. Zusätzliche Reichstagsmandate bedeuteten keinen wirklichen Machtzuwachs in einem Staat, in dem die höchste Autorität nicht beim Parlament lag. »Es wächst das Gebiet«, schrieb Kautsky orakelhaft, »auf dem man entweder mit der Behauptung des Errungenen zufrieden sein kann oder zu neuen Methoden des Kampfes übergehen muß.«[408]) Die Partei schien vor die Wahl gestellt, entweder die legalen Methoden fallenzulassen und wie die russischen revolutionären Organisationen den Kampf mit allen Mitteln zu führen, oder Bernsteins Rat anzunehmen und sich offen als das zu bekennen, was sie geworden war – eine legale parlamentarische Partei, die sich, da sie weder die Absicht noch die Kraft zur Revolution besaß, auch nicht revolutionär gebärden sollte. Im zweiten Fall wäre die Partei gezwungen gewesen, auf revolutionäre Phrasenmacherei zu verzichten und in Verbindung mit anderen Gruppen an der Demokratisierung des Staates zu arbeiten. Die orthodoxe Parteileitung konnte sich weder zu dem einen noch zu dem anderen Schritt entschließen.

Die russische Revolution von 1904/05 trieb den Konflikt innerhalb der Partei auf die Spitze. Eine besonders in Norddeutschland starke Strömung verlangte unter dem Eindruck der russischen Ereignisse die Anwendung von »neuen Methoden des Kampfes«. Auf die Gewerkschaftsführer und Revisionisten hatte die niedergeschlagene Revolution in Rußland jedoch weniger Eindruck gemacht als die verlorenen Streiks und die Machtentfaltung der Industriellen im eigenen Land. »Wir brauchen Frieden, um vorwärtszukommen«, sagte einer von ihnen und sprach damit den meisten Gewerkschaftsführern aus dem Herzen. Auf dem Parteitag von 1905 in Jena sollte die Entscheidung fallen. Eigentlich aber war die Frage schon einige Wochen vorher auf der Tagung der freien Gewerkschaften in Köln entschieden worden. Mehrere radikale Anträge, insbesondere der, die Stellung der Arbeiterschaft zum Generalstreik als politische Waffe zu diskutieren, waren abgelehnt worden. Die meisten Gewerkschaftsführer zeigten sich fest entschlossen, sich mit dem bisher Erreichten und durch legale Methoden noch Erreichbaren zufriedenzugeben. Der Kurs der Parteimehrheit war ihnen zu radikal geworden, und sie drohten, ihre Organisationen dem Einfluß der Partei zu entziehen. Angesichts dieser Situation einigte sich der Jenaer Parteitag auf eine Formel, die sowohl die Einheit wie das Gesicht der Partei wahrte: er nahm einen Beschluß an, der den Massenstreik als rechtmäßige Waffe der Arbeiterschaft erklärte, aber nur für den Fall, daß die Grundrechte der Wahl- und Koalitionsfreiheit angegriffen würden. Und selbst dann sollte die Entscheidung, zum Generalstreik aufzurufen, von dem weiteren Anwachsen der Partei und intensiver Erziehungsarbeit unter den Massen abhängig sein. Damit gestand die Parteiführung ein, daß sie die Arbeiter »noch nicht« – und auf unbestimmte Zeit hinaus nicht – für reif hielt, einen Gewaltstreich zu führen (409).

Es blieb also nur der legale Weg zur Macht, oder, realistischer ausgedrückt, die Hoffnung, daß sich die Beschränkungen, die die undemokratische Struktur des Obrigkeitsstaates der Volksvertretung auferlegt hatte, allmählich aufheben ließen. Das setzte bei der Partei die Bereitschaft voraus, politische Bündnisse einzugehen und Konzessionen zu machen. Potentielle Bundesgenossen gab es einige, aber sie waren nicht sehr mächtig. Nachdem die süddeutschen Staaten Bayern, Württemberg und Baden um 1904 ihre Verfassungen modernisiert und das allgemeine, gleiche, geheime und direkte Wahlrecht für Männer eingeführt hatten, konnten die Sozialdemokraten in den Parlamenten dieser Länder Schlüsselstellungen gewinnen. In einigen der süddeutschen Staaten hatten sozialdemokratische Abgeordnete sogar schon früher für das Haushaltsgesetz gestimmt – ein flagranter Bruch mit der allgemeinen Parteilinie, die ein solches Vertrauensvotum für eine kapitalistische Regierung nicht zuließ (410). Das von den süddeutschen Sozialdemokraten gegebene Beispiel machte jedoch im Reich keine Schule, weniger weil die Orthodoxen im Reichstag und im Reichsparteivorstand stärker waren als in den Ländern, sondern vor allem auch, weil es keine politische Kraft von Bedeutung gab, mit der die Partei sich hätte verbinden können, ohne ihre Tradition und ihre Prinzipien aufzugeben. Nicht einmal mit dem Zentrum war eine engere Zusammenarbeit möglich, teils wegen weltanschaulicher Gegensätze, teils weil es in die imperialistische Front einschwenkte. Daß man nicht mehr mit einem liberalen Widerstand gegen den entfesselten Chauvinismus rechnen konnte, bewiesen aufs neue die »Hottentottenwahlen« von 1907 – so genannt, weil Bülow den Reichstag aufgelöst hatte, als ihm die Mittel zur Bekämpfung des Hottentottenaufstands in Deutsch-Südwestafrika nicht bewilligt worden waren. Die geballte Wut nationalistischer Leidenschaften richtete sich gegen die Sozialdemokratie, die sich in den Stichwahlen einer Einheitsfront von den Antisemiten bis zu den Freisinnigen gegenüberfand und fast die Hälfte ihrer Mandate verlor (411). Mit 43 statt den 82 Sitzen von 1903, schwächer als die Fraktionen des Zentrums, der Konservativen, Nationalliberalen und sogar der Freisinnigen, wäre die Sozialdemokratische Partei bestenfalls ein zweitrangiger Partner geworden. Die neue Regierungsmehrheit umfaßte die Freisinnigen, Nationalliberalen, Konservativen und Antisemiten. Die Isolierung der Sozialdemokratie war vollkommen.

Die verlorenen Streiks der vorhergehenden Jahre hatten gezeigt, daß die Stärke und Manövrierfähigkeit der organisierten Unternehmer denen der Gewerkschaften überlegen waren; die verlorenen Wahlen von 1907 kündigten an, daß Chauvinismus und Imperialismus größere Wählermassen beeinflussen konnten als der Marxismus. Falls die Partei sich im Rahmen verfassungsmäßiger Maßnahmen halten wollte, konnte sie nicht länger gegen den nationalistischen Strom schwimmen, ohne Gefahr zu laufen, auch als parlamentarische Kraft reduziert zu werden. Sie nahm sich die Warnung zu Herzen. Als 1907, auf dem Internationalen Sozialistenkongreß zu Stuttgart, der französische Sozialistenführer Jean Jaurès dafür eintrat, daß im Falle eines europäischen Krieges alle Sozialisten sich an einer gemeinsamen Aktion, einschließlich des Generalstreiks, beteiligen sollten, lehnte Bebel den Vorschlag mit der Begründung ab, die deutsche Sozialdemokratie dürfe sich unmöglich in eine Situation drängen lassen, die »unter Umständen auch der Existenz der Partei«[412]) fatal werden könne. Kautsky kam ihm zu Hilfe:

»In keinem Lande der Welt steht der Sozialdemokratie eine so starke und so völlig dem Militarismus ergebene Regierung gegenüber wie in Deutschland, in keinem Lande der Welt hat der Militarismus die ganze bürgerliche Gesellschaft, samt jenem Teil des Proletariats, der noch in bürgerlichem Denken befangen ist, in so hohem Grade durchseucht wie hier. Da kann die Agitation gegen den Militarismus nicht einfach nachahmen, was unter gänzlich verschiedenen Verhältnissen geübt wird.«[413])

Die Sorge um das Bestehen der Partei war zum obersten Kriterium geworden. Man durfte die Organisation nicht wieder dem Polizeiterror aussetzen; man durfte die nationalen Gefühle potentieller sozialdemokratischer Wähler nicht unnötig verletzen. Im selben Jahr 1907 wurde kein geringerer als Bebel aufgeboten, um die Partei vom Stigma der Vaterlandslosigkeit zu befreien. Auf dem Parteitag in Essen waren Stimmen der Unzufriedenheit und des Protestes gegen eine Reichstagsrede des sozialdemokratischen Abgeordneten Gustav Noske laut geworden, der erklärt hatte, im Falle eines Angriffs auf Deutschland werde die Sozialdemokratische Partei mit derselben Treue und Ergebenheit für das Vaterland kämpfen wie die bürgerlichen Parteien. Der Kriegsminister hatte seine Befriedigung über die Erklärung zum Ausdruck gebracht. Kurt Eisner kritisierte Noskes Rede als defaitistisch, als »eine Nachwirkung unserer Niederlage, eine Konzession an die allgemeine Stimmung über unsere Mißerfolge bei den Wahlen«[414]). Bebel jedoch unterstützte Noske in einer Rede, mit der er die Partei eindeutig auf die Linie der nationalen Verteidigung festlegte. Er erinnerte Noskes Kritiker an eine Erklärung, die er selbst im Reichstag abgegeben hatte:

»Wenn wir wirklich einmal das Vaterland verteidigen müssen, so verteidigen wir es, weil es unser Vaterland ist, als den Boden, auf dem wir leben, dessen Sprache wir sprechen, dessen Sitten wir besitzen, weil wir dieses unser Vaterland zu einem Lande machen wollen, wie es nirgends in der Welt in ähnlicher Vollkommenheit und Schönheit besteht. Wir verteidigen also dieses Vaterland nicht für, sondern gegen Euch.«[415])

Der neue patriotische Kurs der Partei hatte Erfolg. In den Reichstagswahlen von 1912, den letzten vor dem ersten Weltkrieg, gelang es den Sozialdemokraten, ihre Mandate fast zu verdreifachen: von 43 stiegen sie auf 110, die höchste Zahl, die eine Fraktion im Reichstag des kaiserlichen Deutschland je erreichte (416). Zwar war die Partei immer noch nicht

»regierungsfähig« – erst im Oktober 1918, als der Krieg schon verloren war, kam der erste Sozialdemokrat als Staatssekretär in das Kabinett des Prinzen Max von Baden – aber es bahnten sich freundlichere Beziehungen zur Regierung an. Die sozialdemokratische Fraktion stellte jetzt den Ersten Vizepräsidenten des Reichstages und spielte mehr und mehr die Rolle einer loyalen Opposition. 1913 fand die Partei Gründe, für den Wehrbeitrag zu stimmen – eine von der Regierung geforderte außerordentliche Steuer zugunsten von Armee und Flotte – und bei Kriegsausbruch bewilligte sie so gut wie einstimmig die Kriegskredite.

Nichts wäre ungerechter, als der Partei einen bewußten Verrat an ihren humanitären Idealen vorzuwerfen. Nachdem sie eine legale Massenpartei geworden war, konnte sie es nicht mehr wagen, die »öffentliche Meinung« und die »volkstümlichen Forderungen« zu brüskieren, die von den Ideologen und Nutznießern des Alldeutschtums produziert und in Zirkulation gebracht wurden. Je mehr die Parteibürokratie anwuchs und sich um ihre eigene Zukunft sorgte, desto weniger durfte man die »Zwischenschichten« und »jenen Teil des Proletariats, der noch in bürgerlichem Denken befangen« war, vor den Kopf stoßen. Nationalismus und Imperialismus waren zu Grundpfeilern dieses bürgerlichen Denkens geworden. Wollte die Partei nicht in völlige Isolierung geraten, so mußte sie ihre Beziehung zur Nation klären. Sie identifizierte sich mit dem Staat, nicht insofern er nationalistische, militaristische und imperialistische Ziele verfolgte, sondern einer fortschrittlichen, beispielhaften, gut organisierten Arbeiterbewegung Raum gab. Das Versprechen, diese Bewegung werde eines Tages Deutschland in eine Mustergesellschaft verwandeln, hatte Bebel in gutem Glauben geben dürfen.

Im gleichen Maße, in dem sich der revolutionäre antikapitalistische Geist der Partei verflüchtigte, stieg ihr Stolz auf die Errungenschaften deutscher Arbeit; sie nahm jetzt Front gegen alles, was diese Fortschritte von außen her bedrohte. Die größte Gefahr schien aus der zaristischen Autokratie und dem Panslawismus zu erwachsen. Deshalb brachte die Partei der russischen Revolution von 1904/05 aufrichtige Sympathie entgegen, hielt sie aber keineswegs für ein Musterbeispiel des proletarischen Kampfes um die Macht, eher für den verzweifelten Versuch, eine veraltete, grausame, lähmende Herrschaft zu beseitigen, um politische und soziale Zustände zu schaffen, wie sie für die Entwicklung einer modernen Arbeiterbewegung notwendig waren. Die brutale Unterdrückung der Revolution durch die zaristische Regierung, der darauf folgende weiße Terror und die Pogrome erfüllten die Sozialdemokraten mit Abscheu. Wie die meisten

Westeuropäer waren sie überzeugt, der terroristische Antisemitismus sei in einem Kulturland unvorstellbar und nur in der barbarischen Welt der zaristischen Reaktion möglich; Pogrome, als Überbleibsel des dunkelsten Mittelalters, gehörten in Deutschland unwiderruflich der Vergangenheit an. Diese felsenfeste Überzeugung teilten die deutschen Sozialdemokraten mit den Liberalen und den meisten Konservativen. Nicht einmal ein berufsmäßiger Antisemit hätte es wagen dürfen, zu direkter Gewaltanwendung gegen Juden aufzufordern. Auch die schlimmsten Pöbeldemonstrationen in den achtziger und neunziger Jahren ließen sich nicht mit einem russischen Pogrom vergleichen, und selbst die Erinnerung an den Radau-Antisemitismus jener Zeit war inzwischen verblaßt. Physische Bedrohung jüdischer Bürger schien nur noch möglich in einem Land mit einer »zurückgebliebenen«, »unzivilisierten«, »unwissenden« Bevölkerung, unter der Knute eines unbarmherzigen Tyrannen.

In den Schriften Bebels läßt sich die Wandlung der sozialdemokratischen Theorie des Antisemitismus besonders klar verfolgen. Noch 1893 war er der Meinung gewesen, die Sozialdemokratie könne ruhig zusehen und abwarten, was bei der Streiterei zwischen Anti- und Philosemiten herauskomme. Er hatte darauf vertraut, daß dieser Kampf zwischen verschiedenen Gruppen in der herrschenden Klasse sich schließlich zugunsten der revolutionären Bewegung auswirke. Aber 1906 schrieb er:

»Der Antisemitismus in seiner häßlichsten und abschreckendsten Gestalt zeigt sich, seitdem die große revolutionäre Bewegung in Rußland zum Ausbruch gekommen ist, dort. Was immer das christliche Mittelalter an Abscheulichkeiten, Grausamkeiten und Barbarei . . . leistete, hat sich im heiligen Rußland auf größerer Stufenleiter wiederholt. Und wie im christlichen Mittelalter nicht selten Behörden und Geistlichkeit den Judenverfolgern Vorschub leisteten, so sind es in Rußland vorzugsweise Polizei und höhere Militärs . . ., die hier an der Spitze der Judenverfolgungen stehen und die Verschwörungen gegen die Juden organisieren, indem sie das zahlreich vorhandene Lumpengesindel bewaffnen und durch ihre Beauftragten führen lassen . . . Die russische Regierung begünstigt diese Judenfeindschaft, weil sie damit den Haß der Massen von ihrem eigenen durch und durch faulen und korrupten Regierungssystem und den Trägern dieses Systems, den korrupten Beamten, ablenken will . . . Und da die Juden in Rußland, Intelligenz wie Proletariat, in ungewöhnlich großer Zahl an der revolutionären Bewegung sich beteiligten, war damit noch ein ganz besonderer Anlaß für die russische Regierung gegeben, den Judenhaß des Lumpenproletariats durch ihre Werkzeuge anzustacheln und Schlächtereien und Metzeleien hervorzurufen, wie sie bisher nur in orientalischen Despotien vorgekommen sind . . . Der Antisemitismus, der nach seinem Wesen auf die niedrigsten Triebe und Instinkte einer rückständigen Gesellschaftsschicht sich stützen kann, repräsentiert die moralische Verlumpung der ihm anhängenden Schichten. *Tröstlich ist, daß er in Deutschland nie Aussicht hat, irgendeinen maßgebenden Einfluß auf das staatliche und soziale Leben auszuüben.«*[417])

Bebel drückte nur das aus, was das ganze deutsche Volk empfand. Der Fortschrittsoptimismus der Sozialdemokratie zeigt, wie sehr die »revolutionäre« Partei sich bereits als Teil des Volksganzen, der Nation sah. Er zeigt aber auch, daß der politische Antisemitismus in Deutschland damals jeden Anschein von Gewalttätigkeit verloren hatte. War die Sozialdemokratie zahm geworden, so erst recht der Antisemitismus. Boeckels und Ahlwardts Nachfolger gaben sich so manierlich und achtbar, daß ihnen nicht nur die Nationalliberalen, sondern selbst die Freisinnigen in Stichwahlen gegen die Sozialdemokraten beistanden. So eng arbeitete im Reichstag die Antisemitengruppe mit den Konservativen zusammen, daß man sie kaum noch unterscheiden konnte.

Immer seltener beschäftigte sich die sozialdemokratische Literatur mit dem deutschen Antisemitismus. Zwischen 1903 und 1908 brachte die Neue Zeit einen einzigen Artikel, »Wandlungen des Antisemitismus«, in dem der Verfasser, Philipp Scheidemann, wieder einmal die alte These aufwärmte, der Antisemitismus sei eine ephemere Ideologie von Gruppen, die bisher politisch im Schlaf gelegen hätten.

»Nun mag man den Antisemitismus noch so hart verurteilen, ein Verdienst hat er sich dennoch erworben: er hat es verstanden, Schichten unserer Bevölkerung politisch zu interessieren, die in Bewegung zu setzen zuvor keiner anderen Partei gelungen war. In den Städten hat er das vollkommen verspießerte und versimpelte Kleinbürgertum mobil gemacht, auf dem Lande hat er vielfach das Kleinbauerntum von der Annahme gründlich kuriert, daß der ›gnädige Herr‹ alles am besten wisse und alles zum besten zu gestalten suchen werde.«[418])

Scheidemann bemühte sich zu zeigen, daß die antisemitische Bewegung aus einer antikonservativen Rebellion zu einem Anhängsel des Konservatismus geworden sei. Das hinderte ihn nicht, mit der alten magischen Formel zu enden:

»Die Tatsache, daß die antisemitischen Gruppen überhaupt noch vegetieren können, beweist, wie politisch rückständig die kleinbürgerlichen und kleinbäuerlichen Schichten in Deutschland noch sind. Immerhin: durch die antisemitische Demagogie sind sie wenigstens politisch interessiert worden, und so kann es nicht ausbleiben, daß sie schließlich auch zu einer klaren Entscheidung kommen müssen: entweder reaktionär sans phrase, das heißt konservativ müssen sie werden, oder aber sie werden den Antisemitismus in seiner ganzen Jämmerlichkeit erkennen und dann den Blick nach vorwärts richten. Das bedeutet dann politisch denken lernen und Sozialdemokrat werden.«[419])

Nur noch zweimal tauchte in den nächsten fünf Jahren, von 1908 bis 1912, das Thema in der Neuen Zeit auf, und beide Male ging es um Antisemitismus in Rußland. In Deutschland galt er nicht mehr als ernstes Problem. Die Gefahrenzone schien auf den reaktionären, zurückgebliebenen, autokratischen Osten beschränkt zu sein, auf den Staat, gegen den sogar der alte Bebel noch den Schießprügel schultern wollte (420).

So sehr das Problem des politischen Antisemitismus in Deutschland von dem in Rußland differierte, so verschieden war die Situation hinsichtlich der »Judenfrage«. Jüdische Arbeiter, Handwerker und kleine Gewerbetreibende flohen zu Hunderttausenden aus Osteuropa. Ihre Assimilation stieß auf viel größere Schwierigkeiten als die der deutschen Juden. Bei der Diskussion über die Eingliederung der entwurzelten Ostjuden kam es zu einer offenen Auseinandersetzung innerhalb der Sozialdemokratischen Partei.

Die offiziellen Parteitheoretiker bestanden darauf, das Problem strikt vom Gesichtspunkt des revolutionären Klassenkampfes aus zu behandeln, und lehnten den Zionismus, auch in seiner sozialistischen Variante, als Ablenkung vom allgemeinen revolutionären Kampf um die neue Gesellschaft ab. Theodor Herzls Buch »Der Judenstaat« erhielt in der Neuen Zeit folgende Rezension:

»Ein schnurriges Projekt, genau so utopisch wie das verkrachte Freiland von Theodor Hertzka und in demselben Geiste negativer Tapferkeit konzipiert. Dem Kampfe soll aus dem Wege gegangen werden, dort dem Klassen-, hier dem Rassenkampf, der übrigens nur die Maske einer besonderen, reaktionären Form des Klassenkampfes darstellt, des kleinbürgerlich-zünftlerischen und des feudalklerikalen. Zu diesem Behuf erläßt der Feuilletonist Th. Herzl einen Aufruf zur Gründung eines Judenstaats in Palästina oder Argentinien, ein Plan, dessen Einzelheiten er in seiner Schrift näher erörtert. Wie wir Tagesblättern entnehmen, hat er auch bereits in der Londoner Gesellschaft des ›Maccabäus‹ eine Versammlung abgehalten, um dafür Propaganda zu machen, aber mit minimalem Erfolg. Die jüdischen Kapitalisten werden sich wohl hüten, darauf hineinzufallen. Sie wissen zu gut, daß der Antisemitismus ihnen in den neuen Judenstaat nachziehen würde; freilich würde er dann Namen und Charakter des ›Sozialismus des dummen Kerls‹ ablegen und unmaskiert und unverfälscht als Kampf der ausgebeuteten Massen gegen die Ausbeuter auftreten. (Wie wenig die Rassen- und Stammesverwandtschaft und die konfessionelle Gemeinschaft die jüdischen Kapitalisten hindert, die jüdischen Proletarier auszubeuten, hat man erst kürzlich wieder auf dem Internationalen Sozialistenkongreß erfahren.) Da bleiben sie doch lieber in zivilisierten Ländern, wo eine ›starke Staatsgewalt‹ ihre schützende Ägide über sie hält. Schade übrigens, daß der Dichter Robert Hamerling das Projekt seines Landsmannes nicht mehr erlebt hat, es hätte ihm gewiß pikanten Stoff zu einigen weiteren Zügen im achten Gesang seines satirischen Epos ›Homunculus‹ gegeben, dessen Gegenstand ein ähnlicher Judenstaat ist.« [421])

Der Poalei-Zionismus der jüdischen sozialistischen Arbeiter Rußlands kam nicht besser weg. Einem Artikel in der Neuen Zeit zufolge hatte er sich entwickelt, weil der bürgerliche Zionismus nach seinem politischen Bankrott sich genötigt sah, Konzessionen an die revolutionären Tendenzen innerhalb der jüdischen Arbeiterschaft und des jüdischen Kleinbürgertums in Rußland zu machen.

»Der revolutionäre Anstrich der zionistischen Sozialisten verdankt seinen Ursprung der freiheitlichen Bewegung in Rußland. Mit dem Falle des Absolutismus, wenn die Judenverfolgung aufgehört und die freiheitliche Bewegung ihr Ziel erreicht hat, wird der Poalei-Zionismus jeder Grundlage entbehren und rettungslos ins Meer der Vergessenheit versinken.«[422])

Fast alle derartigen Angriffe in der deutschen sozialdemokratischen Literatur kamen aus den Federn russischer Juden. Die deutschen Marxisten interessierten sich sehr wenig für das Problem des Zionismus. Kautsky nannte ihn eine »undurchführbare Utopie« (423). Trotzdem hatte der Zionismus unter deutschen jüdischen Sozialisten Anhänger finden können; wie zu erwarten, gehörten sie hauptsächlich zum rechten, revisionistischen Flügel der Sozialdemokratischen Partei (424).

Auf die recht verwickelte Geschichte des Arbeiterzionismus kann hier nicht näher eingegangen werden. Die Argumente, mit denen er seine Sache verteidigte, wurden eindrucksvoll in einem Artikel dargelegt, den Maxim Anin 1908 in den Sozialistischen Monatsheften veröffentlichte [425]). Unter der Fragestellung »Ist die Assimilation der Juden möglich?« kritisierte Anin das kurz zuvor erschienene Buch des Austromarxisten Otto Bauer, »Die Nationalitätenfrage und die Sozialdemokratie«. Bauer hatte betont, die Assimilation der jüdischen Arbeiter sei dringend geboten.

»Solange der Ton ihrer Sprache, ihre Gebärden, ihre Kleidung, ihre Sitten den christlichen Klassengenossen, den Werkmeister, den Unternehmer verletzen, vererbt sich der alte wirtschaftliche Gegensatz des Bauern und des jüdischen Händlers noch in Gestalt einer instinktiven Abneigung . . .«[426])

Die kulturelle Assimilation des jüdischen Arbeiters, sagt Bauer, sei eine Vorbedingung seiner persönlichen Freizügigkeit und damit seines nurproletarischen Schicksals.

»Dann erst kann er sich jedem Orte, jedem Gewerbe zuwenden, wo das blinde Walten der kapitalistischen Kräfte gerade vermehrte Arbeitsgelegenheit schafft; dann erst schwindet die besondere jüdische Not und es bleibt ihm nichts als die gemeinsame proletarische Not, die er im gemeinsamen Kampfe Schulter an Schulter mit den arischen Kollegen bekämpfen und besiegen wird.« [427])

Anin bezweifelte den Realitätsgehalt dieser These. Die Assimilation, welche Bauer und die meisten Sozialisten für unvermeidlich und wünschenswert hielten, schien ihm bei Juden, die ökonomisch zur Bourgeoisie gehörten, ein ganz anderes Problem zu sein als beim jüdischen Proletariat. Selbst ein nur halbwegs assimilierter jüdischer Bourgeois konnte infolge des unpersönlichen Charakters der kapitalistischen Ausbeutung im Wirtschaftsleben Westeuropas oder Rußlands Fuß fassen und, sobald ihm das gelungen war, sich die Kultur und Bildung seiner Umgebung weiter aneignen, das heißt, sich völlig assimilieren. Ein jüdischer Arbeiter konnte das nicht; für ihn – darin stimmte Anin mit Bauer überein – war persönliche Assimilation geradezu die Vorbedingung dafür, einen Arbeitsplatz in der Industrie zu finden. Zu den schier unüberwindlichen Schwierigkeiten seiner persönlichen Anpassung – auch der Name spielte eine Rolle, und die Gerichte ließen Namensänderungen meistens nicht zu – kam die Voreingenommenheit so vieler Arbeitgeber, die wenig Anlaß hatten, einen Juden zu beschäftigen und damit Zwischenfälle zu riskieren, solange sie mit einem dauernden Zustrom billiger Arbeitskräfte vom Lande rechnen konnten. Sogar jüdische Fabrikanten verspürten – nach Anins Meinung – selten Lust, jüdische Arbeiter einzustellen, sei es, weil sie selbst um ihre Assimilierung bangten, sei es, weil sie Personalkonflikte im Betrieb fürchteten oder nicht wagten, gegen die Personalpolitik der nichtjüdischen Konkurrenz zu verstoßen. Aus diesen Gründen bezweifelte Anin, daß die Assimilierung der großen Mehrzahl der Juden, insbesondere der zahlreichen ostjüdischen Proletarier, überhaupt noch möglich sei; er sagte sogar eine Verschlechterung der Situation im weiteren Verlauf der kapitalistischen Entwicklung voraus. Die meisten Sozialisten hätten noch gar nicht begriffen, wie verwickelt die Judenfrage sei, und daher auch kein Verständnis für die Bestrebungen aufgebracht, eine Lösung auf dem Wege des nationalen Selbstbestimmungsrechts der jüdischen Gruppe zu finden.

Nicht selten bewiesen die sozialistischen Beiträge in den Monatsheften ein besseres Verständnis für unheilschwangere kulturelle und politische Entwicklungen als die unentwegt siegessicheren Artikel der Neuen Zeit (428). Symptome, die nicht in das Lehrgebäude des »wissenschaftlichen« Sozialismus paßten, nahm der orthodoxe Marxismus oft nur langsam und zögernd zur Kenntnis – nicht allein in Deutschland. Der französische Sozialistenführer Jules Guesde zum Beispiel riet während der Dreyfus-Affaire den französischen Arbeitern, gemäß der orthodoxen Lehre von der revolutionären Klassenstrategie, sich jeder Einmischung zu enthalten. Er bezeichnete die Affaire, von der die ganze französische Gesellschaft aufgerüttelt wurde, als einen Konflikt innerhalb der herrschenden Klasse; sozialistische Arbeiter sollten sich weder für den einen noch den anderen entscheiden. Jean Jaurès dagegen, der kein orthodoxer Marxist war und oft seines Opportunismus wegen angegriffen wurde, zögerte nicht, sich mit aller Kraft für den Juden Dreyfus einzusetzen. Guesde änderte später seinen Standpunkt. Sein anfänglicher Mangel an Interesse für die aktuellen politischen und moralischen Fragen, um die es ging, wurzelte in der Überzeugung, die revolutionäre Arbeiterschaft müsse die Werte nicht nur der alten sondern auch der neuen herrschenden Schichten ablehnen; weder der klerikale Konservatismus von gestern noch der bourgeoise Liberalismus von heute könnten in dem »Scheinkrieg« für und gegen die Juden als Wortführer der menschlichen Gerechtigkeit anerkannt werden.

Allerdings zeigten sich die Revisionisten, so sehr sie in ihrer politischen Analyse wirklichkeitsnäher waren, auch anfälliger für die nationalistischen und imperialistischen Ideologien. Seit das Ziel der Arbeiterbewegung nicht mehr Revolution hieß, sondern bessere Lebensbedingungen, erwachte das Interesse an industrieller und politischer Expansion. Der Gedanke des »Sozialimperialismus«, der Teilhaberschaft der Arbeiter an imperialistischer Ausbreitung, wurde in die sozialdemokratische Bewegung durch eine Untergruppe des revisionistischen Flügels hineingetragen, die unter Führung von Josef Bloch stand und auch andere jüdische Publizisten wie die Sozialdemokraten Cohen-Reuss und Kaliski und den Fortschrittler Georg Bernhard zu ihren prominenten Mitgliedern zählte.

Versucht man, Erfolg und Versagen der sozialistischen Erziehungsarbeit gegeneinander abzuwägen, so fällt zunächst ins Auge, daß die revolutionäre Idee mit ihren Glaubenssätzen, Aspirationen und wirklichen Einsichten bestimmte ideologische Sphären neutralisierte, die traditionell mit Mißtrauen gegen die Juden besetzt waren, zum Beispiel die Religion. Da sich die Sozialisten allem religiösen Glauben gegenüber indifferent oder bewußt ablehnend verhielten, waren sie immun gegen eine – wie man heute weiß – unerschöpfliche Quelle des Gruppenhasses.

Auch mit dem Stereotyp, die Juden seien eine asoziale Gruppe, die auf Kosten ehrlicher Arbeit Reichtümer zusammenraffe, räumte die sozialistische Erziehungsarbeit auf. In der Sphäre der Produktion, nicht der Zirkulation, habe die kapitalistische Ausbeutung ihre Wurzel. Der Zwischenhändler – die traditionelle Rolle des Juden – sei nicht der primäre Ausbeuter. Sicher herrschte auch unter den Arbeitern die Vorstellung, die Juden seien eine kapitalistische Gruppe, aber die sozialistischen Arbeiter konnten nicht mehr dazu gebracht werden, einer kleinen Untergruppe die Schuld an der im Wirtschaftssystem selbst begründeten allgemeinen Ausbeutung aufzuladen. Oft reagierten sozialdemokratische Zuhörer auf die

Beweisführungen der antisemitischen Agitatoren mit Hohngelächter. Ein sozialdemokratischer Arbeiter war stolz auf sein marxistisches Wissen und hütete sich, auf die Taschenspielerei der Judenfresser hereinzufallen, die ihn über den Unterschied zwischen christlichem und jüdischem Kapital aufklären wollten. Solcher Bauernfängerei aufzusitzen, war für ihn ein Zeichen wissenschaftlicher wie politischer Rückständigkeit.

Da der Marxismus, im Gegensatz zu den völkischen Theorien, alle gesellschaftlichen Differenzen und Konflikte als geschichtliche Erscheinungen sah, bezog sich seine Kritik am Kapitalismus auf das System und seine Institutionen, nicht auf Personen. Der einzelne Kapitalist unterstand den Gesetzen der Marktgesellschaft und war nicht frei in seinen Entscheidungen. Unter »Liquidation« einer Gesellschaftsklasse verstand der Marxismus nicht etwa ihre Ausrottung, sondern nur, daß sie ihrer alten gesellschaftlichen Funktion verlustig gehe.

Dem politischen Antisemitismus Widerstand zu leisten, galt der sozialistischen Arbeiterschaft als Teil ihres Kampfes gegen die kapitalistische Gesellschaftsordnung. Die offiziellen sozialistischen Publikationen jener Zeit und die persönlichen Erinnerungen aller Sozialdemokraten, ob Juden oder Nichtjuden, ob Radikale oder Gemäßigte, bewahrheiten die Feststellung von Robert Michels: die deutsche Sozialdemokratie war seit Bebels und Liebknechts entschlossener Stellungnahme gegen die antisemitische Flut der neunziger Jahre »gegen das Gift des Rassenhasses ein für allemal gefeit ... und sie hat ruhigen Gewissens das Odium getragen, von unwissenden Gegnern eine Partei ›von Juden und Judengenossen‹ genannt zu werden« [429]).

In der Tat fühlten sich trotz der gesellschaftlichen Schranken viele Juden zur Partei hingezogen (430). Es waren, entsprechend dem sozialen Status der Juden in Deutschland, überwiegend Intellektuelle, Geschäftsleute, Schriftsteller und Angestellte. Gewichtige Gründe müssen sie dazu bewogen haben, sich der zusätzlichen Animosität auszusetzen, kaum aber materielle, denn als Wähler, Mitglied oder gar aktiver Mitarbeiter der Partei bekannt zu sein, war im kaiserlichen Deutschland kein Vorteil für die Laufbahn eines Christen, geschweige denn eines Juden. Außerdem gefährdeten Juden mit dem Eintritt in die revolutionäre Partei oft ihre Familienbeziehungen und schadeten ihrem Ansehen in jüdischen Kreisen, besonders in kleineren Städten. Offenbar aber stand solchen Bedenken die Erfahrung entgegen, daß Juden bei den sozialistischen Arbeitern jene Gleichheit wirklich genießen konnten, die ihnen von der deutschen Gesellschaft als ganzer versagt blieb.

Für die Arbeiter aber wurde dadurch, daß sich Juden ihrer Bewegung anschlossen, das Stereotyp von der ihrer »Rasse« verhafteten und unheilbar habgierigen jüdischen Gruppe widerlegt: offensichtlich gab es Juden, die weder an materiellem Gewinn interessiert noch durch kabbalistische Bande zusammengehalten waren; sie handelten und reagierten als Individuen. Die Integration dieser bürgerlichen Elemente in die proletarische Klassenbewegung wurde jedenfalls erleichtert durch das Gefühl des Stolzes und der Dankbarkeit in den Reihen der Arbeiter, daß Männer, die in der bürgerlichen Welt Reichtum oder Ruhm erlangt hatten oder leicht hätten erlangen können, sich auf die Seite der Proletarier schlugen.

Außerdem hatte die Sozialdemokratische Partei – als Sprecherin für die gesellschaftlich Entrechteten und politisch Geächteten – ein feines Gefühl dafür, wie soziale Diskriminierung auf die Juden wirken mußte. Wilhelm Liebknecht sagte auf dem Parteitag von 1893:

»Die Sklaverei demoralisiert nicht bloß, sie läutert, erhebt die Starken, schafft Idealisten und Rebellen. Und so finden wir, daß in den kräftigeren, edleren Naturen unter den Juden durch ihre unwürdige Lage der Sinn für Freiheit, Gerechtigkeit gepflegt und ein revolutionärer Geist gezüchtet worden ist. So finden wir bei den Juden im Verhältnis zu der Bevölkerungszahl eine weit größere Summe von Idealismus als unter den Nichtjuden.« [431])

Oft hatten die sozialdemokratischen Arbeiter Gelegenheit, ihrer Sympathie zu Führern, die als Sozialisten und als Juden zwiefachem Angriff ausgesetzt waren, offen Ausdruck zu geben. Der Schriftsteller und Kunsthistoriker Max Osborn erzählte 1944 im amerikanischen Exil von einer solchen Demonstration zur Zeit der Berliner Bewegung und des Kampfes der Sozialdemokratie gegen die Antisemiten. Paul Singer hatte auf einer Arbeiterversammlung gesprochen; die Zuhörerschaft spendete ihm Beifall:

»Und da geschah das, weswegen ich hier davon erzähle. Vom obersten Rang herab nämlich klang es plötzlich in den Raum, mit einer unendlich zärtlichen Stimme ›Judenpaule! Judenpaule!‹ Die Massen horchten auf. ›Bravo Judenpaule!‹, ›Hoch, Judenpaule!‹ tönte es noch einmal von oben. Und wie eine Flamme sauste der Ruf durch den Saal. Einzelne nahmen ihn auf. Jetzt mehrere. Jetzt ganze Scharen. Und bald schwoll es zu einem Orkan. Das Wort war völlig aus der Art der Berliner Arbeitersprache geboren. So würde man auch sonst etwa einen Berufsgenossen jüdischen Glaubens angeredet haben, mit einer spielenden Charakteristik seiner Besonderheit, ohne eine Spur von unerfreulichem Nebengeräusch. Auch hier benutzte man diese Titulierung gänzlich harmlos. Sie war lediglich ein Ausdruck noch gesteigerter Vertrautheit. Das verstanden alle. Hunderte, Tausende wiederholten: ›Judenpaule! Judenpaule!‹ Es umbrauste die mächtige Gestalt des Gefeierten, der noch am Rednerpult stand und, zuerst erstaunt und sprachlos, dann bis ins Innerste ergriffen, die eigenartige Huldigung entgegennahm. Die Arbeiter konnten sich gar nicht beruhigen. Sie stürmten auf das Podium und holten Singer herunter. Sie hoben ihn hoch und trugen ihn im Triumph aus dem Gebäude auf die Straße . . . So etwas begab sich einmal in Deutschland. Es ist freilich fast zwei Menschenalter her...« (432).

Der Kampf um die Emanzipation der Arbeiter machte die Sozialdemokratie zu einer kulturellen Kraft ersten Grades. Mit ihrem Einfluß auf das Denken und Handeln von Millionen war die sozialistische Idee zu einem mächtigen Faktor im politischen Leben des kaiserlichen Deutschlands geworden. Sie brachte Hoffnung, Optimismus, Würde und Selbstachtung, wo Unterwerfung unter den Staat und Identifizierung mit der bestehenden Gesellschaft Furcht, Haß, Arroganz und Grausamkeit hervorgerufen hätten – die ständigen Begleiter des Antisemitismus. Andererseits aber isolierte die revolutionäre Idee die Arbeiterschaft innerhalb der nationalen Gemeinschaft und machte sie stumpf gegenüber den Nöten und Hoffnungen anderer Schichten. Der quasi religiöse Glaube in ihre revolutionäre Mission verleitete die Partei zu systematischen Irrtümern in ihrer politischen und psychologischen Beurteilung der Entwicklung, besonders der des Mittelstandes. Deshalb waren auch ihre für die Analyse des Antisemitismus verwandten Kategorien zu undurchdacht. Das Klischee, die Antisemiten gehörten zu den »politisch zurückgebliebenen« und »ökonomisch absterbenden« Schichten, erlaubte weder eine Einsicht in die Natur ihrer Zurückgebliebenheit noch in die von ihnen zu erwartenden Reaktionen. Die Unterschätzung der potentiellen Gewalttätigkeit des Antisemitismus entsprang wohl der Konzeption vom Kleinbürgertum als einem anachronistischen Element in der entwickelten Industriegesellschaft – schwach, hilflos, dauernd am Rande sozialen und ökonomischen Zusammenbruchs. Aus dieser ursprünglich historisch-soziologischen Bestimmung war der Begriff »Kleinbürger« im sozialistischen Wortschatz so etwas wie eine naturwissenschaftliche Kategorie geworden, die Bezeichnung für eine Gattung minderer Art: physisch klein, furchtsam, dienstbeflissen, nicht ernst zu nehmen. Einem »Kleinbürger« konnte man ebensowenig Energie und revolutionären Elan zutrauen wie Aggression und blinde Zerstörungswut.

Antisemitismus läßt sich nicht einfach als Reaktion auf ökonomisches Mißgeschick erklären. Bauern, Handwerker, Gewerbetreibende, Studenten, Professoren, Offiziere und Beamte wurden von der wirtschaftlichen Entwicklung auf ganz verschiedene Weise betroffen. Gemeinsam aber war diesen Gruppen ein ausgeprägtes Bewußtsein ihrer gesellschaftlichen Stellung und deshalb die Furcht vor der ihnen drohenden Deklassierung. Um ihre soziale Position verteidigen zu können, entwickelten sie undemokratische Ideologien. Verdächtig erschien ihnen zumal das parlamentarische

Herrschaftssystem nach westlichem Muster, weil es eine gesellschaftliche und politische Umschichtung gebracht und die Standesgesellschaft beseitigt hatte, von der ihre Position abzuhängen schien. Sie waren standesbewußt, nicht klassenbewußt, und die wachsende Diskrepanz zwischen den materiellen Bedingungen ihres Lebens und den gesellschaftlichen Vorrechten ihrer Stellung verstärkte das erst recht. Je ärmer sie wurden, desto entschiedener widersetzten sie sich ihrer Proletarisierung.

Daß die Sozialdemokraten im Antisemitismus die erste, irrationale Phase im politischen Erwachen dieser Schichten sahen, der eine zweite, rationale – ihr Eintritt in die Sozialdemokratische Partei – folgen müsse, mutet heute unglaublich naiv an. Noch lange nach der Jahrhundertwende huldigten beide Parteiflügel dieser Illusion; noch hatte die Geschichte sie nicht widerlegt.

Doch war Mangel an historischer Erfahrung nicht der einzige Grund dafür, daß die Sozialdemokratie den eigentlichen Charakter des Antisemitismus verkennen mußte. Als ein Kind des neunzehnten Jahrhunderts war die Partei erfüllt von dem Glauben an die menschliche Vernunft und an den unaufhaltsamen Fortschritt der Gesellschaft. Früher oder später würden alle vom Kapitalismus unterdrückten Gesellschaftsschichten die wirklichen Ursachen ihrer Lage durchschauen lernen. Die nicht vom kapitalistischen Interesse verblendeten Proletarier konnten am frühesten erkennen, daß sie die Opfer, zugleich aber auch die Vollstrecker der Klassengesellschaft seien. Bei ihnen war das revolutionäre Bewußtsein am höchsten entwickelt. Das der anderen Schichten würde folgen. Der Antisemitismus, so abstoßend er auch auftrat, konnte doch als der Ausdruck eines radikalen antikapitalistischen Protestes gelten, als ein erster tastender Versuch, eine rationale, menschenwürdige Gesellschaftsordnung zu schaffen. Die Vernunft schien sich manchmal seltsamer Agenten zu bedienen, aber ihr Vormarsch war unaufhaltsam (433).

Eine Zusammenfassung

Einige Ergebnisse der Untersuchung können nun zusammengefaßt werden.

Die Emanzipation der Juden, die rechtliche Anerkennung ihrer Gleichheit vor dem Gesetz, war im Zusammenhang mit dem Kampf um die nationale Einheit Deutschlands zustandegekommen. In der »Gründerzeit« fand ein beispielloser industrieller und finanzieller Aufschwung statt, bei dem auch Juden eine prominente Rolle spielten. Die politische und wirtschaftliche Führung lag damals in den Händen der liberalen Parteien. Das junge Reich begann, sich der modernen westlichen Welt anzugleichen. Die preußischen Konservativen und die deutschen Katholiken standen Bismarcks Schöpfung abwartend oder mißtrauisch gegenüber, wenn auch aus verschiedenen Gründen.

Nach dem Wirtschaftszusammenbruch von 1873 begannen heftige Angriffe auf die Juden. Die antijüdische Kritik verband ausnahmslos Forderungen auf Beschränkung der Rechte von Juden mit Forderungen auf Staatseingriffe in das Wirtschaftsleben. Juden und wirtschaftlichen Liberalismus pflegte man ebenso zu identifizieren wie Antisemitismus und soziale Reformen. Antisemitismus und Antiliberalismus bildeten die Ebene, auf der drei Kräftegruppen mit sonst verschiedenen Interessen zusammenfinden konnten: der alte Mittelstand, die preußischen orthodoxen Konservativen, die Katholiken. Die Anschuldigungen gegen die Juden waren politischer, wirtschaftlicher und kultureller Art, offene religiöse Feindseligkeit gab es so gut wie gar nicht. Ab und zu klangen wohl schon »rassische« Töne an, Leitmotiv aber war der Protest gegen das »jüdisch-liberale Regime« Bismarcks.

Von diesen drei Hauptgruppen, die den Antisemitismus als politische Waffe benutzten, merkten die Katholiken bald, wie zweischneidig er war, und ließen ihn fallen. Auch in der Folgezeit hatten sie wenig Anlaß, sich seiner zu bedienen. Die Konservative Partei aber entäußerte sich nicht eines Mittels, das ihr so viele politische Vorteile bot. Konservative wie Katholiken verhielten sich zweckrational. Die ideologische Entwicklung des Mittelstandes jedoch entzieht sich einer so einfachen Erklärung. Die Ereignisse in Berlin zeigen, daß zwischen 1870 und 1880 eine größere politische Neuorientierung im Kleinbürgertum vor sich ging. Es löste sich vom liberalen Bürgertum, mit dem gemeinsam es noch 1848 für die Demokratie gekämpft hatte; damit verlor die Bourgeoisie ihren Massenanhang. Der gleichzeitige Aufstieg der sozialistischen Arbeiterbewegung beschleunigte den Loslösungsprozeß. Daß diese sich ihrerseits vom Liberalismus trennte, bestärkt die Auffassung, daß die liberale Bourgeoisie damals nicht mehr als Vorkämpfer für Freiheit und Demokratie galt.

Was auch immer die Gründe für den Loyalitätswandel des Mittelstandes gewesen sein mögen – die Erschütterung durch die erste kapitalistische Krise muß dabei sicher hoch angesetzt werden – er hatte das Ergebnis, daß von den achtziger Jahren an der politische Konservatismus einen Zugang zu der großen Masse mittelständischer Wähler finden konnte. Antisemitismus und Antiliberalismus waren die Brücke, über die der Mittelstand ins Lager des einstigen Gegners überzugehen begann (434).

Für die Konservativen erwies sich der Antisemitismus als eine außerordentlich handliche Waffe. Sie bedienten sich ihrer während der liberalen Periode von 1875 bis 1878, als sie in der Opposition gegen Bismarck standen; sie legten sie zur Seite, als sie während der Jahre des »Kartells«, 1886 bis 1890, Regierungspartei waren, um wieder nach ihr zu greifen, als Caprivis gemäßigter Kurs, 1890 bis 1894, sie aufs neue in die Opposition trieb. Und als 1896 die christlichsozialen Forderungen nach Sozialreformen in einen allzu scharfen Gegensatz zu dem »Herr-im-Haus«-Kurs der Ära Stumm gerieten, zögerten sie nicht, ihren treuen antisemitischen Freund Stoecker fallen zu lassen. Für sie war politischer Antisemitismus ein Instrument der Macht, das sich vorzüglich zum Angriff, zur Einschüchterung und Erpressung eignete. Seinen Vorteilen gegenüber nahmen sie selbst die »Schattenseiten« des Rassenantisemitismus in Kauf, seine Religionsfeindlichkeit, seine Unehrerbietigkeit gegenüber Monarchie und staatlicher Bürokratie, seine Angriffe auf Justiz und Rechtssystem, ja sogar seine Feindseligkeit gegenüber dem Großbesitz. Die Konservativen waren überzeugt, die Zügel fest in der Hand zu haben und ihre Hilfstruppen nach Willen leiten zu können. Mit gelegentlichen Exzessen konnten Polizei und Militär im Obrigkeitsstaat leicht fertig werden (435).

Weder die christlichsoziale Spielart des Antisemitismus in den achtziger Jahren noch die völkische in den Neunzigern vermochte es, die rechtliche Stellung der Juden in irgendeiner Weise zu beeinträchtigen. Keine einzige Vorlage wurde angenommen, die das Emanzipationsgesetz von 1869 eingeschränkt hätte, während es an Unterdrückungen gegen Katholiken, Sozialisten und Polen nicht fehlte. Die völkischen Forderungen nach Ausnahmegesetzen gegen Juden hatten nie die geringste Aussicht, verwirklicht zu werden. Als 1882, auf dem ersten Internationalen Kongreß der Antisemiten in Dresden, Ernst Henrici den Antrag stellte, alle Juden sollten aus Deutschland ausgewiesen werden, war es kein Geringerer als Stoecker selbst, der ihm versicherte, wenn es je zur Abstimmung kommen sollte, wer aus Deutschland auszuweisen sei, Juden oder Antisemiten, so werde das Ergebnis sicher zu Ungunsten der Antisemiten ausfallen[436]). Und Stoeckers Biograph Frank stellt fest:

»Der Stand des jüdischen Problems ist durch die ganze antisemitische Bewegung, welche zwischen 1876 und 1900 so weite Kreise zog, nach keiner Seite wesentlich verändert worden. Die Stellung der Juden im preußisch-deutschen Staat blieb nach wie vor die, daß ein hoher Grad wirtschaftlicher, sozialer und geistiger Macht des Judentums unangetastet, dagegen der Regierungsapparat ihm im allgemeinen verschlossen blieb. Eine Änderung im letzteren Sinn hat erst der Zusammenbruch des hohenzollernschen Kaiserreiches herbeigeführt.»[437])

Aber während die staatsbürgerliche Stellung der Juden unangetastet blieb, machte Deutschlands politischer Charakter während der Zeit der beiden antisemitischen Kampagnen sichtbare Wandlungen durch. In den achtziger Jahren, nachdem der konservativ-protestantische Aufschrei über die »Verjudung« deutscher Kultur, Sitte und Regierung verklungen war, hatte der Schwerpunkt politischer Macht sich nach rechts verschoben. Als in den neunziger Jahren die völkische Welle verebbte, verschwanden mit ihr alle Aussichten auf eine demokratische Regierungsreform. Caprivi war der letzte, der eine Reichstagsmehrheit ohne die Konservativen zu bilden vermochte. Von Hohenlohe bis Bethmann-Hollweg wagte es kein Reichskanzler, ohne sie, geschweige denn gegen sie, zu regieren. Kein weiterer Versuch wurde unternommen, Staat und Gesellschaft demokratisch auszubauen.

Wenn man von den konkreten Resultaten ideologischer Kampagnen auf deren wirkliche Ziele schließen darf, so handelte es sich sowohl 1893 wie 1880 bei den Angriffen auf die Juden um Mittel zum Zweck; der manipulative Charakter der antisemitischen Kampagnen ist evident. Machtvolle konservative Kräfte und machtlose Mittelstandsschichten waren eine Verbindung eingegangen, bei der Antisemitismus als das vermittelnde Glied diente. Antisemitismus aber bedeutete für jeden der beiden ungleichen Partner etwas vollkommen anderes.

Nach 1895 verloren die Konservativen ihr Interesse am Antisemitismus; im Kampfe gegen die sozialistische Arbeiterbewegung blieb er ohne Zugkraft. An seine Stelle trat die nationalistische Ideologie. Der mit der imperialistischen Ära einsetzende wirtschaftliche Aufschwung reduzierte auch die Judenfeindlichkeit des Mittelstandes. Der Antisemitismus hörte auf, eine Massenbewegung zu sein; damit wurde er auch für die Arbeiterbewegung gegenstandslos. Als wirtschaftliches Problem hatte es für die Sozialdemokratie nie eine Judenfrage gegeben, als politisches trat es in der Folgezeit völlig in den Hintergrund. Die rechtliche Gleichheit der jüdischen Gruppe war nicht gefährdet, und politisch wie kulturell schienen sich die meisten deutschen Juden in der bürgerlichen Welt zu Hause zu fühlen. Die organisierte Arbeiterklasse sah keine Veranlassung, sich über berufliche Diskriminierung einzelner Juden in einem Staat zu entrüsten, der Millionen den Zugang zu den höheren Berufen verschloß und unter dem preußischen Dreiklassenwahlrecht die Stimme eines Bleichröders der von einigen hundert Arbeitern gleichsetzte.

In der Tat schien sich die gesellschaftliche Position der Juden in der imperialistischen Ära zu verbessern. Offiziere konnten sie zwar immer noch nicht werden, und auch die meisten Studentenverbindungen verschlossen sich noch vor ihnen. Aber diese Schranken waren nicht nur gegen Juden aufgerichtet (438).

Langsam öffnete sich den Juden die Beamtenlaufbahn, besonders in der Justizverwaltung und an den Universitäten; immer seltener war die Taufe Vorbedingung dazu. Interessanterweise war es die höhere Beamtenlaufbahn, die Juden zugänglich wurde, nicht die mittlere oder untere. Ein jüdischer Polizeiwachtmeister, Postsekretär oder Justizinspektor blieb im Kaiserreich so undenkbar wie ein jüdischer aktiver Offizier. Aber einige Juden, die sich trotz des »väterlichen Rats« des Gerichtspräsidenten nicht dazu überreden ließen, nach bestandenem Assessorexamen Rechtsanwalt zu werden, brachten es schließlich zum Amtsrichter – allerdings kaum höher – und andere kamen nach langer Tätigkeit als Privatdozenten endlich doch noch zu einer Professur.

Am weitesten aber gedieh die Assimilierung während der Blütezeit des Imperialismus in der Wirtschaft. Nur wenige Berufe, wie zum Beispiel leitende Positionen im Bergbau, blieben bis zum Ende des Kaiserreiches den Juden verschlossen; sonst konnten sie, auch wenn sie keine selbständigen Unternehmer waren, in alle leitenden Stellungen im Wirtschaftsleben und in den wirtschaftlichen Verbänden einrücken (439).

Um 1910 schien es, als ob die volle Assimilierung der jüdischen Gruppe nur noch eine Frage von kurzer Zeit sei. Weder die Sozialdemokraten und Liberalen noch die Juden selber erkannten, daß der Niedergang des Antisemitismus dem Aufstieg des Imperialismus zu verdanken war, daß dieser aber in seiner Ideologie wie in seinem politischen Verhalten die antisemitische Substanz, wenn auch passiv, bewahrte. Die Schichten, die einst Ahlwardt zugejubelt hatten, waren weder wirtschaftlich untergegangen noch sozialdemokratisch geworden; auch hatten sie keineswegs mit dem »jüdischen Kapitalismus« Frieden geschlossen. Vielmehr fühlten sie sich jetzt eins mit dem aufsteigenden »Volk in Waffen«, sie partizipierten moralisch und materiell an den Vorteilen, die sich aus der Zugehörigkeit zu einem Staat ergaben, der Weltpolitik machte, sich industriell und finanziell ausbreitete, und dessen militärische Vorherrschaft gesichert erschien. Infolgedessen schrumpfte die Zahl der »hauptberuflichen« Antisemiten immer mehr zusammen, bis zuletzt nur noch der »Hammer-Fritsch« und ein paar andere übrig blieben. Aber sie fanden keinen Widerhall mehr. Ihre Angriffe verpufften ungehört, solange es keine Spannungen gab, für deren zeitweilige Lösung der Antisemitismus die Handhabe bieten konnte.

Franz Oppenheimer nannte den Antisemitismus einmal »das nach innen gewandte Gesicht des aggressiven chauvinistischen Nationalismus«[440]). Solange der deutsche Imperialismus Erfolg hatte, kehrte sich dieses Gesicht nach außen auf Engländer, Franzosen, Slawen, Chinesen, Afrikaner. Die minderwertige Rasse schlechthin war noch nicht fixiert. Im Inneren hatte »die marxistische Gefahr« die »jüdische« vollkommen verdrängt. Schon längst nicht mehr drohte dem Regime vom Liberalismus her Gefahr. In der neuen Machtkonstellation war politischer Antisemitismus überflüssig geworden. Als dann der erste Weltkrieg der imperialistischen Phase und dem Traum von nationaler Harmonie auf der Grundlage internationaler Vorherrschaft ein demütigendes Ende bereitete, konnte der Antisemitismus, stärker und bösartiger denn je, die verlassenen Positionen wieder einnehmen.

Zur Biographie des Autors

Ich habe Paul Massing bei den Korrekturen des vorliegenden Buches, einer Studie des politischen Antisemitismus im Kaiserreich, kennengelernt, das 1949 unter dem Titel »Rehearsal for Destruction« (Probe vor dem Holocaust) erschien.

Politischer Antisemitismus ist nicht national begrenzt, aber seine Formen werden von der jeweiligen nationalen Umgebung geprägt. Daher Massings breit angelegte Untersuchung der deutschen Gesellschaft im Kaiserreich, mit ihren politischen Parteien, religiösen und beruflichen Organisationen, Regierung und Opposition, Einzelpersonen und sozialen Gruppen. In der Konzentration auf ein spezifisches Problem liegt die Gefahr der Verzerrung der gesellschaftlichen Gesamtsituation, in der es ja auch positive Entwicklungen im intellektuellen, kulturellen, sogar politischen Bereich gab. Massing ist dieser Gefahr durch seine sorgsame und differenzierte Analyse der verschiedenen und oft widersprüchlichen Manifestationen des Antisemitismus begegnet.

Im 19. Jahrhundert war Antisemitismus als politisches Machtmittel verschiedentlich mit einem diffusen Ausdruck sozialen Protestes gekoppelt. Nicht selten gingen Judenhaß mit Forderungen nach Idealen der Freiheit, nach Abschaffung der Aristokratie, der Befürwortung von ländlichen Kooperativen einher. Diese Doppelnatur hat nach Massings Vermutung auch zu Mißverständnissen über die Rolle des Antisemitismus in der Moderne geführt. Es gab Perioden, in denen die herrschenden Gruppen und mit ihnen die Majorität der Deutschen, Judenhaß als unverantwortlich und verächtlich ansahen und auch ihren Protest gegen Judenverfolgungen in anderen Ländern zum Ausdruck brachten. So ging auch in den zwei Jahrzehnten vor dem Ersten Weltkrieg der organisierte Antisemitismus in Deutschland zurück. Die Erinnerung daran förderte wohl den Glauben, daß deutscher Antisemitismus vor Hitler unbeträchtlich war. Tatsächlich existierte er in Bewegungen, die den Kampf gegen die Juden lange vor Hitler zu ihrem Hauptanliegen machten. Obschon klein in der Zahl ihrer Anhänger, in organisatorischer Stärke oder politischer Präsenz, hielten sie doch den Antisemitismus in der deutschen Kultur lebendig. Sie formulierten eine rassistische Ideologie lange bevor die Nazis zur Macht kamen und halfen einer politischen Allianz sozialer Kräfte, die zum Disaster für Deutschland wurde.

Daß der Antisemitismus zeitweise so klar als eine Manifestation sozialen Protestes schien, führte zu einer weiteren fälschlichen Annahme. Bis ins erste Jahrzehnt des zwanzigsten Jahrhunderts nahmen liberale Historiker und sozialistische Schriftsteller an, daß antisemitische Agitation das politische Interesse bislang uninteressierter Gruppen wecken würde, die, einmal zu politischem Denken erwacht, sich bald den Kräften des Fortschrittes anschließen würden. Auch das eine Fehlannahme!

Das Thema des Faschismus hat Massing, mit gewissen biographisch und zeitbedingten Verlagerungen des Schwerpunktes, zeitlebens als Wissenschaftler und als Mensch beschäftigt. 1933 erschien sein erstes Buch, ein unter einem Pseudonym veröffentlichter autobiographischer Roman »Schutzhäftling 880«, den er den Kameraden in den deutschen Konzentrationslagern widmete. Als politischer Widerstandskämpfer war er verhaftet worden. Nach 5monatiger Einzelhaft in Oranienburg kam er zwar durch eine Amnestie frei, aber sogleich von neuer Verhaftung bedroht, floh er über Paris mit einem Besuchervisum in die Vereinigten Staaten.

Statt sich um ein Einwanderungsvisum zu bemühen, kehrte er nach Europa zurück und arbeitete weiter im Untergrund. Die Enttäuschung über die großen russischen Schauprozesse führte zu einem dramatischen Bruch mit dem russischen Kommunismus, in dem er ursprünglich die einzige Alternative zu Hitler gesehen hatte. Er kehrte endgültig in die USA zurück. 1939 erschien sein Buch »Hitler is no Fool«. Es richtete sich an den amerikanischen Durchschnittsbürger, der weder Zeit noch Gelegenheit hatte, Hitlers »Mein Kampf« zu studieren und belegte an Hand von Zitaten aus »Mein Kampf«, daß Hitler weder ein »fool« noch ein »madman« war – beides gängige Annahmen in den USA.

In Amerika zog er sich zuerst aufs Land zurück. Mit den Kenntnissen und der Geschicklichkeit, die er in seiner Jugend in seinem Pfälzer Heimatdorf erworben hatte, renovierte er ein heruntergekommenes Bauernhaus in Pennsylvania. Aber nach zwei Jahren konnte er nicht länger abseits bleiben. Er erneuerte den Kontakt mit dem Institute of Social Research an der New Yorker Columbia Universität, das er von seiner Frankfurter Studienzeit als Institut für Sozialforschung kannte. Das vorliegende Buch entstand in diesem Rahmen. Später war er am Institut einer der Hauptautoren der empirischen Studie über »Antisemitismus unter amerikanischen Arbeitern«.

Dann folgte eine Berufung an die angesehene Rutgers Universität im Staat New Jersey. Dort lehrte er politische Soziologie bis zu seiner Emeritierung. Die letzten Jahre waren bereits belastet von seiner Krankheit, der Parkinson'schen Krankheit, die, wie er wußte progressiv und unheilbar ist. Eines seiner größeren Forschungsprojekte in dieser Zeit war eine Arbeit über die Reaktion auf die »Voice of America«-Sendungen in sowjetischen und den übrigen kommunistischen Medien. Es war ein Versuch, die Grenzen der Macht in einem totalitären System zu erfassen.

Massing war ein sehr angesehener und außerordentlich beliebter und engagierter Lehrer. Anläßlich seines Abschieds von Rutgers wählten ihn die Studenten zum »Mann des Jahres«. Er ist 1979 in Deutschland gestorben. Die Krankheit verhinderte die Vollendung seines letzten Buches, das ihm besonders wichtig war; es war die Analyse der historischen Entwicklung der Sozialstruktur seines Heimatdorfes bis zur Gegenwart.

Herta Herzog-Massing
New York 1985

Anmerkungen

Kapitel I

[1]) Bald darauf wurde Simson Präsident des ersten deutschen Reichstags und 1879 Präsident des Reichsgerichts. 1888 wurde er geadelt.

[2]) *Simon Dubnow:* »Die neueste Geschichte des Jüdischen Volkes«, 3 Bde., Jerusalem 1938, Bd. III, S. 345 f.

[3]) *Max Wirth:* »Geschichte der Handelskrisen«, Frankfurt am Main 1874.

[4]) Die deutsche Fortschrittspartei entstand 1861 aus dem linken Flügel der altliberalen Fraktion im preußischen Abgeordnetenhaus, der sich mit bekannten Demokraten der Paulskirche – unter anderem Waldeck, Johann Jacoby, Schulze-Delitzsch – verband. Sie erstrebte ein parlamentarisches System, Einschränkung der Militärausgaben und Freihandel; später opponierte sie dann gegen die staatliche Sozialpolitik. Da sie entschieden die kleinbürgerlichen Interessen vertrat, war sie anfangs sehr populär und bald die stärkste Partei im preußischen Abgeordnetenhaus. Im »Verfassungskonflikt« 1862–66 bekämpfte sie Bismarck mit Erfolg, 1866 aber, nach Preußens Sieg über Österreich, ging ihr rechter Flügel zu Bismarck über. Im Kulturkampf stand sie auf Seiten des Kanzlers, stimmte jedoch gegen Ausnahmegesetze und wurde 1879 unter Eugen Richter zum entschiedenen Gegner der Schutzzollpolitik. Im ersten Reichstag von 1871 konnte sie 45 von 382 Mandaten gewinnen.

[5]) Die Nationalliberale Partei entstand 1866 als Nationalpartei aus dem rechten Flügel der Fortschrittspartei (s. Anm. 4), der sich, der Stimmung des gebildeten und besitzenden Bürgertums folgend, zur Unterstützung von Bismarcks Außen- und Militärpolitik bereitfand. Nach den Wahlen zum konstituierenden Norddeutschen Reichstag kamen Liberale aus Preußens neuerworbenen Provinzen zur Partei, die dann 1867 den Namen Nationalliberale Partei annahm und für Bismarcks Ziel der nationalen Einigung unter Preußens Führung eintrat. Im ersten deutschen Reichstag war sie mit 119 von 382 Sitzen die stärkste Fraktion. Bis 1879 stellte sie den Reichstagspräsidenten — erst Simson, dann Forckenbeck. 1879 begann mit der Bismarckschen Schutzzollpolitik der Niedergang der Partei, die in dieser Frage keine entschiedene Stellung einnahm. Erst trat die schutzzöllnerische Gruppe unter Treitschke aus, weil die Partei Bismarcks Schwenkung nicht mitmachen wollte, dann, ein Jahr später, verließ sie der freihändlerische linke Flügel unter Lasker, Bamberger und Forckenbeck, weil sie Bismarck zu viele Konzessionen gemacht hatte.

[6]) Vgl. *August Sartorius von Waltershausen:* »Zeittafeln zur Wirtschaftsgeschichte«, Halberstadt 1927, S. 62; und *Arthur Spiethoff:* Artikel »Krisen« in: »Handwörterbuch der Staatswissenschaften«, 4. Aufl., Jena 1925, Bd. VI, S. 53 ff.

[7]) Die Konservative Partei, 1848 zur Organisation der Gegenrevolution gegründet, war ursprünglich die Partei des preußischen monarchistischen Landadels – der Junker – und zeigte wenig Geschmack an einem Reich, in dem sie die Macht mit der aufsteigenden Mittelklasse teilen sollte. 1866, als die Nationalliberalen sich von der Fortschrittspartei ablösten und zu Bismarck übergingen, spalteten sich auch die Konservativen. Eine gemäßigte Gruppe, die sich im preußischen Abgeordnetenhaus Freikonservative, im Reichstag Reichspartei nannte – sie hatte 38 Sitze im ersten Deutschen Reichstag – unterstützte Bismarck. Die Vertreter des rechten Flügels – sein Organ war die Kreuzzeitung – nannten sich bis 1876 Altkonservative, später Deutschkonservative. Diese im ersten Deutschen Reichstag mit 54 Mandaten vertretene Gruppe weigerte sich, Bismarck zu folgen, insbesondere in seinem Kampf gegen die Katholiken. Wo in diesem Buch von »Konservativen« gesprochen wird, ist meistens dieser rechte Flügel gemeint.

[8]) Schon in der Nationalversammlung von 1848 hatten zur Wahrnehmung ihrer besonderen Interessen katholische Abgeordnete verschiedener Richtungen einen zwischenparteilichen katholischen Verein gebildet. Im preußischen Landtag von 1852 gab es eine katholische Fraktion, die später den Namen Zentrum annahm, weil ihre Sitze zufälligerweise im Zentrum des Halbkreises lagen, nicht etwa ihrer politischen Mittelstellung wegen, die sich noch gar nicht herausgebildet hatte; auch die Begriffe »Rechte« und »Linke« leiten sich ja von der Sitzordnung der französischen Volksvertretungen im ersten Drittel des neunzehnten Jahrhunderts her. Das Zentrum fiel im Verfassungskonflikt von 1862 auseinander, gerade weil die Gruppe sich noch nicht zu einer einheitlichen Stellung hatte durchringen können. Im Juni 1870 bildete sich dann wieder eine katholische Interessenvertretung, die den Namen Zentrumspartei aufgriff und es im ersten Deutschen Reichstag bereits auf 58 Mandate brachte. Sie vertrat hauptsächlich die überwiegend katholischen Gegenden Deutschlands – Bayern, Rheinland, Oberschlesien. Während der ersten zwanzig Jahre stand die Partei stark unter dem Einfluß ihres konservativ-aristokratischen Flügels, vollzog aber 1891, nach dem Tode ihres Vorsitzenden, Ludwig Windthorst, eine Schwenkung zum Nationalismus und gab mehr und mehr ihre Beschränkung auf rein katholische Zielsetzungen auf, wenngleich ihre Führung fast ausschließlich in den Händen des katholischen Klerus blieb.

[9]) *Wilhelm Marr:* »Der Sieg des Judenthums über das Germanenthum — Vom nicht confessionellen Standpunkt aus betrachtet. Vae Victis!«, 10. Aufl., Bern 1879.

[10]) *Wilhelm Marr:* »Der Judenspiegel«, Hamburg 1863. — Marr scheint den Titel seines Pamphlets von einem antisemitischen Vorgänger, dem gescheiterten Juristen Hundt-Radowsky, entliehen zu haben; Hartwig Hundt-Radowsky veröffentlichte bereits 1819 (Würzburg) einen »Judenspiegel«, in dem er vorschlug, die jüdischen Männer zu kastrieren und die Frauen in Bordellen unterzubringen. (Vgl. *Eleonore Sterling:* »Er ist wie du / Aus der Frühgeschichte des Antisemitismus in Deutschland (1815–1850)«, München 1956, S. 78 und 227.)

[11]) *Marr:* »Der Sieg des Judenthums über das Germanenthum«, a. a. O., S. 8.

[12]) a. a. O., S. 7 f.

[13]) a. a. O., S. 12.

[14]) a. a. O., S. 13.

[15]) a. a. O., S. 20.

[16]) a. a. O., S. 22.

[17]) a. a. O., S. 46.

[18]) In einer späteren Schrift, »Vom jüdischen Kriegsschauplatz«, schrieb *Marr*, die Annahme, Rußland könne Deutschland im Kampfe gegen das Judentum unterstützen, sei eine Täuschung gewesen. Der »soziale Nihilismus« wüte in Rußland sogar noch mehr als in Deutschland, eine russische Revolution werde unvermeidlich auch die russische Gesetzgebung »an Israel« ausliefern (3. Aufl., Bern 1879, S. 46). Marrs Ambivalenz dem russischen Reich gegenüber kommt in allen seinen Schriften zum Ausdruck. »An Rußland wagte das Judentum noch nicht dieselbe Forderung zu stellen« wie an Deutschland, Frankreich, England oder gar Rumänien, bemerkt er, fügt allerdings sofort hinzu: »Wird aber auch schon kommen« (»Der Sieg des Judenthums über das Germanenthum«, a. a. O., S. 29 f.). Und einige Seiten später sagt er voraus, daß auch Rußland, das letzte noch nicht von den Juden eroberte Riesenreich, fallen werde, in einer Revolution, wie die Welt vielleicht noch keine ähnliche gesehen habe. Die russische Administration stehe bereits unter jüdischem Einfluß (a. a. O., S. 35). Der nationalsozialistische Begriff des »jüdischen Bolschewismus« taucht also schon bei Marr auf.

[19]) *Marr:* »Der Sieg des Judenthums über das Germanenthum«, a. a. O., S. 43.

[20]) Immer wieder trifft man auf den Mangel an zuverlässigen Informationen über Lebensgeschichte und Persönlichkeit führender Antisemiten. Um Marrs Abstammung wurden Legenden gewoben, mehr noch von seinen Kritikern als von seinen Freunden. Elbogen *(Ismar Elbogen:* »A Century of Jewish Life«, Philadelphia 1945, S. 703) nennt Marr »Nachkomme von Juden«; die »Universal Jewish Encyclopedia« (New York 1939, Bd. I, S. 341 ff., Artikel »Antisemitism«) erwähnt die Behauptung, er sei konvertierter Jude gewesen; andere Quellen wieder geben ihm eine jüdische Mutter usw. Dubnow berichtet, Marr sei »der Sohn eines Schauspielers, der aus dem Kreise radikaler Journalisten, in dem er verkehrt hatte, wegen ehrloser Handlungen ausgestoßen worden war« *(Dubnow,* a. a. O., Bd. III, S. 430). Daß Marr zu einem solchen Kreise gehörte, geht aus seiner Schrift »Das junge Deutschland in der Schweiz« (Leipzig 1846) hervor. – Marr soll den Begriff »Antisemitismus« geprägt haben (vgl. die Artikel »Antisemitismus« in der »Encyclopaedia Judaica«, Berlin 1928, und »Antisemitism« in der »Universal Jewish Encyclopedia«, a. a. O.), der jedoch auch Ernest Renan zugeschrieben wird (vgl. *Salo W. Baron:* »A Social and Religious History of the Jews«, 3 Bde., New York 1937, Bd. II, S. 237).

[21]) *Marr:* »Vom jüdischen Kriegsschauplatz«, a. a. O., S. 27.

[22]) *Marr:* »Der Sieg des Judenthums über das Germanenthum«, a. a. O., S. 23 f.

[23]) a. a. O., S. 30 f.

[24]) *Marr:* »Vom jüdischen Kriegsschauplatz«, a. a. O., S. 29.

[25]) *Marr:* »Der Sieg des Judenthums über das Germanenthum«, a. a. O., S. 32.

[26]) a. a. O., S. 11.

27) *Marr:* »Vom jüdischen Kriegsschauplatz«, a. a. O., S. 29.

28) *Glagau* veröffentlichte auch ein anderes Buch, »Der Bankerott des Nationalliberalismus und die ›Reaktion‹« (Berlin 1878), das in seiner kulturellen und moralischen Abneigung gegen die neue Ära des Kapitalismus dieselbe Linie zeigte wie die Schriften des katholischen Publizisten *Constantin Frantz:* »Die Religion des Nationalliberalismus« (Leipzig 1872) und »Der Nationalliberalismus und die Judenherrschaft« (München 1874). Glagau wurde später (1880 bis 1889) Herausgeber des Kulturkämpfer, einer antiliberalen und antisemitischen Zeitschrift, die sich an den gebildeten Mittelstand wandte und hochgestellte Beamte wie auch einflußreiche Politiker zu ihren Mitarbeitern zählte.

29) *Glagau:* »Der Bankerott des Nationalliberalismus und die ›Reaktion‹«, a. a. O., S. 20.

30) a. a. O., S. 16.

31) a. a. O., S. 71.

32) *Walter Frank:* »Hofprediger Adolf Stoecker und die christlichsoziale Bewegung«, 2. Aufl., Hamburg 1935, S. 77.

33) »Reichstag, Stenographische Berichte«, 7. Dezember 1893, S. 322 f.

34) *Adolf Hitler:* »Mein Kampf«, 3. Aufl., München 1930, S. 232 f.

35) Eigentlich hieß das 1848 gegründete Blatt Neue Preußische Zeitung, wurde aber wegen des Kreuzes über dem Titel allgemein Kreuzzeitung genannt. Wagener war sein erster Chefredakteur.

36) »Kreuzzeitung«, 1875, Nr. 148–152. Der anonyme Autor war Dr. F. Perrot, ein Reserveoffizier und Publizist. – Vgl. *Otto von Bismarck:* »Gedanken und Erinnerungen«, Stuttgart und Berlin 1928, S. 454 f.

37) Die Artikel führten zu einer für die Zeit bezeichnenden Demonstration. Am 9. Februar 1876 erklärte Bismarck im Reichstag, wer die Kreuzzeitung beziehe, beteilige sich damit indirekt an dem Lügen- und Verleumdungsfeldzug des Blattes gegen ihn. Daraufhin gaben einige hundert prominente Konservative in der Kreuzzeitung bekannt, sie hätten ihre Abonnements erneuert.

38) »Germania«, 1875, Nr. 174, 185, 189, 190, 201, 203, 228.

39) Zitiert nach *Otto Jöhlinger:* »Bismarck und die Juden«, Berlin 1921, S. 6.

40) Meyers Schriften sind eine der besten Quellen zum Studium des Widerstandes gegen die »offene«, nicht ständisch orientierte Gesellschaft in Deutschland. Er war ein treuer Schüler von Rodbertus und Anhänger seines »konservativen Sozialismus«. Schon 1874 veröffentlichte er eine wohlinformierte freundliche Studie über die deutsche sozialistische Arbeiterbewegung, »Der Emancipationskampf des vierten Standes«. Ein zweiter Band befaßt sich mit der Arbeiterbewegung in Europa und Amerika. (*Rudolph Meyer:* »Der Emancipationskampf des vierten Standes«, Bd. I Berlin 1874, Bd. II Berlin 1875.) Als Befürworter eines christlichen Ständestaates unter einer sozialen Monarchie verachtete Meyer den Liberalismus mit seiner Parlamentsherrschaft und laissez-faire-Philosophie. »Ein jedes Volk, und das deutsche erst recht, will regiert sein, aber es will gut regiert sein. Die wilden Tiere in der Wüste sind Manchesterleute. Sie dulden keinen König über sich. Das Wüstengesetz der freien Konkurrenz herrscht schrankenlos: ›Die große Bestie frißt das kleine Vieh!‹«, sagt er im 2. Band seines »Emancipationskampfes« (a. a. O., S. 786). – Meyer ermahnt die Hohenzollern, sich ihrer sozialen Verpflichtungen bewußt zu

bleiben und nicht zu vergessen, daß »sie starke Hüter und Schützer sein sollen der Armen und Ausgebeuteten gegen die Reichen und Ausbeuter« (a. a. O.). – Parlamentsherrschaft war seiner Meinung nach nichts als »ein kecker Versuch der verschwindenden aber allerdings reichen und herrschsüchtigen Minorität des Volkes, die Königliche Macht zu brechen und sich selbst zum unverschämten Herrscher im Staat zu machen, um so ihre gesellschaftliche resp. wirtschaftliche Herrschaft auszudehnen und zu befestigen!« (a. a. O.)

Meyers Anti-Gründer-Buch endet mit folgenden Worten: »Wir wissen jetzt bestimmt, daß mit dem Fürsten Bismarck die Einkehr in gesundere Zustände nicht mehr möglich ist. Vergebens haben ihn die ältesten Freunde, Freunde seiner Jugend und seiner besten Jahre gewarnt, gebeten, ihn zu trennen versucht von Menschen, deren Hauch verpestet, die nur seine starke Hand vor dem Staatsanwalt mühsam noch schützt. Er hat die Zeit der Gnade ungenutzt verstreichen lassen. – Wir wissen, daß, wenn die Regierung des Landes anderen Händen seit 1871 anvertraut gewesen wäre, wenn einfache schlichte Männer in des Königs Rath gesessen hätten, keine einzige der entsetzlichen Gründungen, welche den Kurszettel der Berliner Börse schänden, existieren würde. Wir wissen, daß der ›Kulturkampf‹ die deutsche Nation nicht zerklüften, die Not nicht in Palästen und Hütten wohnen würde. Solange der Fürst Bismarck das allein mächtige Idol bleibt, wird die deutsche Nation dem Reich, das Reich dem Kanzler geopfert werden, und der Kanzler – gehört den Juden und Gründern. – Daher gibt es für unsere Politik nur *eine* gebundene Marschrute: *Beseitigung des jetzigen Systems und seines Trägers.« (Meyer:* »Politische Gründer und die Korruption in Deutschland«, Leipzig 1877, S. 204.)

Die Publikation erregte Bismarcks Wut; der Verfasser floh ins Ausland, um einer Gefängnisstrafe zu entgehen. Im Exil nahm er freundliche Beziehung mit manchen sozialistischen Führern auf. Friedrich Engels empfahl sein Buch an August Bebel. (Vgl. *August Bebel:* »Aus meinem Leben«, 3 Bde., Stuttgart 1919, Bd. III, S. 80.)

Franz Mehring beurteilte in seiner »Geschichte der deutschen Sozialdemokratie« Meyers Buch folgendermaßen: »Als dann Rudolf Meyer in einer fulminanten, von bitteren Wahrheiten überfließenden Streitschrift einen wuchtigen Vorstoß gegen das System der kapitalistischen Korruption unternahm, von dem Bismarck nicht lassen wollte, wurde das Buch sofort beschlagnahmt...« *(Franz Mehring:* »Geschichte der deutschen Sozialdemokratie«, 4 Bde., 11. Aufl., Stuttgart-Berlin 1921, Bd. IV, S. 130.)

Zwischen 1891 und 1895 veröffentlichte die sozialdemokratische Zeitschrift Die neue Zeit zahlreiche Artikel von Meyer, meistens Kritiken an der Landwirtschaftspolitik der Regierung. In diesen Jahren war Meyer eine Art von agrarischem Sachverständigen für die marxistische Zeitschrift.

Nach Mehring (a. a. O., S. 130 ff.) war Meyer auch unmittelbar verantwortlich dafür, daß eine Anzahl protestantischer Geistlicher an der Sozialreformbewegung ein Interesse nahm, darunter Rudolf Todt und Adolf Stoekker! Aber weder Todt noch Meyer wollten irgend etwas mit Stoeckers Bewegung zu tun haben, die Meyer für eine »Mißgeburt von christlichem Sozialismus« erklärte (a. a. O., S. 132).

[41]) »Deutsche Eisenbahnzeitung«, 17. Februar 1876.

[42]) *Frantz:* »Der Nationalliberalismus und die Judenherrschaft«, a. a. O., S. 22.

[43]) Vgl. *Kurt Wawrzinek:* »Die Entstehung der deutschen Antisemitenparteien (1873–1890)«, Berlin 1927, S. 14.

[44]) a. a. O., S. 12.

[45]) Das heißt jedoch nicht, daß katholische Feindschaft gegen »jüdischen Liberalismus« plötzlich verschwunden wäre; noch auf Jahre hinaus wirkte sie weiter. 1881, als die »Antisemitenpetition« (Vgl. S. 43) zur Debatte stand, gaben zwei der drei Zentrumsabgeordneten, die dazu sprachen, ihrer Sympathie mit den Gesichtspunkten der Antisemiten Ausdruck. Julius Bachem, der an hervorragender Stelle in der katholischen Bewegung stand, machte sich die Polemik der Germania-Artikel von 1875 zu eigen, und Peter Reichensperger, der 1870 Mitbegründer der Zentrumspartei gewesen war, beglückwünschte Stoecker zu dem Mut, mit dem er gewagt habe, an »das Wespennest« zu rühren. Reichenspergers Bruder August berichtet in seinen Memoiren, daß die meisten katholischen Parlamentarier darauf brannten, an der neuen antisemitischen Kampagne teilzunehmen. In dem Abschnitt über die »große Judendebatte« im preußischen Abgeordnetenhaus am 20. und 22. November 1880, die durch die Interpellation des Fortschrittsparteilers Albert Hänel veranlaßt war – er hatte dem Minister die Frage vorgelegt, welche Stellung die Regierung zu der Petition der Antisemiten einzunehmen gedenke – schreibt Reichensperger: »Das bemerkenswerteste parlamentarische Begebnis war zunächst die durch die Interpellation Hänels hervorgerufene große Judendebatte (20. und 22. November). In der Zentrumsfraction war es anläßlich der Judenfrage zu sehr erregten Erörterungen gekommen zwischen dem judenfreundlichen Windthorst und der großen Majorität der Fraction, die scharf losgezogen wissen wollte... Windthorst stand fast allein mit der Ansicht, das Zentrum solle sich möglichst neutral verhalten... Die Debatte im Hause fiel gar zu sehr zum Nachteil des Judentums und der Fortschrittspartei aus, deren Phrasen sich stets gegen sie als Kulturkämpfer wendeten. Die Antisemitenagitation geht seitdem weit stärker weiter.« (*Ludwig Pastor:* »August Reichensperger – 1808–1895«, 2 Bde., Freiburg 1899, Bd. II, S. 191.) – Auch zu Anfang der neunziger Jahre, als das Zentrum die katholischen Bauern zu organisieren begann, schreckte es nicht davor zurück, mit antisemitischen Parolen zu arbeiten.

[46]) Wenn man nach einer Interpretation für das spätere tolerantere Verhalten des politischen Katholizismus gegenüber den Juden sucht, darf man sich kaum mit der oft vorgebrachten Erklärung begnügen, die Katholiken hätten sich als eine Minderheitsgruppe gescheut, eine benachteiligende Behandlung einer anderen Minderheit zu verlangen. Man darf nicht übersehen, daß die Katholiken etwa 30 Prozent der Gesamtbevölkerung ausmachten, die Juden aber nur ein Prozent; daß die Katholiken langsam Zugang zum Regierungsapparat fanden, die Juden aber nicht – jedenfalls nicht bis zur Weimarer Republik; daß die Industrialisierung der katholischen Gebiete wie Rheinland und Oberschlesien manche anderen Beschwerden der Katholiken beseitigte; daß zu jener Zeit Deutschlands enge politische Beziehung mit katholischen Nachbarstaaten wie Österreich, Ungarn und Italien günstige Rückwirkungen

auf die Stellung der deutschen Katholiken hatte; und daß die Entstehung einer katholischen Gewerkschaftsbewegung mit Hunderttausenden von Arbeitern und Angestellten den katholischen Einfluß in einer Sphäre stärkte, wo die Schwäche der jüdischen Gruppe offenbar war.

[47]) Deutschland war unter einer konstitutionellen, nicht aber einer parlamentarischen Regierung geeinigt worden. Die vollziehende Gewalt lag beim Kabinett, auf dessen Zusammensetzung der Reichstag als gewählte Volksvertretung keinen direkten Einfluß hatte. Aber das Reichskabinett konnte nicht gegen einen feindseligen Reichstag regieren, soweit es sich um Annahme von Gesetzen handelte. Träger der nationalen Souveränität und oberstes Organ des Reiches war nicht der Reichstag, sondern der Bundesrat, die Vertretung der Regierungen der fünfundzwanzig Einzelstaaten; er wurde vom deutschen Kaiser einberufen, den Vorsitz führte der Reichskanzler – ein Amt, das bis Anfang 1892 in Personalunion mit dem des preußischen Ministerpräsidenten und Außenministers verbunden war. Ohne Beschluß des Bundesrates konnte kein Gesetz in Kraft treten; er erließ die allgemeinen Verwaltungsvorschriften; seine Zustimmung, nicht die des Reichstags, war erforderlich für so schwerwiegende Maßnahmen von Kaiser und Kanzler wie Kriegserklärung und Reichstagsauflösung. Beschlüsse des Bundesrats wurden mit Stimmenmehrheit gefaßt, die Einzelstaaten hatten je nach ihrer Größe eine verschiedene Anzahl von Stimmen: Preußen 17 von 58, Bayern 6, Sachsen und Württemberg je 4, Baden und Hessen je 3, Mecklenburg-Schwerin und Braunschweig je 2, die übrigen 17 Staaten je eine Stimme. Änderungen der Reichsverfassung bedurften aber einer Mehrheit von 44 Stimmen, so daß Preußen allein sie verhindern konnte.

Diese Regierungsform stützte sich auf eine Verfassungslehre, in deren Mittelpunkt der Glaube an das Gottesgnadentum der Krone stand, ein Dogma, das vom neunzehnten Jahrhundert kaum mehr ernst genommen wurde, aber wesentlich war für den Kompromiß zwischen den alten und den neuen Mächten, auf dem das Reich beruhte. (Anm. d. Bearbeiters.)

[48]) Der Name wurde 1890 in »Sozialdemokratische Partei Deutschlands« abgeändert.

Kapitel II

[49]) *C. Wilmanns:* »Die ›goldene‹ Internationale und die Notwendigkeit einer sozialen Reformpartei«, Berlin 1876, S. 44.

[50]) Es gibt eine umfangreiche Literatur über Stoecker, von Freunden und Gegnern. Neben dem Buch seines Schülers und Mitarbeiters *Dietrich von Oertzen:* »Adolf Stoecker / Lebensbild und Zeitgeschichte« (2 Bde., Berlin 1910), verdient *Walter Franks* Biographie: »Hofprediger Adolf Stoecker und die christlichsoziale Bewegung« (2. Aufl., Hamburg 1935) besondere Erwähnung als eine zuverlässige Informationsquelle mit außerordentlich interessanten, zuvor unveröffentlichten Dokumenten. Die Darstellung ist keineswegs unkritisch,

die Analyse oft scharf und einsichtig. Um so überraschter liest man im Vorwort des Verfassers zur zweiten Auflage, das Manuskript der noch während der Weimarer Republik veröffentlichten ersten Auflage sei von Hitler persönlich durchgesehen und gebilligt worden und somit ein »Dokument, mit dem die Hitler-Revolution in die deutsche Geschichtsschreibung durchbrach« (a. a. O., S. 9 ff.).

51) Bei Ausbruch des Krieges mit Frankreich hatte Stoecker in der Neuen Evangelischen Kirchenzeitung geschrieben, daß der Gedanke ihn »weinen und wieder aufjubeln« machte, »daß endlich der alte Traum Barbarossas erfüllt ist... Da kann und wird uns Gott nicht verlassen!« (»Neue Evangelische Kirchenzeitung«, 3. August 1870.) Stoeckers Schilderung erinnert an Hitlers Beschreibung seines Gefühls bei Ausbruch des ersten Weltkrieges: »Ich schäme mich auch heute nicht, es zu sagen, daß ich, überwältigt von stürmischer Begeisterung, in die Knie gesunken war und dem Himmel aus übervollem Herzen dankte, daß er mir das Glück geschenkt, in dieser Zeit leben zu dürfen.« (*Adolf Hitler:* »Mein Kampf«, 3. Aufl., München 1930, S. 177.)

52) *Hellmut von Gerlach:* »Von Rechts nach Links«, Zürich 1937, S. 103.

53) *Frank,* a. a. O., S. 302.

53a) Während des ganzen neunzehnten Jahrhundert war die Massenversammlung, als Ausdruck und Instrument eines politischen Willens, ein Vorrecht der antikonservativen Kräfte gewesen und hatte als etwas gegolten, was eigentlich nur den Bestrebungen des dritten – später vierten – Standes angemessen war. Die Idee einer christlich-konservativen politischen Versammlung in einem Arbeiterviertel war so unglaublich, daß es einer Sensation gleichkam, als Maueranschläge im Norden von Berlin das Publikum einluden, eine Versammlung zum Zweck der Gründung der Christlichsozialen Arbeiterpartei zu besuchen.

54) Grüneberg brachte die Christlichsoziale Arbeiterpartei bald genug in ernste Verlegenheit. Er verkaufte echte und gefälschte Informationen über Stoecker und seine Bewegung an den Meistbietenden. Schließlich mußte Stoecker ihn wegen Unterschlagung anzeigen, betete aber in seinen politischen Versammlungen für das Seelenheil des Schwindlers. (Vgl. *Eduard Bernstein:* »Geschichte der Berliner Arbeiterbewegung«, 3 Bde., Berlin 1907–10, Bd. I, S. 393; Bd. II, S. 96 ff.)

55) *Adolf Stoecker:* »Christlich-sozial / Reden und Aufsätze«, 2. Aufl., Berlin 1890, S. XVI.

56) 1880 wurde Most wegen seiner anarchistischen Haltung aus der Partei ausgeschlossen. Er war unter den Einfluß des antisemitischen und anarchistischen Philosophen Eugen Dühring geraten, dessen Ideen gegen Ende der siebziger Jahre soviel Verwirrung unter den Sozialdemokraten anrichteten, daß Friedrich Engels sich veranlaßt sah, eine Gegenschrift zu veröffentlichen, seinen berühmten »Anti-Dühring«. Most ging erst nach England, wo er weiter politisch tätig war und sich in bitterer Auflehnung gegen die Führer der Sozialdemokratie aufrieb. Nach Verbüßung einer Gefängnisstrafe wegen »umstürzlerischer Tätigkeit« wanderte er nach den Vereinigten Staaten aus, wo er einer der Führer der anarchistischen Bewegung wurde, über zwei Jahrzehnte lang das Blatt Freiheit herausgab und 1906 in New York starb.

[57]) *Stoecker*, a. a. O., S. 4 f.

[58]) a. a. O., S. XIX.

[59]) a. a. O., S. 20 f. – Im einzelnen verlangte die Parteierklärung, die Regierung solle im ganzen Reich obligatorische Fachgenossenschaften errichten; ihnen fiele es zu, das Lehrlingswesen zu regeln, die Interessen und Rechte der Arbeiter gegenüber den Arbeitgebern wahrzunehmen und die vertraglichen Verpflichtungen der Arbeiter unter einem System von Zwangsschiedsgerichten sicherzustellen. Außerdem befürwortete die Partei die »Errichtung von obligatorischen Witwen- und Waisen-, sowie Invaliden- und Arbeiterversorgungs-Rentenkassen«. Unter dem Programmpunkt »Arbeiterschutz« forderte sie das Verbot von Sonntagsarbeit; die Abschaffung der Arbeit von Kindern und verheirateten Frauen in Fabriken; einen Normalarbeitstag, der je nach den Bedürfnissen der verschiedenen Gewerbe festzusetzen sei; internationale Anerkennung von Arbeitsschutzgesetzgebung; Schutz der Arbeiter gegen gesundheitswidrige Zustände in Betrieb oder Wohnung, die Wiedereinführung von Gesetzen gegen den Wucher. Ferner: arbeiterfreundliche Leitung von Staatsbetrieben; Ausdehnung des öffentlichen Eigentums, »soweit es ökonomisch ratsam und technisch zulässig ist«; progressive Einkommenssteuer als Gegengewicht für bestehende oder künftige indirekte Steuern, in Verbindung mit progressiver Erbschaftssteuer; Börsensteuer und hohe Besteuerung von Luxuswaren.

Das Parteiprogramm forderte die Geistlichen auf, keine Anstrengung zu scheuen, um die leibliche und geistliche Lage sowie die sittliche und religiöse Wohlfahrt des Volkes zu verbessern. Es ermahnte die Reichen, »bereitwilliges Entgegenkommen gegen die berechtigten Forderungen der Nichtbesitzenden« zu zeigen und sich tragbaren Lohnerhöhungen und kürzerer Arbeitszeit nicht zu widersetzen. Es erklärte seine freudige Zustimmung zu der fachgenossenschaftlichen Organisation als der neuen Verkörperung von all dem, was an den alten Zünften gut und brauchbar war. Schließlich rief die Partei dazu auf, die persönliche und berufliche Ehre zu würdigen, alle Rohheit aus den Vergnügungen zu verbannen und das Familienleben im christlichen Geist zu pflegen (a. a. O., S. 21).

Stoecker gab gern zu, daß dieses Parteiprogramm zusammengestückelt war: »Bei der Aufstellung unseres Programms sind wir sehr einfach verfahren... Wir haben vor uns die Forderungen der Sozialdemokratie und der katholisch-sozialen Partei... Diese Forderungen . . . haben wir geprüft und gefragt: welche können wir annehmen, welche müssen wir verwerfen? Dann haben wir die notwendigen Ergänzungen hinzugefügt.« (a. a. O., S. 13.)

[60]) Die Mitglieder des Herrenhauses wurden nicht gewählt, sondern – soweit ihre Sitze nicht erbliche Adelssitze waren – vom König auf Lebenszeit ernannt. Ohne Zustimmung des Herrenhauses konnte keine Vorlage Gesetz werden, und der König konnte durch Ernennung neuer Mitglieder jederzeit eine regierungsfreundliche Mehrheit herstellen. – Das Wahlsystem zum Abgeordnetenhaus war indirekt in der Weise, daß die Wählerschaft, die sogenannten »Urwähler«, je nach ihrer Steuerleistung – bis 1893 war nur die direkte Staatssteuer, nachher die Gesamtleistung an Staats-, Provinzial- und Gemeindesteuern maßgebend – in drei Wahlklassen eingeteilt war, von denen

jede die gleiche Anzahl von »Wahlmännern« wählte, die dann ihrerseits die Abgeordneten wählten. Die Urwähler der Ersten Klasse, die zusammen ein Drittel des Steueraufkommens eines Wahlbezirks stellten, hatten also dasselbe politische Gewicht wie die Urwähler in der Dritten Klasse; den zehn Wählern der Klasse I in einem durchschnittlichen Bezirk entsprachen etwa 37 in Klasse II und 207 in Klasse III. In den Landtagswahlen von 1893 waren 84,42 Prozent der Wähler in der Dritten, 12,06 in der Zweiten und nur 3,52 in der Ersten Klasse (*Leo Arons:* »Die Preußischen Landtagswahlen«, Berlin 1898, S. 8). Da also die ersten beiden Klassen zusammen zwei Drittel der Wahlmänner stellten, war mit diesem System das Übergewicht der Besitzenden gesichert. Diese Privilegien, die ursprünglich nur den Landadel begünstigen sollten, kamen später auch dem wohlhabenden Bürgertum zugute. Die Liberalen waren damit zufrieden. Erst die Revolution von 1918 machte dem Drei-Klassen-Wahlrecht ein Ende.

61) *Stoecker,* a. a. O., S. 250 ff.

62) *Frank,* a. a. O., S. 303.

63) *Stoecker,* a. a. O., S. 127.

64) Die zentralen Stellen dieser Rede, die alle seit Marr üblichen antisemitischen Argumente ins Feld führt, lauten so:

»Die Juden sind und bleiben ein Volk im Volke, ein Staat im Staate, ein Stamm für sich unter einer fremden Rasse. Alle Einwanderer gehen zuletzt in dem Volke auf, in welchem sie wohnen; die Juden nicht. Dem germanischen Wesen setzen sie ihr ungebrochenes Semitentum, dem Christentum ihren starren Gesetzeskult oder ihre Christenfeindschaft entgegen . . . wir müssen uns mit klarer Erkenntnis vor den Gefahren schützen, die in einer solchen Vermischung liegen. Allein in Berlin wohnen 45 000 Juden, so viel wie in ganz Frankreich, wie in ganz England. Das ist zu viel... In ihrem Besitz sind die Geldadern, Bank und Handel; in ihren Händen ist die Presse, und unverhältnismäßig drängen sie sich zu den höheren Bildungsanstalten... Wir sind auf dem Wege, daß die öffentliche Meinung von den Juden völlig beherrscht, die Arbeit von ihnen völlig ausgebeutet wird. Der Auflösungsprozeß ist im Gange; nichts hält uns davon zurück, wenn wir nicht umkehren und Israel zur Umkehr veranlassen... Schon beginnt hier und da ein Haß gegen die Juden aufzulodern, der dem Evangelium widerstrebt. Fährt das moderne Judentum wie bisher fort, die Kapitalskraft wie die Macht der Presse zum Ruin der Nation zu verwenden, so ist eine Katastrophe zuletzt unausbleiblich. Israel muß den Anspruch aufgeben, der Herr Deutschlands werden zu wollen... Die jüdische Presse muß toleranter werden, das ist die erste Bedingung besserer Verhältnisse. Die sozialen Übelstände, welche das Judentum mit sich bringt, müssen auf dem Wege einer weisen Gesetzgebung geheilt werden... Beseitigung des Hypothekenwesens im Grundbesitz, der unverkäuflich und unverschuldbar gemacht werden muß; eine Änderung des Kreditsystems, welche den Geschäftsmann von der Willkür des großen Kapitals befreit; Änderung des Börsen- und Aktienwesens; Wiedereinführung der konfessionellen Statistik, damit das Mißverhältnis zwischen jüdischem Vermögen und christlicher Arbeit festgestellt werden kann; Einschränkung der Anstellung jüdischer Richter auf die Verhältniszahl der Bevölkerung; Entfernung der jüdischen Lehrer aus unsern Volksschulen, zu dem allen Kräftigung des christlich-germanischen Geistes; das sind die Mittel, um dem Überwuchern des Judentums im germanischen Leben, diesem schlimmsten Wucher, entgegenzutreten. Entweder dies gelingt uns, dann mag der Segen wieder über Deutschland kommen, oder der Krebsschaden, an dem wir leiden, frißt weiter; dann ist unsre Zukunft bedroht, und der deutsche Geist verjudet, das deutsche Wirtschaftsleben verarmt. Rückkehr zu mehr germanischem Rechts- und Wirtschaftsleben, Umkehr zu christlichem Glauben: so wird unsre Losung lauten...« (*Stoecker*, a. a. O., 367 ff.)

65) *Oertzen*, a. a. O., Bd. I, S. 213.

66) a. a. O., Bd. I, S. 219.

66a) Ein protestantischer Gegner schrieb sehr richtig, daß Stoeckers Publikum seinen antisemitischen Äußerungen zujauchzte und seine »christlichen Einschiebsel« duldsam ertrug, »im Glauben, daß er auch etwas für die Kirche sagen mußte, weil er ja ein Pfarrer war«. (*Paulus Cassel:* »Die Antisemiten und die Evangelische Kirche«, Berlin 1881, S. 40.)

67) *Frank*, a. a. O., S. 126.

68) *Kurt Wawrzinek:* »Die Entstehung der deutschen Antisemitenparteien (1873—1890)«, Berlin 1927, S. 84 ff.

69) Zitiert nach *Frank*, a. a. O., S. 117.

70) *Ludwig Bamberger:* »Bismarcks großes Spiel«, Frankfurt am Main 1933, S. 270.

71) Vgl. *Ludwig Bergsträsser:* »Geschichte der politischen Parteien in Deutschland«, Mannheim, Berlin und Leipzig 1932, S. 85.

72) Vgl. *Max Nitzsche:* »Die handelspolitische Reaktion in Deutschland«, Teil V: »Die Anfänge der agrarischen Bewegung in Deutschland«, Stuttgart und Berlin 1905, S. 86.

73) Vgl. *Gustav Stolper:* »German Economy 1870—1940«, New York 1940, S. 34.

74) *Nitzsche*, a. a. O., S. 200.

75) 1871 wurden in Deutschland nur anderthalb Millionen Tonnen Roheisen produziert gegenüber sechs bis sieben Millionen Tonnen in England. (*Stolper*, a. a. O., S. 26.)

76) Vgl. *Johannes Ziekursch:* »Das Zeitalter Bismarcks«, Frankfurt am Main 1927, S. 322 ff., und *Robert Riemann:* »Schwarzrotgold«, Leipzig 1921, S. 154 ff.

77) Bis zum Nationalsozialismus hielt sich die Reichstagsfraktion des Zentrums, dem man die 1920 gegründete Bayrische Volkspartei zurechnen muß, auf ungefähr 90 Mandaten. Sogar in den »Reichstagsbrandwahlen« vom März 1933 gewannen die Katholiken noch 92 Sitze.

78) Vgl. *Eckart Kehr:* »Das soziale System der Reaktion in Preußen unter dem Ministerium Puttkamer«, in: »Die Gesellschaft«, Berlin 1929, 6. Jahrg., Nr. 9.

79) *August Bebel:* »Aus meinem Leben«, 3 Bde., Stuttgart 1919, Bd. III, S. 12.

[80]) *Walter Frank:* »Hofprediger Adolf Stoecker und die christlichsoziale Bewegung«, 2. Aufl., Hamburg 1935, S. 112.

[81]) »Denkwürdigkeiten des Fürsten Chlodwig zu Hohenlohe-Schillingsfürst«, hrsg. von *Friedrich Curtius,* 2 Bde., Stuttgart und Leipzig 1906/07, Bd. II, S. 307.

[82]) *Dietrich von Oertzen:* »Adolf Stoecker / Lebensbild und Zeitgeschichte«, 2 Bde., Berlin 1910, Bd. I, S. 217 f.

[83]) *Frank,* a. a. O., S. 86.

[84]) Puttkamer war als Nachfolger des Liberalen Falk seit 1879 preußischer Kultus- und Unterrichtsminister. 1881 wurde er Innenminister und damit Chef der Polizei. Dieses Amt bekleidete er fast während der ganzen Zeit, in der das Sozialistengesetz in Kraft war. Den Sozialdemokraten galt er als Symbol der preußischen Reaktion und Polizeischikane. Erst 1888 wurde Puttkamer von dem neuen Kaiser, dem liberal gesinnten Friedrich III., entlassen.

[85]) *Frank,* a. a. O., S. 304 ff.

[86]) a. a. O., S. 305.

[87]) *Oertzen,* a. a. O., Bd. I, S. 213.

[88]) *Eduard Bernstein:* »Geschichte der Berliner Arbeiterbewegung«, 3 Bde., Berlin 1907–10, Bd. II, S. 59.

[89]) Ein konservatives Blatt, in politischer Hinsicht der Kreuzzeitung ähnlich, das von Anfang an Stoecker unterstützt hatte.

[90]) *Oertzen,* a. a. O., Bd. I, S. 239.

[91]) Virchow, der in einem Berliner Wahlbezirk gegen Stoecker kandidierte, hatte an einem öffentlichen Protest gegen die russischen Pogrome von 1881 teilgenommen.

[92]) *Adolf Stoecker:* »Christlich-sozial / Reden und Aufsätze«, 2. Aufl., Berlin 1890, S. 346 f.

[93]) *Freiherr Lucius von Ballhausen:* »Bismarck-Erinnerungen«, 4.-6. Aufl., Stuttgart und Berlin 1921, S. 216.

[94]) a. a. O., S. 217.

[95]) *Frank,* a. a. O., S. 110.

[96]) *Wolfgang Windelband* (Hrsg.): »Bismarcks Briefe an seinen Sohn Wilhelm«, Berlin 1922, S. 16.

[97]) *Frank,* a. a. O., S. 110.

[98]) *Moritz Busch:* »Bismarck / Some Secret Pages of His History«, 3 Bde., London 1898, Bd. III, S. 16.

[99]) *Otto Jöhlinger:* »Bismarck und die Juden«, Berlin 1921.

[100]) a. a. O., S. 185.

[100a]) Dieser besondere »Ehrenkodex« galt für aristokratische Gutsbesitzer, Offiziere, Geistliche, Akademiker und Beamte, die sich als »standesunwürdig« gezeigt hätten, wenn sie gegen eine Beleidigung die Fäuste benutzt oder den Beleidiger vor Gericht gezogen hätten, statt eine Duellforderung überbringen zu lassen. Wer solchen Berufen angehörte, wurde, wenn er nicht sowieso aktiver Offizier war, nach Beendigung seiner Wehrpflicht »selbstverständlich« Reserveoffizier und zeigte seinen Rang auf seiner Visitenkarte und in den

Heirats-, Geburts- und Todesanzeigen an. Seine Ausbildungszeit war kraft des nur an höheren Schulen ablegbaren »Einjährigenexamens« auf ein Jahr beschränkt, im Gegensatz zu der für alle anderen geltenden zwei- oder dreijährigen Ausbildung. Man hatte keine Aussicht, zu diesen Berufen Zugang zu finden, wenn man nicht den »richtigen« Studentenverbindungen angehörte oder, für die Offizierslaufbahn, vom aktiven Offizierskorps eines Regiments als Fahnenjunker akzeptiert wurde. Das Resultat war, daß diese Berufe in weitem Maße Bürgerlichen verschlossen blieben und in jedem Fall den Juden. Der Kaufmann gehörte sowieso einer niedrigeren gesellschaftlichen Rangstufe an, was sich zum Beispiel darin ausdrückte, daß ein kaufmännischer Angestellter (»Ladenschwengel«) Reserveoffizier zu werden nur dann Aussicht hatte, wenn er einen akademischen Grad hatte und nicht hinter dem Ladentisch stand, und ein Nichtakademiker eigentlich nur, wenn er Fabrikbesitzer war und viele Arbeiter beschäftigte. Außer dem Kaufmann gab es noch andere »nicht offiziersfähige« Berufsgruppen: Journalisten, Bankiers, Schauspieler, gewisse freie Berufe und Stellungen im politischen Leben – abgesehen von den führenden Positionen. Diese »niedrigen« Berufe standen Juden offen. Der Unterschied zwischen »feinen« und »unfeinen« Berufen erhielt sich bis weit in den ersten Weltkrieg hinein (vgl. Anm. [438])).

[101]) *Stoecker*, a. a. O., S. LII.

[102]) Hertzog war einer der Geldgeber der antisemitischen Bewegung. Er hatte für die Wahlen erhebliche Mittel beigesteuert und war durch seine großen Gartenfeste bekanntgeworden, bei denen Speise und Trank, patriotische Lieder und antisemitische Reden die Gäste in Stimmung brachten.

[103]) *Stoecker*, a. a. O., S. 278.

[104]) *Frank*, a. a. O., S. 119.

[105]) a. a. O., S. 134.

[106]) a. a. O.

[107]) a. a. O., S. 143.

[108]) a. a. O., S. 145.

Kapitel IV

[109]) *Felix Salomon:* »Die deutschen Parteiprogramme«, 2. Aufl., Leipzig und Berlin 1912, Bd. II, S. 35.

[110]) s. oben, S. 36.

[111]) *Hermann Onken:* »Rudolf von Bennigsen«, 2 Bde., Stuttgart und Leipzig 1910, Bd. II, S. 531.

[112]) *Dietrich von Oertzen:* »Adolf Stoecker / Lebensbild und Zeitgeschichte«, 2 Bde., Berlin 1910, Bd. I, S. 409.

[113]) a. a. O., S. 375.

[114]) *Otto von Bismarck:* »Gedanken und Erinnerungen«, Stuttgart und Berlin 1928, S. 585.

[115]) a. a. O., S. 596.

116) a. a. O., S. 595.
117) *Oertzen*, a. a. O., Bd. I, S. 380.
118) a. a. O., Bd. I, S. 407 f.
119) a. a. O., Bd. I, S. 407.
120) s. S. 38.
121) *Hans Delbrück:* »Weltgeschichte«, Berlin 1931, 2. Aufl., S. 617 ff.
122) *Friedrich Luckwaldt:* »Das europäische Staatssystem 1850–1890«, in: »Propyläen-Weltgeschichte«, Bd. VIII, Berlin 1930, S. 329 ff., 380 ff.
123) *Heinrich Herkner:* »Volkswirtschaft und Arbeiterbewegung – 1850–1890«, in: »Propyläen-Weltgeschichte«, a. a. O., S. 444 ff.
124) *Walter Frank:* »Hofprediger Adolf Stoecker und die christlichsoziale Bewegung«, 2. Aufl., Hamburg 1935, S. 204.
125) a. a. O., S. 216.
126) a. a. O., S. 217.
127) *Kaiser Wilhelm II.:* »Ereignisse und Gestalten – 1878–1918«, Leipzig und Berlin 1922, S. 26.
128) *Frank*, a. a. O., S. 218.

Kapitel V

129) *Ignaz Auer:* »Nach zehn Jahren / Material und Glossen zur Geschichte des Sozialistengesetzes«, Nürnberg 1913, S. 10.
130) a. a. O.
131) *Walter Frank:* »Hofprediger Adolf Stoecker und die christlichsoziale Bewegung«, 2. Aufl., Hamburg 1935, S. 230.
132) *Dietrich von Oertzen:* »Adolf Stoecker / Lebensbild und Zeitgeschichte«, 2 Bde., Berlin 1910, Bd. I, S. 431.
133) *Hellmut von Gerlach:* »Erinnerungen eines Junkers«, Berlin 1926, S. 84.
134) *Frank*, a. a. O., S. 233.
135) a. a. O.
136) a. a. O.
137) a. a. O.
138) a. a. O., S. 234.
139) *Felix Salomon:* »Die deutschen Parteiprogramme«, 2. Aufl., Leipzig und Berlin 1912, Bd. II, S. 71 ff.
140) *Hellmut von Gerlach:* »Vom deutschen Antisemitismus«, in: »Patria! Jahrbuch der ›Hilfe‹ 1904«, S. 154.
141) *Johannes Croner:* »Die Geschichte der agrarischen Bewegung in Deutschland«, Berlin 1909, S. 131 ff. – Vgl. auch *Johannes Ziekursch:* »Politische Geschichte des Neuen Deutschen Kaiserreiches«, Bd. III: »Das Zeitalter Wilhelm II. (1890–1918)«, Frankfurt am Main 1930, S. 59.

[142]) *Salomon,* a. a. O., Bd. II, S. 75.

[143]) *Frank,* a. a. O., S. 235.

[144]) *Maximilian Harden:* »Fürst Bismarck und der Antisemitismus«, in: »Die Zukunft«, Berlin, 29. April 1893, S. 198.

[145]) *Karl Bachem:* »Vorgeschichte, Geschichte und Politik der deutschen Zentrumspartei«, 9 Bde., Köln 1927–32, Bd. V, S. 279, 352.

[146]) *Frank,* a. a. O., S. 237.

[147]) Bei der Wahl von 1890 erreichten sie 47 000 Stimmen, diesmal 263 000. Der Erfolg der Antisemiten war sogar noch größer, wenn man ihnen die für jene Abgeordneten abgegebenen Stimmen zurechnet, die sich der Fraktion der Konservativen als Hospitanten anschlossen, aber die Wahlkampagne als Antisemiten geführt hatten. Sie zogen es vor, wie Hellmut von Gerlach es ausdrückte, »in dem größeren und von ihnen wohl für solider gehaltenen konservativen Hause ihre Unterkunft zu suchen« (*von Gerlach:* »Vom deutschen Antisemitismus«, S. 154). Der Antisemitenführer Theodor Fritsch erwähnt in seinem »Antisemiten-Katechismus« (*Theodor Fritsch:* »Kurze Geschichte der antisemitischen Bewegung«, in: »Antisemiten-Katechismus«, 25. Aufl., Leipzig 1893, S. 345 ff.) zum Beispiel sieben Abgeordnete, die zwar zur konservativen Fraktion gingen, aber mit dem Programm der Deutschsozialen Antisemitischen Partei kandidiert hatten und mit Hilfe der Deutschsozialen und der Konservativen gewählt worden waren. Fritsch kommt so zu 400 000 statt 263 000 Stimmen für die Antisemiten.

[148]) Das deutsche Reich war auf Grund der Volkszählung von 1864 in 397 Wahlkreise eingeteilt, von denen jeder einen Abgeordneten in den Reichstag schickte. Diese Einteilung wurde beibehalten, obwohl die mit der Industrialisierung einhergehende Abwanderung von den ländlichen in die städtischen Gebiete sie längst hinfällig gemacht hatte. Zur Wahl eines Abgeordneten bedurfte es weit mehr Stimmen in städtischen als in ländlichen Wahlkreisen.

[149]) Theodor Barth, der der fortschrittlichen Reichstagsfraktion angehörte, schrieb 1905: »Es klingt wie ein Märchen aus alten Zeiten, wenn man heute hört, daß im Jahre 1874 im preußischen Landtage 182 und im Reichstage 155 Nationalliberale saßen. Zusammen mit den Mitgliedern der Fortschrittspartei, die damals im preußischen Landtage 72 und im Reichstage 49 Mandate zählte, verfügte der Gesamtliberalismus von 30 Jahren sowohl im preußischen wie im Reichsparlament über eine sichere Mehrheit.« (*Theodor Barth:* »Der Politiker Heinrich Rickert«, in: »Patria! Jahrbuch der ›Hilfe‹ 1905«, S. 3.)

[150]) 1894 entstand der »Deutsche Ostmarkenverein«, der sich die vollkommene Eindeutschung der Ostmark zum Ziel setzte. 1914 zählte er über 50 000 Mitglieder. Nach dem ersten Weltkrieg sah er seine Hauptaufgabe in der Revision der im Versailler Vertrag festgesetzten deutschen Ostgrenzen, bis er dann im Nationalsozialismus aufging.

[151]) Vgl. *Hellmut von Gerlach:* »Von Rechts nach Links«, Zürich 1937, S. 134 ff.

[152]) *Ziekursch,* a. a. O., Bd. III, S. 74.

153) Vgl. *Kurt Wawrzinek:* »Die Entstehung der deutschen Antisemitenparteien (1873–1890)«, Berlin 1927, S. 30 f.

154) a. a. O., S. 31.

155) Marr behauptete, die Liga habe im ersten Jahr ihres Bestehens 6000 Mitglieder geworben; Wawrzinek bezeichnet diese Angabe jedoch als stark übertrieben *(Wawrzinek,* a. a. O., S. 33).

156) *Wilhelm Marr:* »Der Sieg des Judenthums über das Germanenthum«, Bern 1879, letzte Umschlagseite.

157) Artikel »Antisemitismus« in: »Encyclopaedia Judaica«, Berlin 1928.

158) *Wawrzinek,* a. a. O., S. 44.

159) Immer wieder warfen die Antisemiten ihren konservativen Verbündeten vor, sie beuteten die Erfolge der Massenbewegung für ihre eigenen Interessen aus. Oft genug versuchten die Antisemiten, wenn sie sich übervorteilt glaubten, einen erpresserischen Druck auf die Konservativen auszuüben, indem sie auf die soziale Kluft zwischen ihrer eigenen »Volks«-Bewegung und der privilegierten Oberklasse anspielten. Das klassische Beispiel dafür ereignete sich 1932, als Hindenburg statt Hitler Franz von Papen zum Reichskanzler ernannte und damit die Zusammenarbeit der Nationalsozialisten mit den Deutschnationalen zeitweise unterbrach. Goebbels griff daraufhin Papens »Herrenkabinett« mit dem entrüsteten Aufschrei an: »Auf unserem breiten Rücken sind sie zur Macht gekommen!«

160) *Hellmut von Gerlach:* »Von Rechts nach Links«, Zürich 1937, S. 170 f.

161) *Otto Boeckel:* »Die Juden – die Könige unserer Zeit«, 8. Aufl., Berlin 1887, S. 3.

162) a. a. O., Einleitung zur erweiterten Ausgabe, Berlin 1901.

163) *Walter Frank:* »Hofprediger Adolf Stoecker und die christlichsoziale Bewegung«, 2. Aufl., Hamburg 1935, S. 229.

164) »Antisemitische Correspondenz«, Nr. 69, 8. Dezember 1889.

165) »Antisemiten-Spiegel«, Danzig 1892, S. 29 f.

166) »Antisemitische Correspondenz«, 27. Juli 1890. Vgl. auch »Antisemiten-Spiegel«, a. a. O., S. 27.

167) *Maximilian Harden:* »Fürst Bismarck und der Antisemitismus«, in: »Die Zukunft«, 29. April 1893, S. 200.

168) *Hermann Ahlwardt:* »Der Verzweiflungskampf der arischen Völker mit dem Judentum«, Berlin 1890, S. 64–164.

169) *Hermann Ahlwardt:* »Judenflinten«, 5. Aufl., Dresden 1892.

170) *Franz Mehring:* »Berliner Geschichten«, in: »Neue Zeit«, Jg. X, 1891/92, 2. Bd., S. 228.

171) s. Exkurs zu Kapitel XI, S. 196.

172) *Mehring,* a. a. O., S. 229.

172a) *Franz Mehring:* »Das Ende eines Demagogen«, in: »Neue Zeit«, Jg. XI, 1892/93, 2. Bd., S. 545.

173) *von Gerlach,* a. a. O., S. 113 f.

174) *Boeckel,* a. a. O., S. 6.

175) *Willi Buch:* »50 Jahre antisemitische Bewegung / Beiträge zu ihrer Geschichte«, München 1937, S. 49.

[176]) *Heinrich von Treitschke:* »Ein Wort über unser Judentum«, in: »Preußische Jahrbücher«, Bde. 44–45 (1879), Separatabdruck, 3. Aufl., Berlin 1880, S. 4.

[177]) Eine Zeitlang biederte sich Stoecker bei den völkischen Antisemiten an; er unterschrieb ihre Petition, obwohl sie die Rücknahme der Emanzipation verlangte. Später leugnete er seine Unterschrift ab, und als man sie ihm unter die Augen hielt, versuchte er sich durch eine aufgeregte Erklärung zu entschuldigen, die niemanden überzeugte.

[178]) *Adolf Stoecker:* »Christlich-sozial / Reden und Aufsätze«, 2. Aufl., Berlin 1890, S. 105.

[179]) a. a. O., S. 98 f.

[180]) *Wilhelm Marr:* »Religiöse Streifzüge eines philosophischen Touristen«, Berlin 1876, zit. nach: »Antisemiten-Spiegel«, Danzig 1892, S. 138.

[181]) *Dietrich von Oertzen:* »Adolf Stoecker / Lebensbild und Zeitgeschichte«, 2 Bde., Berlin 1910, Bd. I, S. 212.

[182]) a. a. O., S. 213.

[183]) »Antisemiten-Spiegel«, a. a. O., S. 142 f.

[184]) *Theodor Fritsch:* »Antisemiten-Katechismus«, 25. Aufl., Leipzig 1893, S. 11 ff.

[185]) a. a. O., S. 27.

[186]) Ahlwardts Reichstagsrede vom 27. Februar 1895, in: »Reichstag, Stenographische Berichte«, 6. März 1895, S. 1297 ff.

[187]) *Fritsch,* a. a. O., S. 11.

[188]) *Joseph Arthur Gobineau:* »Essai sur l'inégalité des races humaines«, 4 Bde., Paris 1853–55.

[189]) s. *Jacques Barzun:* »Race / A Study in Modern Superstition«, New York 1937, S. 201 f.

[190]) *Edouard Drumont:* »La France Juive«, 2 Bde., Paris 1885–86.

[191]) Vgl. *Robert Michels:* »Probleme der Sozialphilosophie«, Leipzig-Berlin 1914; *Eckart Kehr:* »Schlachtflottenbau und Parteipolitik«, Berlin 1930; *Arthur Rosenberg:* »Die Entstehung der Deutschen Republik«, Berlin 1930.

[192]) Hitler drückte diesen Gedanken so aus: »Die ewige Natur rächt unerbittlich die Übertretung ihrer Gebote. So glaube ich heute im Sinne des allmächtigen Schöpfers zu handeln: *Indem ich mich der Juden erwehre, kämpfe ich für das Werk des Herrn.« (Adolf Hitler:* »Mein Kampf«, 3. Aufl., München 1930, S. 70).

[193]) *Fritsch,* a. a. O., S. 358 ff.

[194]) *Theodor Mommsen:* »Römische Geschichte«, 3 Bde., 6. Aufl., Berlin 1875, Bd. III, S. 550.

[195]) Die moderne Psychologie hat den Mechanismen der Projektion viel Aufmerksamkeit geschenkt. Geschichtliche und soziologische Umstände haben die Juden als Gruppe zu einem besonders geeigneten Projektionsobjekt gemacht. Nicht wenige Sozialwissenschaftler sind überzeugt, daß starke Sexualverdrängung ein wesentlicher Faktor in der Persönlichkeitsstruktur von Antisemiten ist. (Vgl. etwa *Gordon W. Allport:* »The Nature of Prejudice«, Cambridge, Mass., 1954, S. 372 f.; *Nathan W. Ackermann and Marie Jahoda:* »Anti-Semitism and Emotional Disorder«, New York 1950, Bibliographie S. 131 f.)

[196]) *Hermann Ahlwardt:* »Der Verzweiflungskampf der arischen Völker mit dem Judentum«, Berlin 1890, S. 239.

[197]) *Hitler,* a. a. O., S. 782.

[198]) *Hermann Bahr:* »Der Antisemitismus / Ein internationales Interview«, Berlin 1894, S. 2 ff.

[199]) *Max Nitzsche:* »Die Anfänge der agrarischen Bewegung in Deutschland«, in: »Patria! Jahrbuch der ›Hilfe‹ 1905«, S. 186 ff.

[200]) Die Zahl ist deswegen nicht genau festzustellen, weil manche nach der Wahl die Partei wechselten.

[200a]) Auf Henricis Agitation hin war 1881 die Synagoge von Neu-Stettin in Pommern niedergebrannt und jüdische Läden ausgeplündert worden. Gelegentlich wurden auch jüdische Friedhöfe entweiht. Kritische Situationen entwickelten sich jedoch nur im Zusammenhang mit zwei unaufgeklärten Morden, die die völkische Agitation als jüdische Ritualmorde hinzustellen suchte, einer 1891 in Xanten im Rheinland und ein anderer 1900 in Konitz in Westpreußen. In Xanten trug ein Aufruf des Erzbischofs von Köln viel zur Beruhigung der vorwiegend katholischen Bevölkerung bei; in Konitz verhängte die preußische Regierung den Belagerungszustand und ließ Truppen einmarschieren. – Die Abwanderung von Juden vom Land in die Städte ist auf solche Zwischenfälle zurückgeführt worden. Die jüdische Bevölkerung in den Städten, besonders in Berlin, erhielt zwar ständig Zuzug vom Land, aber das war eine Auswirkung des allgemeinen wirtschaftlichen Konzentrationsprozesses, bei dem vor allem die berufliche Struktur der jüdischen Gruppe eine besondere Rolle spielte. Das schließt nicht aus, daß gelegentlich Vorfälle dieser Art Juden bewogen haben mögen, dahin umzuziehen, wo sie sich im Schutze einer stärkeren jüdischen Gemeinde sicherer fühlten.

[201]) »Reichstag, Stenographische Berichte«, 7. Dezember 1893.

[202]) Zitiert nach »Vorwärts«, 22. Dezember 1894.

[203]) Punkt 17 des Programmes der NSDAP lautete: »Wir fordern eine unseren nationalen Bedürfnissen angepaßte Bodenreform, Schaffung eines Gesetzes zur unentgeltlichen Enteignung von Boden für gemeinnützige Zwecke, Abschaffung des Bodenzinses und Verhinderung jeder Bodenspekulation.« – »Zu diesem Programm«, heißt es in Gottfried Feders parteiamtlicher Erläuterung, »hat Adolf Hitler am 13. April folgende Erklärung verlautbart:

Erklärung

Gegenüber den verlogenen Auslegungen des Punktes 17 des Programms der NSDAP von seiten unserer Gegner ist folgende Feststellung notwendig.

Da die NSDAP auf dem Boden des Privateigentums steht, ergibt sich von selbst, daß der Passus ›Unentgeltliche Enteignung‹ nur auf die Schaffung gesetzlicher Möglichkeiten Bezug hat, Boden, der auf unrechtmäßige Weise erworben wurde oder nicht nach den Gesichtspunkten des Volkswohls verwaltet wird, wenn nötig, zu enteignen. Dies richtet sich demgemäß in erster Linie gegen die jüdischen Grundspekulationsgesellschaften.

München, den 13. April 1928. *gez. Adolf Hitler*«

(*Gottfried Feder:* »Das Programm der NSDAP und seine weltanschaulichen Grundgedanken«, München 1931, S. 20 f.)

204) Vgl. *Simon Dubnow:* »Die neueste Geschichte des Jüdischen Volkes«, 3 Bde., Jerusalem 1938, Bd. III, S. 447.

Kapitel VIII

205) *Hellmut von Gerlach:* »Vom deutschen Antisemitismus«, in: »Patria! Jahrbuch der ›Hilfe‹ 1904«, S. 154 f.

206) s. S. 208.

207) *Willi Buch:* »50 Jahre antisemitische Bewegung / Beiträge zu ihrer Geschichte«, München 1937, S. 59.

208) a. a. O., S. 52.

209) a. a. O., S. 53.

210) Artikel »Antisemitismus« in: »Encyclopaedia Judaica«, Berlin 1928, S. 1021.

211) *Buch*, a. a. O., S. 22.

212) *Theodor Fritsch:* »Antisemiten-Katechismus«, 25. Aufl., Leipzig 1893, S. 341 ff.

213) *Buch*, a. a. O., S. 16.

214) »Encyclopaedia Judaica«, a. a. O., S. 1022 ff.

215) *Hellmut von Gerlach:* »Von Rechts nach Links«, Zürich 1937, S. 114.

216) a. a. O., S. 112.

217) *Kurt Wawrzinek:* »Die Entstehung der deutschen Antisemitenparteien (1873—1890)«, Berlin 1927, S. 46.

218) »Jeder von ihnen, Liebermann von Sonnenberg, Zimmermann, Dr. Boeckel, Paul Förster, Ahlwardt, Köhler usw. war eigentlich eine Partei für sich. Der eine war Mittelständler, der andere Arbeiterfreund, der eine Aristokrat, der andere Demokrat. Der eine rief zum Kampf gegen die Juden und Junker auf, der andere ging mit den Großagrariern durch Dick und Dünn. Bei jeder Abstimmung fiel die Fraktion auseinander. Kein einziger wesentlicher Antrag wurde eingebracht, vor allem keiner auf dem Gebiet, das die Grundlage der Agitation gebildet hatte. Es stellte sich nämlich in der Fraktion heraus, daß man kein Antijudengesetz vorlegen konnte, weil man sich über den Begriff ›Jude‹ zu einigen nicht imstande war. Alle stimmten darin überein: ›Was er glaubt, ist einerlei, in der Rasse liegt die Schweinerei.‹ ... Aber wie den Begriff Rasse gesetzgeberisch fassen? ... Weil man sich nicht darüber einigen konnte, was ein Jude sei, schimpfte man zwar weiter auf die Juden, brachte aber kein Gesetz gegen sie ein.« *(Gerlach:* »Von Rechts nach Links«, a. a. O., S. 112 ff.)

219) Einmal an der Macht, löste die nationalsozialistische Regierung das Problem der Definition sehr einfach. Rasse wurde durch Gesetz bestimmt, unbeschadet aller gelehrten Kommentare und Gerichtsentscheidungen; ein Jude war, wer von Juden abstammte. In Zweifelsfällen blieb es der Gestapo und letzten Endes einem Führerakt vorbehalten, von Fall zu Fall zu bestimmen, wer Jude zu sein hatte. Hitler folgte dabei dem ehemaligen antisemitischen Bürgermeister von Wien, Karl Lueger, von dem der Ausspruch herrühren soll: »Wer ein Jud' ist, bestimme ich.« (Anm. d. Bearbeiters.)

[220]) *Gerlach:* »Von Rechts nach Links«, a. a. O., S. 133.

[221]) *Heinrich Oberwinder:* »Das Stoeckerblatt«, in: »Die Zukunft«, 25. Juni 1896; *Hans Leuß:* »Wilhelm Freiherr von Hammerstein«, Berlin 1905, S. 108 ff.; *Gerlach:* »Von Rechts nach Links«, a. a. O., S. 133 ff.

[222]) *Walter Frank:* »Hofprediger Adolf Stoecker und die christlichsoziale Bewegung«, 2. Aufl., Hamburg 1935, S. 234.

[223]) *Gerlach:* »Von Rechts nach Links«, a. a. O., S. 133 ff.

[224]) *Frank,* a. a. O., S. 234.

[225]) *Franz Mehring:* »Geschichte der deutschen Sozialdemokratie«, 4 Bde., 11. Aufl., Stuttgart-Berlin 1921, Bd. IV, S. 301 ff.

[226]) Gerlach sagt selbst, die Hauptursache für seinen jugendlichen Antisemitismus sei die Tatsache gewesen, daß er kaum je einen Juden persönlich gekannt habe. *(Gerlach:* »Von Rechts nach Links«, a. a. O., S. 115.) »Bis zu meinem dreißigsten Lebensjahr bin ich Antisemit gewesen, erst instinktiv, dann aus Überzeugung, dann von kritischen Zweifeln geplagt.

Jeder Mensch ist zunächst das Produkt seiner Umgebung und Erziehung. Wer in einem stockkonservativen Schloß des konservativsten Wahlkreises Preußens aufwuchs, von dem konnte nicht gut die Mentalität des Vereins zur Abwehr des Antisemitismus erwartet werden. Als Kind bekam ich Juden nur in Gestalt von Fell- und Bündel-Juden zu Gesicht, die auf unseren Hof zum Kaufen und Verkaufen kamen. Das waren arme Teufel von peinlicher Unterwürfigkeit, jener Typ, der, vorne hinausgeworfen, hinten wieder hineinkommt. Niemand haßte sie, aber man verachtete sie. Minderwertige Rasse!

Das war überhaupt die Vorstellung, in der ich erzogen wurde: die Juden sind anders als wir, und stehen tiefer als wir. Arbeiten wollen sie nicht, nur schachern. Sie kennen keine Moral als die des Geldverdienens um jeden Preis. Darum soll man sich vor ihnen in Acht nehmen. Am besten tut man, wenn man ihnen aus dem Wege geht. Denn: qui mange du juif en meurt.

Nach diesem Rezept verfuhr ich auf dem Gymnasium. Wir hatten höchstens ein halbes Dutzend jüdischer Mitschüler. Wir verprügelten sie nicht. Die rauhen Kämpfer sind erst das Erzeugnis Hitlerscher Geistigkeit. Aber wir schnitten sie. Die paar harmlosen jüdischen Kameraden wurden von uns gewissermaßen in ein geistig-gesellschaftliches Ghetto eingesperrt. Verstandesmäßiger Antisemit bin ich erst durch die Erziehung im Verein deutscher Studenten geworden . . .

Die einzigen studentischen Verbindungen, die sich in den achtziger Jahren mit Politik abgaben, waren der Verein deutscher Studenten rechts und die Freie wissenschaftliche Vereinigung links. Für mich als Junker kam natürlich nur die Rechtsorganisation in Frage . . .

Der ›V. d. S.‹ war antisemitisch, weil man das Judentum für undeutsch — Rassentheorie —, für unpatriotisch — die Juden standen fast ausnahmslos im Lager der Opposition — und für unsozial — sie galten als Säulen des Manchestertums — hielt. Hofprediger Stoecker und Professor von Treitschke war die beiden Götter des V. d. S. . . .

Der Antisemitismus meiner ersten 30 Lebensjahre war in erster Linie damit begründet: Ich kannte kaum einen einzigen Juden. Was sollte ich mich mit den Vertretern einer minderwertigen Rasse abgeben? Zumal diese Leute zwar moralisch unter pari, intellektuell aber leider über pari notierten, so daß man beim Verkehr mit ihnen leicht unter den Schlitten kommen konnte. Beruhte nicht die ganze Macht des ziffernmäßig so unbeträchtlichen Fremdvolkes auf dieser Kombination von Gerissenheit und moralischer Unbedenklichkeit?

So hörte ich es täglich im ›Verein deutscher Studenten‹ und bei meinen Standesgenossen und in den antisemitischen Versammlungen. So las ich es vor allem in den Rechtszeitungen, — ›Judenblätter‹ nahm ich natürlich nicht in die Hand. Dazu kam die in unseren Kreisen verbreitete Literatur.

Für mich, der ich sozusagen keinen Juden kannte, stand das Bild des Judentums um so sicherer fest: ein Volk des krassen Materialismus, nur auf Geldverdienen aus, harte Arbeit scheuend, unproduktiv weil nur dem Handel ergeben, vorurteilslos in seinen Mitteln und darum besonders stark in der Kriminal-Statistik vertreten, destruktiv, nicht konstruktiv veranlagt, zynisch, lüstern, im ganzen so ein Volk gewordener Mephisto...« *(Gerlach:* »Von Rechts nach Links«, a. a. O., S. 108 f.)

227) »Neue Zeit«, 1899/1900, Bd. XVIII, Nr. 1, S. 213 ff., 783 ff., 820 ff.

228) *Friedrich Naumann:* »Arbeiter-Katechismus, oder der Wahre Sozialismus«, Stuttgart 1889.

229) *Ludwig Weber:* »Stoecker und Naumann«, in: »Die Zukunft«, 1895, Bd. XI, S. 418.

230) *Frank,* a. a. O., S. 251.

231) a. a. O., S. 264.

232) *Dietrich von Oertzen:* »Adolf Stoecker / Lebensbild und Zeitgeschichte«, 2 Bde., Berlin 1910, Bd. II, S. 99.

233) *Frank,* a. a. O., S. 318 f.

234) a. a. O., S. 264.

235) »Neue Evangelische Kirchenzeitung«, Februar 1896.

236) *Oertzen,* a. a. O., Bd. II, S. 118.

237) a. a. O., Bd. II, S. 128.

238) a. a. O., Bd. II, S. 129.

239) *Frank,* a. a. O., S. 279.

240) Naumann, Gerlach und andere von den Jungen gründeten 1896 den Nationalsozialen Verein. Vgl. unten S. 157 f.

241) *Oertzen,* a. a. O., Bd. II, S. 303.

242) a. a. O., Bd. II, S. 147.

243) *Frank,* a. a. O., S. 275 f.

244) a. a. O., S. 267.

245) a. a. O., S. 268.

246) a. a. O., S. 267.

247) *von Krause:* »Zum Austritt Stoeckers«, Berlin 1896.

248) *Franz Mehring:* »Der Fall Hammerstein«, in: »Neue Zeit«, 1895/96, Bd. XIV, Nr. 1, S. 2 ff.

[249]) *Fritz Hellwig:* »Karl Ferdinand Freiherr von Stumm-Halberg«, Heidelberg-Saarbrücken 1936, S. 75.

[250]) a. a. O., S. 231.

[251]) a. a. O., S. 237.

[252]) a. a. O., S. 333.

[253]) a. a. O., S. 441.

[254]) a. a. O., S. 297.

[255]) a. a. O., S. 306.

[256]) In der Eisenindustrie hatte sich allmählich eine Anzahl Monopole herausgebildet, und Stumm ging daran, sie in Kartelle zusammenzuschließen. 1886 organisierte er die »Deutsche Schienengemeinschaft« und die »Deutsche Schwellengemeinschaft«; 1894 brachte er die Schwerindustrie der Saar — Gebrüder Stumm, Gebrüder Röchling, Völklingen, Burbacher Hütte — im »Süddeutschen Trägerverband« zusammen. Die Werke seines Freundes Friedrich Krupp in Essen und seine eigene Dillinger Hütte lieferten den größten Teil der Panzerplatten für die wachsende deutsche Flotte.

[257]) *Hellwig,* a. a. O., S. 492.

[258]) *Johannes Ziekursch:* »Politische Geschichte des Neuen Deutschen Kaiserreichs«, Bd. III: »Das Zeitalter Wilhelms II. (1890—1918)«, Frankfurt am Main 1930, S. 57.

[259]) Vgl. »Die Reden des Freiherrn Karl Ferdinand von Stumm-Halberg«, hrsg. von *A. Tille,* 12 Bde., Berlin 1906—15, Bd. VIII, S. 463.

[260]) Vgl. *Adolph Wagner:* »Mein Konflikt mit dem Freiherrn von Stumm-Halberg«, Berlin 1895.

[261]) *Dietrich von Oertzen:* »Adolf Stoecker / Lebensbild und Zeitgeschichte«, 2 Bde., Berlin 1910, Bd. II, S. 166.

[262]) Allerdings fehlte es auch nicht an Opposition gegen Stumms Arroganz. Auf seinen Angriff gegen Professor Wagner hin ehrten Studenten und Professoren der Berliner Universität diesen durch einen Fackelzug; sogar der alte Treitschke war dabei. Stumm konnte nicht verhindern, daß Wagner 1895 zum Rektor gewählt wurde. Zwei Jahre später ereignete sich dasselbe mit Professor Schmoller: nachdem Stumm im Herrenhaus den Kathedersozialismus und besonders Schmoller attackiert hatte, wurde Schmoller zum Rektor gewählt.

[263]) »Preußische Jahrbücher«, Bd. 82, 1895, S. 183.

[264]) *Fürst Chlodwig zu Hohenlohe-Schillingsfürst:* »Denkwürdigkeiten der Reichskanzlerzeit«, hrsg. von *Karl Alexander von Müller,* Stuttgart-Berlin 1931, S. 63.

[265]) »Briefe Wilhelms II. an den Zaren«, hrsg. von *Walter Goetz,* Berlin 1920, S. 8.

[266]) Der Gesetzentwurf sah schwere Strafen für Streikende vor, die Arbeitswillige an der Ausübung ihrer Arbeit hinderten. Wilhelm II. hatte Zuchthausstrafen als angemessen bezeichnet; der Entwurf war nicht so weit gegangen, wurde aber als »Zuchthausvorlage« bekämpft.

[267]) Trotz aller Mühe gelang es nicht, eine »Kartell-Mehrheit« im Reichstag zusammenzubringen. Im Gegenteil, die Kartellparteien verschlechterten sogar ihre Position gegenüber 1893; die Deutschkonservativen brachten es nur auf 56 statt 72 Mandate, die Freikonservativen auf 23 statt 28, die Nationalliberalen auf 47 statt 53. Der Bund der Landwirte, der in einigen Bezirken, wo Wahlabkommen sich als untunlich erwiesen hatten, seine eigenen Kandidaten aufstellte, brachte es auf 6 Sitze. Wenn man die Bund-Abgeordneten mitrechnet, fehlte es dem »Kartell« zur Mehrheit an 67 Mandaten. Die Oppositionsparteien hatten sich etwas verstärkt, das Zentrum von 96 auf 102, die Sozialdemokraten von 44 auf 56, die Freisinnigen beider Richtungen von 13 und 24 auf 13 und 29. Das war zwar theoretisch eine knappe Mehrheit (200 von 397), aber Teile der Freisinnigen und des Zentrums konnte man nicht unbedingt zur Opposition rechnen, wenn es um »nationale Belange« ging. Dann gab es jedoch noch die im allgemeinen regierungsfeindlichen Gruppen der Polen mit 14, Elsaß-Lothringer mit 10 und Hannoveranischen »Welfen« mit 9 Sitzen, und mit ihnen zusammen konnte die Opposition eine unerwünschte Gesetzgebung verhindern, solange es der Regierung nicht gelang, das Zentrum zu gewinnen.

[268]) Vgl. *Albert Zimmermann:* »Der Deutschnationale Handlungsgehilfenverband«, Hamburg 1921.

[269]) a. a. O., S. 8.

[270]) *Walter Lambach:* »Was wir sind / Von Wesen und Art des Deutschnationalen Handlungsgehilfenverbandes«, Hamburg 1926, S. 5.

[271]) Schack wurde 1907 als Kandidat des Verbandes in den Reichstag gewählt, wo er sich Liebermann von Sonnenberg anschloß, mußte aber bald aus dem öffentlichen Leben ausscheiden, da er wegen eines Sittlichkeitsverbrechens angeklagt und bestraft worden war.

[272]) *Emil Lederer und Jakob Marschak:* »Der neue Mittelstand«, in: »Grundriß der Sozialökonomik«, IX. Abt., 1. Teil, Tübingen 1926, S. 127.

[273]) Emil Lederer beurteilt die beiden Verbände folgendermaßen: »So wie der Deutschnationale Handlungsgehilfenverband das mittelständische Element, das in der Situation der Angestellten zweifelsohne gegeben ist, so hat der Zentralverband das proletarische (das aus der Unselbständigkeit der Berufstätigkeit stammt) besonders betont und als allein wirksam hingestellt, und daraus ergibt sich die geringe Ausdehnung, welche bisher der Zentralverband erreicht hat. Nicht seine radikale Tonart ist es, sondern diejenigen Elemente der Ideologie, welche die Klassenlage der Angestellten als einseitig proletarisch deuten.« (*Emil Lederer:* »Die wirtschaftlichen Organisationen«, Leipzig-Berlin 1913, S. 62.)

[274]) *Willi Buch:* »50 Jahre antisemitische Bewegung / Beiträge zu ihrer Geschichte«, München 1937, S. 26.

[275]) Vgl. *Paul Lange:* »Der neue Mittelstand«, in: »Neue Zeit«, Bd XXV, 1907, Nr. 2, S. 360 f.

[276]) *Arthur Rosenberg:* »Treitschke und die Juden / Zur Soziologie der deutschen akademischen Reaktion«, in: »Die Gesellschaft«, Berlin 1930, Bd. II, S. 78 ff.

[277]) *Eckart Kehr:* »Zur Genesis des königlich-preußischen Reserveoffiziers«, in: »Die Gesellschaft«, Berlin 1928, Bd. II, S. 495. — Zur politischen Umwand-

lung des preußischen Beamtentums siehe auch *Albert von Puttkamer:* »Staatsminister Puttkamer / Ein Stück preußischer Vergangenheit 1828—1890«, Leipzig 1929, S. 80 ff.

278) *Ziekursch,* a. a. O., Bd. III, S. 11.

279) a. a. O. — In seiner berühmten Ansprache über »Wissenschaft als Beruf« von 1919 behandelte Max Weber die Probleme einer akademischen Laufbahn im Kaiserreich: »Wenn junge Gelehrte um Rat fragen kommen wegen Habilitation, so ist die Verantwortung des Zuredens fast nicht zu tragen. Ist er ein Jude, so sagt man ihm natürlich: lasciate ogni speranza.« (*Max Weber:* »Gesammelte Aufsätze zur Wissenschaftslehre«, Tübingen 1922, S. 524 ff.)

280) Von 1891 bis 1894 hieß er Allgemeiner Deutscher Verband.

281) *Lothar Werner:* »Der Alldeutsche Verband 1890—1918«, in: »Historische Studien«, Heft 278, Berlin 1935, S. 64 f. — Vgl. auch *Otto Bonhard:* »Geschichte des Alldeutschen Verbandes«, Leipzig und Berlin 1920.

282) »Alldeutsche Blätter«, Berlin 1894, Nr. 1.

283) »Handbuch des Alldeutschen Verbandes für 1918«, Mainz, 22. Aufl., S. 5.

284) *Ernst Hasse:* »Deutsche Weltpolitik«, München 1897, Bd. I, Heft 4, S. 46.

285) *Ludwig Kuhlenbeck:* »Rasse und Volkstum«, München 1905, S. 24.

286) »Alldeutsche Blätter«, Berlin 1908, Nr. 38.

287) *Heinrich Class*: »Wider den Strom / Vom Werden und Wachsen der nationalen Opposition im alten Reich«, Leipzig 1932, S. 130.

288) a. a. O., S. 130.

289) »Sein Wort ›Die Juden sind unser Unglück‹ ging mir mit meinen zwanzig Jahren in Fleisch und Blut über; es hat einen wesentlichen Teil meiner späteren politischen Arbeit bestimmt.« (*Class*, a. a. O., S. 16.)

290) a. a. O., S. 17.

291) a. a. O., S. 88 f.

292) Unter dem Pseudonym Daniel Frymann veröffentlichte Class 1912 sein Buch »Wenn ich der Kaiser wär'«, das bis 1914 fünf Auflagen erlebte. Er setzte darin sein antisemitisches, völkisches Programm auseinander. Hauptzeugen für die Richtigkeit seiner Rassentheorie sind die Zionisten: »Wer in den Juden Angehörige einer fremden Rasse sieht, die trotz der Teilnahme an allen Gütern unserer Kultur nicht zu Deutschen geworden sind, weil sie es eben infolge einer grundverschiedenen Veranlagung nicht werden können, der muß es begrüßen, daß unter den Juden selbst die nationalistische Bewegung, der sog. Zionismus, mehr und mehr Anhänger gewinnt. Man kann vor den Zionisten nur Achtung haben; sie bekennen offen und ehrlich, daß ihr Volk ein Volk für sich ist, dessen Grundeigenschaften unerschütterlich sind und durch ein fast zweitausendjähriges Leben der Staatlosigkeit und zwischen Fremden nicht zerstört wurden; sie erklären auch ohne Rückhalt ein wirkliches Aufgehen der jüdischen Fremdlinge unter ihren Gastvölkern für unmöglich kraft des Naturgesetzes der Rasse, das stärker ist als das äußerliche Sich-Anpassen an die Verhältnisse der fremden Umgebung.

Die Zionisten bestätigen durchaus, was die auf dem Standpunkt der Rasse stehenden Gegner der Juden längst behaupten, und wenn sie auch im Verhältnis zur Gesamtheit ihrer Rassengenossen eine kleine Schar sind — die Wahrheit, die sie verkünden, kann nicht mehr mundtot gemacht werden.

Deutsche und jüdische Nationalisten sind in Bezug auf die Unzerstörbarkeit der jüdischen Rasse einer Meinung — wer will also den Deutschen das Recht streitig machen, daraus die notwendigen politischen Folgerungen zu ziehen?« (*Daniel Frymann:* »Wenn ich der Kaiser wär' — Politische Wahrheiten und Notwendigkeiten«, 5. Aufl., Leipzig 1914, S. 78.)

Wie Class die Judenfrage lösen wollte, ergibt sich aus seinen Forderungen: »Den Juden bleiben alle öffentlichen Ämter verschlossen, einerlei ob gegen Entgelt oder im Ehrenamt, einerlei ob für Reich, Staat und Gemeinde.

Zum Dienst in Heer und Flotte werden sie nicht zugelassen.

Sie erhalten weder aktives, noch passives Wahlrecht. Der Beruf der Anwälte und Lehrer ist ihnen versagt; die Leitung von Theatern desgleichen.

Zeitungen, an denen Juden mitarbeiten, sind als solche kenntlich zu machen, die andern, die man allgemein ›deutsche‹ Zeitungen nennen kann, dürfen weder in jüdischem Besitz stehen, noch jüdische Leiter und Mitarbeiter haben.

Banken, die nicht rein persönliche Unternehmen einzelner sind, dürfen keine jüdischen Leiter haben.

Ländlicher Besitz darf in Zukunft weder in jüdischem Eigentum stehen, noch mit solchen Hypotheken belastet werden.

Als Entgelt für den Schutz, den die Juden als Volksfremde genießen, entrichten sie doppelte Steuern wie die Deutschen.« (*Frymann,* a. a. O., S. 76.)

Gleichzeitig verlangt Class eine Verfassungsänderung. Das allgemeine Wahlrecht im Reich sollte durch ein Klassenwahlrecht ersetzt werden, ähnlich dem preußischen Drei-Klassen-Wahlrecht, aber mit besonderen Vorrechten auch für die Gebildeten. Besitz und Bildung sollten die Grundlage für eine neue Elite sein.

Class war sich völlig darüber im klaren, daß diese und ähnliche »Reformen« nur im Laufe einer großen politischen Umwälzung durchgesetzt werden könnten. In einem Krieg sah er die große Chance. Im Falle des Sieges würde die Ausführung seiner Pläne nicht schwer fallen. Ging aber der Krieg verloren, so schienen ihm die Aussichten nicht weniger gut: innere Streitigkeiten und allgemeines Chaos würden einen Diktator zur Macht bringen. Seit 1914 war Class, seinen eigenen Worten zufolge, damit beschäftigt, »auf den Führer zu warten«. In einer Neuausgabe seines Buches nach dem ersten Weltkrieg stellte er fest, seine Reformpläne seien ungenügend gewesen, und er setze mehr denn je seine Hoffnung auf den »mit der Kraft der Seele und des Geistes Begabtesten« (*Dietrich Jung*: »Der Alldeutsche Verband«, Inaugural-Dissertation, Würzburg 1936, S. 18), der als Diktator emporsteigen werde, um das deutsche Volk zu führen; »er wird die Reichsreform erzwingen; aus ihr wird der völkische deutsche Staat erstehen und an seine Spitze wird der neue Kaiser treten«. (*Jung,* a. a. O.) Mit Adolf Hitler gingen Class' Wünsche in Erfüllung.

293) Noch 1911 hielt der Historiker Hans Delbrück die Alldeutschen für eine sehr aktive, aber vollkommen machtlose Sekte. (»Preußische Jahrbücher«, 1911, S. 338.) Doch schon zwei Jahre später hatte er seine Meinung geändert und sah in dem Verband eine größere Gefahr für die Zukunft des Reiches als in der Sozialdemokratie oder dem Zentrum. Die Alldeutschen Blätter

druckten am 12. April 1913 wohl zum Zwecke der Propaganda die Feststellung eines Franzosen, Paul Vergnet, ab: »In der Tat aber ist es leicht nachzuweisen, daß die Alldeutschen (von einigen Übertreibungen in ihren Reden und Forderungen abgesehen), am Ende vom Volk, vom Reichstage und von der Kaiserlichen Regierung stets alles erlangt haben, was sie wollten.« (»Alldeutsche Blätter«, Berlin 1913, S. 114.) Der deutsche Sozialdemokrat Kurt Eisner schrieb 1915, die Alldeutschen hätten fünfundzwanzig Jahre lang einen entscheidenden Einfluß auf den Kurs der deutschen äußeren Politik ausgeübt. »Sie haben im Laufe der Zeit mehr durchgesetzt als alle politischen Parteien und sämtliche parlamentarischen Fraktionen Deutschlands zusammengenommen.« *(Kurt Eisner:* »Treibende Kräfte«, Berlin 1915, S. 2.) 1917 stellte der demokratische Reichstagsabgeordnete Conrad Hausmann fest: »Die Geschichte der Diplomatie der letzten Jahre vor dem Kriege ist, was Deutschland anbelangt, nichts weiter, als eine ständige Kapitulation der Leitung der auswärtigen Angelegenheiten vor den Forderungen der Alldeutschen.« (Geheimbericht Nr. 7 vom Februar 1917: »Die Innenpolitik Deutschlands als Instrument der Außenpolitik Frankreichs«, Berlin 1921, S. 9.)

Zwei amerikanische Werke, die sich in neuerer Zeit mit dem Alldeutschen Verband befaßten, mögen hier noch erwähnt werden, um zu zeigen, wie sehr die Meinungen der Historiker auseinandergehen. Mildred S. Wertheimer kam 1944 zu dem Schluß, daß weder der Kaiser noch die Regierung irgendeine Verbindung mit dem Verband hatten: »So etwas wie eine große Alldeutsche Verschwörung gab es nicht.« *(Mildred S. Wertheimer:* »The Pan-German League 1890–1914«, New York 1924, S. 215 ff.) George N. Shuster und Arnold Bergstraesser bezeichnen die Alldeutschen als »engstirnige chauvinistische politische Amateure«, die »jahrzehntelang ohne viel Einfluß auf die Politik blieben«. *(George N. Shuster and Arnold Bergstraesser:* »Germany / A Short History«, New York 1944, S. 108.) Die beste Wertung des Verbandes scheint noch die Eckart Kehrs von 1928 zu sein: »Der Alldeutsche Verband war eine Art politisch-ideologischer Holding-Company, die den anderen Agitationsvereinen — Kolonialgesellschaft, Flottenverein, später Wehrverein usw. — ›geistige‹ Waffen lieferte.« *(Eckart Kehr:* »Grundlagen der Tirpitzschen Flottenpropaganda«, in: »Die Gesellschaft«, Berlin 1928, Bd. II, S. 225.)

294) *Werner,* a. a. O., S. 71.

295) *Karl Bachem:* »Vorgeschichte, Geschichte und Politik der deutschen Zentrumspartei«, 9 Bde., Köln 1927–32, Bd. VI, S. 181.

296) *Hohenlohe,* a. a. O., S. 49.

Kapitel X

297) Vgl. *Gustav Mayer:* »Die Trennung der proletarischen von der bürgerlichen Demokratie in Deutschland 1863–1870«, Leipzig 1911.

298) Auf die Folgen der Nachgiebigkeit und Unentschlossenheit der Liberalen für die Zukunft Deutschlands und Europas wurde von sozialistischer Seite

oft hingewiesen. Es ist nicht ohne Interesse, heute noch einmal zu lesen, was der russische Anarchist Bakunin dazu zu sagen hatte. Um die Zeit, da die deutsche Bourgeoisie sich der Bismarckschen Auffassung von nationaler Einheit anschloß, schrieb er: »Wie Doktor Faust verfolgten diese ausgezeichneten Patrioten zwei Ziele, zwei entgegengesetzte Tendenzen: eine mächtige nationale Einheit und die Freiheit. Da sie zwei unversöhnliche Dinge versöhnen wollten, haben sie lange das eine durch das andere gelähmt, bis sie endlich, von der Erfahrung gewarnt, sich entschlossen haben, das eine zu opfern, um das andere zu erringen. Und so sind sie jetzt im Begriff, auf den Trümmern nicht ihrer Freiheit — sie sind nie frei gewesen — sondern ihrer liberalen Träume ihr großes preußisch-germanisches Kaiserreich aufzubauen. Nach ihrem eigenen Willen, frei, werden sie von jetzt ab einen furchtbaren Staat und ein Sklavenvolk bilden.« *(Michael Bakunin:* »Gesammelte Werke«, 2 Bde., Berlin 1921, Bd. I, S. 69 f.)

Bakunin ist oft ein fanatischer Deutschenhasser genannt worden. Aber seine leidenschaftlichen Ausbrüche gegen »l'empire knouto-germanique« richteten sich nicht gegen Deutschland, sondern gegen den rücksichtslosen Ehrgeiz der preußisch-deutschen Nationalisten und gegen die deutsche Bourgeoisie, in der er keinen Funken echt demokratischen Geistes wahrzunehmen vermochte; er sah in ihr nur das willige Werkzeug des Nationalismus.

Kurz vor Bismarcks Reichsgründung schrieb er: »Es sind kaum fünf Jahre her, daß Preußen unter den fünf Großmächten Europas als die letzte angesehen wurde. Heute will es die erste werden, und zweifellos wird es die erste werden. Und wehe dann der Unabhängigkeit und der Freiheit Europas! Wehe besonders den kleinen Staaten, die das Unglück haben, germanische oder einst germanische Völkerschaften zu haben, wie die Flamen zum Beispiel. Der Appetit des deutschen Bourgeois ist ebenso groß, wie seine Kriecherei ungeheuer ist, und sich stützend auf diese ganze deutsche Kriecherei, wäre Herr von Bismarck . . . wohl fähig, für seinen Herrn die Verwirklichung der Träume Karls V. zu unternehmen.« *(Bakunin,* a. a. O., S. 56 f.)

299) *Franz Mehring:* »Geschichte der deutschen Sozialdemokratie«, 4 Bde., 11. Aufl., Stuttgart-Berlin 1921, Bd. III, S. 30.

300) *Ferdinand Lassalle:* »Offenes Antwortschreiben an das Central-Comité zur Berufung eines Allgemeinen Deutschen Arbeitercongresses zu Leipzig«, Zürich 1863, S. 37.

301) a. a. O., S. 38.

302) »Deutsche Brüsseler Zeitung«, Nr. 73, 12. September 1847.

303) Was den Verhandlungen der beiden zugrunde lag, wer von ihnen den anderen benutzen wollte, gab noch auf Jahrzehnte Anlaß zu den aufgeregtesten Diskussionen innerhalb der deutschen Arbeiterbewegung. Marx und Engels sahen in diesen Verhandlungen ein verräterisches Verhalten Lassalles. Am 27. Januar 1865, nach Lassalles Tod, schrieb Engels an Marx: »Der brave Lassalle entpuppt sich nach und nach doch als ein ganz kommuner Schuft... Subjektiv mag seine Eitelkeit ihm die Sache plausibel vorgestellt haben, objektiv war es eine Schufterei, ein Verrat der ganzen Arbeiterbewegung an die Preußen.« (*Karl Marx / Friedrich Engels:* »Briefwechsel«, in: Marx-Engels-Gesamtausgabe, III. Abt., Berlin 1929—31, Bd. 3, S. 219.) — Damals glaubten noch

viele, Marx und Engels hätten Lassalle mit ihren Angriffen Unrecht getan. Aber seit der Veröffentlichung seiner Briefe an Bismarck (1928) steht es fest, daß Lassalle in der Tat ein Abkommen zwischen der Monarchie und der Arbeiterbewegung zur friedlichen Erreichung seiner Ziele ernsthaft ins Auge gefaßt hatte (vgl. *Gustav Mayer:* »Bismarck und Lassalle, ihr Briefwechsel und ihre Gespräche«, Berlin 1928).

304) »Historisch-politische Blätter für das katholische Deutschland«, München 1863, Bd. II, S. 56 ff.

305) a. a. O., Bd. II, S. 296.

306) *Johann Baptist von Schweitzer:* »Lucinde, oder Kapital und Arbeit«, Frankfurt am Main 1863.

307) So stand der süddeutsche Demokrat Leopold Sonnemann, der Begründer und spätere Besitzer der »Frankfurter Zeitung«, unverkennbar Pate für den Bankier Itzinger in Schweitzers Roman. Sonnemann wollte die Trennung der Arbeitervereine von der liberalen Bewegung verhindern. Bis 1869, als die Marxisten ihre eigene Organisation gründeten, war er eine führende Persönlichkeit in diesen Vereinen gewesen und hatte freundliche Beziehungen mit marxistischen Führern, vor allem August Bebel, unterhalten. Nach dem Eisenacher Kongreß, den Sonnemann noch als Delegierter besucht hatte, trennte er sich von den Eisenachern. »Der Klassencharakter der Partei stieß ihn ab«, schrieb Bebel. (*August Bebel:* »Aus meinem Leben«, 3 Bde., Stuttgart 1919, Bd. II, S. 91.) Den Lassalleanern hingegen galt Sonnemann als Prototyp eines begüterten Liberalen. Im Gegensatz zu Bebels freundlichem Urteil über Sonnemanns politische Tätigkeit hatte Franz Mehring — der nie eine Gelegenheit vorübergehen ließ, Lassalles Bewegung zu verteidigen — nur wegwerfende Kritik übrig. In seiner Beurteilung von Schweitzers »Lucinde« schreibt Mehring, einige nach dem Leben gezeichnete Typen seien sehr gut geraten, zum Beispiel der liberale Bankier Itzinger, für den Sonnemann Modell gestanden habe. (*Mehring,* a. a. O., Bd. III, S. 86.)

308) *Gustav Mayer:* »Johann Baptist von Schweitzer und die Sozialdemokratie«, Jena 1909.

309) Schweitzers Angriffe auf die Juden blieben zahm, »nur im Stil der Fliegenden Blätter«, im Vergleich zu »jener verbissenen antisemitischen Art, die später im Kampfe gegen die Eisenacher bei der Lassalleanischen Partei Hasselmann vorübergehend in Mode brachte« (*Mayer:* »Johann Baptist von Schweitzer und die Sozialdemokratie«, a. a. O., S. 89.)

1880 wurde Hasselmann aus der Partei ausgeschlossen. Mit Johann Most, der um dieselbe Zeit ausgeschlossen wurde (s. Anmerkung 56, S. 236), teilte er nicht nur einen wilden Haß gegen die Bourgeoisie, sondern auch eine tiefe Verachtung für die Intellektuellen, die als Theoretiker, Redakteure und Schriftsteller großen Einfluß auf die junge Arbeiterbewegung ausübten. Besonders bemerkbar ist das Ressentiment, welches die überwältigende geistige Autorität von Marx hervorrief, und nicht nur bei Autodidakten wie Hasselmann und Most. Diese Abneigung gegen Intellektuelle ging oft Hand in Hand mit dem Antisemitismus. Es scheint, daß die zum Anarchismus neigenden Anhänger der »direkten Aktion« die Juden in der Arbeiterbewegung — fast alle Gebildete — als »Bremser« ansahen, das heißt als Leute, die ihren

Einfluß zugunsten von Vorsicht, Kompromiß, Verhandlungen, Verbürgerlichung — kurz: Verrat — geltend machten. Auch die Anarchisten Michael Bakunin und Eugen Dühring waren leidenschaftliche Judenhasser.

Die Gegner der sozialistischen Arbeiterbewegung gaben oft ihrem Ärger über die Prominenz von Intellektuellen in der Führung der Sozialdemokratie Ausdruck. Gewöhnlich hatten solche Angriffe eine antisemitische Färbung. Stoecker zum Beispiel griff die Sozialdemokraten an, weil sie eine Arbeiterpartei zu sein vorgäben, während sie doch nur eine Partei von »Journalisten und Juden« seien, und berief sich auf Lassalle als Kronzeugen, mit dem er die Verachtung für die liberale Bourgeoisie teilte. In einer Reichstagsdebatte rief er den sozialdemokratischen Abgeordneten zu:

»Ich bestreite es Ihnen durchaus, daß Sie Vertreter der Arbeiterwelt sind... Sie tun immer so, als ob man nur so ein Etikett ›Arbeiterfreund‹ auf seinen Rücken zu kleben braucht, dann sei man ein Arbeitervertreter... Ich habe den Reichstagsalmanach durchgesehen und mir Ihren Stand gemerkt. Ja, was sind Sie denn? Vier wirkliche Arbeiter, acht Journalisten, sechs Arbeitgeber. Sie sind Vertreter der Arbeiter? Lassalle sagte einmal . . . ›zwei Dinge hasse ich, Journalisten und Juden. Leider bin ich beides‹. Dieser Zustand ist bei Ihnen geblieben, Sie sind im Übermaß Journalisten und Juden. Ob Sie noch heute ›leider‹ sagen, das weiß ich nicht; aber eine Partei, in der dieser Zustand zu einer dauernden Institution wird — um einmal ein vielgebrauchtes Wort von heute zu benutzen — eine solche Partei ist doch in keinem Falle Arbeiterpartei.« *(Dietrich von Oertzen:* »Adolf Stoecker / Lebensbild und Zeitgeschichte«, 2 Bde., Berlin 1910, Bd. I, S. 352 f.)

310) *Gustav Mayer:* »Johann Baptist von Schweitzer und die Sozialdemokratie«, a. a. O., S. 31.

311) *Rudolph Meyer:* »Der Emancipationskampf des vierten Standes«, Bd. I, Berlin 1874, S. 217.

312) *Bruno Bauer:* »Die Judenfrage«, Braunschweig 1843.

313) a. a. O., S. 114.

314) *Karl Marx:* »Zur Judenfrage«, in: »Aus dem literarischen Nachlaß von Karl Marx und Friedrich Engels — 1841 bis 1850«, hrsg. von *Franz Mehring,* 3 Bde., 3. Aufl., Stuttgart 1920, Bd. I, S. 426.

315) *Franz Mehring:* »Kapitalistische Agonie«, in: »Neue Zeit«, 1891/92, Bd. X, Nr. 2, S. 548.

316) *Marx:* »Zur Judenfrage«, a. a. O., S. 431.

317) a. a. O., S. 428.

318) Zum persönlichen Verhältnis von Marx gegenüber dem Judentum vgl. *Solomon F. Bloom:* »Karl Marx and the Jews«, in: »Jewish Social Studies«, New York, Vol. IV, S. 3 ff.

319) *Karl Marx:* »Allgemeine Statuten der Internationalen Arbeiterassoziation«, in: »Karl Marx und Friedrich Engels / Ausgewählte Schriften«, 2 Bde., Berlin 1951, Bd. I, S. 361.

320) *August Bebel:* »Die Sozialdemokratische Partei und der Antisemitismus«, in: »Protokoll über die Verhandlungen des Parteitages der Sozialdemokratischen Partei Deutschlands, Köln, 22.—29. Oktober 1893«, Berlin 1893, S. 224.

321) a. a. O.

[322]) *Karl Kautsky:* »Das Massaker von Kischineff und die Judenfrage«, in: »Neue Zeit«, 1902/03, Bd. XXI, Nr. 2, S. 307.

[323]) *Eduard Bernstein:* »Das Schlagwort und der Antisemitismus«, in: »Neue Zeit«, 1892/93, Bd. XI, Nr. 2, S. 234.

[324]) »Ein erheblicher Teil ist in Folge schlechter Bezahlung und in Folge der Ansprüche, die an sogenanntes standesgemäßes Auftreten gestellt werden, gezwungen, Schulden zu machen, und diese muß er beim Wucherer, beim Halsabschneider machen; er kann sichere Garantien nicht gewähren, weil er in der Regel keinen Besitz hat... Die Wucherer sind aber . . . zum großen Teile Juden... In einer verschuldeten Beamtenschaft faßt begreiflicherweise auch der Antisemitismus Wurzel...« *(Bebel:* »Die Sozialdemokratische Partei und der Antisemitismus«, a. a. O., S. 232.)

[325]) »Erst borgt der Jude, dann tritt er als Käufer der Rittergüter auf, oft wird er selbst Besitzer und vermehrt so die Gründe, daß der Feudaladel sich im antisemitischen Lager befindet.« *(Bebel:* »Die Sozialdemokratische Partei und der Antisemitismus«, a. a. O., S. 233.)

[326]) Kautsky schrieb: »Das untergehende Handwerk kämpft gegen Großindustrie und Zwischenhandel; der kleine Händler gegen die großen Warenhäuser, der in Schuldknechtschaft versinkende Bauer gegen den Wucherer und Händler, namentlich den Viehhändler und Kornhändler. Der Niedergang dieser Schichten treibt aber ihren Nachwuchs immer mehr dazu, statt dem väterlichen Beruf einem der Intelligenzberufe sich zuzuwenden, so daß nun die liberalen Berufe immer mehr überfüllt werden. Alle diese Schichten wenden sich gegen das Judentum, das ihnen als Repräsentant des Geld- und Handelskapitals gilt, das aber auch der Intelligenz zahlreiche und rührige Elemente zuführt. Die Niederschlagung des Judentums scheint diesen Schichten als der beste Weg, ihrer Bedrängnis ein Ende zu machen.« *(Kautsky,* a. a. O., S. 304.)

Cunow äußerte sich: »...Die antisemitische Bewegung ist keine Rassen-, sondern eine wirtschaftliche Bewegung, die nur durch ethnische und religiöse Divergenzen verschärft wird. Sie ist eine Reaktion gewisser sich in ihrer Existenz bedroht fühlender kleinbürgerlicher Schichten gegen den modernen Großhandel und die heutige Geldwirtschaft, an deren Spitze sie vielfach Juden stehen sehen, und daher Letztere als eigentliche Träger der sie bedrückenden Verhältnisse betrachten. Hierzu gesellt sich ein Teil der dem jüdischen Wuchertum verschuldeten Bauernschaft, z. B. in Hessen, sowie ferner in den großen Städten ein Teil der Handlungsgehilfen, die über schlechte Bezahlung und lange Arbeitszeit in den jüdischen Handelshäusern klagen...« *(Heinrich Cunow:* Besprechung von Otto Freiherr von Boenigks »Grundzüge zur Judenfrage«, in: »Neue Zeit«, 1894/95, Bd. XIII, Nr. 1, S. 824.)

Mehring hielt es für »...ganz natürlich und in seiner Weise sogar unvermeidlich, daß der Bauer das erste Verständnis der sozialen Zusammenhänge an der Person des Wucherjuden gewinnt, der ihn als Exekutor des Kapitalismus von Haus und Hof treibt.« *(Franz Mehring:* »Sic vos, non vobis«, in: »Neue Zeit«, 1892/93, Bd. XI, Nr. 1, S. 363.)

Bebel sah auch einen unmittelbaren Zusammenhang zwischen der ersten antisemitischen Welle nach dem Zusammenbruch der »Gründerzeit« und der hervorstechenden Rolle jüdischer Spekulanten: »...Nun haben die Juden...

ganz unbestreitbar im Vordergrunde unserer wirtschaftlichen Entwicklung gestanden, seitdem sie die volle Gleichberechtigung nach allen Richtungen hin erlangt hatten, und nachdem durch unsere Sozialgesetzgebung... sich der kapitalistischen Entwicklung neue Bahnen mit ungeahnten Erfolgen eröffneten. Bei der nicht geringen Zahl großer Geldleute (Bankiers und Leiter von Bankinstituten), die sie in ihrer Mitte zählen, standen sie überall mit im Vordergrunde der zahllosen Gründungen oft sehr bedenklicher Art, die in den Jahren 1871—1874 ins Leben gerufen wurden. Ebenso standen und stehen sie an der Spitze der Handelsunternehmungen auf den verschiedensten Gebieten...« (*August Bebel:* »Sozialdemokratie und Antisemitismus / Rede auf dem sozialdemokratischen Parteitag in Köln«, Berlin 1906, S. 12 ff.)

327) *Karl Kautsky:* »Das Judentum«, in: »Neue Zeit«, 1890, Bd. VIII, S. 27 f. (Vgl. auch *derselbe:* »Rasse und Judentum«, 2. Aufl., Stuttgart 1921.)

328) a. a. O., S. 28.

329) »Die Sozialdemokratie im Deutschen Reichstag / Tätigkeitsberichte und Wahlaufrufe aus den Jahren 1871—1893«, Berlin 1909, S. 515 ff. — Individuelle Sozialisten vertraten gelegentlich die Auffassung, »daß sich gewisse unangenehme Eigenschaften bei den Juden häufiger vorfänden, als bei den Nichtjuden, wenn auch nicht in dem von den Antisemiten angegebenen Verhältnis«. (*Bernstein,* a. a. O., S. 236.) Eduard Bernstein dachte dabei an jüdische Geschäftspraktiken, die er für anachronistische Überbleibsel aus vorkapitalistischen Tauschverhältnissen hielt; sie paßten nicht mehr zu den technischen und psychologischen Erfordernissen der modernen Marktwirtschaft und müßten daher allmählich verschwinden.

330) *Kautsky:* »Das Massaker von Kischineff und die Judenfrage«, a. a. O., S. 305 f.

331) Die Juden sprachen Jiddisch, das alte Mittelhochdeutsch ihrer ursprünglichen Herkunft hatte sich als Insel im Meer der russischen Sprache nicht zum modernen Hochdeutsch fortentwickelt.

332) *Kautsky:* »Das Massaker von Kischineff und die Judenfrage«, a.a.O., S. 306.

333) Aber zumindest von den neunziger Jahren an fand die Assimilationsthese der Orthodoxen keine allgemeine Zustimmung mehr in der Partei. Unter der Führung Eduard Bernsteins begannen die »Revisionisten«, auch dieses Dogma anzugreifen. Sie bezweifelten, daß die Juden einfach durch Auflösung ihrer Gruppenidentität und Anschluß an die verschiedenen ökonomischen Klassen des Kapitalismus ihren Feinden entgehen könnten. Im Gegenteil, Bernstein befürchtete eine weitere Verschlechterung der christlich-jüdischen Beziehungen infolge des zunehmenden Konkurrenzkampfes in den Berufen, in die Juden einzudringen gezwungen würden. Innerhalb der kapitalistischen Gesellschaft könne man nicht länger eine Lösung erwarten.

»Welchen Berufen sie sich auch zuwenden, so werden sie bei der heftigen Konkurrenz, die heute auf allen Gebieten des Wirtschaftslebens herrscht, immer Antisemitismus provozieren. Die Judenemanzipation erfolgte zur Zeit, wo das Bürgertum an sich glaubte, nur eine aufsteigende Gesellschaft wird sie vollenden.« (*Eduard Bernstein:* Besprechung von C. Lombrosos »Der Antisemitismus und die Juden im Lichte der modernen Wissenschaft«, in: »Neue Zeit«, 1893/94, Bd. XII, Nr. 2, S. 407.)

334) *Kautsky:* »Das Massaker von Kischineff und die Judenfrage«, a. a. O., S. 307.

335) *Bebel:* »Die Sozialdemokratische Partei und der Antisemitismus«, a. a. O., S. 236 ff.

336) Die liberale Vorstellung kann man allerdings auch in der sozialistischen Literatur finden; im Zug der politischen Wandlung der sozialdemokratischen Partei breitete sie sich aus und wurde schließlich vorherrschend.

337) *Kautsky:* »Das Massaker von Kischineff und die Judenfrage«, a. a. O., S. 306.

338) *Hermann Bahr:* »Der Antisemitismus / Ein internationales Interview«, Berlin 1894, S. 28.

339) a. a. O., S. 28 ff.

340) *Mehring:* »Kapitalistische Agonie«, a. a. O., S. 545 ff.

341) *Bebel:* »Sozialdemokratie und Antisemitismus«, a. a. O., S. 38. — Es besteht durchaus die Möglichkeit, daß der Kampf der Sozialisten gegen den »Philosemitismus« der Liberalen seinerseits antisemitische Stereotypen unter den Arbeitern verbreitete. Daß liberale Zeitschriften wie der Kladderadatsch und der Simplizissimus in ihrem Bestreben, dem Antisemitismus durch Karikaturen beizukommen, in Wirklichkeit dazu beitrugen, antisemitische Stereotypen am Leben zu erhalten, läßt sich als recht wahrscheinlich annehmen. (Vgl. *Eduard Fuchs:* »Die Juden in der Karikatur«, München 1921.)

342) »Die Sozialdemokratie im Deutschen Reichstag«, a. a. O., S. 209.

Kapitel XI

343) »Die Bestrebungen Stoeckers, Adolph Wagners und die gegen die ›römischen Eigentums- und Rechtsbegriffe‹ geifernden Artikel des ›Staatssozialist‹ ließen keinen Zweifel, daß es der Regierung des Herrn Bismarck gar nicht darum zu tun war, den Sozialismus, der Herrn Bamberger so viel Kopfschmerzen machte, zu unterdrücken, sondern daß ihre Absicht nur dahin ging, die sozialistische Arbeiterbewegung ihres demokratischen Charakters zu entkleiden und sie, zum Zweck der Einschüchterung der liberalen Bourgeoisie in ihre Dienste zu nehmen.« (*Ignaz Auer:* »Nach zehn Jahren / Material und Glossen zur Geschichte des Sozialistengesetzes«, Nürnberg 1913, S. 80 f.)

344) Vgl. *Franz Mehring:* »Geschichte der deutschen Sozialdemokratie«, 4 Bde., 11. Aufl., Stuttgart-Berlin 1921, Bd. IV, S. 132.

345) Bebel berichtet: »[Johann] Most hatte um jene Zeit mit der ganzen Leidenschaftlichkeit seines Temperaments eine öffentliche Agitation für den Austritt aus der Landeskirche begonnen. Die von ihm veranlaßten Volksversammlungen waren überfüllt und von leidenschaftlicher Erregung getragen. Diese wuchs, als jetzt die neu erstandene christlich-soziale Partei unter Führung des Hofpredigers Stoecker ebenfalls Versammlungen abhielt und Redner dieser Partei auch in den Mostschen Versammlungen erschienen, dort aber, wie vorauszusehen war, unter dem Jubel der Massen den kürzeren zogen. Diese Agitation rief bei den Frommen im Lande eine ungeheure Aufregung

hervor... Selbst der alte Kaiser sah sich veranlaßt ... zu betonen: Die Religion muß dem Volke erhalten werden.« (*August Bebel:* »Aus meinem Leben«, 3 Bde., Stuttgart 1919, Bd. II, S. 396.)

346) *Eduard Bernstein:* »Geschichte der Berliner Arbeiterbewegung«, 3 Bde., Berlin 1907—1910, Bd. II, S. 60.

347) »Man wollte noch immer [in Regierungskreisen] die Hoffnung nicht fahren lassen, daß sich ein Gegensatz zwischen der wirtschaftlichen Arbeiterbewegung und der sozialdemokratischen Führerschaft einstellen werde und begrüßte jeden Streitfall, der derartiges zu versprechen schien, in diesem Sinne. Aber die Freude war immer nur kurz... Zeigte ein Arbeiterführer Neigung, mit den Zutreibern der Regierung, den sich christlichsozial nennenden Antisemiten, politisch zu kooperieren, so wurde er aus der Masse selbst heraus zur Ordnung gerufen und hatte dann entweder einzulenken oder ging jeden Einflusses verlustig. Letzteres war auch das Schicksal des Führers der Tischlerbewegung von 1884, Gustav Rödel. Ein unzweifelhaft begabter Mensch, dem die Arbeiter in Versammlungen zugejubelt hatten, schien er einen Augenblick aus dem Kampf mit den vereint gegen ihn vorgehenden Führern der Fachvereins- usw. Organisationen siegreich hervorgehen zu wollen. Aber es genügte, daß er im Kampf antisemitische Redensarten gebrauchte und sich hinter die [antisemitische] ›Staatsbürgerzeitung‹ steckte, um ihn zum toten Mann zu machen...« (*Bernstein,* a. a. O., Bd. II, S. 164 ff.)

348) *Bernstein,* a. a. O., Bd. II, S. 78 f.

349) Das Jahrbuch war die Fortsetzung der von der Regierung 1878 verbotenen ersten wissenschaftlichen Zeitschrift der Partei, »Die Zukunft«. Es erschien 1879 in Zürich, herausgegeben und finanziert von dem reichen jüdischen Sozialisten Karl Höchberg, der unter dem Sozialistengesetz ins Schweizer Exil gegangen war.

350) *Karl Kautsky:* Einleitung zum »General-Register der Neuen Zeit«, Stuttgart 1905, S. V.

351) *Bernstein,* a. a. O., Bd. II, S. 116.

352) a. a. O., Bd. II, S. 137.

353) *Walter Frank:* »Hofprediger Adolf Stoecker und die christlichsoziale Bewegung«, 2. Aufl., Hamburg 1935, S. 80.

354) *Franz Mehring:* »Knechtseliges«, in: »Neue Zeit«, 1895/96, Bd. XIV, Nr. 2, S. 227.

355) *Bebel,* a. a. O., Bd. III, S. 137.

356) *Gustav Mayer:* »Friedrich Engels«, 2 Bde., Haag 1934, Bd. II, S. 496.

357) a. a. O., Bd. II, S. 499.

358) a. a. O., Bd. II, S. 349.

359) a. a. O., Bd. II, S. 374.

360) a. a. O., Bd. II, S. 364.

361) a. a. O., Bd. II, S. 377.

362) *Victor Adler:* »Aufsätze, Reden und Briefe«, Wien 1922, 1. Heft, S. 6 ff.

363) *Mayer,* a. a. O., Bd. II, S. 508.

364) In diesem Sinne schrieb Engels an F. A. Sorge am 12. April 1890: »Da die offizielle Arbeiterfreundlichkeit ergänzt wird durch Militärdiktaturgelüste (Du siehst, wie alle heutige Regierung nolens volens bonapartistisch wird),

so haben wir dafür zu sorgen, daß sie dazu keine Gelegenheit bekommt.« (*Mayer*, a. a. O., Bd. II, S. 496.)

365) Schon in einem Brief an Bebel vom 14. November 1879 hatte Engels den Bericht der Sozialdemokratischen Reichstagsfraktion an die sozialdemokratischen Wähler einer scharfen Kritik unterzogen (*Bebel*, a. a. O., Bd. III, S. 71 f.). Er habe »unangenehme Konzessionen an den deutschen Philister« gemacht, sich ganz unnötigerweise verbeugt vor »der ›öffentlichen Meinung‹, die in Deutschland stets die des Bierphilisters sein wird«, und »die vollständige Verwischung des Klassencharakters der Bewegung« verschuldet.

Bebel verteidigte den Bericht; er wies darauf hin, daß die Partei sich zwar keinen Illusionen über die Natur der »öffentlichen Meinung« hingebe, aber doch die Tatsache nicht übersehen könne, daß auch andere Gruppen als nur Arbeiter für sie gestimmt hätten. »Wir meinten dabei allerdings auch den Kleinbürger und Bauern, die in den letzten Jahren in größerer Zahl sich uns anschlossen und bei der letzten Wahl in manchem Bezirk die Ehre der Partei gerettet haben.« (A. a. O., Bd. III, S. 77.)

Engels antwortete: »Der Zutritt der Kleinbürger und Bauern ist zwar ein Kennzeichen des reißenden Fortschritts der Bewegung, aber auch eine Gefahr für sie, sobald man vergißt, daß diese Leute kommen müssen, aber auch nur kommen, weil sie müssen. Ihr Zutritt ist der Beweis, daß das Proletariat in Wirklichkeit die leitende Klasse geworden ist. Da sie aber mit kleinbürgerlichen und bäuerlichen Vorstellungen und Wünschen kommen, so darf man nicht vergessen, daß das Proletariat seine leitende, geschichtliche Rolle verscherzen würde, wenn es diesen Vorstellungen und Wünschen Konzessionen machte.« (A. a. O., Bd. III, S. 81.)

366) Engels hatte eine konkrete Vorstellung von der revolutionären Strategie, die die geschichtliche Situation verlangte. Im März 1893, zur Zeit der Caprivischen Heeresorganisationsvorlage, veröffentlichte er im Vorwärts eine Artikelserie unter dem Titel »Kann Europa abrüsten?« Sie enthielt in vorsichtiger Sprache die Richtlinien für einen Generalplan der bevorstehenden Revolution. Der Plan fußte auf der Annahme, daß eine neue Wirtschaftskrise nahe sei, die ganz Europa ergreifen und dem unsicheren Frieden ein Ende bereiten werde. Um nicht ohnmächtig in einen europäischen Krieg verstrickt zu werden, müßten die Sozialdemokraten sich bemühen, ihn zu verhindern, oder, falls er doch ausbreche, dafür sorgen, daß er mit der Niederlage des deutschen »Halbfeudalismus« ende. Die Gelegenheit zur politischen Aktion sei mit dem Kampf um die Abkürzung der militärischen Dienstzeit gegeben; Millionen von Deutschen läge dieses Problem am Herzen. Deutschland solle Frankreich vorschlagen, daß beide Länder gleichzeitig die Dienstzeit ihrer stehenden Heere herabsetzten. Willige Frankreich ein, so sei der Friede gesichert. Lehne es ab, so werde Deutschland nicht nur die öffentliche Meinung der Welt auf seiner Seite haben, sondern der Krieg werde ihm auch die Gelegenheit geben, die Hohenzollern loszuwerden, die demokratische Republik aufzurichten und das Versäumnis der Revolution von 1848 nachzuholen.

Engels' Gedankengang ist nur verständlich, wenn man sich gewisse Voraussetzungen seiner Theorie vergegenwärtigt. Ein nationaler Krieg konnte seiner Überzeugung nach den Klassenkrieg nicht aus der Welt schaffen. Im

Gegenteil, nur nach einer Machtverschiebung zu Hause könne der Krieg zum Nationalen Krieg werden. Schon 1864, während des Verfassungskonflikts, hatte er die Liberalen getadelt wegen ihrer Weigerung, die Heeresvorlage zu bewilligen. Sie hätten sogar mehr bewilligen sollen, als die Regierung verlangte, und zugleich auf einer allgemeinen Wehrpflicht bestehen sollen, unter der das Heer sich von einem Werkzeug der Krone und des Konservatismus in ein Volksheer verwandelt hätte, das sich nicht mehr für antidemokratische Anschläge mißbrauchen ließ. 1893 steckte dieselbe Idee hinter der Anregung, die Dienstzeit herabzusetzen, also die Armee zu vergrößern. Dadurch würden mehr Offiziere nötig — bürgerliche Offiziere, da der Adel nicht alle neuen Stellen füllen konnte. Im Falle der Ablehnung würden die Kriegsvorbereitungen und der Krieg selbst den deutschen »Halbfeudalismus« zwingen, eine moderne Armee zu schaffen, also »das Volk« militärisch auszubilden und ihm Waffen in die Hände zu geben. So würden die Bedürfnisse moderner Kriegführung den alten Gruppen das militärische Monopol entreißen und damit die Hauptwaffe, mit der sie ihre Vorrechte verteidigten. Die Krise, die Engels für das Jahrhundertende voraussagte, würde zwar den Krieg bringen, aber auch die sozialen und politischen Bedingungen für die Schaffung einer demokratischen Republik, in der er eine notwendige Durchgangsphase auf dem Weg zur sozialistischen Revolution sah. Ein siegreiches demokratisches Deutschland solle dann freiwillig Elsaß-Lothringen an Frankreich zurückgeben und auf diese Weise die freundlichen Beziehungen zwischen der deutschen und der französischen Arbeiterklasse festigen.

367) «Handbuch der Sozialdemokratischen Parteitage von 1863 bis 1909«, hrsg. von *Wilhelm Schröder*, München 1909, S. 540.

368) Der österreichische Sozialist Heinrich Braun galt in der Partei als ein unabhängiger Kopf. Er war Herausgeber des Archiv für soziale Gesetzgebung und Statistik, stand auf Seiten der Revisionisten und zeigte sogar Sympathie für den Staatssozialismus der Kathedersozialisten. Aber auch er, selbst ein Jude, beurteilte den radikalen Antisemitismus folgendermaßen:

»Das Wachstum desselben zeigt in seiner Rapidität einige Ähnlichkeit mit dem Aufschwung der Sozialdemokratie... Daß es sich bei dem Antisemitismus um eine starke soziale Strömung handelt, kann so wenig zweifelhaft sein, wie daß neben den Angriffen auf das Judentum eine radikale antikapitalistische Tendenz allgemeiner Art in ihm immer klarer und bewußter nach Geltung ringt. Damit aber nähert er sich der Sozialdemokratie und mit Fug und Recht hat ihn der Reichskanzler von Caprivi eine Vorfrucht der Sozialdemokratie genannt. In dieser Hinsicht bildet der Antisemitismus ein um so bedeutsameres Moment der sozialen Entwicklung, als es ihm gerade vermittels seiner zum Teil brutalen, zum Teil stupiden Agitationsmittel gelingt, für die sozialdemokratische Propaganda noch nicht herangereifte Bevölkerungsschichten zu erfassen und aus ihrer Lethargie aufzurütteln. Die sozialpolitische Arbeit, die der Antisemitismus heute leistet, indem er den jahrhundertealten Stumpfsinn der Bauern überwindet und diese trägste Schicht der Bevölkerung in eine leidenschaftliche Bewegung versetzt, seine Propaganda bei den kleinen Handwerkern, in den Kreisen der Subalternbeamten und anderen der Sozialdemokratie schwerer zugänglichen Schichten, ist unter dem Gesichtspunkt einer revolutionären Gesellschaftsentwicklung von einer nicht leicht zu überschätzenden Tragweite. Daß sozusagen nach dem Gesetz der sozialen Gravitation der Antisemitismus in die größere und mächtigere sozialdemokratische Bewegung münden wird, ist sehr wahrscheinlich und wird je nach Umständen das Ergebnis einer längere oder kürzere Zeit erfordernden geistigen Entwicklung sein.« (*Heinrich Braun:* »Zur Lage der deutschen Sozialdemokratie«, in: »Archiv für soziale Gesetzgebung und Statistik«, Bd. 6, Berlin 1893, S. 513 f.)

369) Die Revisionisten verband nicht so sehr eine einheitliche Theorie und ein eigenes Aktionsprogramm als ihre Ablehnung der orthodoxen marxistischen Doktrin. Sie bestritten die Unanfechtbarkeit der meisten Grundelemente des Marxschen Lehrgebäudes, von der Philosophie des dialektischen Materialismus bis zur Theorie vom Klassenkampf und der proletarischen Revolution. Die wirtschaftliche Prosperität nach 1895 begünstigte die Ausbreitung revisionistischer Gedanken in der Partei; der Aufschwung werde zur stärkeren Annäherung der Klassen, nicht zur Verschärfung des Klassenkampfes führen, Kartelle und Trusts — die wirtschaftlichen Interessenvertretungen des Kapitals — könnten in Zusammenarbeit mit den Gewerkschaften — den wirtschaftlichen Interessenvertretungen der Arbeit — das Chaos des kapitalistischen Marktes einigermaßen unter Kontrolle bringen, somit innen- und außenpolitische Spannungen mildern und Wirtschaftskrisen verhindern oder zumindest abschwächen. Die Mission der Arbeiterklasse, die Emanzipation des Menschen schlechthin, lag für die Revisionisten in nebelhafter Zukunft. Was sie interessierte, war der Anteil, den die Arbeiterschaft in der Gegenwart an der Gesellschaft nehmen könnte, am Staat, am industriellen Fortschritt, an Kolonial- und Weltmachtpolitik.

Unter den Anhängern des Revisionismus waren viele Überzeugungen und Temperamente vertreten — Pazifisten und »Sozialimperalisten«, Demokraten und Nationalisten. Einige erkannten sehr klar die Gefahren, die der Sozialdemokratie aus der sterilen revolutionären Phrasenmacherei und phantasielosen Oppositionspolitik erwuchsen. Es wäre daher falsch, im Revisionismus nur den Versuch zu sehen, die revolutionären Tendenzen der Arbeiterschaft zu eliminieren. In ihrem Bestreben, die soziale Basis der Partei durch Gewinnung von Mittelstandsgruppen zu erweitern, bewiesen manche Revisionisten eine bessere Einsicht in die besondere Art der gesellschaftlichen Konflikte Deutschlands als die orthodoxe Richtung. Wie sehr die Orthodoxen sich über die wirkliche politische Entwicklung täuschten, geht gerade aus ihrer Beurteilung der Revisionisten hervor. Rudolf Hilferding, damals noch ein Wortführer der orthodoxen Schule, schrieb 1912: »Der Revisionismus... muß in die Grube fahren, bevor er endgültig definiert ist. Die letzten Jahre zeigen seine Auflösung.« (*Rudolf Hilferding:* »Mit gesammelter Kraft«, in: »Neue Zeit«, 1912, Bd. XXX, Nr. 2, S. 1003). Weniger als zwei Jahre später hatten die Revisionisten fast die ganze Partei hinter sich, als die Parteifraktion den Kriegskrediten der Kaiserlichen Regierung zustimmte.

370) »Protokoll über die Verhandlungen des Parteitages der Sozialdemokratischen Partei, Halle 1890«, Berlin 1890, S. 48.

[371]) Die Neue Zeit, die seit ihrer Gründung 1883 sich niemals ernstlich mit der antisemitischen Bewegung befaßt hatte, widmete in den Jahren 1890—1895 dem Thema mehr als dreißig Artikel.

[372]) Bebel, der zu diesen Punkten sprechen sollte, stellte selbst den Vertagungsantrag, versprach aber, Liebknecht und er wollten in baldigst einzuberufenden Berliner Versammlungen über die beiden Themen berichten und ihre Ausführungen im Druck erscheinen lassen. (»Protokoll über die Verhandlungen des Parteitages der Sozialdemokratischen Partei Deutschlands, Berlin, 14.-21. November 1892«, Berlin 1892, S. 248 f., 293 f.)

[373]) *Friedrich Engels:* »Die Bauernfrage in Frankreich und Deutschland«, in: »Neue Zeit«, 1894—1895, Bd. XIII, Nr. 1, S. 301. — In einer kritischen Randbemerkung zum reformistischen Agrarprogramm, das die französischen Marxisten des Parti Ouvrier 1892 in Marseille und 1894 in Nantes angenommen hatten, schrieb Engels: »... Hätten die Franzosen, wie wir, eine lärmende antisemitische Demagogie, sie hätten die Fehler von Nantes schwerlich gemacht.« (a. a. O.) Offenbar sah Engels im deutschen politischen Antisemitismus ein Zeichen für die völlige ökonomische und ideologische Desintegrierung jener Gruppe von kleinen Eigentümern, die die französischen Sozialisten durch unerfüllbare Versprechungen gewinnen wollten.

[374]) »Protokoll über die Verhandlungen des Parteitages der Sozialdemokratischen Partei Deutschlands, Köln, 22.-28. Oktober 1893«, Berlin 1893, S. 228. — Ähnlich drückte sich Wilhelm Liebknecht am 30. November 1893 in einer Reichstagsrede aus. Als Antwort auf die Angriffe der antisemitischen Abgeordneten Liebermann von Sonnenberg und Zimmermann, die den Antisemitismus eine »Kulturbewegung« gepriesen und die Juden für die elende Lage der Bauern verantwortlich gemacht hatten, sagte er: »Einmal ist der Antisemitismus keine Kulturbewegung, und zweitens ist diese Bewegung, die er vertritt, nicht in den anderen Kulturländern vertreten... Die Bewegung beschränkt sich auf Deutschland und hier ist sie bloß möglich geworden in Folge der ungesunden politischen Verhältnisse, die bei uns bestehen, obgleich ich die ökonomische Grundlage des Antisemitismus durchaus nicht bestreite.

Eine Kulturbewegung soll die sein, welche eine Besteuerung der Maschinen will?! Sie wollen dem kleinen Mann aufhelfen, indem Sie der Maschine zu Leibe gehen! Sie sehen, daß die Maschine den kleinen Mann zu Grunde richtet; aber Sie sehen nicht, daß hinter der Maschine das ganze System des modernen Kapitalismus steht, die ganze bürgerliche Gesellschaft und bis zu einem gewissen Grad die ganze Kultur, als deren Vertreter Sie sich hier fälschlich ausgeben. Wie können Sie dem kleinen Mann aufhelfen? Indem Sie den Kapitalismus niederwerfen! Und das können Sie bloß, indem Sie die Maschine nicht besteuern, sondern zerstören, die ganze moderne Großindustrie, den modernen Großackerbau, den Großbetrieb, kurz das, worauf unsere heutige Kultur ruht, vernichten. Da gehen die Wege von uns Sozialdemokraten und die Ihrigen auseinander. Die Übel, welche Sie kennzeichnen und heilen wollen, die erkennen auch wir an. Aber Sie sagen: wir wollen sie heilen, indem wir mit der modernen Kultur brechen und zurückkehren zu mittelalterlichen Zuständen — das wäre die Konsequenz Ihrer Forderungen —; *wir* sagen: die jetzige kapitalistische Gesellschaftsform ist eine nothwendige Durchgangsphase; wir müssen diese Periode durchmachen, wir müssen alle Vortheile erhalten, welche der Kapitalismus uns gebracht hat, und die Kultur, welche er heute nicht mehr vertreten kann, dadurch retten, daß wir eine höhere Gesellschaftsform, welche auf Gerechtigkeit, Vernunft und Gleichheit gegründet ist, herstellen. *Wir* sind die Kulturpartei, Sie sind es nach keiner Richtung; Sie sind Vertreter der *Anti*kultur...

Was jene Herren heilen wollen, werden wir nie heilen können, deshalb nie, weil sie nach der Art von Pfuschern nicht daran denken, die Ursache zu bekämpfen, an bloße Symptome und Zufälligkeiten sich halten. Dem kleinen Handwerker und dem kleinen Bauern, als dessen Hauptvertreter Sie sich aufgespielt haben, haben Sie noch nicht geholfen und werden ihnen nicht helfen. Und zwar deshalb, weil Sie nicht verstehen, worum es sich handelt. Wenn man das Praktische aus Ihren Vorschlägen herausschält, so bewegt sich Ihre Gesellschaftskur genau auf demselben Boden wie früher das Schulze-Delitzsch'sche Evangelium für das Kleinbürgertum und das Handwerk. Sie wollen den sogenannten Mittelstand erhalten, da kommen Sie mit diesen winzigen Mittelchen der Organisation des Kredits, mit Konsumvereinen usw... Der kleine Handwerker geht mit mehr und mehr beschleunigter Geschwindigkeit zu Grunde; der kleine Bauernstand geht zu Grunde, und mit allen Ihren Heilmitteln retten Sie auch nicht einen einzigen Bauern. Ja, sagen Sie, den Kapitalismus, der dem kleinen Manne gefährlich ist, können wir in einer Form wenigstens fassen, in der Gestalt des Juden — packen wir den jüdischen Kapitalismus! Das jüdische Kapital ist in erster Linie schuld daran, daß das Handwerk, daß das Bauernthum, daß die Landwirtschaft zu Grunde gegangen ist oder geht. Falsch das! Das habe ich Ihnen schon einmal früher gesagt: blicken Sie doch nach England, nach Amerika! dort, wo das jüdische Kapital niemals eine Rolle gespielt hat, wo kein Rothschild je eine Rolle spielen kann, weil die bürgerliche Gesellschaft viel zu gigantisch und großartig entwickelt ist — fragen Sie in England nach dem Bauernstande! Man lacht Sie aus! Seit Menschenaltern giebt es in England keine Bauern mehr, Sie sind ausgetilgt worden vom Großkapital, vom kapitalistischen Großbetrieb, welcher fast ausschließlich in den Händen von Christen ist. Und wie steht es in Amerika? Ich sagte Ihnen bei einer früheren Gelegenheit, daß dort der Farmerstand, der in den Vereinigten Staaten unter den denkbar günstigsten ökonomischen Bedingungen sich entwickelt hat — auf einem jungfräulichen fruchtbaren Boden, der an vielen Orten so wunderbar fruchtbar ist, daß er zehn, zwölf Jahre nicht gedüngt zu werden braucht, — daß dort der Farmerstand, der als ein ideal glücklicher Bauernstand galt, vollständig verschuldet ist, daß nach der amtlichen Statistik 8 000 Millionen Dollar Hypothekenschulden auf dem amerikanischen Farmerstand ruhen... Wohlan, von dieser Riesensumme, von diesen erdrückenden Hypothekenschulden befindet sich so gut wie nichts in den Geldschränken jüdischer Kapitalisten, die in Amerika ebenso wenig eine Rolle spielen wie in England. Die Kapitalisten, die in England den Bauern aufgefressen haben und ihn in Amerika jetzt auffressen, sind christliche Germanen, mindestens ebenso germanisch, wie die Herren Antisemiten selber es sind, und mindestens ebenso christlich, denn der englische und amerikanische Kapitalist geht jeden Sonntag gewissenhaft zweimal in die Kirche.

Also, Sie sehen, meine Herren, das Judenthum hat mit dem Nieder- oder Untergang des Bauernstandes nichts zu thun. Das wissen wir Sozialdemokraten, deshalb reden wir den Bauern nicht vor: es ist der Jude, der euch zu Grunde richtet. Wohl aber sprechen wir unter Umständen das zweite Wort aus: es ist der Junker, derselbe der euch Bruder nennt — »Bruder Bauer« —, der euch umarmt mit der Zärtlichkeit der Riesenschlange, der boa constrictor, die ihre Opfer auch umschlingt, und die euch lieb hat zum Fressen, wie es im Sprichwort heißt, und die euch auch richtig auffrißt. Der Junker hat mehr Bauerngüter verschlungen als der Jude. Betrachten Sie die Liste derer, die Bauern gelegt haben in Preußen, namentlich in den östlichen Provinzen! Wie viel Junker haben Sie da, und wieviel Juden werden Sie finden!... Aber das Bauernlegen besorgt der Junker ebenso wenig als Junker wie der Jude als Jude, er thut es wie dieser, weil er der reichere ist, weil er größere Mittel hat als der kleinere Bauer, und weil er den kleineren Bauer nach denselben ehernen ökonomischen Gesetzen, nach denen Herr Krupp, der ja auch ein Freund des kleinen Mannes ist, das kleine Handwerk vernichtet, durch seine größere Kapitalkraft zu Grunde richtet — und wenn er persönlich der menschlichste Mann von der Welt ist...

Sie haben den Bauern gesagt, daß Sie sie retten können mit Ihren verkehrten Heilmitteln. Wir haben den Bauern gesagt: in der heutigen Gesellschaft könnt ihr nicht errettet werden; nicht die Juden, wie euch von den Herren Antisemiten gesagt wird, sind es, die euch zu Grunde richten; glaubt nicht an die Worte von Leuten, die an eure Vorurtheile, die an die Dummheit appellieren; euer Feind ist das heutige Gesellschaftssystem, euer Feind ist der Kapitalismus, und wenn ihr euch retten wollt, so giebt es bloß ein Mittel, nicht im Kapitalismus, nicht, indem ihr den falschen Propheten nachlauft; diese kapitalistische Gesellschaft muß in die sozialistische Gesellschaft verwandelt werden; statt uns zu bekämpfen, helft uns euren und unsern Feind bekämpfen. Das sind keine Versprechungen, die nicht gehalten werden können, während alles das, was Sie sagen, sofort durch die Probe der Praxis Lügen gestraft wird.« (»Reichstag, Stenographische Berichte«, 30. November 1893, S. 180ff.)

374a) Der orthodoxe Flügel umfaßte nicht nur die führenden Theoretiker wie Kautsky, sondern auch viele der Parteibürokraten, die immer noch von der Revolution sprachen, aber nichts dafür tun zu müssen glaubten, und mehr und mehr eine Taktik verfolgten, die auf die von den Revisionisten geforderte »Anpassung« hinauslief. (Anm. d. Bearbeiters.)

375) »Protokoll über die Verhandlungen des Parteitages der Sozialdemokratischen Partei Deutschlands, Köln, 22.-28. Oktober 1893«, a. a. O., S. 224.

376) Die Germania hatte sich über Ahlwardt empört gezeigt wegen eines Artikels, in welchem er die Fürsten, Junker, Pfaffen und die »mit Hebräern reichlich durchsetzte« Bourgeoisie in einen Topf warf als die herrschenden Gruppen, deren angebliche Besorgnis um die Massen »eitel Heuchelei und Betrug« sei. Der Vorwärts bemerkte dazu: »Was wir von Ahlwardt denken, wissen unsere

Leser. Aber daß er seit seiner ›Judenflinten‹-Affaire Fortschritte gemacht hat, ist zuzugeben.« (»Vorwärts«, 4. Juli 1894.)

377) »Vorwärts«, 22. Dezember 1894.

378) a. a. O.

379) a. a. O., 13. Mai 1894.

380) a. a. O.

381) *Hermann Bahr:* »Der Antisemitismus / Ein internationales Interview«, Berlin 1894, S. 25.

Exkurs: Der Fall Franz Mehring

382) *Franz Mehring:* »Die deutsche Sozialdemokratie / Ihre Geschichte und ihre Lehre«, 2. Aufl., Bremen 1899, S. 7.

383) a. a. O., S. 19.

384) Zitiert nach *Karl Kautsky:* »Franz Mehring«, in: »Neue Zeit«, 1903/04, Bd. XXII, Nr. 1, S. 103.

385) a. a. O.

386) a. a. O., S. 111.

387) Es folgten noch andere. In dieser »schwarzen Periode« seines Lebens schrieb Mehring eine kritische Abhandlung gegen die Partei, »Die deutsche Sozialdemokratie«, nicht zu verwechseln mit seiner zwanzig Jahre später geschriebenen »Geschichte der deutschen Sozialdemokratie«. *(Franz Mehring:* »Geschichte der deutschen Sozialdemokratie«, 1. Auflage Stuttgart-Berlin 1897/98.)

388) *Franz Mehring:* »Herr Hofprediger Stoecker, der Sozialpolitiker«, Bremen 1882.

389) Mehring und Harden, die sich persönlich kannten, waren gleichermaßen angewidert von der Vulgarität der großen Presse, der Verwässerung moralischer Traditionen, der Umwandlung der Gesellschaft in ein profitables Jagdgebiet. Aber trotz ihren gemeinsamen Abneigungen gegen die neue liberale Ära wurden sie in entgegengesetzte Richtungen getrieben. Der jüdische Harden ging zu Bismarck über, um dann im ersten Weltkrieg ein Verfechter des entfesselten deutschen Imperialismus zu werden, während der christliche Mehring sich dem linken Flügel der revolutionären Bewegung anschloß als ein Wortführer der radikalen Opposition gegen Imperialismus und Krieg. Nicht zufällig fühlten sich beide zu politischen Welten hingezogen, die den liberalen Kapitalismus und seine kommerzialisierte Kultur verachteten.

390) *Kautsky,* a. a. O., S. 98. – Das Zentralorgan der Partei, Der Sozialdemokrat, das während des Sozialistengesetzes in der Schweiz erscheinen mußte, pries am 21. März 1889 die Berliner Volkszeitung als ein »unerschrockenes Blatt«, welches gegen die Bismarcksche Reaktion eine Sprache führe, »wie sie seit Jahrzehnten von keinem bürgerlichen Blatte in Deutschland gewagt worden ist«. (Zitiert nach *Franz Mehring:* »Kapital und Presse / Ein Nachspiel zum Fall Lindau«, Berlin 1891, S. 65.)

391) *Mehring:* »Kapital und Presse«, a. a. O., S. 5.

[392]) Die Einzelheiten des Falles Lindau sind heute belanglos. Lindau und seine Freunde hatten, Mehring zufolge, die Laufbahn einer Schauspielerin ruiniert, und Mehring kam ihr als dem Opfer »der Clique« zu Hilfe.

[393]) *Mehring:* »Kapital und Presse«, a. a. O., S. 64.

[394]) *Franz Mehring:* »Anti- und Philosemitisches«, in: »Neue Zeit«, 1890/91, Bd. IX, Nr. 2, S. 587.

[395]) a. a. O., S. 586.

[396]) *Franz Mehring:* »Kapital und Presse«, a. a. O., S. 100.

[397]) Die »grobkörnigen Broschüren des antisemitischen Rektors Ahlwardt«, schrieb Mehring 1891 zum Fall Bleichröder-Ahlwardt, enthielten »für den Kapitalismus immerhin manches Körnlein groben Salzes. Insbesondere ist in ihnen die Thatsache, daß ein jüdischer Großkapitalist einen Falscheid geleistet hat, um sich der Abfindung einer abgedankten Maitresse zu entziehen, und daß einzelne Polizeibeamte ihm in dieser unsauberen Privatsache hilfreiche Hand geleistet haben, um die unbequeme Bedrängerin zu beseitigen, zu einem so hohen Grade der Wahrscheinlichkeit gebracht, daß es nicht recht erklärlich ist, weshalb eine amtliche Untersuchung dieser für das ›Reich der Gottesfurcht und frommen Sitte‹ immerhin etwas kompromittierlichen Thatsachen unterbleibt« *(Mehring:* »Anti- und Philosemitisches«, a. a. O., S. 586).

Zum Fall Löwe-Ahlwardt bemerkte Mehring, anständige Menschen müßten sich natürlich mit Widerwillen gegen den verleumderischen Unsinn wenden, daß die Juden der deutschen Armee absichtlich fehlerhafte Waffen geliefert hätten, um Deutschlands Niederlage im nächsten Krieg herbeizuführen. Aber er konnte doch nicht umhin, zu dem Schluß zu kommen, daß »diese oder jene Militärpersonen, die mit der Firma Löwe das Waffenlieferungsgeschäft zu betreiben und zu erledigen hatten, hohle Hände gemacht haben«. *(Franz Mehring:* »Canossa in Berlin«, in: »Neue Zeit«, 1891/92, Bd. X, Nr. 2, S. 324.)

In seiner »Geschichte der deutschen Sozialdemokratie« finden sich Kommentare wie dieser: die antijüdische Stimmung »war um so erklärlicher, als das Geldjudentum sich während der Schwindelperiode in einer Weise mausig gemacht hatte, die ihm unvermeidlich eine unliebsame Aufmerksamkeit zuziehen mußte; namentlich in Berlin hatte die Vermauschelung des öffentlichen Lebens einen Umfang angenommen, der die unerschrockensten Verehrer des weisen Nathan beunruhigen konnte.« *(Mehring:* »Geschichte der deutschen Sozialdemokratie«, 4 Bde., 11. Aufl., Stuttgart-Berlin 1921, Bd. IV, S. 96.)

Nach dem Zusammenbruch der Spekulation um 1873 hatte der Manchesterliberalismus die Schwindeleien in einer Art und Weise verteidigt, die niemand überzeugte. »Am wenigsten«, stellte Mehring fest, »entwaffnete sie den ›Sozialismus des dummen Kerls‹ durch einen künstlich gezüchteten Philosemitismus, der nicht klüger, aber noch widerlicher war, als der naturwüchsige Judenhaß der Bauern und Handwerker.« *(Mehring:* »Geschichte der deutschen Sozialdemokratie«, a. a. O., Bd. IV, S. 98. Vgl. auch Bd. III, S. 276 ff., 358 ff.)

[398]) In Bebels Memoiren finden sich zahlreiche Stellen, wo er, ohne Mehring zu nennen, offensichtlich gegen dessen »Geschichte der deutschen Sozialdemokratie« schreibt. Es handelt sich in den meisten Fällen um die Beurteilung Lassalles, des Liberalismus und des Antisemitismus.

[399]) *Eduard Bernstein:* »Das Schlagwort und der Antisemitismus«, in: »Neue Zeit«, 1892/93, Bd. XI, Nr. 2, S. 234.

[400]) Mehring starb zwei Wochen später, im Alter von dreiundsiebzig Jahren. Kurz vor seinem Tode sagte er zu seinem alten Parteifreund Eduard Fuchs, den er als Nachlaßverwalter eingesetzt hatte, es sei ihm »unfaßbar, daß die größte und kühnste revolutionäre Energie Deutschlands und der feinste Frauenkopf mit dem genialsten Hirn der Internationale, zwei der herrlichsten Menschen, brutaler Mordgier zum Opfer gefallen waren.« *(Eduard Fuchs* im Vorwort zur 5. Aufl. von *Franz Mehring:* »Karl Marx / Geschichte seines Lebens«, Berlin 1933, S. 14.)

[401]) Wie wenig Mehring selbst eine solche Anbiederung auch nur erwog, zeigt etwa seine Beschreibung der Parteitaktik zur Zeit des Sozialistengesetzes:

»Es kam jetzt nicht mehr in erster Reihe darauf an, den gehetzten, unterdrückten und verfolgten Arbeitern die Leidenschaft des Kampfes einzuflößen und eine revolutionäre Sprache zu führen, die der reaktionären Verfolgungswut entsprach. Vielmehr trat die andere Aufgabe in den Vordergrund, das Spiel der offiziellen Sozialdemagogie zu durchkreuzen, die Partei über die ökonomisch-sozialen Strömungen in Gesellschaft und Staat aufzuklären, mißverständliche Schlagworte in das richtige Licht zu stellen, wie den ›Kampf gegen das Manchestertum‹, der einmal seinen guten Sinn gehabt hatte und wieder seinen guten Sinn haben konnte, damals aber die deutsche Arbeiterklasse in eine bedenkliche Waffenbrüderschaft mit den bedenklichsten Elementen des herrschenden Ausbeutertums zu bringen drohte. Über alle diese Fragen konnten die deutschen Arbeiterblätter nicht mit der nötigen Offenheit sprechen, ohne sofort dem Beile des Sozialistengesetzes zu verfallen. So zerfetzte der Sozialdemokrat in einer Reihe lehrreicher Artikel das Märchen vom sozialen Königtum, die leeren Gaukeleien der Stöcker und Wagner, die sinnlose Vorstellung, als ob jede Verstaatlichung ein Schritt zum Sozialismus sei. Er wies nach, daß die ökonomische Aufgabe der Sozialdemokratie zur Zeit, wo sich der Staat in den Händen der schlimmsten Arbeiterfeinde befinde, nicht darin bestehen könne, den Einfluß des Staates zu verstärken und sein Machtgebiet zu erweitern, sondern nur darin, die proletarischen Klasseninteressen zu fördern und zu wahren. Sein Hauptaugenmerk aber müsse das klassenbewußte Proletariat unter den obwaltenden Umständen darauf richten, politische Macht und politische Rechte zu erobern.« *(Mehring:* »Geschichte der deutschen Sozialdemokratie«, a. a. O., Bd. IV, S. 226.)

[402]) *Franz Mehring:* »Sic vos, non vobis«, in: »Neue Zeit«, 1892/93, Bd. XI, Nr. 1, S. 363.

[403]) *Franz Mehring:* »Das Ende eines Demagogen«, in: »Neue Zeit«, 1892/93, Bd. XI, Nr. 2, S. 548.

Kapitel XII

[404]) Bernstein schlug zum Beispiel vor, die Partei solle das Recht zur Besetzung der Vizepräsidentschaft im Reichstag verlangen, denn mit 82 Sitzen — gegen

50 im Reichstag von 1898 — war die sozialdemokratische Fraktion jetzt die zweitstärkste geworden. Das Problem der Beteiligung an bürgerlichen Regierungen war akut geworden, seitdem der französische sozialistische Abgeordnete Alexander Millerand 1899 den Posten des Handelsministers im Kabinett Waldeck-Rousseau übernommen hatte.

405) »Protokoll der Verhandlungen des Parteitages der Sozialdemokratischen Partei Deutschlands, abgehalten zu Dresden, 13.—20. September 1903«, Berlin 1903, S. 418. — Die revisionistischen Parteitagsdelegierten stimmten für diese Resolution, möglicherweise, um es nicht zum offenen Konflikt kommen zu lassen, wahrscheinlicher aber in der realistischen Voraussicht, daß radikal klingende Erklärungen wie diese die Weiterentwicklung der Partei in revisionistischer Richtung nicht aufhalten würden.

406) *Rosa Luxemburg:* »Geknickte Hoffnungen«, in: »Neue Zeit«, 1903/04, Bd. XIII, Nr. 1, S. 37.

407) *Ludwig Bamberger:* »Wandlungen und Wanderungen in der Sozialpolitik«, Berlin 1898, S. 18.

408) *Karl Kautsky:* »Der Kongreß von Köln«, in: »Neue Zeit«, 1905, Bd. XXIII, Nr. 2, S. 314.

409) Ein Jahr später stand das Problem des Massenstreiks wieder auf der Tagesordnung des Parteitages. Ganz gegen den Willen der Parteileitung mußte es behandelt werden, weil ein Bericht über eine vertrauliche Besprechung zwischen Gewerkschaftsführern und Mitgliedern des Parteivorstandes veröffentlicht worden war, bei der man sich darüber geeinigt hatte, der Generalstreik sei indiskutabel, da er bestimmt zur Niederlage führen werde. Auch jetzt wieder lehnte der Parteitag den Generalstreik nicht im Prinzip als rechtmäßige Verteidigungswaffe ab, sondern beschloß, nur mit Zustimmung der Gewerkschaften zu dieser Waffe zu greifen. Die Besorgnis, die Existenz der Organisation aufs Spiel zu setzen, war bei der Partei ebenso groß wie bei den Gewerkschaften, die den Generalstreik schon im Vorjahr verurteilt hatten.

410) Als die Bayern auf dem Parteitag von 1894 deswegen zur Rede gestellt wurden, bestritten die süddeutschen Delegierten, besonders Vollmar, dem Reichsparteitag das Recht, darüber zu entscheiden, da diese Sache nur unter die Zuständigkeit der Staatsparteikonferenzen falle und eine taktische, keine prinzipielle Frage sei. Die Parteileitung ließ es dabei bewenden.

411) Die konservativen Sitze dagegen — den Bund der Landwirte, der 6 Sitze hinzugewonnen hatte, wieder eingerechnet — waren von 72 auf 92 gestiegen, und auch alle bürgerlichen Parteien hatten Zuwachs zu verzeichnen: die Nationalliberalen stiegen von 52 auf 56 Mandate, das Zentrum von 100 auf 104, die Freisinnigen von 36 auf 50. Sogar die Antisemiten hatten es mit 17 statt 11 Sitzen noch einmal auf Fraktionsstärke gebracht.

412) »Internationaler Sozialistenkongreß zu Stuttgart, 18.—24. August 1907«, Berlin 1907, S. 83.

413) *Karl Kautsky:* »Der Essener Parteitag«, in: »Neue Zeit«, 1907, Bd. XXV, Nr. 2, S. 856.

414) »Parteitag zu Essen«, Berlin 1907, S. 258.

415) a. a. O., S. 255.

416) Alle anderen größeren Parteien verloren Mandate: die Konservativen mit

dem Bund der Landwirte erreichten nur noch 61 statt 92, die Nationalliberalen 44 statt 56, die Freisinnigen — die sich jetzt Fortschrittliche Volkspartei nannten — 42 statt 50, das Zentrum 90 statt 104. Die Antisemiten waren von 17 auf 7 Sitze zurückgegangen. Stoecker war seit 1908 nicht mehr Abgeordneter gewesen und 1909 gestorben.

417) *August Bebel:* »Sozialdemokratie und Antisemitismus / Rede auf dem sozialdemokratischen Parteitag in Köln«, Berlin 1906, S. 36 ff. (Kursiv Gesetztes bei Bebel gesperrt gedruckt.)

418) *Philipp Scheidemann:* »Wandlungen des Antisemitismus«, in: »Neue Zeit«, 1906, Bd. XXIV, Nr. 2, S. 632.

419) a. a. O., S. 636.

420) Die Erklärung Bebels, des Vorsitzenden des sozialdemokratischen Parteivorstandes, half später der kaiserlichen Regierung, die Einheitsfront der Nation bei Beginn des Weltkrieges herzustellen. Als Albert Ballin den Reichskanzler von Bethmann-Hollweg damals fragte: »Excellenz, warum haben Sie denn so eno-o-orme Eile, Rußland den Krieg zu erklären?« antwortete er: »Sonst kriege ich die Sozialdemokraten nicht mit.« *(Bernhard Fürst von Bülow:* »Denkwürdigkeiten«, Berlin 1931, 4 Bde., Bd. III, S. 168.)

421) *J. S.:* »Theodor Herzl, Der Judenstaat / Versuch einer modernen Lösung der Judenfrage«, in: »Neue Zeit«, 1896/97, Bd. XV, Nr. 1, S. 186.

422) *A. L.:* »Poalei-Zionismus«, in: »Neue Zeit«, 1905/06, Bd. XXIV, S. 804 ff.

423) *Karl Kautsky:* »Rasse und Judentum«, 2. Aufl., Stuttgart 1921, S. 105. — Aber Kautsky war ebenso pessimistisch hinsichtlich der Möglichkeiten weiterer Assimilation von Juden in der kapitalistischen Gesellschaft: »Andererseits ist der Liberalismus nicht mehr imstande und kaum noch gewillt, durchzusetzen, was er bisher versäumt hat. Dazu schwindet ihm immer mehr die Kraft und der Rückhalt in der Bevölkerung. Wo er nicht die volle Emanzipation der Juden, nicht bloß die gesetzliche, sondern auch ihre gesellschaftliche Gleichberechtigung durchgesetzt hat, wird er sie nicht mehr erreichen ... Als einzige Kraft, die das Bestehende gründlich umwälzen und jegliche Unterdrückung, jegliche gesetzliche und soziale Ungleichheit beseitigen muß, wenn sie sich befreien will, bleibt das Proletariat übrig. Nur noch das siegreiche Proletariat kann dem Judentum volle Emanzipation bringen, an seinem Siege ist das gesamte Judentum interessiert, soweit es nicht am Kapitalismus hängt.« *(Kautsky:* »Rasse und Judentum«, a. a. O.)

424) Die Revisionisten, die das Dogma von der unvermeidlichen proletarischen Revolution ablehnten, wollten die dringlichen Probleme der Assimilation der Ostjuden nicht untätig einer nebelhaften Zukunft überlassen. Sie schafften sich Gehör in den Sozialistischen Monatsheften, die 1898 von Josef Bloch gegründet worden waren und bis zu ihrer Unterdrückung durch Hitler erschienen. Obwohl so prominente Parteimitglieder wie Eduard Bernstein, Ignaz Auer und Georg von Vollmar dort publizierten, wurde die Zeitschrift von der Sozialdemokratischen Partei nie als Parteiorgan anerkannt. Bloch selber war Zionist.

425) *Maxim Anin:* »Ist die Assimilation der Juden möglich?«, in: »Sozialistische Monatshefte«, 1908, Bd. II, S. 614 ff.

[426]) *Otto Bauer:* »Die Nationalitätenfrage und die Sozialdemokratie«, Wien 1907, zitiert nach der Ausgabe von 1924, S. 378 f.

[427]) a. a. O., S. 379.

[428]) Hingewiesen sei zum Beispiel auf den Beitrag von *Karl Leuthner,* «Junker und Juden« (in: »Sozialistische Monatshefte«, 1908, Bd. II, S. 912 ff.), der den Glaubensartikel der orthodoxen Richtung, die Massen müßten im Laufe der kapitalistischen Entwicklung politisch stetig reifer werden, in Frage stellte. Leuthner verglich den Haß der Liberalen gegen die Junker in Preußen mit dem der Antisemiten gegen die Juden in Wien. In beiden Fällen schien ihm die Beliebtheit negativer Stereotypen in deren Fähigkeit zu wurzeln, ein tiefliegendes Bedürfnis nach Haß zu befriedigen. Die Suche nach finsteren privaten Motiven ersetze in solchen Fällen die Analyse objektiver Faktoren und sozialer Kräfte. Daß solche Stereotypen aber ein so großes Beharrungsvermögen aufwiesen, werfe ein zweifelhaftes Licht auf den Fortschritt der politischen Rationalität, den der Marxismus als sein Verdienst in Anspruch nähme. Leuthner sah, ähnlich wie Bahr, die Anziehungskraft des Antisemitismus in dem Lustgewinn, den der Haß gewähre, und in der Selbstgerechtigkeit, die man aus sittlicher Entrüstung gewinnen könne.

[429]) *Robert Michels:* »Die deutsche Sozialdemokratie / Parteimitgliedschaft und soziale Zusammensetzung«, in: »Archiv für Sozialwissenschaft und Sozialpolitik«, Bd. 23, Tübingen 1906, S. 522.

[430]) Die Zahl der jüdischen Mitglieder läßt sich nicht genau ermitteln. Für die Partei war Religion eine »Privatsache«, weshalb es zwar statistische Daten ihrer Zusammensetzung nach Berufen etc., aber nicht nach Religionen gibt; außerdem war es unter Sozialdemokraten üblich, sich formell oder informell als »konfessionslos« zu erklären. Von den 110 Abgeordneten der Partei im Reichstag von 1912 gaben nur drei — Oscar Cohn, Georg Davidsohn, Hugo Haase — ihre Religion als »jüdisch« an, aber es ist bekannt, daß mindestens noch neun andere — Eduard Bernstein, Ludwig Frank, Georg Gradnauer, Josef Herzfeld, Otto Landsberg, Gustav Hoch, Arthur Stadthagen, Georges Weill, Emanuel Wurm — jüdischer Herkunft waren. (Vgl. »Reichstagshandbuch, 13. Legislaturperiode«, Berlin 1912.)

[431]) *Wilhelm Liebknecht:* »Über den Kölner Parteitag«, Bielefeld 1893, S. 33.

[432]) *Max Osborn:* »Aus der immerhin besseren alten Zeit / Eine Erinnerung an Paul Singer«, in: »Der Aufbau«, New York, 13. Oktober 1944. — Als Singer 1911 starb, machten die Berliner Arbeiter aus dem Begräbnis eine Massendemonstration von solchem Ausmaß, daß das Berliner Tageblatt vom 5. Februar 1911 schrieb, keiner der Mächtigen dieser Erde könne je eine schönere Bestattung finden. Der Zug der Leidtragenden dauerte von früh morgens bis spät nachts, und sogar die konservative Deutsche Tageszeitung mußte zugeben, es sei ein Meer von Menschen gewesen, das aller Zählversuche spottete. Diese Ehrung Singers bildete keine Ausnahme; auch bei den Begräbnissen anderer sozialistischer Führer, zum Beispiel von Rosa Luxemburg und Karl Liebknecht, gab die Arbeiterschaft ihrer Ergebenheit und Dankbarkeit spontanen Ausdruck.

[433]) Von den neunziger Jahren an bis zu Hitlers Machtergreifung war es eine für die Sozialdemokratie unfaßbare Vorstellung, daß eine Zeit kommen

könne, da alle Normen, auf denen die westliche Zivilisation beruhte, in Deutschland außer Kraft gesetzt werden könnten. Wie groß ihr Fortschrittsglaube war, ihre Redlichkeit und Instinktlosigkeit in Fragen der Macht, mag ein letztes Beispiel zeigen: »Ich glaube nicht an die Unschuld des französischen Hauptmanns Dreyfus... Die Führer der ›Campagne‹ gingen von der Voraussetzung aus, der französische Generalstab habe wissentlich einen Schuldlosen verurteilt. Eine geradezu monströse Abgeschmacktheit. Das Interesse des Generalstabs konnte doch bloß sein, den Schuldigen zu finden und zu packen. Und daß aus bloßem Judenhaß der Jude Dreyfus auf die Teufelsinsel geschickt worden sei, ist eine Annahme, die jeder Psychologie und allem gesunden Menschenverstand ins Gesicht schlägt... Mich wird niemand der Sympathie für die Antisemiten verdächtig halten, allein eine so hohe Meinung ich von dem Judenhaß der Herren Liebermann v. Sonnenberg, Boeckel, Ahlwardt und Genossen auch haben mag, das würde ich ihnen doch nie zutrauen, daß sie, auf der Richterbank sitzend, einen Juden bloß deshalb, weil er ein Jude ist, eines todeswürdigen Verbrechens schuldig erklären.« Den Mann, der das schrieb, konnte man wahrhaftig nicht des Antisemitismus verdächtigen. Im Reichstag, auf Parteitagen, auf Versammlungen, in allen seinen Schriften hatte er die Gemeinheit der antisemitischen Agitation bekämpft. Es war Wilhelm Liebknecht. (*Wilhelm Liebknecht:* »Nachträgliches zur Affaire«, in: »Die Fackel«, Wien, September 1899, S. 1 ff.)

Zusammenfassung

434) Der Zusammenhang zwischen wirtschaftlicher Konjunktur und Antisemitismus ist offensichtlich. Von den vier Jahrzehnten zwischen der Gründung des Kaiserreichs und dem ersten Weltkrieg umschließen zwei, die Zeit zwischen 1875 und 1895, die Gipfelpunkte der antisemitischen Bewegung. Nach 1895 verlor sie ihre Popularität und Stoßkraft. Die antisemitische Kurve deckt sich somit weitgehend mit der konjunkturellen: die Periode von 1873 bis 1894 war gekennzeichnet durch wirtschaftliche Stagnation, genauer gesagt, durch fünfzehn Jahre ausgesprochener Krise und sechs Jahre Wiederbelebung. Dagegen waren die Jahre von 1895 bis 1913 — von kurzen Rückschlägen 1901/02 und 1908/09 abgesehen — eine Zeit ununterbrochener Prosperität, hoher Beschäftigung und Kapitalanhäufung. In der Zeit der Weimarer Republik wiederholte sich diese Korrelation zwischen Wirtschaftskrise und Antisemitismus: 1919—23 und 1930—32 waren nicht nur Jahre der schwersten Depression, sondern auch des stärksten Antisemitismus. Er flaute ab im gleichen Maße, in dem sich die Wirtschaftslage erholte (1924 bis 1928).

Dieses zeitliche Zusammenfallen von Wirtschaftskrise und Antisemitismus darf man jedoch kaum als unmittelbare Kausalbeziehung verstehen. Nur dann setzen sich wirtschaftliche Schwierigkeiten und wirtschaftliche Nöte in soziale Konflikte um, wenn das Ziel, gegen das sich die angesammelte Verbitterung richtet, in den Köpfen der Erbitterten bereits vorgeformt ist. Da der Judenhaß zu den gepflegten Traditionen Deutschlands gehörte und im politischen und kulturellen Leben der Nation einen sicheren Platz behauptete, konnten ihn die von den Wirtschaftskrisen ausgelösten Spannungen erfolgreich in Regie nehmen. Die in zwanzig Jahren politischer Kämpfe und sozialer Umgestaltung einexerzierten Reaktionen wurden gleichsam automatisch.

Die konservativen Lehrmeister dieses Reglements waren weit davon entfernt, seine letzten Konsequenzen zu sehen, »den grauenhaften Unsinn der Veterinärphilosophie, die sich nationalsozialistische Weltanschauung hieß ...« (*Karl Schmid* im Vorwort zu *Eleonore Sterling:* »Er ist wie du / Aus der Frühgeschichte des Antisemitismus in Deutschland, 1815 bis 1850«, München 1956, S. 10), in deren Namen die Judenfrage endlich gelöst wurde. Das Schicksal der Juden unter dem Nationalsozialismus zeigt, daß in der antisemitischen Bewegung selbst eine Machtverschiebung stattgefunden hatte: die Manipulierten entzogen sich der Kontrolle der Manipulatoren.

435) Die Aufhebung der Judenemanzipation hätte die Hauptforderung der Antisemiten erfüllt und damit dem Antisemitismus als politischer Waffe die Schneide abgestumpft. Das war wohl der Hauptgrund, weshalb die Konservativen zwar gelegentlich, wenn sie sicher waren, daß ein antisemitischer Gesetzesentwurf dieser Art keinerlei Aussicht hatte, angenommen zu werden, dafür eintraten, aber sonst für die »Ent-Emanzipierung« nicht zu haben waren.

436) *Dietrich von Oertzen:* »Adolf Stoecker / Lebensbild und Zeitgeschichte«, 2 Bde., Berlin 1910, Bd. I, S. 273 f.

437) *Walter Frank:* »Hofprediger Adolf Stoecker und die christlichsoziale Bewegung«, 2. Aufl., Hamburg 1935, S. 240.

438) Ein Bürgerlicher konnte in Preußen zwar als »Einjähriger« in einem Garderegiment dienen, aber nur in einem Linienregiment Reserveoffizier werden; dies auch nur dann, wenn er einen »offiziersfähigen« Beruf hatte [vgl. Anm. [100a])] und nicht Sozialdemokrat oder Jude war. (In Bayern allerdings wurden gelegentlich sogar Juden Reserveoffiziere.) Im ersten Weltkrieg mußte es erst zu den großen Verlusten im aktiven Offizierskorps kommen, bis der Unterschied zwischen »Offiziersfähigen« und anderen zu verblassen begann. Selbst dann war es zunächst für die Konservativen noch unfaßbar, daß etwa ein aktiver Feldwebel wegen Tapferkeit vorm Feinde zum Leutnant befördert wurde. Als man schließlich auf die nicht »Offiziersfähigen« wegen des Mangels an Offizieren nicht mehr verzichten konnte, wurde der Rang des Feldwebelleutnants erfunden. Ein solcher Halboffizier durfte zwar nicht in der Offiziersmesse essen, aber doch eine Kompanie führen. Aus den gleichen Gründen wurde für Reservisten aus »unfeinen« Berufen, Sozialdemokraten oder Juden, die es früher nicht über den Vizefeldwebel der Reserve hatten hinausbringen können, der Rang des Offiziersstellvertreters geschaffen. Erst gegen Ende des Krieges erzwangen die Verluste einen stärkeren Bruch mit der Tradition, und Offiziersstellvertreter, darunter viele Juden, wurden schließlich doch noch zu Reserveoffizieren befördert.

An der Universität genügte es nicht, Christ zu sein, um in die angeseheneren »schlagenden Verbindungen« aufgenommen zu werden; man mußte auch den richtigen Familien angehören. Für das »Klima« während der Zeit des Imperialismus aber sind die Fortschritte bezeichnend, die die Juden innerhalb der Studentenschaft machten. Seit 1886 gab es jüdische schlagende Verbindungen, die sich zu einem Verband, dem »Kartell-Convent« zusammengeschlossen hatten; sie fochten zwar keine Bestimmungsmensuren, bildeten aber ihre Mitglieder im Säbelfechten aus. Anfangs wurden die KCer nicht als »satisfaktionsfähig« anerkannt, wenn sie auf antisemitische Äußerungen mit der Duellforderung antworteten. Um 1900 änderte sich das, bald waren sie als Säbelfechter gefürchtet. An manchen Hochschulen gelang es ihnen, Vertreter in den Studentenausschuß zu entsenden, und während zum Beispiel in Bonn noch 1907 der Ausschuß sich geweigert hatte, die KC-Verbindungen am offiziellen Fackelzug zum Geburtstag des Kaisers teilnehmen zu lassen, war es 1912 am gleichen Feiertag der KCer, der als offizieller Sprecher der Studentenschaft die Festrede hielt. (Anm. d. Bearbeiters.)

439) Die Laufbahn Albert Ballins zeigt, zu welchem Erfolg es ein Jude in der imperialistischen Ära bringen konnte. Ballin, der seit 1886 im Dienst der Hamburg-Amerika-Linie stand und schließlich ihre Passagierabteilung geleitet hatte, wurde 1899 Generaldirektor der Linie. Er erfreute sich auch der Gunst Wilhelms II., zu dessen intimem Kreis er gehörte. Sein tragisches Ende scheint für das spätere Schicksal der deutschen Juden ebenso bezeichnend zu sein wie für ihre Stellung in den letzten Jahrzehnten des Kaiserreichs: er erschoß sich am 9. November 1918, weil er das Ende »seines« Kaiserreiches nicht überleben wollte. (Anm. d. Bearbeiters.)

440) *Georg Gothein:* »Warum verloren wir den Krieg?«, Stuttgart-Berlin 1919, S. 24.

Register